enVisionmath®2.0 en español

Volumen 2 Temas 9 a 14

Autores

Randall I. Charles
Professor Emeritus
Department of Mathematics
San Jose State University
San Jose, California

Jennifer Bay-Williams
Professor of Mathematics Education
College of Education and Human Development
University of Louisville
Louisville, Kentucky

Robert Q. Berry, III
Associate Professor of Mathematics Education
Department of Curriculum, Instruction and Special Education
University of Virginia
Charlottesville, Virginia

Janet H. Caldwell
Professor of Mathematics
Rowan University
Glassboro, New Jersey

Zachary Champagne
Assistant in Research
Florida Center for Research in Science, Technology, Engineering, and Mathematics (FCR-STEM)
Jacksonville, Florida

Juanita Copley
Professor Emerita, College of Education
University of Houston
Houston, Texas

Warren Crown
Professor Emeritus of Mathematics Education
Graduate School of Education
Rutgers University
New Brunswick, New Jersey

Francis (Skip) Fennell
L. Stanley Bowlsbey Professor of Education and Graduate and Professional Studies
McDaniel College
Westminster, Maryland

Karen Karp
Professor of Mathematics Education
Department of Early Childhood and Elementary Education
University of Louisville
Louisville, Kentucky

Stuart J. Murphy
Visual Learning Specialist
Boston, Massachusetts

Jane F. Schielack
Professor of Mathematics
Associate Dean for Assessment and Pre K–12 Education, College of Science
Texas A&M University
College Station, Texas

Jennifer M. Suh
Associate Professor for Mathematics Education
George Mason University
Fairfax, Virginia

Jonathan A. Wray
Mathematics Instructional Facilitator
Howard County Public Schools
Ellicott City, Maryland

SAVVAS LEARNING COMPANY

Matemáticos

Roger Howe
Professor of Mathematics
Yale University
New Haven, Connecticut

Gary Lippman
Professor of Mathematics and Computer Science
California State University, East Bay
Hayward, California

Revisores de los estándares de *Common Core*

Debbie Crisco
Math Coach
Beebe Public Schools
Beebe, Arkansas

Kathleen A. Cuff
Teacher
Kings Park Central School District
Kings Park, New York

Erika Doyle
Math and Science Coordinator
Richland School District
Richland, Washington

Susan Jarvis
Math and Science Curriculum Coordinator
Ocean Springs Schools
Ocean Springs, Mississippi

Velvet M. Simington
K–12 Mathematics Director
Winston-Salem/Forsyth County Schools
Winston-Salem, North Carolina

Savvas Learning Company LLC, 15 East Midland Avenue, Paramus, NJ 07652

ISBN-13: 978-0-328-84188-2
ISBN-10: 0-328-84188-9
10 21

¡Usarás estos recursos digitales a lo largo del año escolar!

Recursos digitales

Visita SavvasRealize.com

PM

Animaciones de Prácticas matemáticas que se pueden ver en cualquier momento

Resuelve

Resuélvelo y coméntalo, problemas y herramientas matemáticas

Aprende

Más aprendizaje visual animado, con animaciones, interacción y herramientas matemáticas

Glosario

Glosario animado en español e inglés

Herramientas

Herramientas matemáticas que te ayudan a entender mejor

Evaluación

Comprobación rápida para cada lección

Ayuda

Video de tareas ¡Revisemos!, como apoyo adicional

Juegos

Juegos de Matemáticas que te ayudan a aprender mejor

eText

Libro del estudiante en línea

ACTIVe-book

Libro del estudiante en línea, para mostrar tu trabajo

SAVVAS realize™ Todo lo que necesitas para las matemáticas a toda hora y en cualquier lugar.

¡Hola! Estamos aquí para ayudarte.
¡Que tengas un buen año escolar!

Contenido

CLAVE

- Estándares relacionados principales
- Estándares relacionados de apoyo
- Estándares relacionados adicionales

El contenido está organizado enfocándose en los estándares relacionados de *Common Core*.

Hay una lista de los estándares relacionados en las páginas F15 a F17.

Recursos digitales en SavvasRealize.com

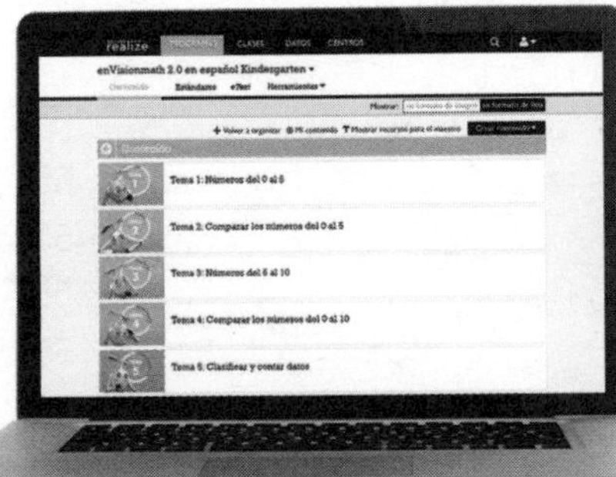

¡Y recuerda que las páginas de tu libro están en línea en SavvasRealize.com!

TEMAS

SavvasRealize.com

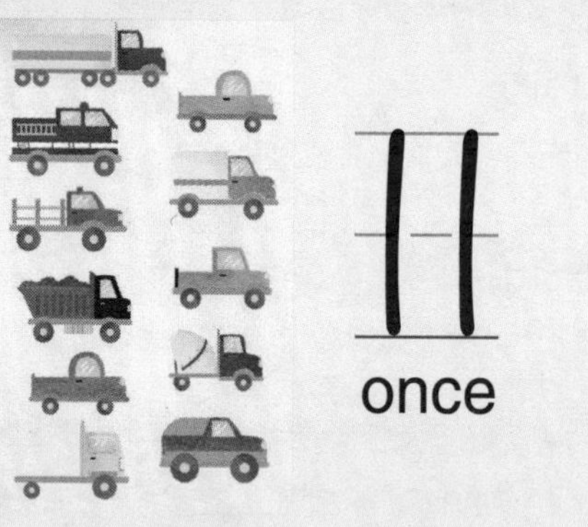

TEMA 9
Contar números hasta 20

TEMA 10
Componer y descomponer números del 11 al 19

SavvasRealize.com

Puedes usar parte de una tabla de 100 para contar y hallar patrones.

1	2	3	4	5	6	7	8	9	10
11	12	13	14	15	16	17	18	19	20
21	22	23	24	25	26	27	28	29	30

TEMA 11
Contar números hasta 100

TEMA 12
Identificar y describir figuras

TEMA 13
Analizar, comparar y crear figuras

TEMA 14
Describir y comparar atributos medibles

SavvasRealize.com

Un paso adelante hacia el Grado 1

Manual de Prácticas matemáticas y resolución de problemas

 Manual de Prácticas matemáticas y resolución de problemas

Prácticas matemáticas

PM.1 Entender problemas y perseverar en resolverlos.

PM.2 Razonar de manera abstracta y cuantitativa.

PM.3 Construir argumentos viables y evaluar el razonamiento de otros.

PM.4 Representar con modelos matemáticos.

PM.5 Usar herramientas apropiadas de manera estratégica.

PM.6 Prestar atención a la precisión.

PM.7 Buscar y usar la estructura.

PM.8 Buscar y expresar uniformidad en los razonamientos repetidos.

Existen buenos Hábitos de razonamiento para cada una de estas prácticas matemáticas.

PM.1 Entender problemas y perseverar en resolverlos.

¿Cuántas abejas hay en total?
¿Cómo lo sabes?

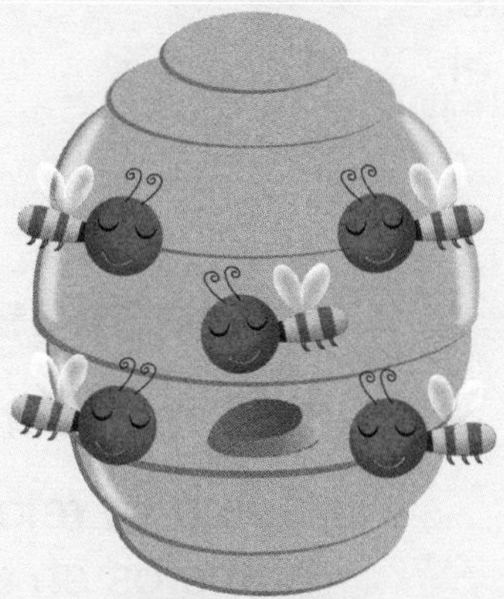

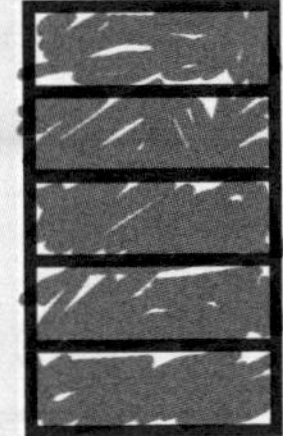

Hábitos de razonamiento

¿Qué necesito hallar?

¿Qué sé?

¿Cuál es mi plan para resolver el problema?

¿Qué más puedo intentar si me encuentro en aprietos?

¿Cómo puedo comprobar si mi solución tiene sentido?

Razonar de manera abstracta y cuantitativa.

Este problema es sobre el número 4. Puedo mostrar 4 de una manera diferente para resolver el problema.

Los que razonan correctamente en matemáticas saben cómo pensar sobre las palabras y los números para resolver problemas.

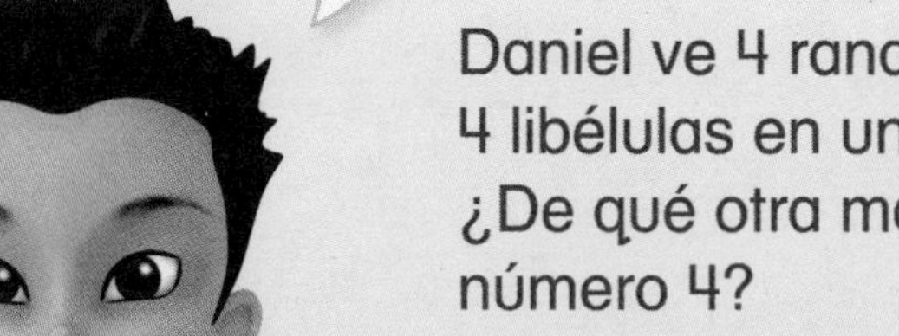

Daniel ve 4 ranas. Quiere dibujar 4 libélulas en una ordenación diferente. ¿De qué otra manera puede mostrar el número 4?

4

4

Hábitos de razonamiento

¿Qué representan los números?

¿Cómo se relacionan los números en el problema?

¿Cómo puedo mostrar un problema verbal usando dibujos o números?

¿Cómo puedo usar un problema verbal para mostrar lo que significa una ecuación?

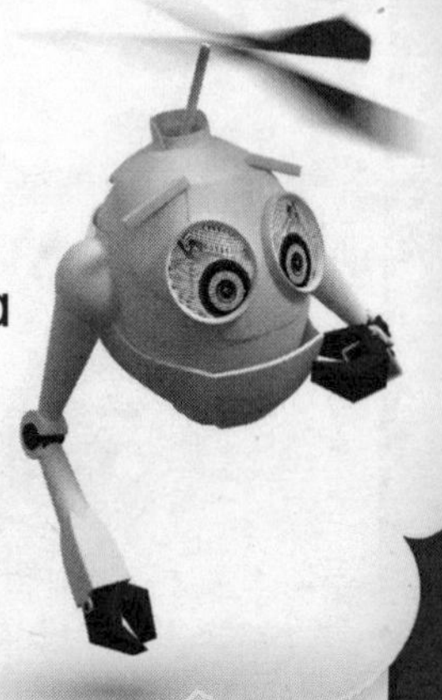

PM.3 Construir argumentos viables y evaluar el razonamiento de otros.

Los que razonan correctamente en matemáticas usan las matemáticas para explicar por qué tienen razón. También pueden opinar sobre los problemas de matemáticas que otros hacen.

Usé un dibujo y palabras para explicar mi razonamiento.

¿En qué se parece el segundo recuadro al primer recuadro? Explica tu respuesta.

Conté las estrellas. Conté las fichas.
Ambos recuadros tienen 3 cosas.

Hábitos de razonamiento

¿Cómo puedo usar las matemáticas para explicar mi trabajo?

¿Estoy usando los números y los signos o símbolos correctos?

¿Es clara mi explicación?

¿Qué preguntas puedo hacer para entender el razonamiento de otros?

¿Hay errores en el razonamiento de otros?

¿Puedo mejorar el razonamiento de otros?

PM.4 Representar con modelos matemáticos.

Usé las casillas coloreadas para representar la respuesta correcta.

Los que razonan correctamente en matemáticas usan las matemáticas que saben para representar y resolver problemas.

Coloca 2 fichas en el nido. Pío Pío encontró estas lombrices para sus bebés. ¿Cómo puedes usar el modelo siguiente para representar cuántas lombrices encontró Pío Pío?

Hábitos de razonamiento

¿Cómo puedo usar lo que sé de matemáticas como ayuda para resolver este problema?

¿Puedo usar un dibujo, diagrama, tabla u objetos para representar el problema?

¿Puedo escribir una ecuación para representar el problema?

Usar herramientas apropiadas de manera estratégica.

¿Cuántas hojas hay en total? Usa fichas, cubos conectables u otros objetos para representar cuántas hay y luego escribe el número que indica cuántas hay.

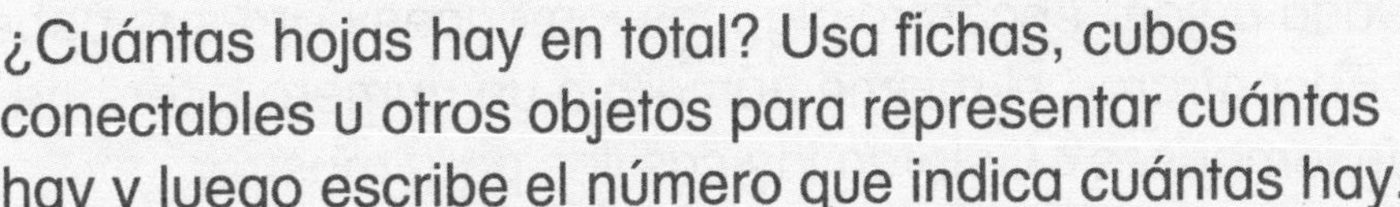

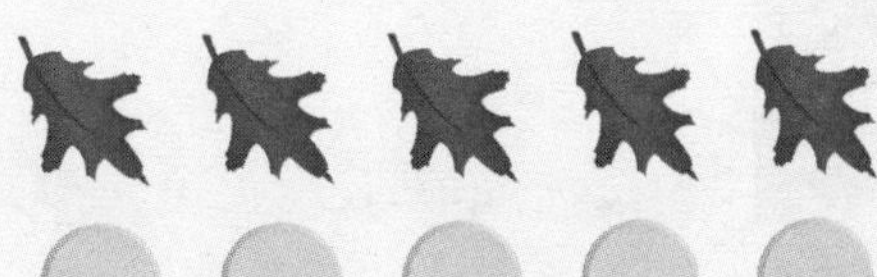

Hábitos de razonamiento

¿Qué herramientas puedo usar?

¿Hay otra herramienta diferente que podría usar?

¿Estoy usando la herramienta correcta?

Prestar atención a la precisión.

Los que razonan correctamente en matemáticas se expresan por escrito y oralmente con cuidado para que sus ideas sobre las matemáticas sean claras.

Conté y coloreé con cuidado.

Cada pájaro encontró algunas lombrices para sus bebés. ¿Encontraron el mismo número o un número diferente de lombrices? Colorea las casillas para mostrar cómo lo sabes.

Hábitos de razonamiento

¿Estoy usando los números, las unidades y los signos o símbolos correctos?

¿Estoy usando las definiciones correctas?

¿Es clara mi respuesta?

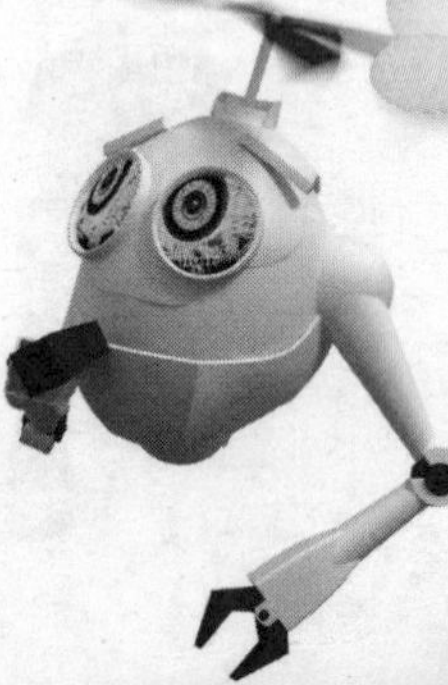

PM.7 Buscar y usar la estructura.

Los que razonan correctamente en matemáticas buscan los patrones matemáticos y los usan como ayuda para resolver problemas

Encontré un patrón.

¿Cómo puedes indicar cuántos objetos ves sin haberlos contado primero? Explica cómo sabes que tienes razón.

Hábitos de razonamiento

¿Hay un patrón?

¿Cómo puedo describir el patrón?

¿Puedo separar el problema en partes más sencillas?

PM.8 Buscar y expresar uniformidad en los razonamientos repetidos.

La primera fila tiene una ficha coloreada. En la fila siguiente hay 1 ficha coloreada más que en la fila anterior. ¿Cuántas fichas coloreadas habrá en la última fila?

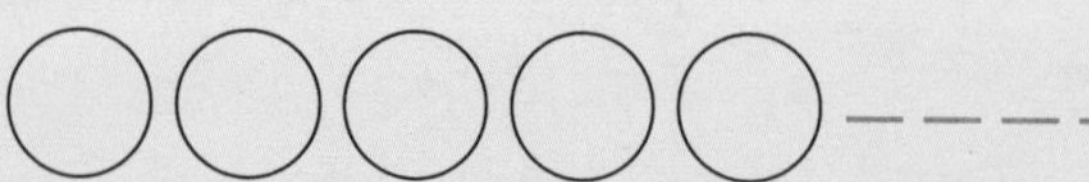

Hábitos de razonamiento

¿Hay algo que se repite en el problema?

¿Cómo puede la solución ayudarme a resolver otro problema?

Manual de Prácticas matemáticas y resolución de problemas

Guía para la resolución de problemas

Entender el problema

Razonar

- ¿Qué necesito hallar?
- ¿Qué información que ya conozco puedo usar?
- ¿Cómo están relacionadas las cantidades?

Pensar en problemas similares

- ¿He resuelto ya problemas de este tipo?

Perseverar en resolver el problema

Representar con modelos matemáticos

- ¿Cómo puedo usar lo que sé de matemáticas?
- ¿Cómo puedo representar el problema?
- ¿Hay algún patrón que pueda usar?

Usar herramientas apropiadas

- ¿Qué herramientas podría usar?
- ¿Cómo puedo usar esas herramientas?

Comprobar la respuesta

Entender la respuesta

- ¿Es razonable mi respuesta?

Verificar la precisión

- ¿Revisé mi trabajo?
- ¿Es clara mi respuesta?
- ¿Es clara mi explicación?

Algunas maneras de representar problemas

- Hacer un dibujo
- Escribir una ecuación

Algunas herramientas matemáticas

- Objetos
- Tecnología
- Papel y lápiz

Manual de Prácticas matemáticas y resolución de problemas

Resolución de problemas: Hoja de anotaciones

Nombre Gretchen

Elemento didáctico 1

Resolución de problemas: Hoja de anotaciones

Problema:

Hay 5 pájaros en una cerca.
2 pájaros se van volando.
¿Cuántos pájaros quedan?

ENTIENDE EL PROBLEMA

Necesito hallar	Puesto que...
Necesito hallar cuántos pájaros quedan.	Hay 5 pájaros en una cerca. 2 pájaros se van volando.

PERSEVERA EN RESOLVER EL PROBLEMA

Algunas maneras de representar problemas	Solución y respuesta
☑ Hacer un dibujo ☑ Escribir una ecuación **Algunas herramientas matemáticas** ☐ Objetos ☐ Tecnología ☑ Papel y lápiz	 3 pájaros 5 − 2 = 3

COMPRUEBA LA RESPUESTA

Escuché el problema otra vez. Revisé mi dibujo y conté los pájaros que quedaron: 3 pájaros. Mi respuesta es correcta.

ED1

TEMA 9

Contar números hasta 20

Pregunta esencial: ¿Cómo se cuentan, leen, escriben y representan los números hasta 20 para indicar cuántos hay?

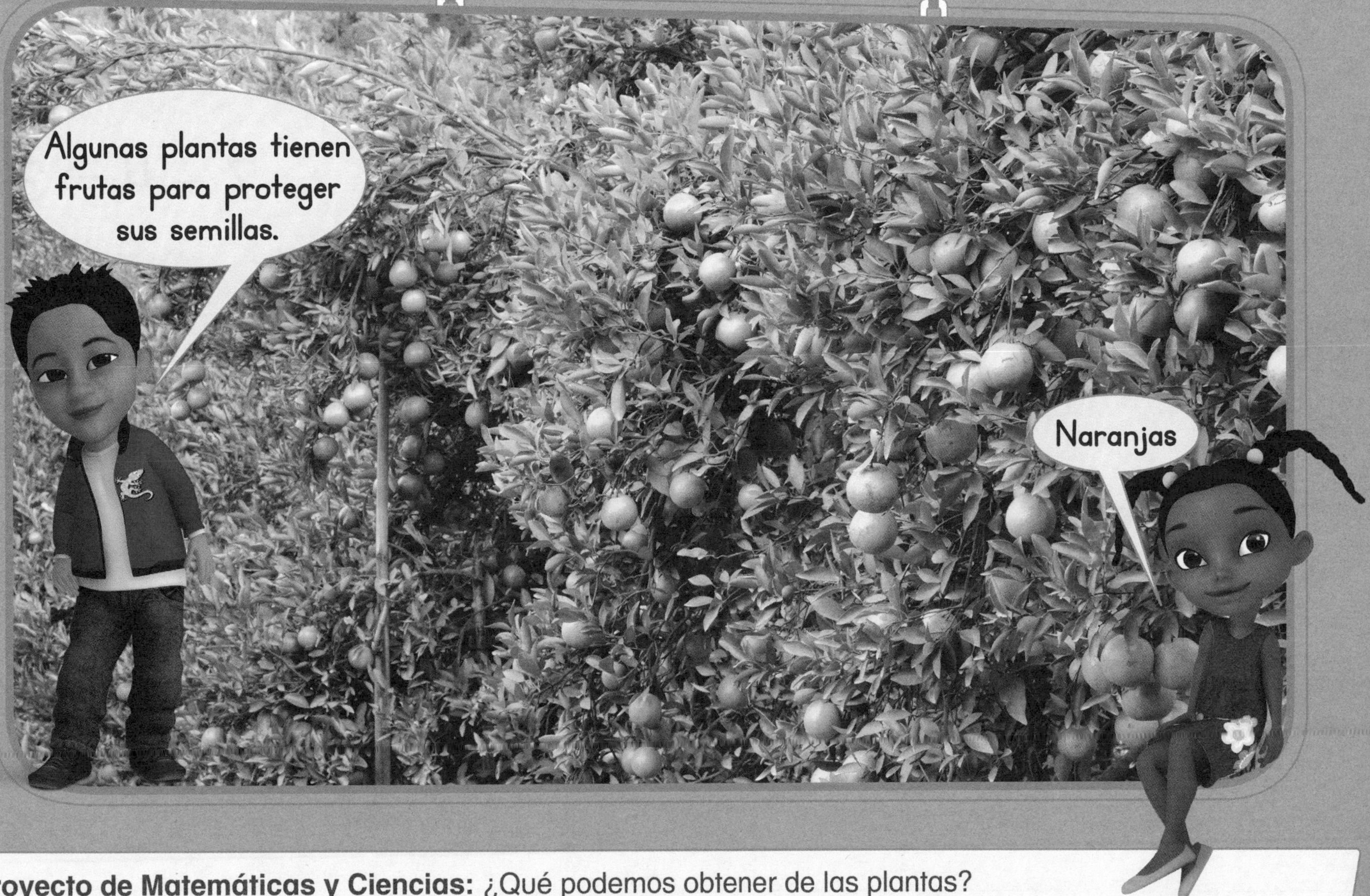

Proyecto de Matemáticas y Ciencias: ¿Qué podemos obtener de las plantas?

Instrucciones Lea el diálogo a los estudiantes. **¡Investigar!** Pida a los estudiantes que investiguen las maneras en que las plantas influyen en el medio ambiente. Diga: *Hablen con sus amigos y familiares sobre lo que representan las plantas para el medio ambiente.* Pregúntenles cómo los humanos y los animales usan lo que hay en su medio ambiente o en su entorno, como las plantas, para satisfacer sus necesidades. **Diario: Hacer un cartel** Pida a los estudiantes que hagan un cartel. Pídales que dibujen algunas maneras en que las plantas pueden proveer comida y albergue para los animales y los seres humanos. Luego, pídales que dibujen un naranjo con 15 naranjas.

Nombre ______________________

Repasa lo que sabes

$5 + 4 = 9$

$5 - 4 = 1$

2

$6 - 3 = 3$

3

$7 - 4 = 3$

4

5 15 10

______ ______ ______

______ + ______ = ______

Instrucciones Pida a los estudiantes que: 1 encierren en un círculo la ecuación que muestra la suma; 2 encierren en un círculo el signo menos; 3 encierren en un círculo la diferencia; 4 encierren en un círculo el número que indica cuántas fichas se muestran; 5 cuenten las fichas rojas, cuenten las fichas amarillas y luego escriban la ecuación para hallar la suma.

A-Z Glosario

Mis tarjetas de palabras

Instrucciones Pida a los estudiantes que recorten las tarjetas de palabras. Lea la palabra o frase de la tarjeta y pídales que expliquen lo que la palabra o la frase significa.

once

doce

trece

catorce

quince

dieciséis

Mis tarjetas de palabras

Instrucciones Revise las definiciones con los estudiantes y pídales que estudien las tarjetas. Para ampliar el aprendizaje, pida a los estudiantes que hagan dibujos de cada palabra en una hoja de papel.

13

Señale las manzanas.
Diga: *Hay **13** manzanas.*

12

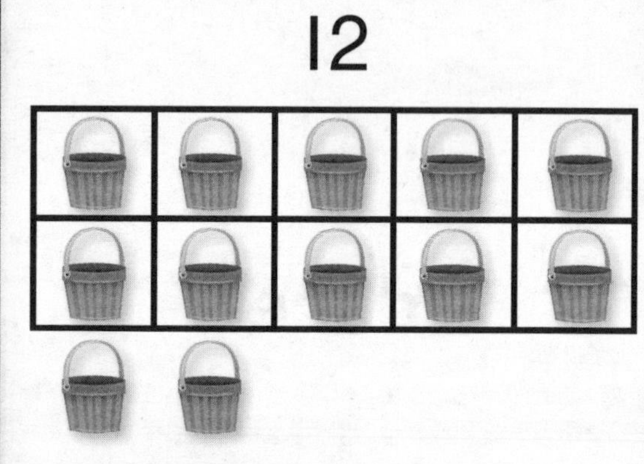

Señale las cubetas.
Diga: *Hay **12** cubetas.*

11

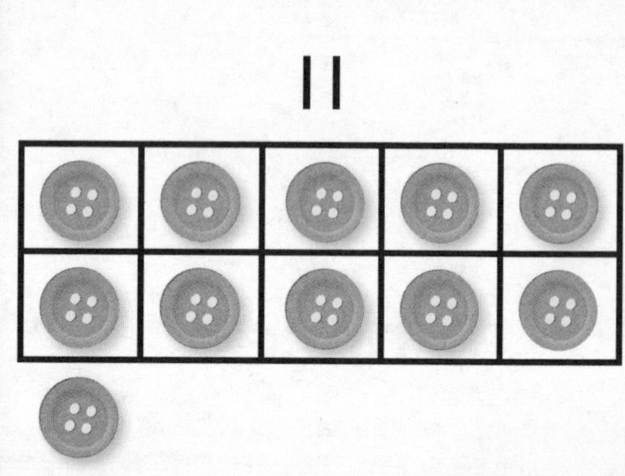

Señale los botones.
Diga: *Hay **11** botones.*

16

Señale los cerditos.
Diga: *Hay **16** cerditos.*

15

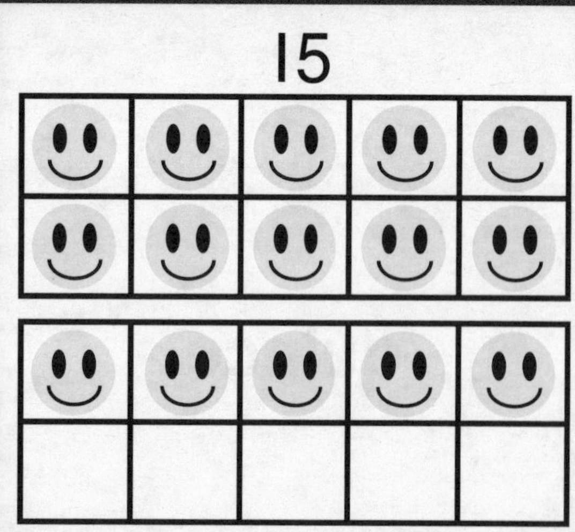

Señale las caritas sonrientes.
Diga: *Hay **15** caritas sonrientes.*

14

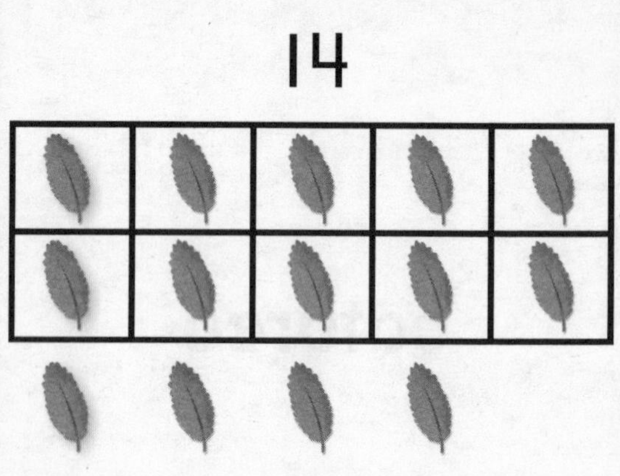

Señale las hojas.
Diga: *Hay **14** hojas.*

A-Z Glosario

Mis tarjetas de palabras

Instrucciones Pida a los estudiantes que recorten las tarjetas de palabras. Lea la palabra o frase de la tarjeta y pídales que expliquen lo que la palabra o la frase significa.

diecisiete	**dieciocho**	**diecinueve**
veinte	**fila**	

Mis tarjetas de palabras

Instrucciones Revise las definiciones con los estudiantes y pídales que estudien las tarjetas. Para ampliar el aprendizaje, pida a los estudiantes que hagan dibujos de cada palabra en una hoja de papel.

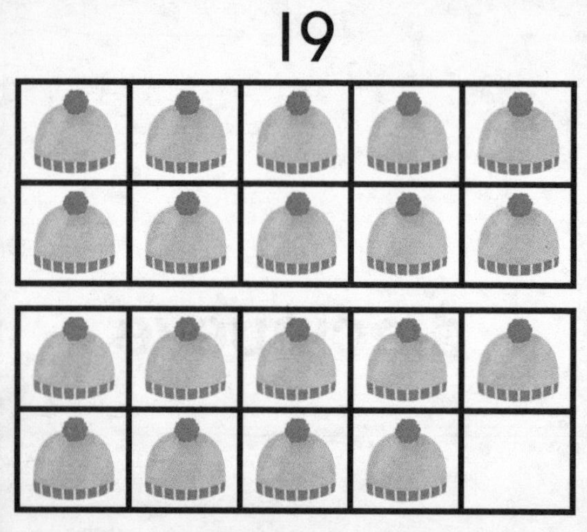

Señale los gorros.
Diga: *Hay **19** gorros.*

Señale las estrellas.
Diga: *Hay **18** estrellas.*

Señale las lunas.
Diga: *Hay **17** lunas.*

1	2	3	4	5
11	12	13	14	15
21	22	23	24	25
31	32	33	34	35

Señale la fila encerrada en un círculo.
Diga: *Esta es una **fila.** Las filas van de lado a lado.*

Señale los soles.
Diga: *Hay **20** soles.*

Resuélvelo y coméntalo

Nombre ____________________

Resuelve

Lección 9-1

Contar y escribir 11 y 12

Instrucciones Diga: *Carlos tiene una colección de carros de juguete. ¿Cómo puede Carlos mostrar cuántos carros tiene? Usen fichas y luego dibújenlas para mostrar una manera.*

Puedo...
contar y escribir los números 11 y 12.

Estándares de contenido
K.CNC.A.3, K.CNC.B.5
Prácticas matemáticas
PM.2, PM.3, PM.4, PM.6

11

once

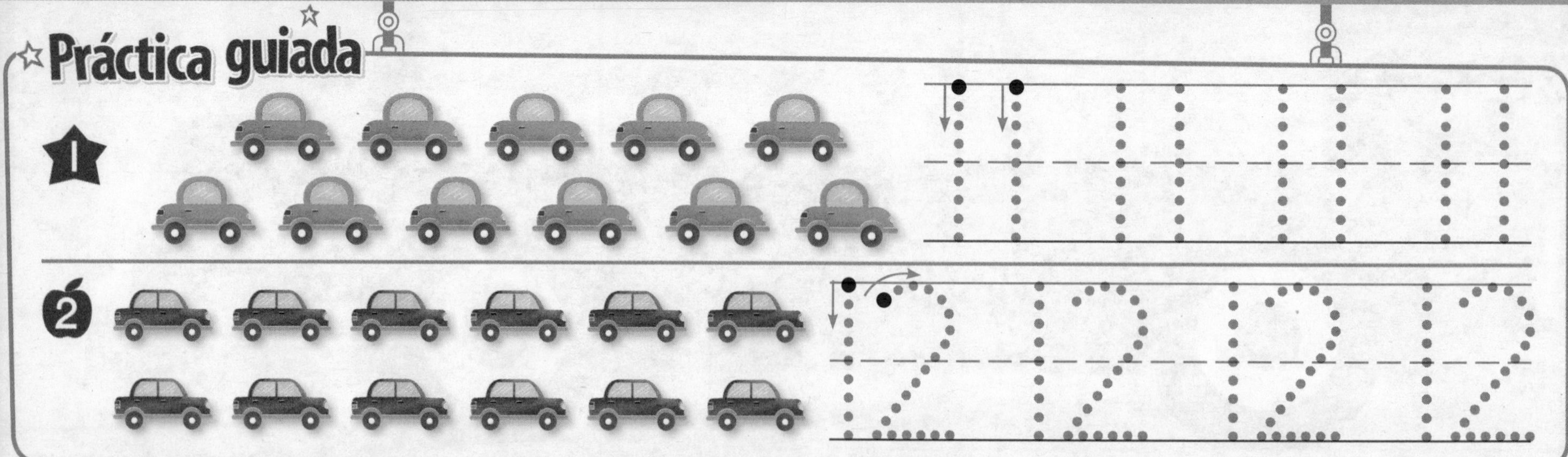

Instrucciones 1 y 2 Pida a los estudiantes que cuenten los carros que hay en cada grupo y luego practiquen la escritura del número que indica cuántos carros hay.

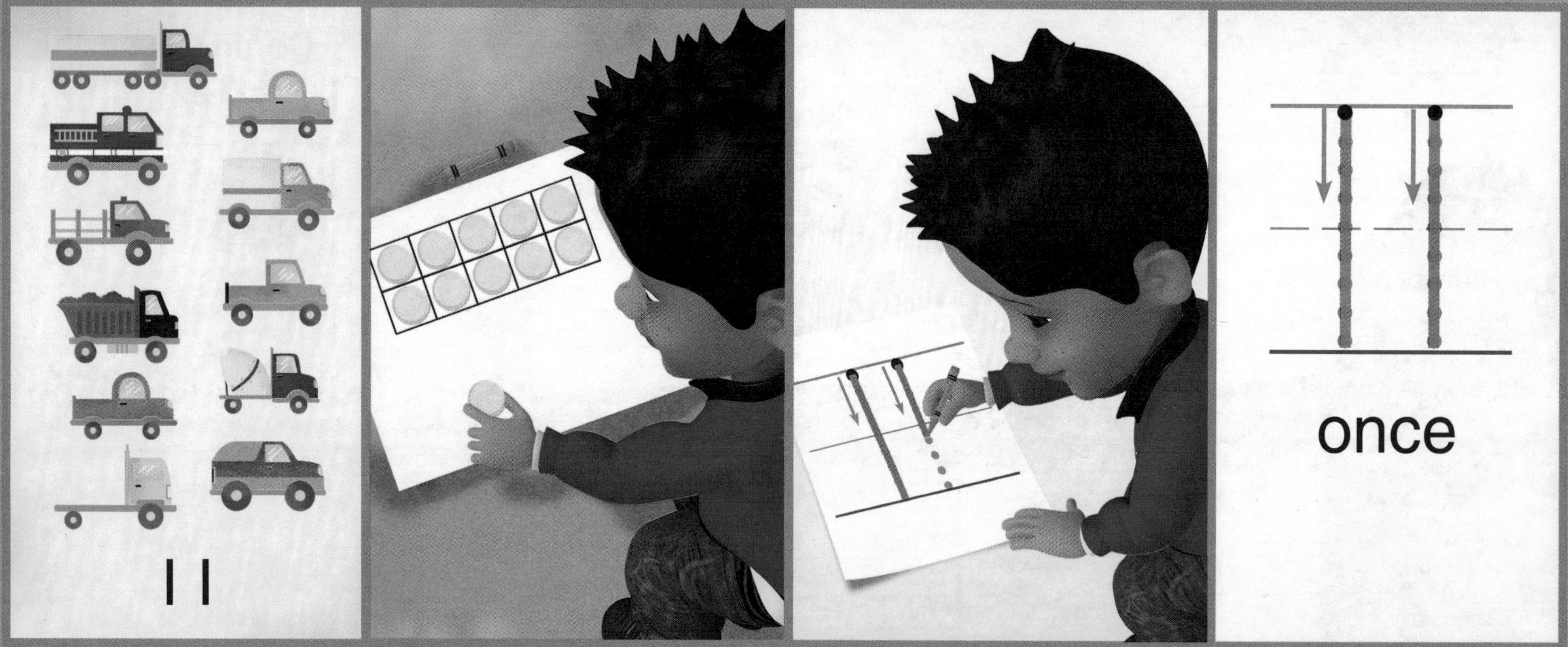

Nombre ______

3

______

4

______

5

______

6

______ ______

Instrucciones 3 a 5 Pida a los estudiantes que cuenten los juguetes que hay en cada grupo y luego practiquen la escritura del número que indica cuántos hay. 6 **Sentido numérico** Pida a los estudiantes que cuenten los carros de tren, escriban el número que indica cuántos hay y luego escriban el número que viene después de ese número.

Práctica independiente

7

8

9

10

Instrucciones 7 a 9 Pida a los estudiantes que cuenten los juguetes que hay en cada grupo y luego practiquen la escritura del número que indica cuántos hay. 10 **Razonamiento de orden superior** Pida a los estudiantes que dibujen 11 juguetes y luego practiquen la escritura del número que indica cuántos hay.

Nombre ______________________

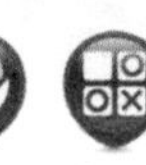

Ayuda Herramientas Juegos

Tarea y práctica 9-1

Contar y escribir 11 y 12

ACTIVIDAD PARA EL HOGAR
Dibuje grupos de 11 y 12 círculos en 2 tarjetas. Pida a su niño(a) que escriba el número correcto en el reverso de cada tarjeta. Luego, use las tarjetas para practicar el conteo y la lectura de los números 11 y 12.

¡Revisemos!

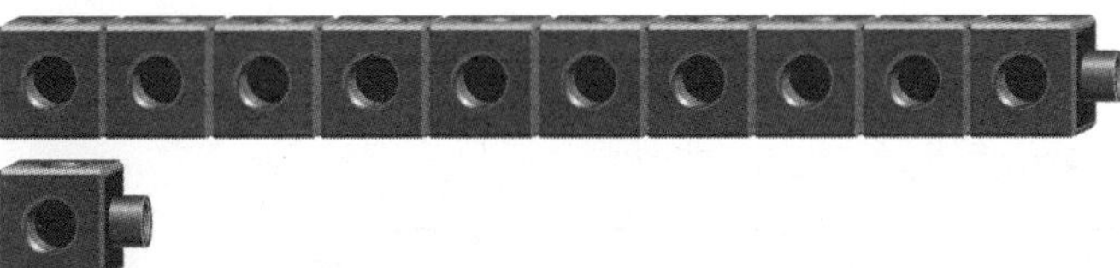

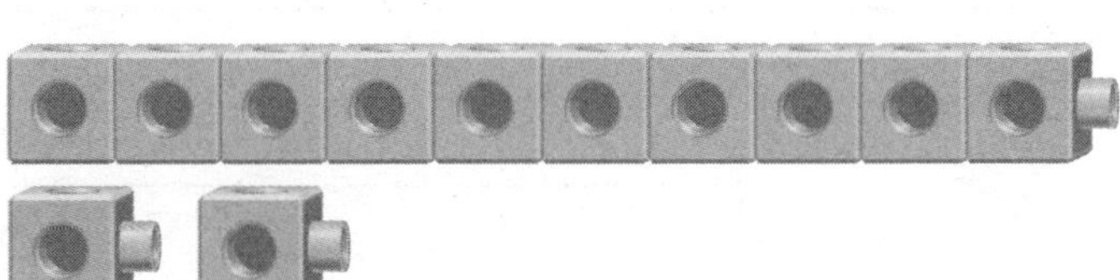

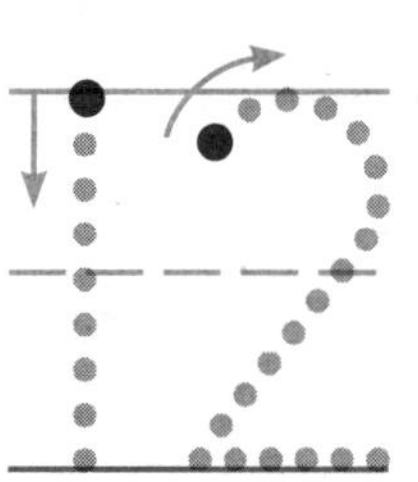

1

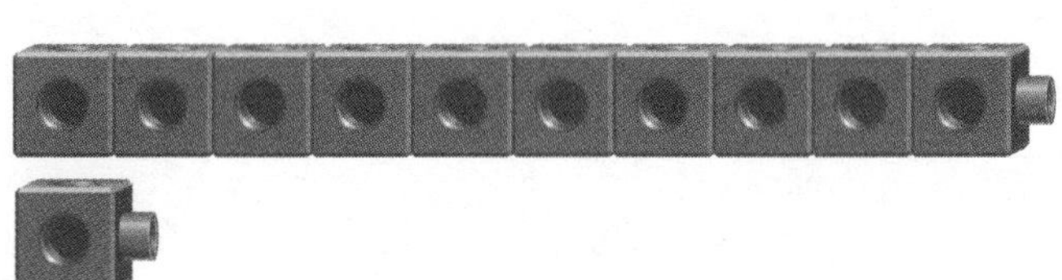

2

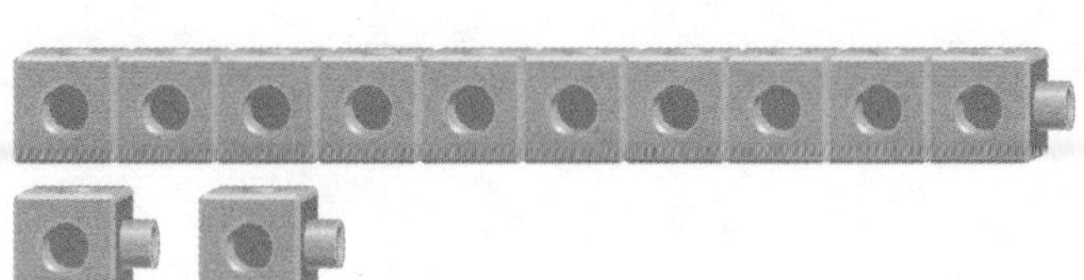

Instrucciones Diga: *Cuenten los cubos conectables y luego escriban el número que indica cuántos cubos hay.* 1 y 2 Pida a los estudiantes que cuenten los cubos conectables y luego escriban el número que indica cuántos cubos hay.

3

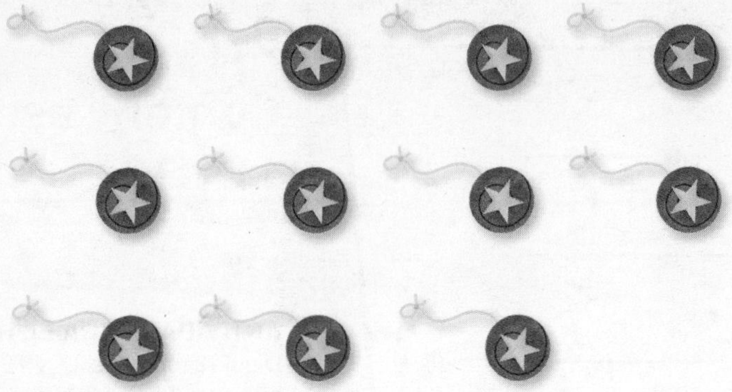

4

5

Instrucciones 3 Pida a los estudiantes que cuenten los yoyós y luego practiquen la escritura del número que indica cuántos yoyós hay. 4 **Razonamiento de orden superior** Pida a los estudiantes que dibujen 12 objetos y luego practiquen la escritura del número que indica cuántos objetos hay. 5 **Razonamiento de orden superior** Pida a los estudiantes que cuenten cada grupo de carros y luego escriban los números que indican cuántos carros hay.

Resuélvelo y coméntalo

Nombre ______________________________

Resuelve

Lección 9-2

Contar y escribir 13, 14 y 15

Instrucciones Diga: *Carlos recolectó hojas para colocarlas en un álbum. ¿Cómo puede Carlos mostrar el número de hojas que tiene? Usen fichas y luego dibújenlas para mostrar una manera.*

Puedo...
contar y escribir los números 13, 14 y 15.

Estándares de contenido
K.CNC.A.3, K.CNC.B.5
Prácticas matemáticas
PM.3, PM.4, PM.6, PM.8

13

trece

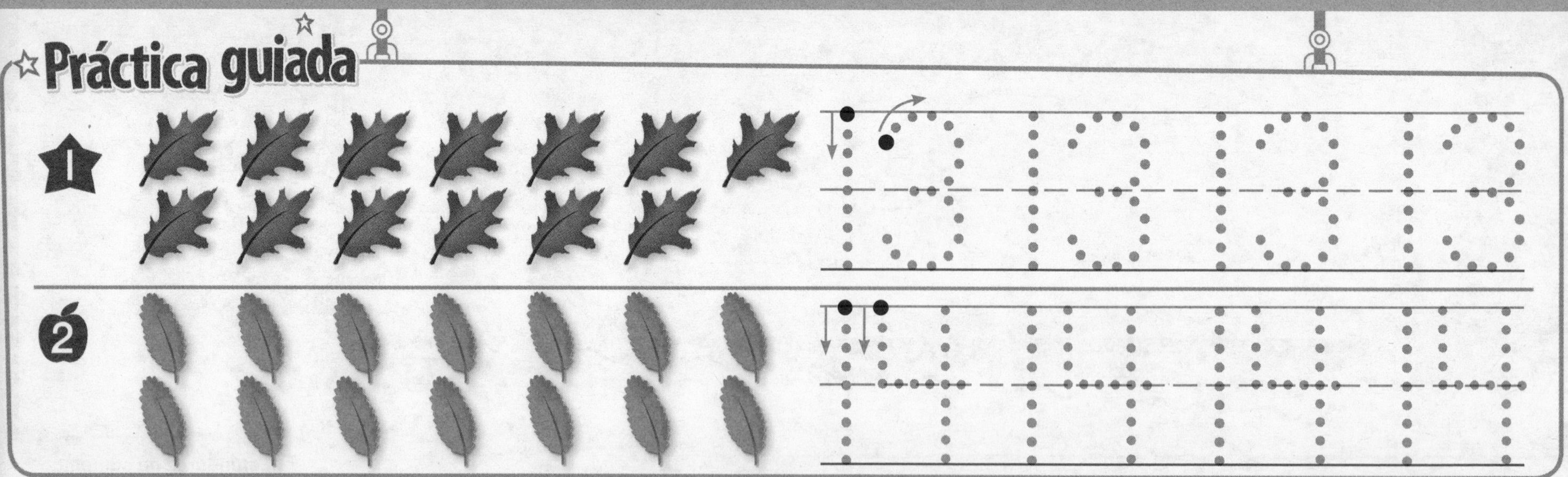

Instrucciones 1 y 2 Pida a los estudiantes que cuenten las hojas que hay en cada grupo y luego practiquen la escritura del número que indica cuántas hojas hay.

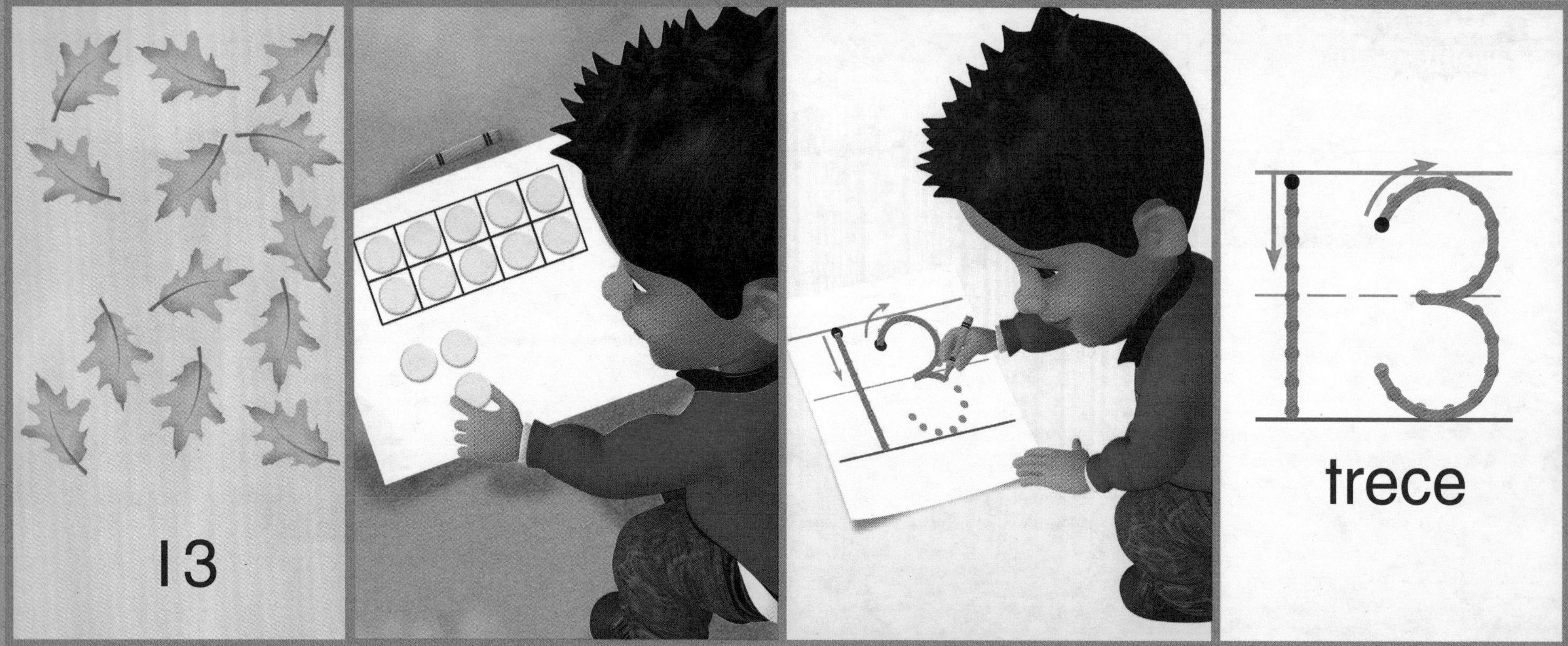

Nombre

3

15 15 15 15

4

5

6

Instrucciones 3 a 5 Pida a los estudiantes que cuenten las hojas que hay en cada grupo y luego practiquen la escritura del número que indica cuántas hojas hay. 6 **Matemáticas y Ciencias** Diga: *Los árboles usan sus hojas para convertir la luz del sol en su alimento.* Pida a los estudiantes que cuenten las hojas verdes y luego practiquen la escritura del número que indica cuántas hay.

☆ Práctica independiente ☆

Herramientas Evaluación

7

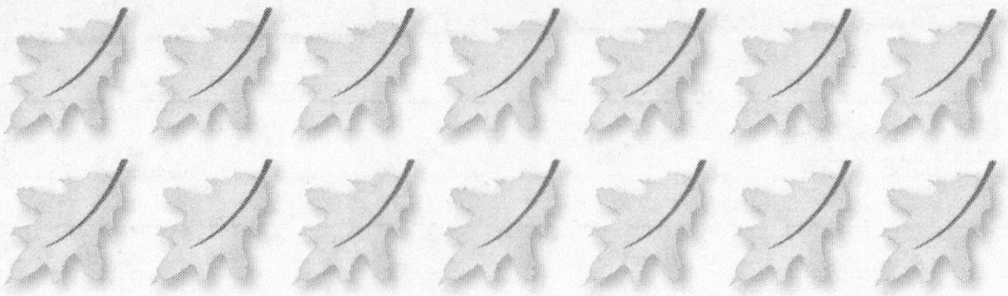

8

9

10

Instrucciones 7 a 9 Pida a los estudiantes que cuenten las hojas en cada grupo y luego practiquen la escritura del número que indica cuántas hay. 10 **Razonamiento de orden superior** Pida a los estudiantes que dibujen 14 hojas y luego practiquen la escritura del número que indica cuántas hay.

Nombre ______________________

Tarea y práctica 9-2

Contar y escribir 13, 14 y 15

ACTIVIDAD PARA EL HOGAR Pida a su niño(a) que escriba los números 13, 14 y 15 en 3 tarjetas. Muéstrele grupos de 13, 14 y 15 objetos. Pida a su niño(a) que cuente los objetos en cada grupo, diga los números y ponga cada tarjeta junto al grupo que corresponda.

¡Revisemos!

13

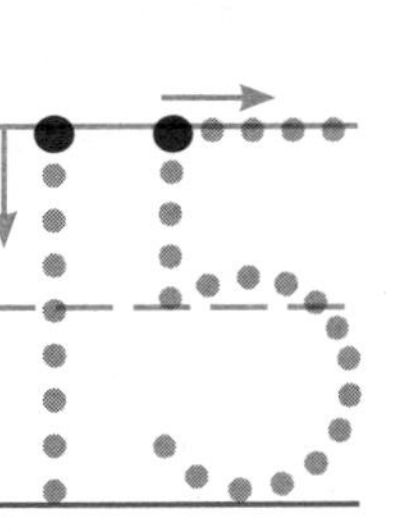

15

1

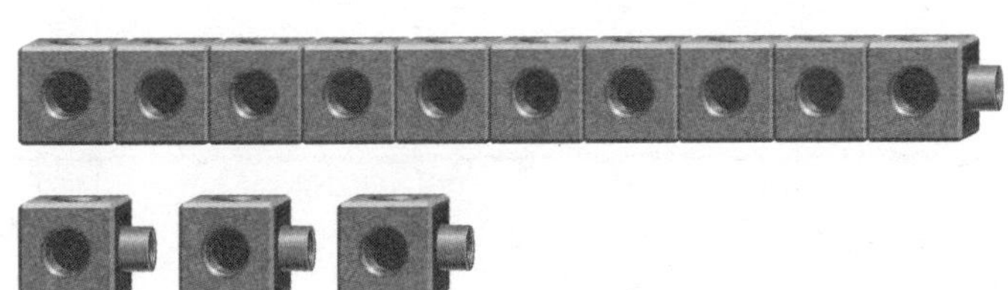

2

Instrucciones Diga: *Cuenten los cubos conectables y luego escriban el número que indica cuántos cubos hay.* 1 y 2 Pida a los estudiantes que cuenten los cubos conectables y luego escriban el número que indica cuántos cubos hay.

3

5

Instrucciones 3 Pida a los estudiantes que cuenten las hojas y luego practiquen la escritura del número que indica cuántas hojas hay. 4 **Razonamiento de orden superior** Pida a los estudiantes que dibujen 13 hojas y luego practiquen la escritura del número que indica cuántas hay. 5 **Razonamiento de orden superior** Pida a los estudiantes que cuenten cada grupo de hojas y luego escriban los números que indican cuántas hay.

Nombre ______________________________

Lección 9-3

Contar y escribir 16 y 17

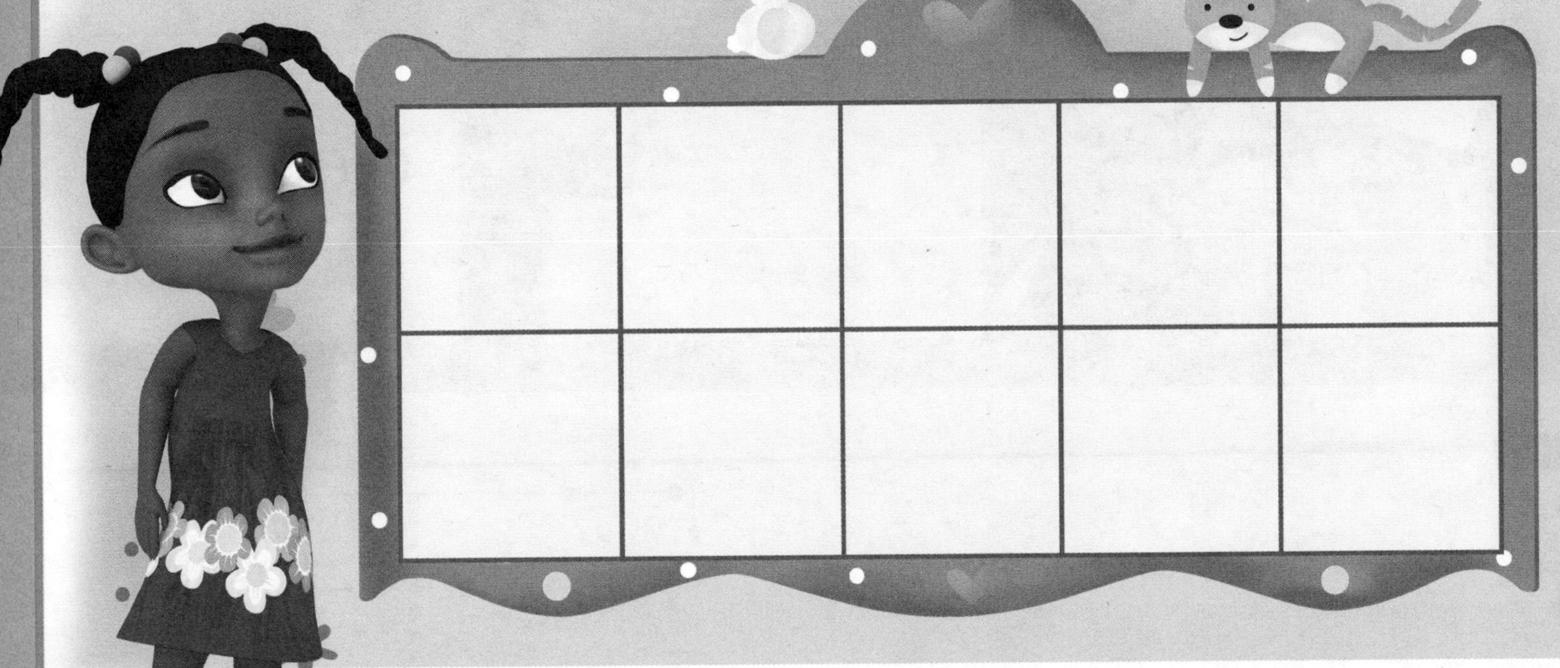

Instrucciones Diga: *Jada tiene una colección de cerditos de juguete. ¿Cómo puede hacer Carlos para mostrar el número de cerditos que tiene Jada? Usen fichas y luego dibújenlas para mostrar una manera.*

Puedo...
contar y escribir los números 16 y 17.

Estándares de contenido
K.CNC.A.3, K.CNC.B.5
Prácticas matemáticas
PM.2, PM.4, PM.6, PM.7

17

diecisiete

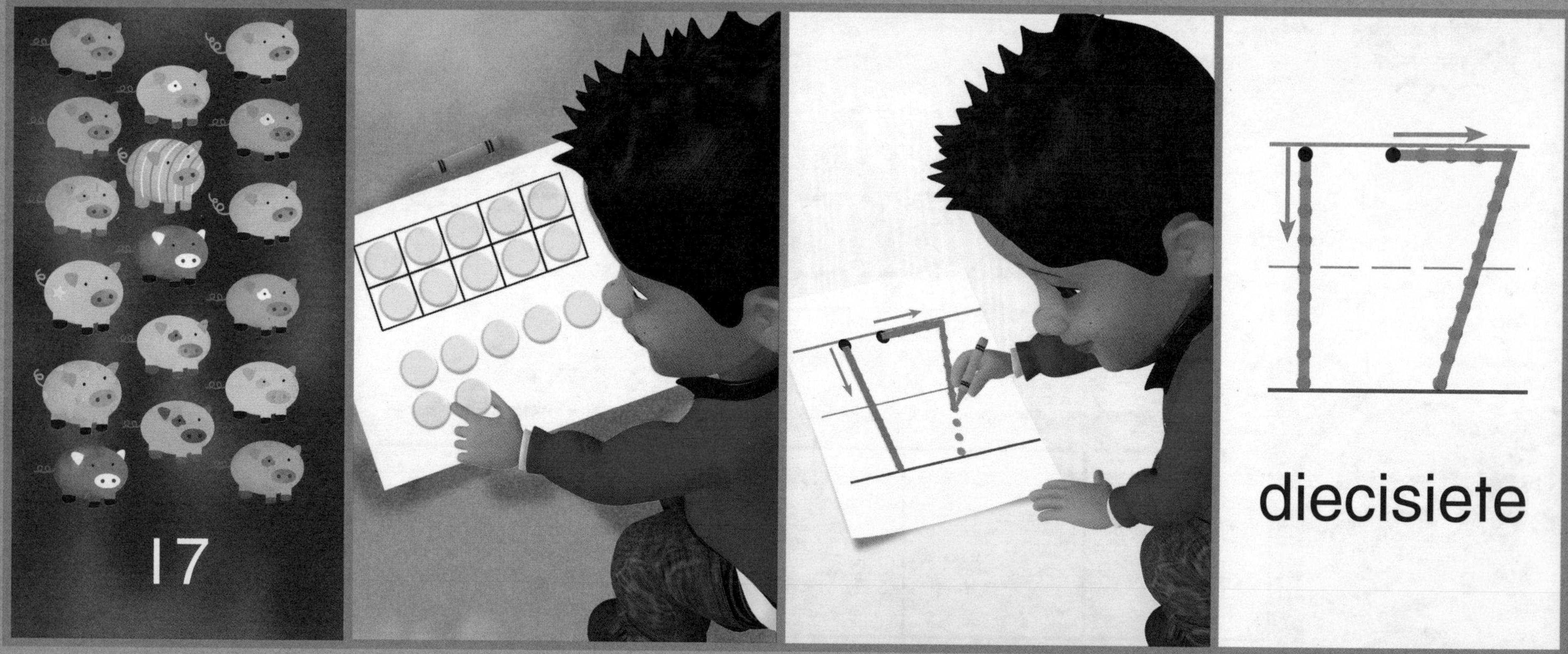

Instrucciones 1 y 2 Pida a los estudiantes que cuenten los cerditos de juguete que hay en cada grupo y luego practiquen la escritura del número que indica cuántos cerditos hay.

Nombre ______________________

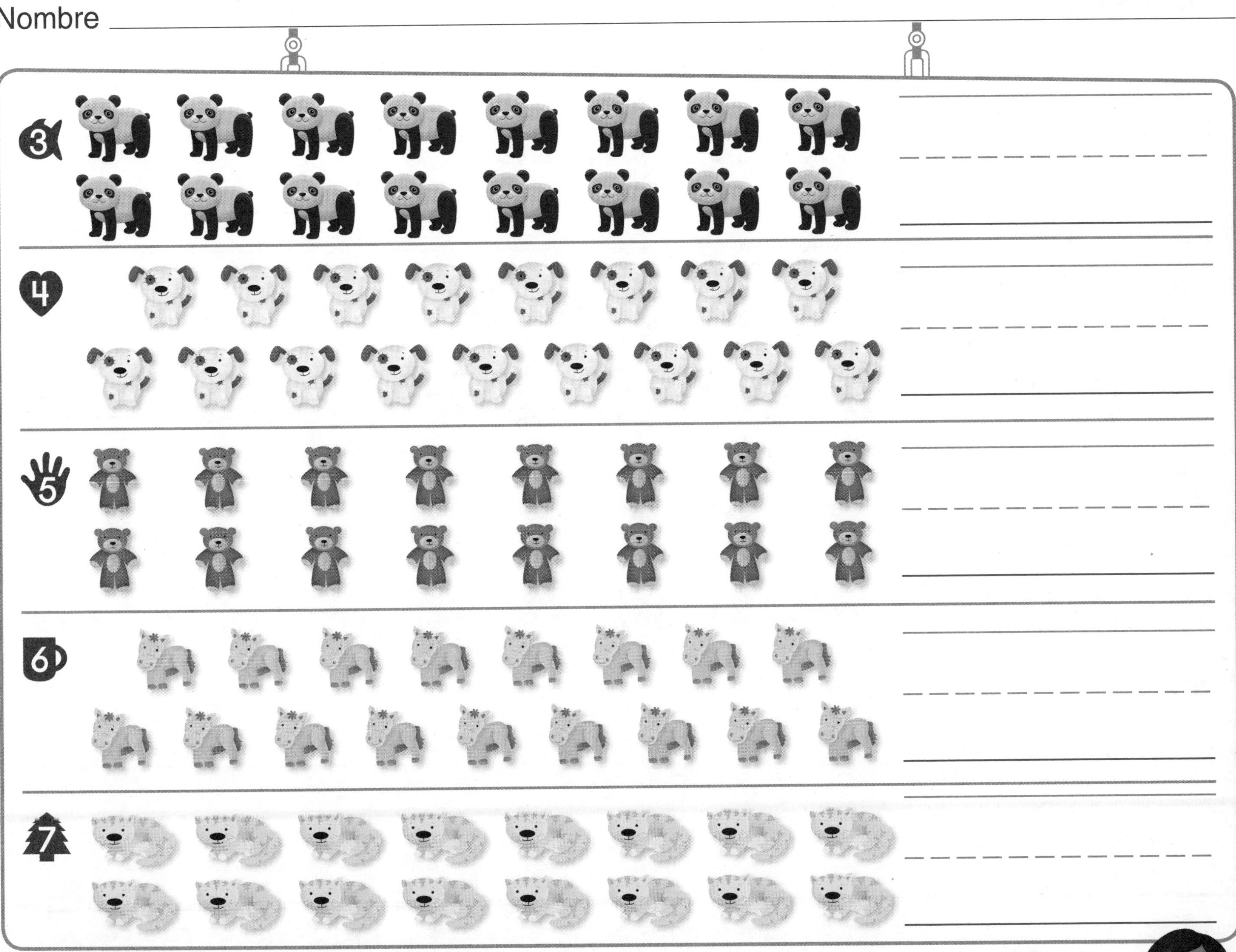

Instrucciones 3 a 7 Pida a los estudiantes que cuenten los animales de peluche que hay en cada grupo y luego practiquen la escritura del número que indica cuántos animales de peluche hay.

☆ Práctica independiente ☆

Herramientas Evaluación

8

9

10

11

Instrucciones 8 a 10 Pida a los estudiantes que cuenten los animales de peluche que hay en cada grupo y luego practiquen la escritura del número que indica cuántos animales de peluche hay. 11 **Razonamiento de orden superior** Pida a los estudiantes que dibujen 17 pelotas y luego practiquen la escritura del número que indica cuántas hay.

Nombre ______________________________

Tarea y práctica 9-3

Contar y escribir 16 y 17

ACTIVIDAD PARA EL HOGAR
Pida a su niño(a) que escriba los números 16 y 17 en 2 tarjetas. Muéstrele grupos de 16 y 17 objetos. Pídale que cuente los objetos, diga los números y luego ponga cada tarjeta junto al grupo que corresponda.

16

______

______

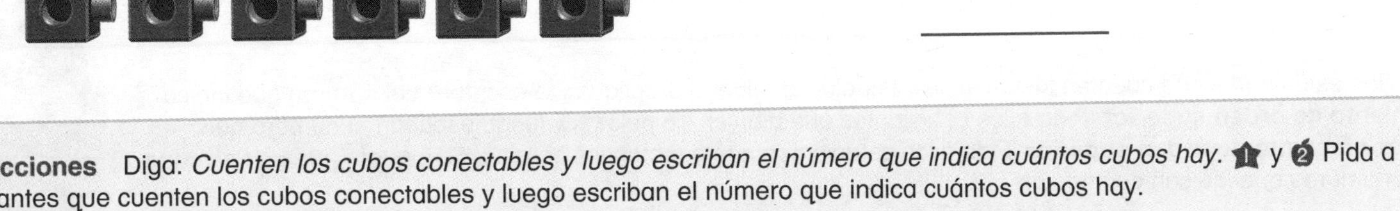

Instrucciones Diga: *Cuenten los cubos conectables y luego escriban el número que indica cuántos cubos hay.* 1 y 2 Pida a los estudiantes que cuenten los cubos conectables y luego escriban el número que indica cuántos cubos hay.

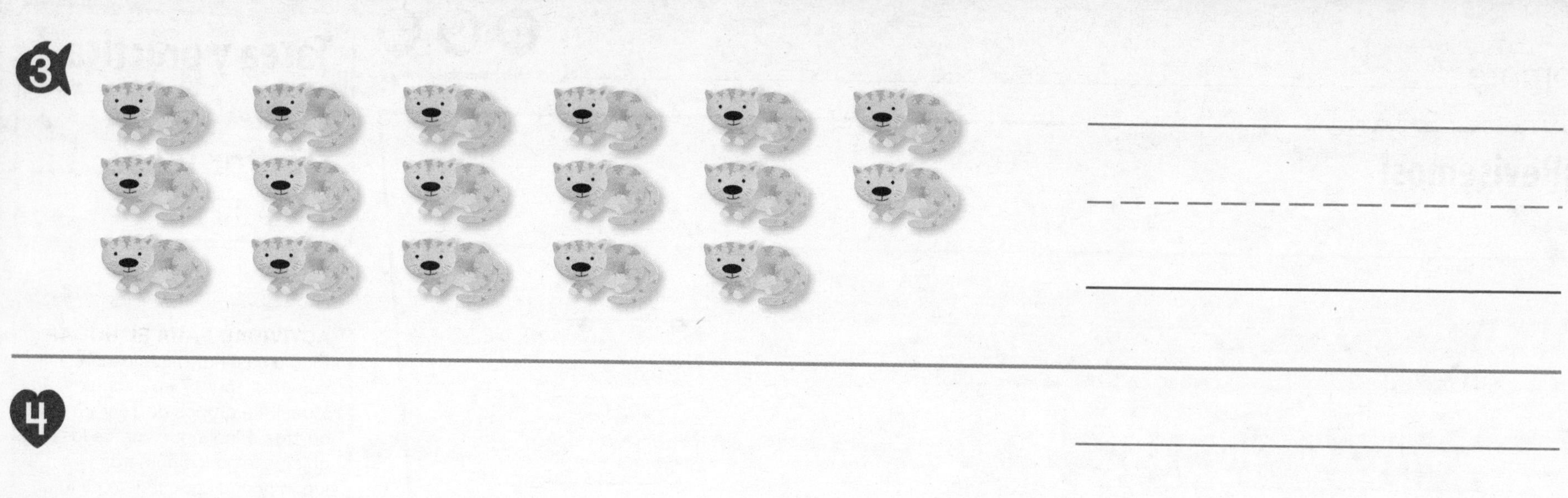

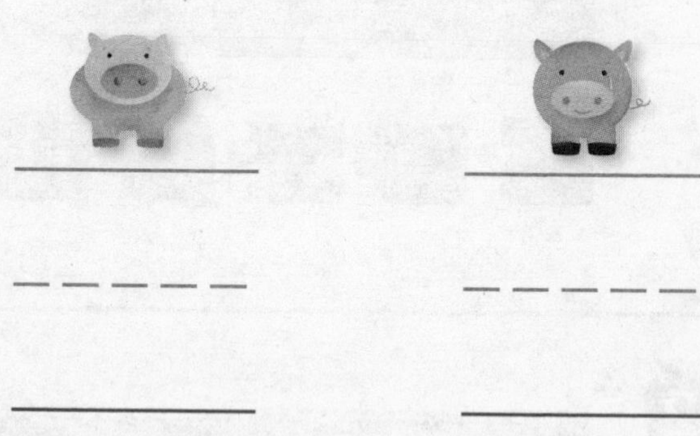

Instrucciones 3 Pida a los estudiantes que cuenten los animales de peluche y luego practiquen la escritura del número que indica cuántos hay. 4 **Razonamiento de orden superior** Pida a los estudiantes que dibujen 16 pelotas y luego escriban el número que indica cuántas hay. 5 **Razonamiento de orden superior** Pida a los estudiantes que cuenten los cerditos de juguete que hay en cada grupo y luego escriban los números que indican cuántos hay.

Nombre ______________________________

Lección 9-4

Contar y escribir 18, 19 y 20

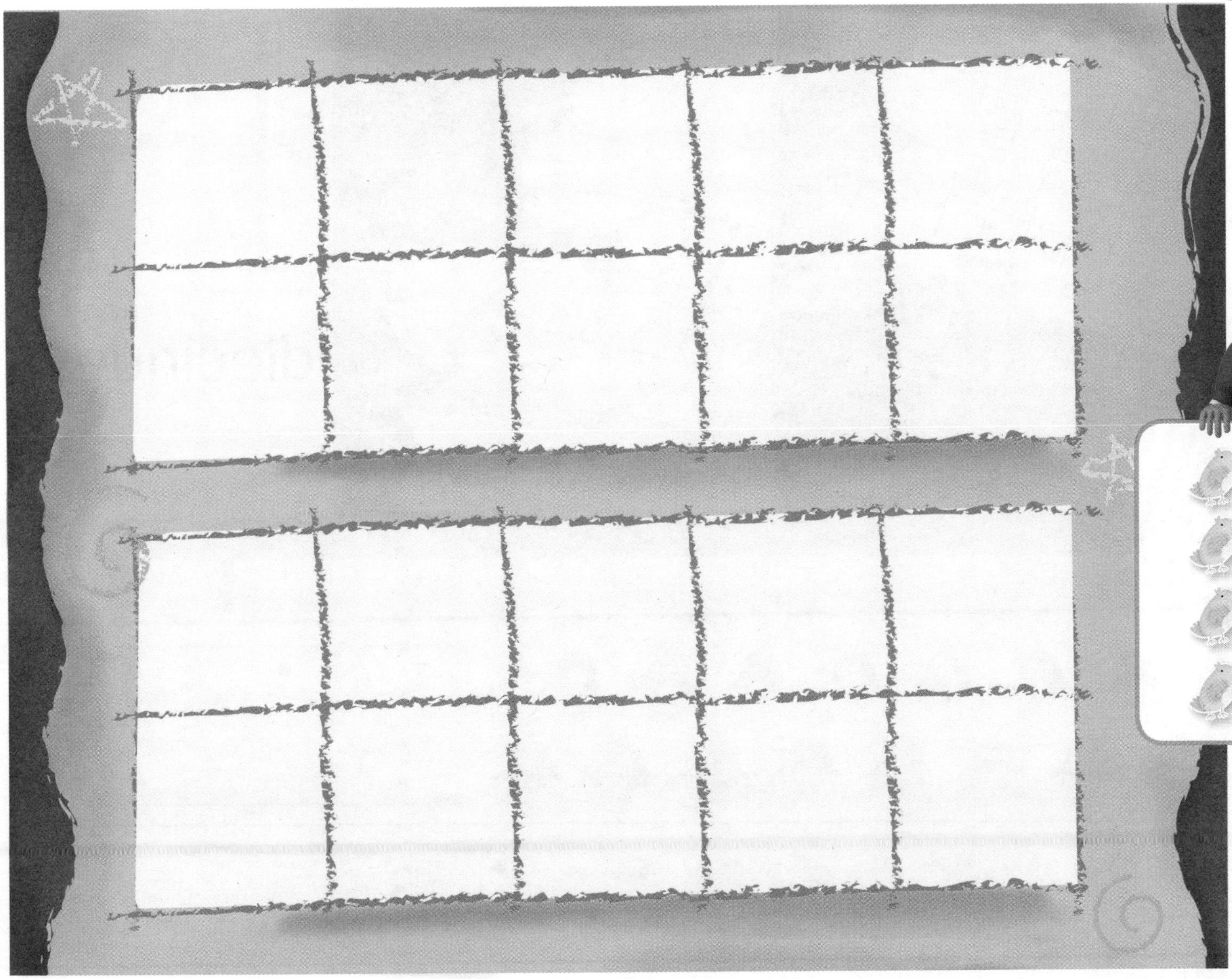

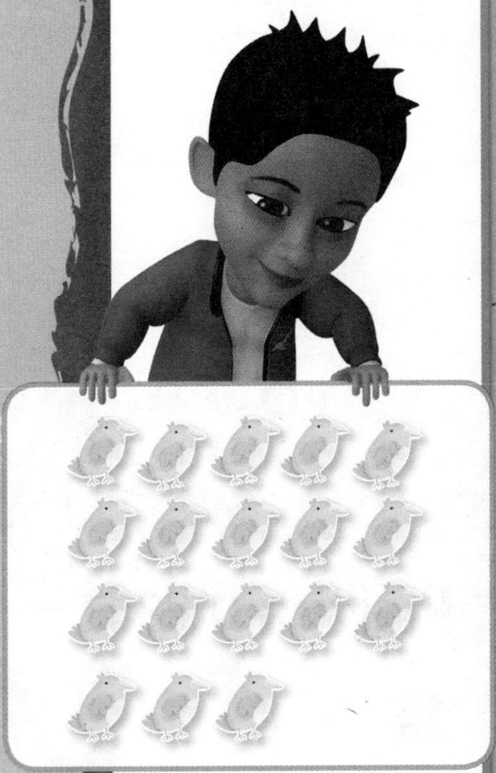

Instrucciones Diga: *Carlos tiene una colección de calcomanías de pájaros en su álbum. ¿Cómo puede hacer Carlos para mostrar el número de calcomanías de pájaros que tiene? Usen fichas y luego dibújenlas para mostrar una manera.*

Puedo...
contar y escribir los números 18, 19 y 20.

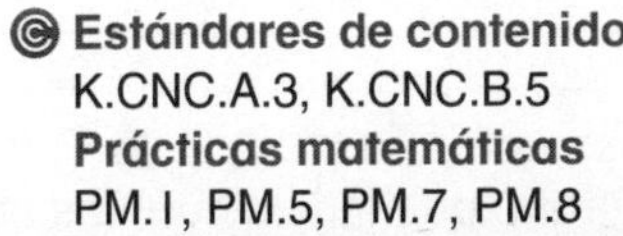

Estándares de contenido
K.CNC.A.3, K.CNC.B.5
Prácticas matemáticas
PM.1, PM.5, PM.7, PM.8

19

diecinueve

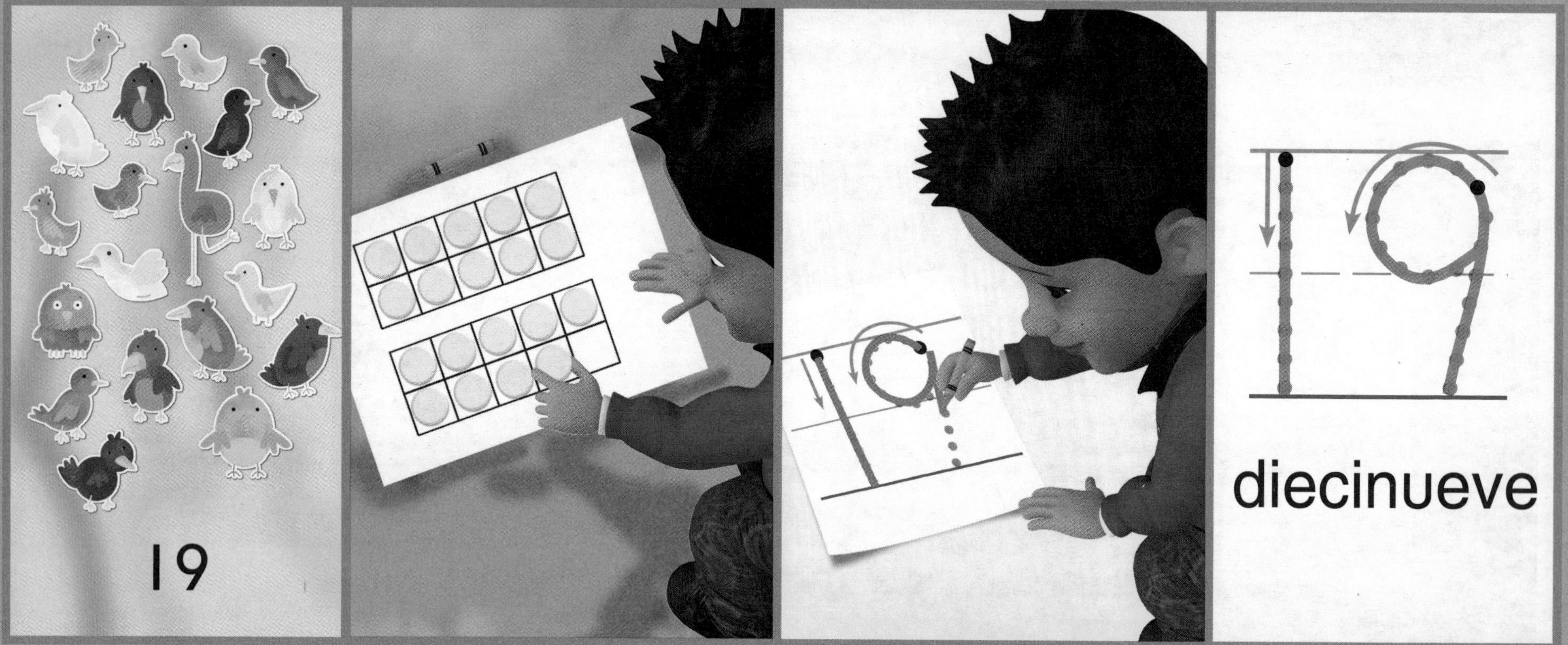

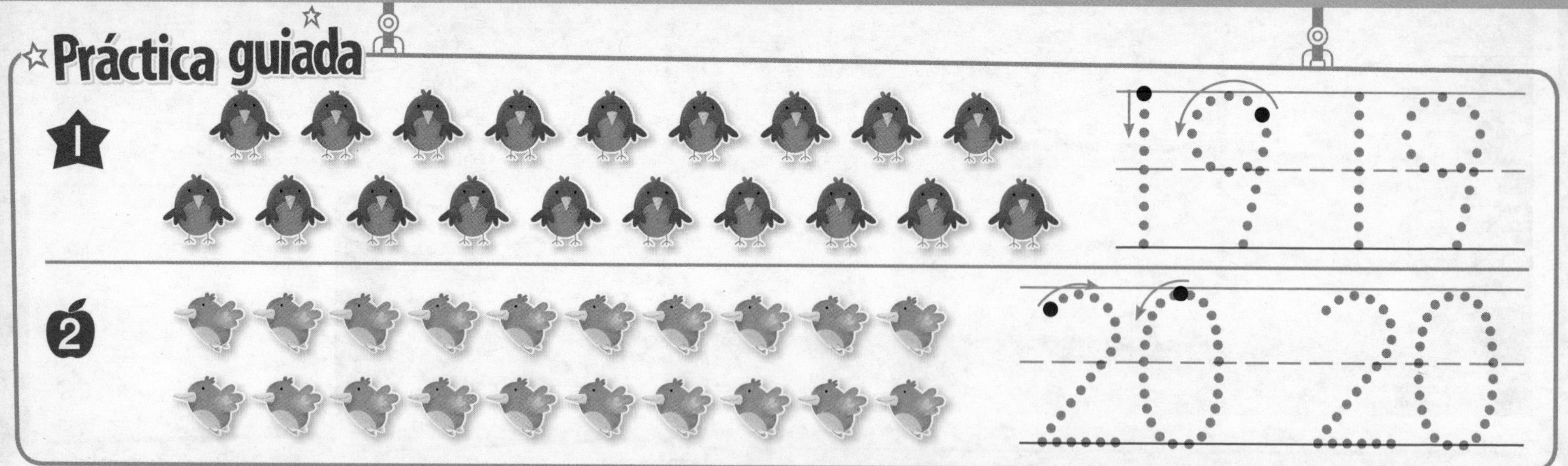

Instrucciones 1 y 2 Pida a los estudiantes que cuenten las calcomanías de pájaros que hay en cada grupo y luego practiquen la escritura del número que indica cuántas calcomanías hay.

Nombre

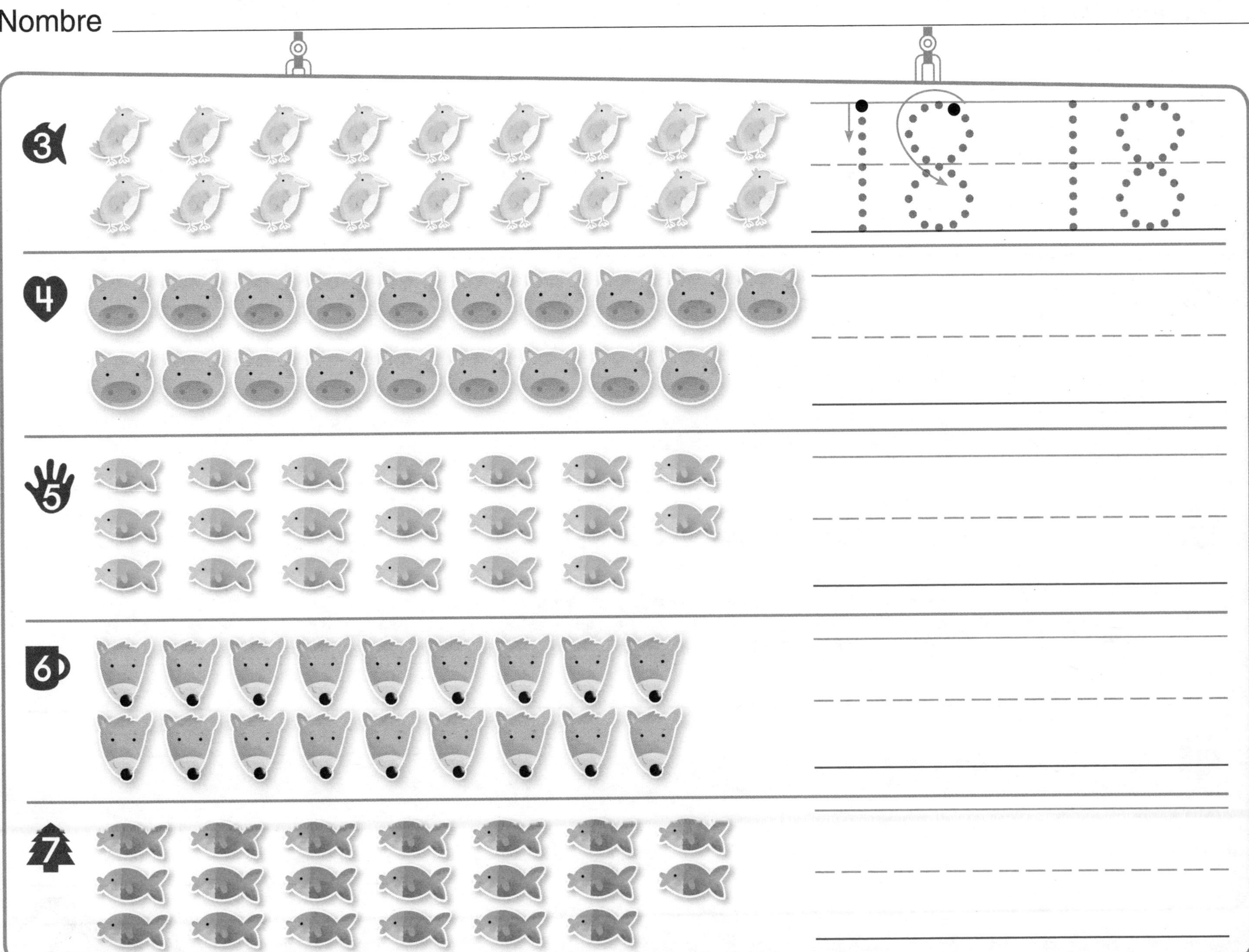

Instrucciones 3 a 7 Pida a los estudiantes que cuenten las calcomanías que hay en cada grupo y luego practiquen la escritura del número que indica cuántas calcomanías hay.

Práctica independiente

Herramientas Evaluación

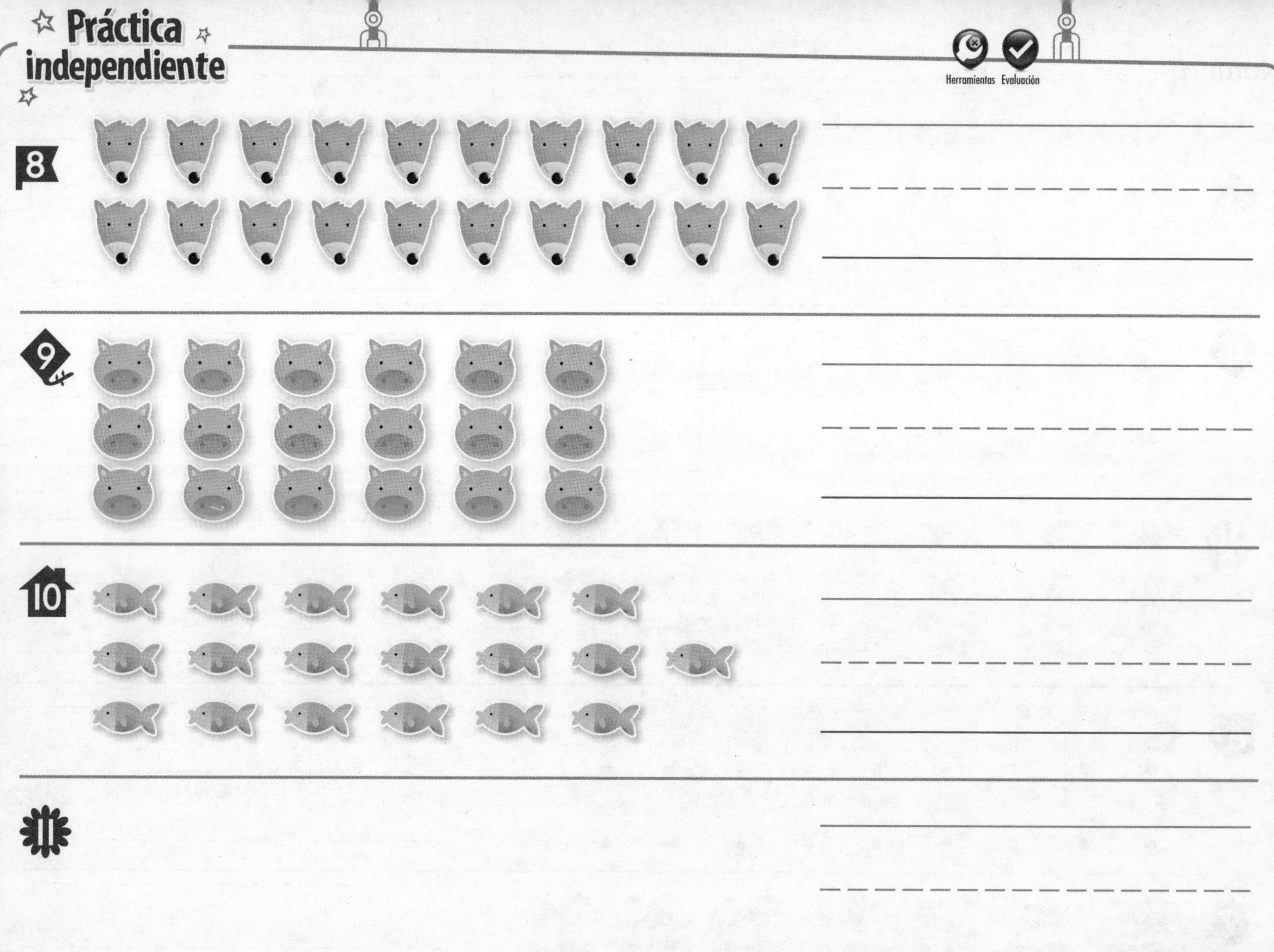

Instrucciones 8 a 10 Pida a los estudiantes que cuenten las calcomanías que hay en cada grupo y luego practiquen la escritura del número que indica cuántas calcomanías hay. 11 **Razonamiento de orden superior** Pida a los estudiantes que dibujen 20 calcomanías de insectos y luego practiquen la escritura del número que indica cuántas hay.

Nombre ____________________

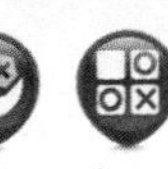

Tarea y práctica 9-4

Contar y escribir 18, 19 y 20

ACTIVIDAD PARA EL HOGAR
Pida a su niño(a) que dibuje 18 objetos y luego escriba el número 18 debajo del grupo de objetos. Repita el ejercicio con los números 19 y 20.

18

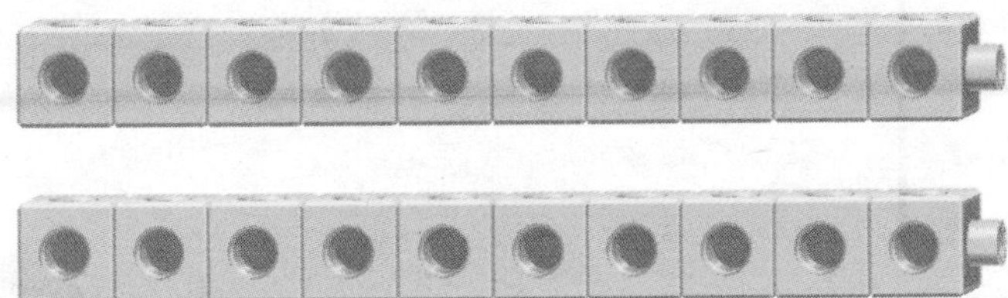

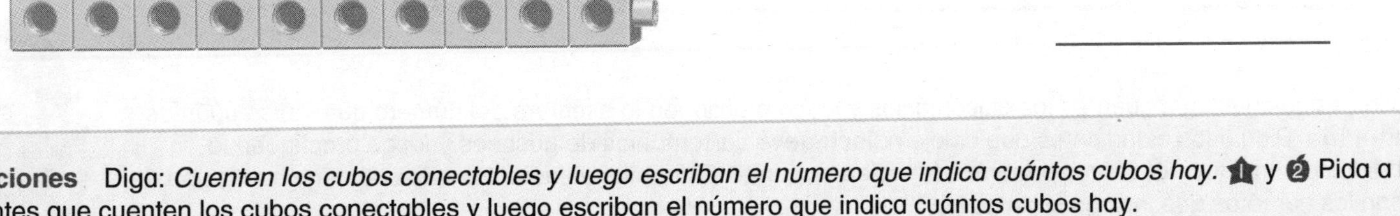

Instrucciones Diga: *Cuenten los cubos conectables y luego escriban el número que indica cuántos cubos hay.* 1 y 2 Pida a los estudiantes que cuenten los cubos conectables y luego escriban el número que indica cuántos cubos hay.

Instrucciones 3 Pida a los estudiantes que cuenten las calcomanías y luego practiquen la escritura del número que indica cuántas calcomanías hay. 4 **Vocabulario** Pida a los estudiantes que dibujen **diecinueve** calcomanías de gusanos y luego practiquen la escritura del número que indica cuántas hay. 5 **Razonamiento de orden superior** Pida a los estudiantes que cuenten cada grupo de calcomanías y luego escriban los números que indican cuántas hay.

Resuélvelo y coméntalo

Nombre ______________________

Resuelve

Lección 9-5

Contar hasta 20 desde cualquier número

Comienzo

12

Final

Instrucciones Diga: *Coloquen 12 fichas en el marco doble de 10. Escriban el número que indica cuántas hay. Coloquen 1 ficha más en el marco doble de 10 y luego escriban el número. Repitan la actividad usando 1 ficha más. ¿Qué observan acerca de los números? ¿Se hacen más grandes o más pequeños a medida que cuentan?*

Puedo...
contar hacia adelante desde cualquier número hasta 20.

Estándares de contenido K.CNC.A.2, K.CNC.B.4c
Prácticas matemáticas PM.2, PM.4, PM.6, PM.7

1	2	3	4	5	6	7	8	9	10
11	12	13	14	15	16	17	18	19	20

Cuenten hacia adelante.

8 9 10 11 12 13

Práctica guiada

1	2	3	4	5	6	7	8	9	10
11	12	13	14	15	16	17	18	19	20

15 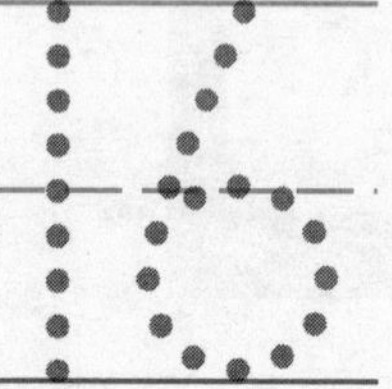 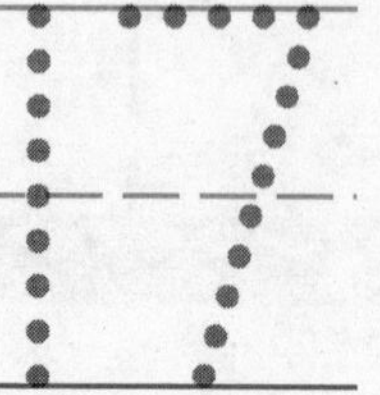 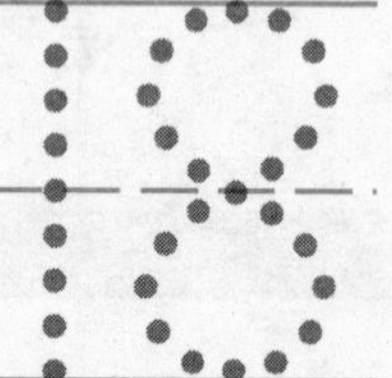 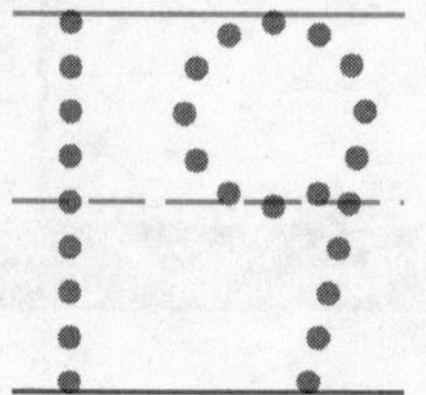 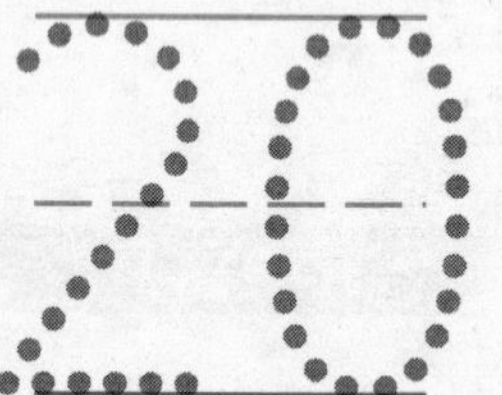

Instrucciones 1 Pida a los estudiantes que busquen el número azul en la tabla numérica, cuenten hacia adelante hasta llegar a la señal de *stop* y luego escriban cada número que contaron.

Nombre ______________________________

2

1	2	3	4	5	6	7	8	9	10
11	12	13	14	15	16	17	18	19	20

3

3

1	2	3	4	5	6	7	8	9	10
11	12	13	14	15	16	17	18	19	20

11

4

1	2	3	4	5	6	7	8	9	10
11	12	13	14	15	16	17	18	19	20

13

Instrucciones 2 a 4 Pida a los estudiantes que busquen el número azul en la tabla numérica, cuenten hacia adelante hasta que lleguen a la señal de *stop* y luego escriban cada número que contaron.

Práctica independiente

1	2	3	4	5	6	7	8	9	10
11	12	13	14	15	16	17	18	19	20

5 7

6 10

7 12

8

Instrucciones 5 a 7 Pida a los estudiantes que comiencen en el número azul, cuenten hacia adelante y luego escriban cada número que contaron. Pida a los estudiantes que usen la tabla numérica en la parte de arriba de la página si es necesario. 8 **Razonamiento de orden superior** Pida a los estudiantes que escojan un número entre 1 y 15 y lo escriban en la primera línea. Pídales que cuenten hacia adelante y luego escriban cada número que contaron.

Nombre ______________________________

Tarea y práctica 9-5

Contar hasta 20 desde cualquier número

ACTIVIDAD PARA EL HOGAR Escoja un número entre 1 y 15 para comenzar. Pida a su niño(a) que escriba los próximos cuatro números. Repita la actividad con diferentes números.

¡Revisemos!

14 15 16 17

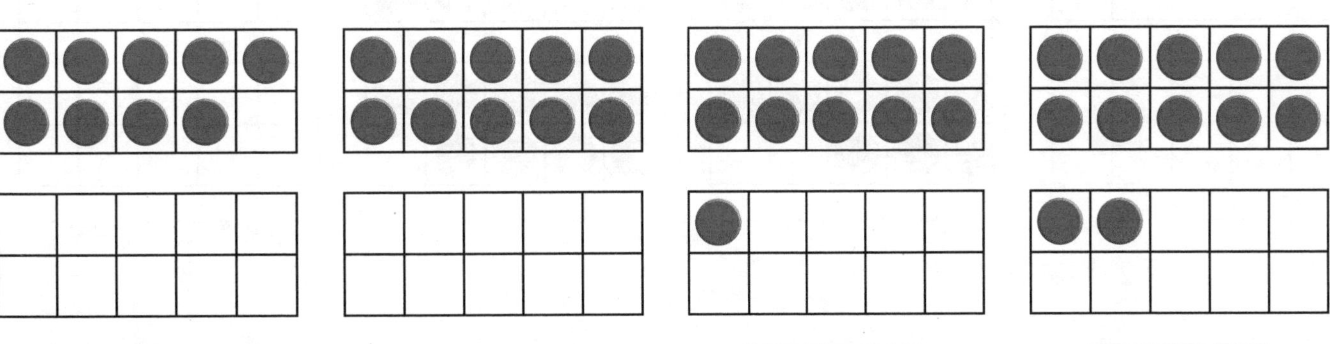

Instrucciones Diga: *El primer marco doble de 10 muestra 14 fichas. El segundo marco doble de 10 muestra 1 ficha más. Cuenten las fichas en cada marco doble de 10 y luego escriban los números que indican cuántas hay. Cuenten hacia adelante para decir cada número que escribieron.* 1 Pida a los estudiantes que cuenten las fichas en cada marco doble de 10 y escriban los números que indican cuántas hay. Luego, pídales que cuenten hacia adelante para decir cada número que escribieron.

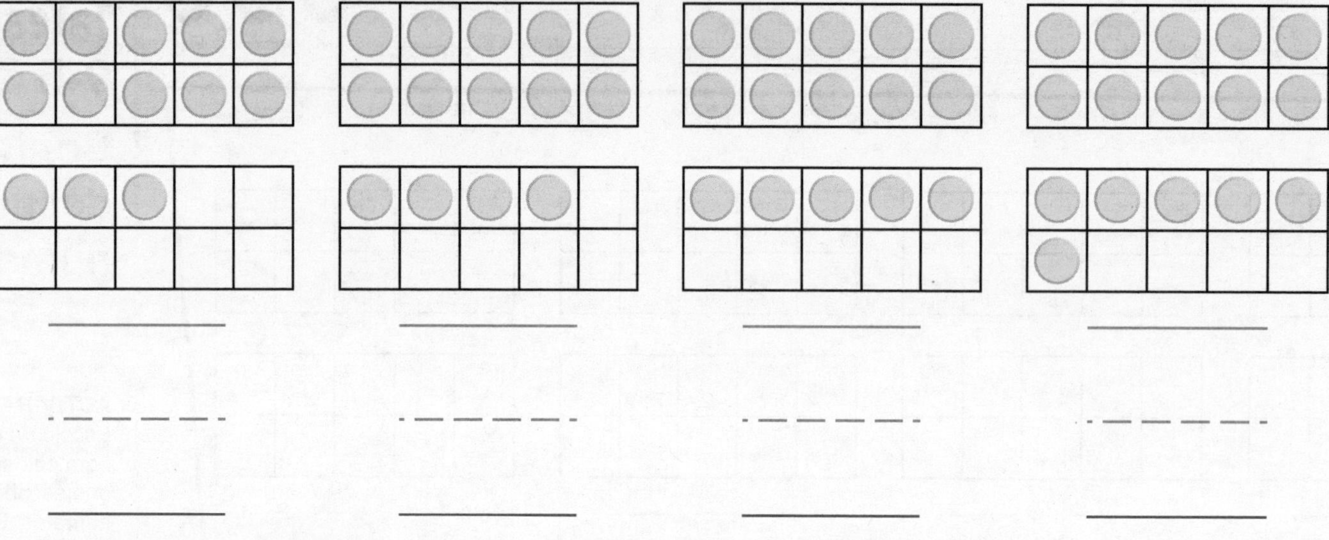

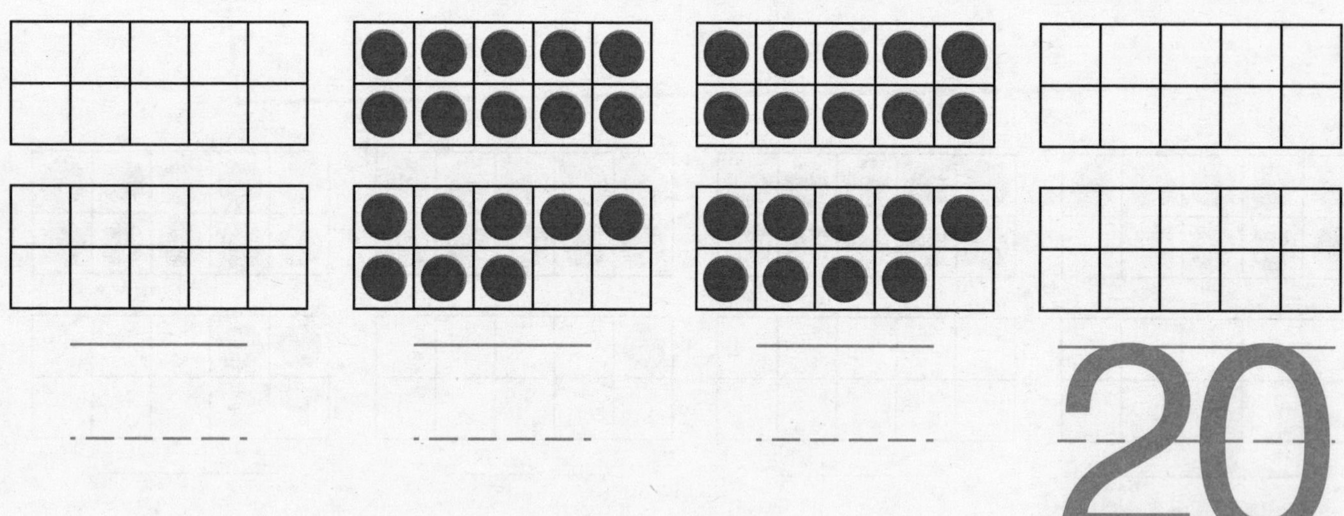

20

Instrucciones ❷ Pida a los estudiantes que cuenten las fichas en cada marco doble de 10 y luego escriban los números que indican cuántas hay. Luego, pídales que cuenten hacia adelante para decir cada número que escribieron. ❸ **Razonamiento de orden superior** Pida a los estudiantes que miren las fichas y el número dado y hallen el patrón. Luego, pídales que dibujen las fichas que faltan en cada marco doble de 10 y escriban los números que indican cuántas hay. Pida a los estudiantes que cuenten hacia adelante para decir cada número que escribieron.

Nombre ______________________________

Lección 9-6

Contar para hallar cuántos hay

Instrucciones Diga: *Daniel tiene 13 cerezas en una bandeja. Jada tiene 11 cerezas en una bandeja. ¿Cómo pueden mostrar esto? Usen fichas para mostrar las cerezas en las bandejas y luego hagan los dibujos. ¿Cómo saben que sus dibujos son correctos?*

Puedo...
contar para hallar cuántos objetos hay en un grupo.

Estándar de contenido
K.CNC.B.5
Prácticas matemáticas
PM.1, PM.5, PM.7, PM.8

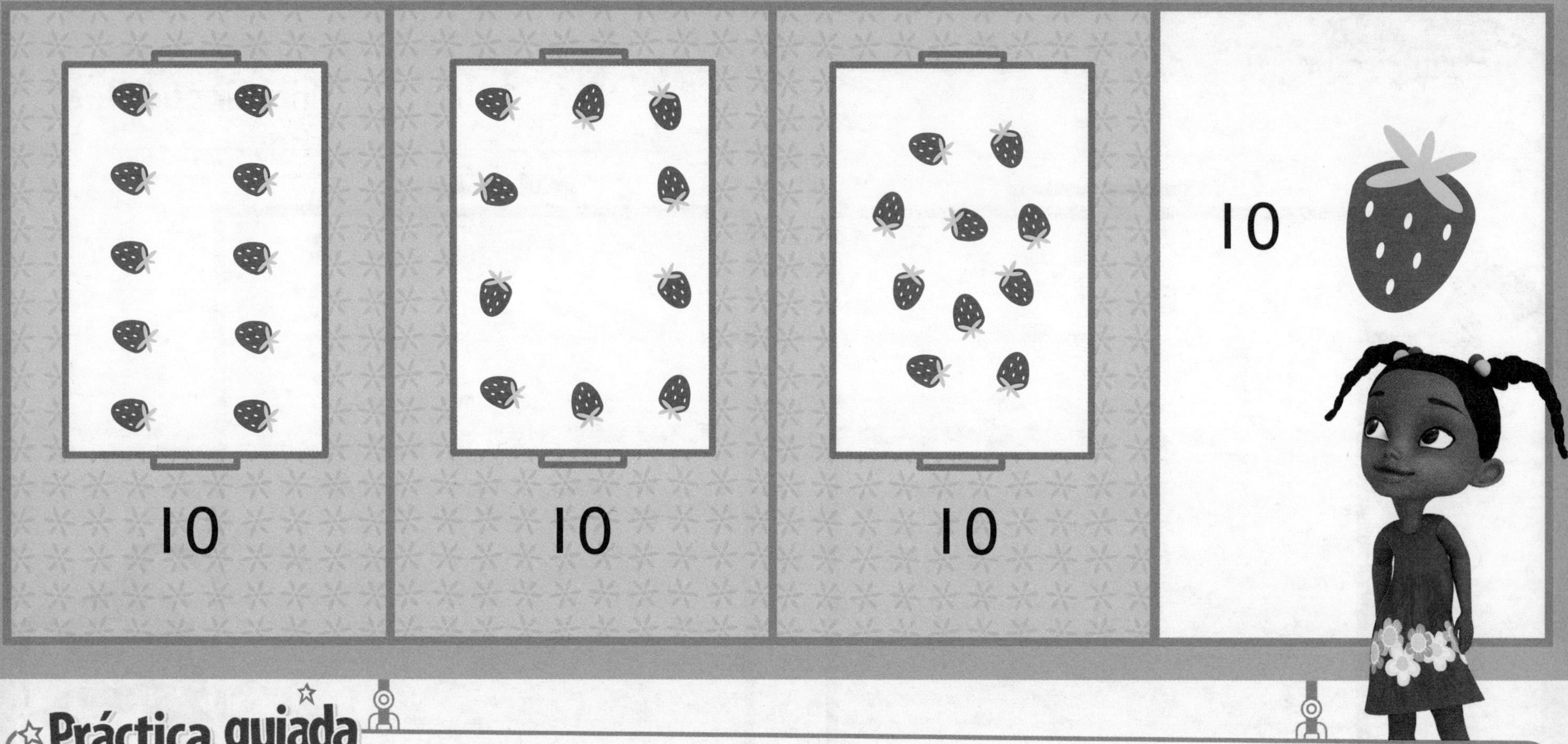

10

10

10

10

Práctica guiada

1 6

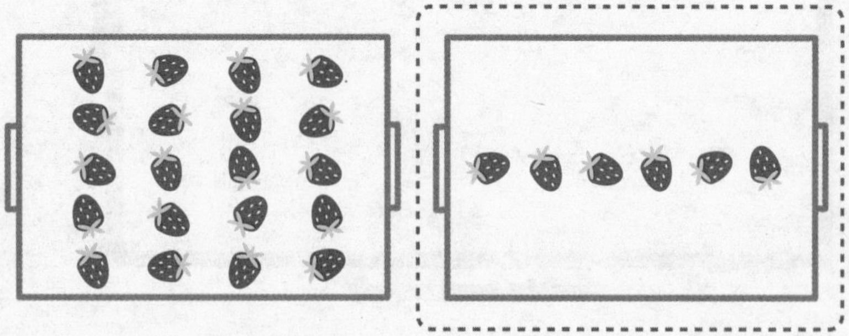

2 9

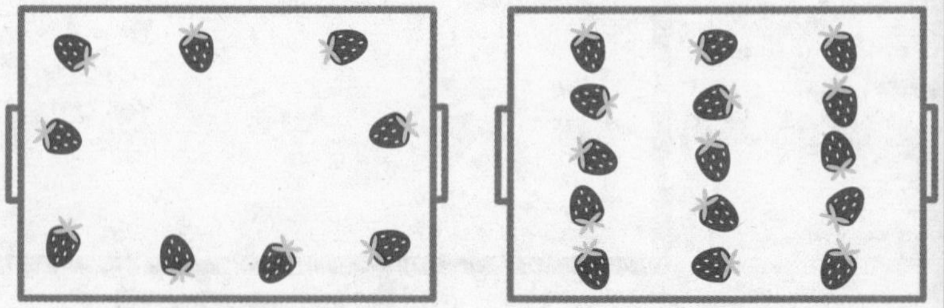

Instrucciones Pida a los estudiantes que: 1 encierren en un círculo la bandeja con 6 fresas; 2 encierren en un círculo la bandeja con 9 fresas.

Nombre ___________

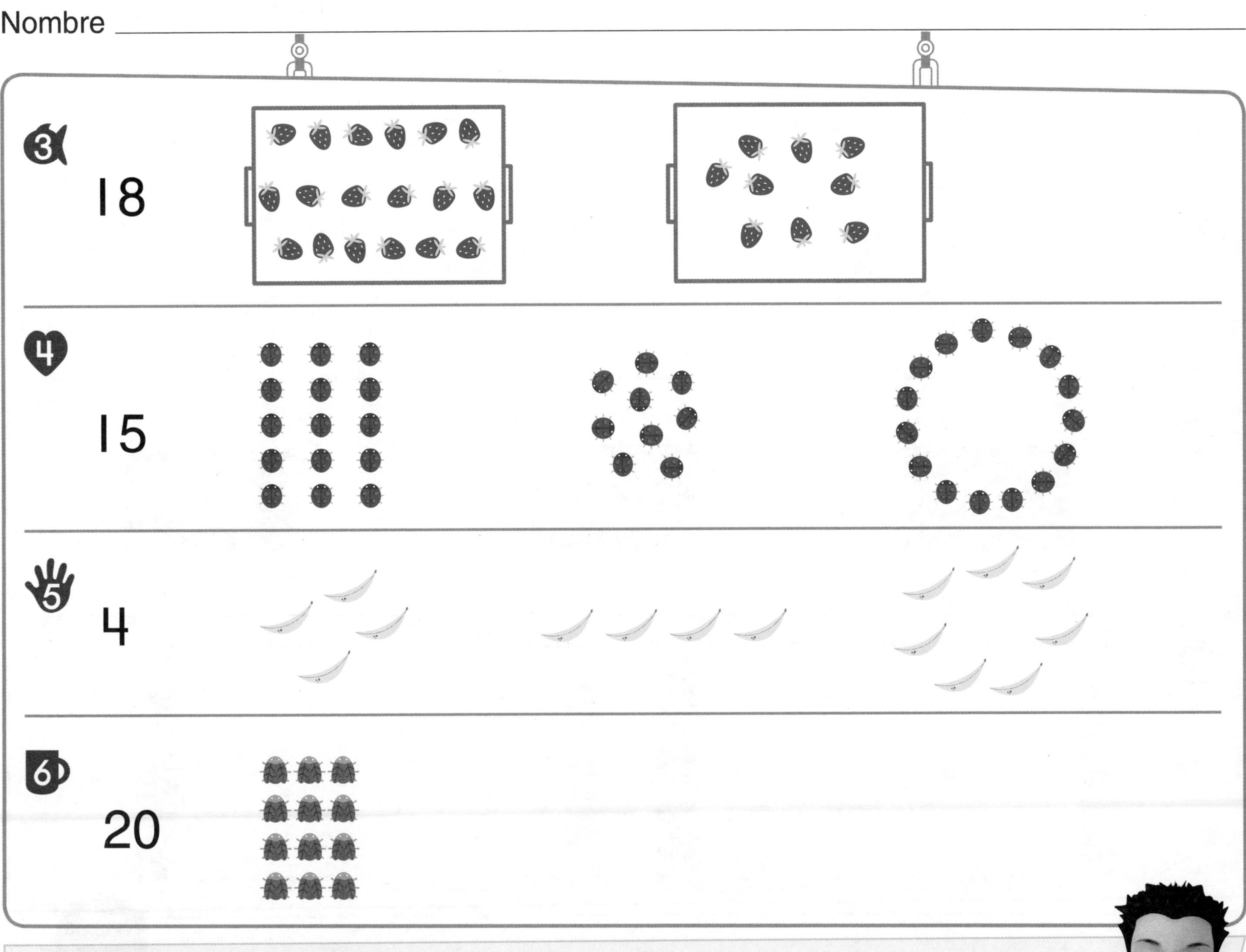

Instrucciones Pida a los estudiantes que: 3 encierren en un círculo la bandeja con 18 fresas; 4 encierren en un círculo los grupos con 15 insectos; 5 encierren en un círculo los grupos con 4 plátanos. 6 **Álgebra** Pida a los estudiantes que cuenten los insectos en el grupo y luego dibujen otro grupo de insectos para que haya 20 insectos en total.

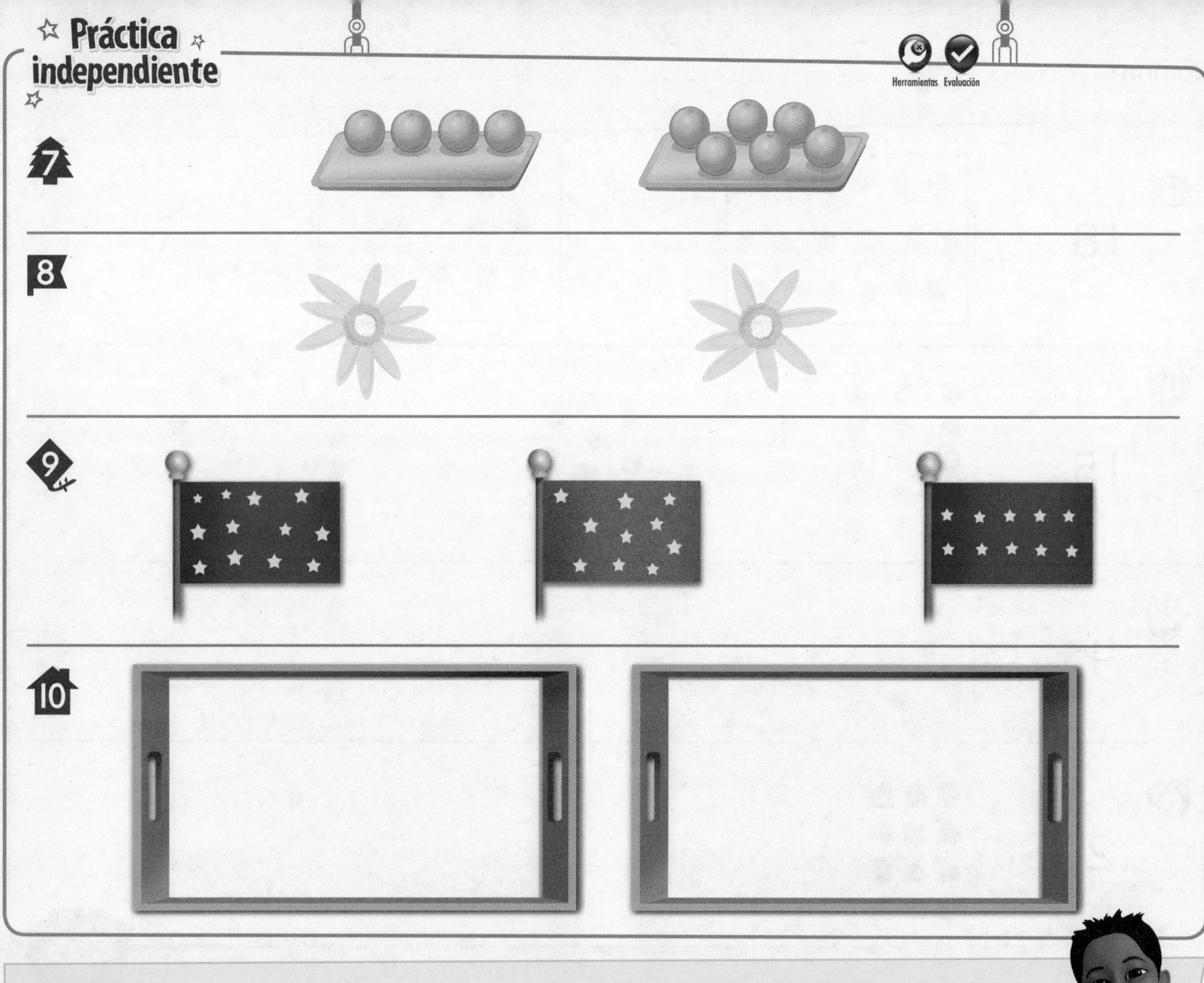

Instrucciones Pida a los estudiantes que: 7 encierren en un círculo la bandeja con 6 naranjas; 8 encierren en un círculo la flor con 8 pétalos; 9 encierren en un círculo las banderas con 10 estrellas. 10 **Razonamiento de orden superior** Pida a los estudiantes que dibujen 19 fresas de dos maneras diferentes.

Nombre ______________________________

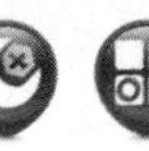
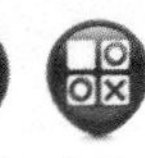

Tarea y práctica 9-6

Contar para hallar cuántos hay

ACTIVIDAD PARA EL HOGAR Dé a su niño(a) un puñado de objetos pequeños, como monedas, botones o frijoles secos. Pídale que cuente cuántos hay de cada tipo. Cuenten juntos para comprobar la respuesta de su niño(a). Luego, coloque los objetos de otra manera. Pida a su niño(a) que los cuente para comprobar que el número es el mismo.

¡Revisemos!

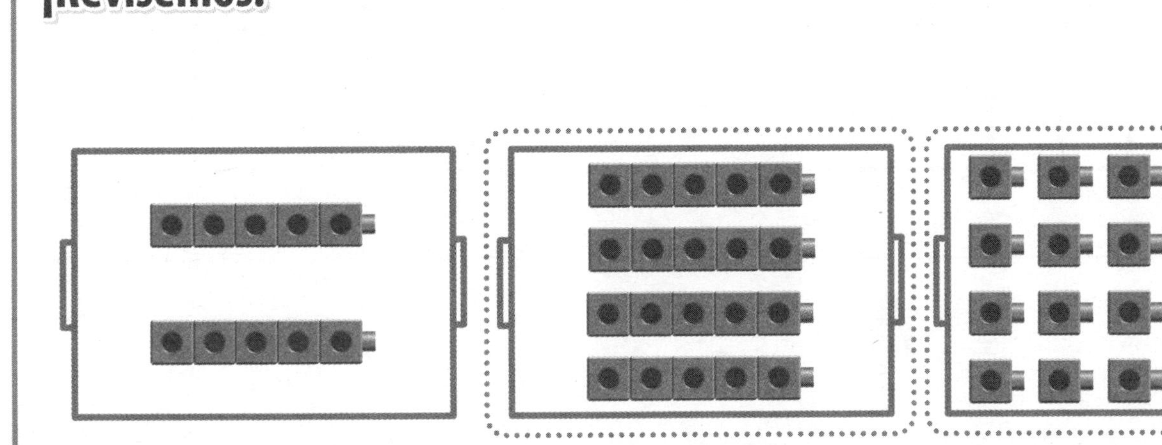

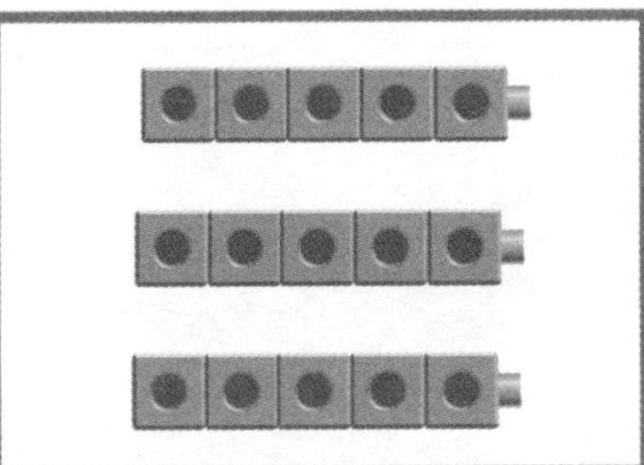

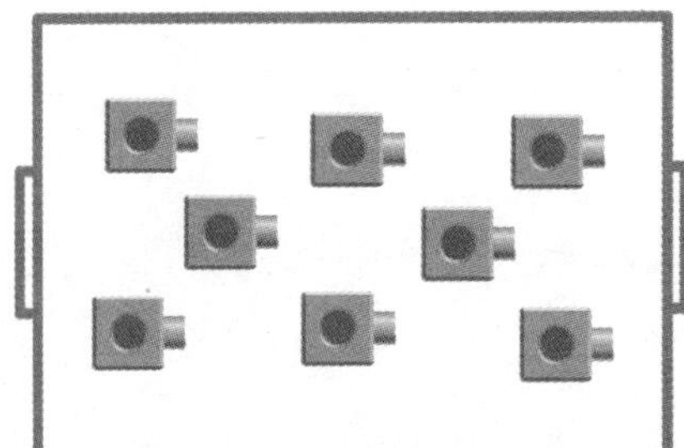

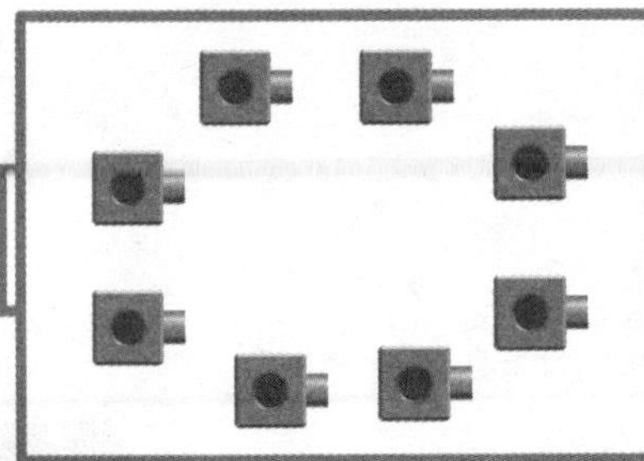
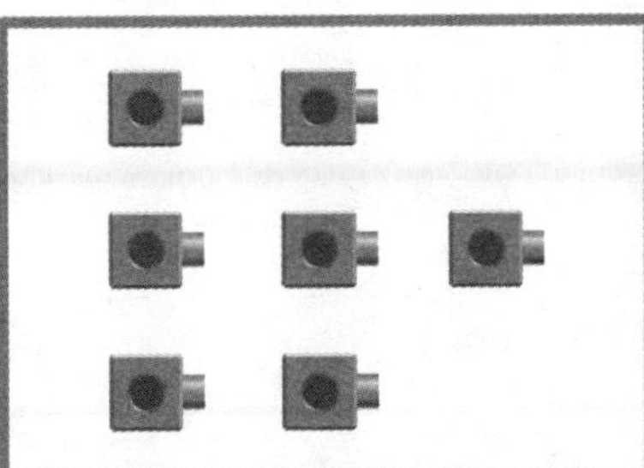
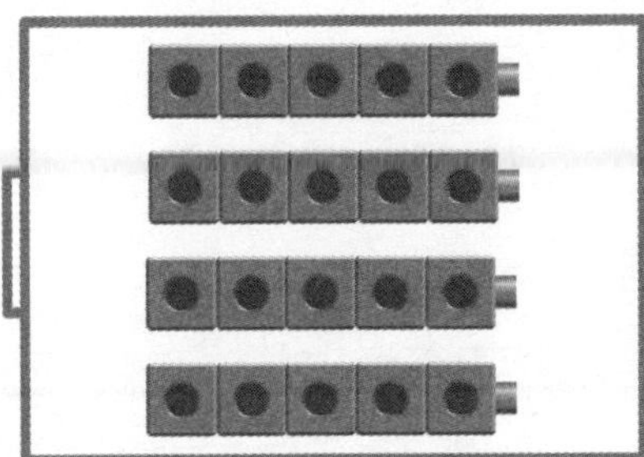

Instrucciones Diga: *¿Qué bandejas tienen 20 cubos conectables? Encierren en un círculo las bandejas. ¿Cómo hallaron cuántos hay?* Pida a los estudiantes que: 1 encierren en un círculo la bandeja que tiene 8 cubos; 2 encierren en un círculo la bandeja que tiene 7 cubos.

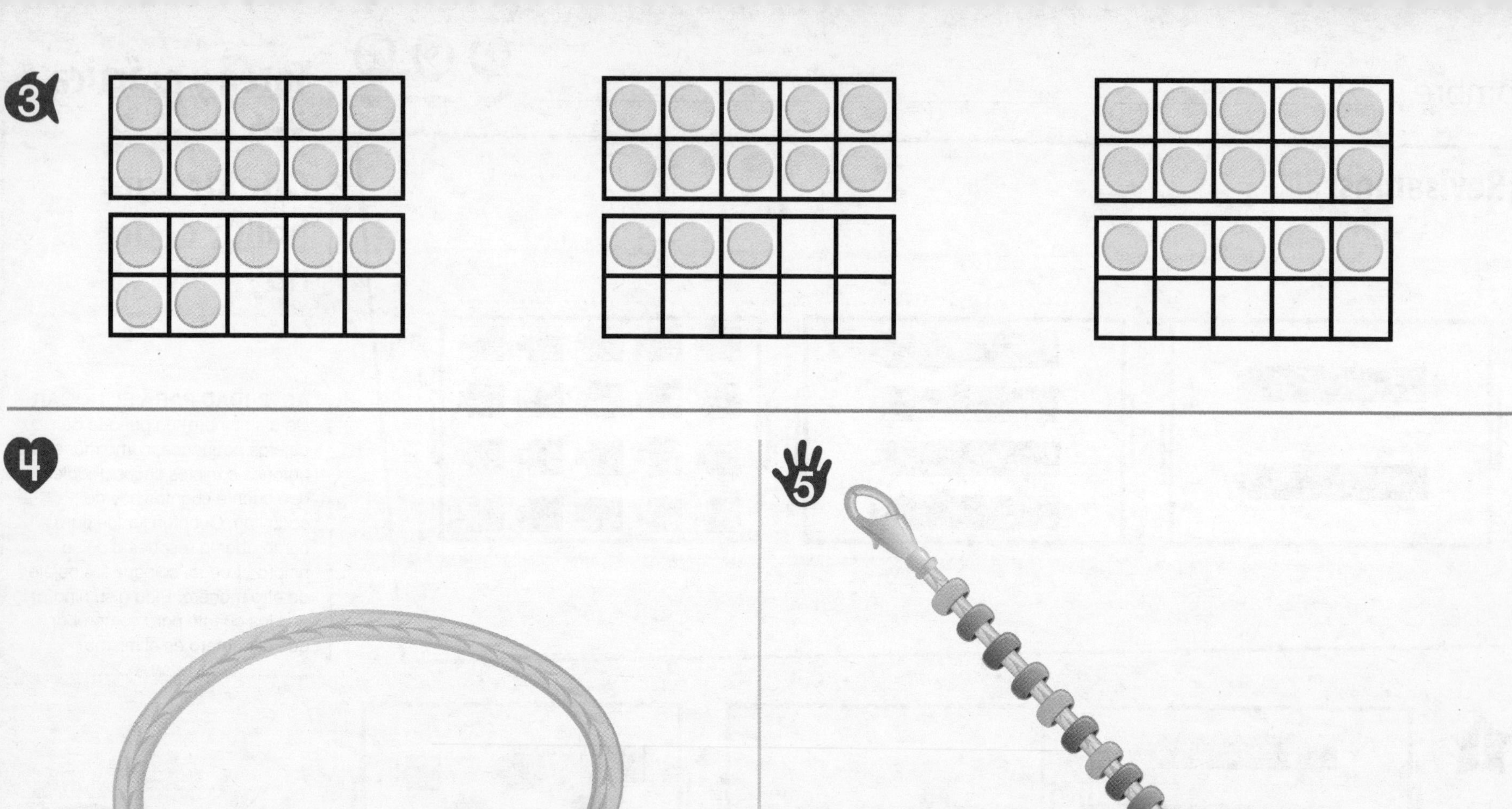

Instrucciones 3 Pida a los estudiantes que encierren en un círculo el marco doble de 10 que tiene 17 fichas. 4 **Razonamiento de orden superior** Pida a los estudiantes que dibujen 11 cuentas en la pulsera. 5 **Razonamiento de orden superior** Pida a los estudiantes que dibujen más cuentas para mostrar 20 cuentas en la pulsera.

Resuélvelo y coméntalo

Nombre

Prácticas matemáticas y resolución de problemas

Lección 9-7

Razonar

10 11 12 13 14

Instrucciones Diga: *Carlos quiere poner algunos o todos los huevos en el cartón. Encierren en un círculo todos los números que indican cuántos huevos podría poner en el cartón. Expliquen por qué podría haber más de una respuesta.*

Puedo...
usar el razonamiento para contar y escribir números hasta 20.

Prácticas matemáticas
PM.2 También, PM.1, PM.3, PM.4
Estándares de contenido
K.CNC.A.2, K.CNC.B.5

Práctica guiada

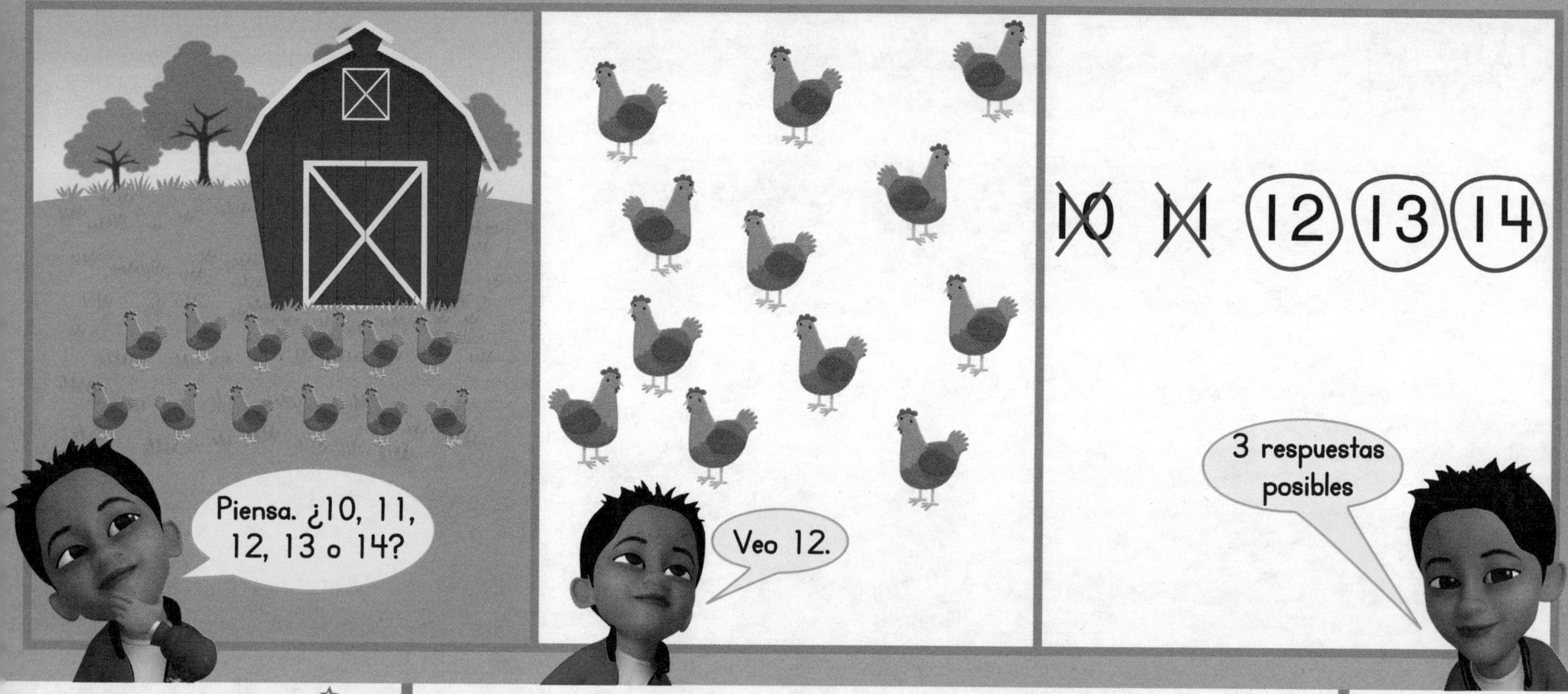

8 9  10 11  12

Instrucciones 1 Diga: *Hay más de 8 vacas en una granja. Hay algunas vacas fuera del establo. Cuenten las vacas que están fuera del establo y luego encierren en un círculo los números que indican cuántas vacas podría haber en total.*

Nombre

Práctica independiente

2

12 13 14 15 16

3

16 17 18 19 20

4

3 4 5 6 7

Instrucciones Diga: 2 *Hay más de 12 caballos en la granja. Algunos caballos están fuera del establo. 0, 1 o 2 caballos están dentro del establo. Cuenten los caballos que están fuera del establo y luego encierren en un círculo los números que indican cuántos caballos podría haber en total.* 3 *Algunos perros están jugando en el parque. 1 o 2 perros están descansando en una casita para perros. Cuenten los perros que están jugando en el parque y luego encierren en un círculo los números que indican cuántos perros podría haber en total.* 4 *En la pecera caben hasta 15 peces. Cuenten los peces en la pecera y luego encierren en un círculo los números que indican cuántos peces más podrían caber en la pecera.*

Evaluación del rendimiento

10 11 12 13 14

Instrucciones Lea el problema a los estudiantes. Luego, pídales que usen diferentes prácticas matemáticas para resolver el problema. Diga: *Alex vive en una granja con tantos gatos que es difícil contarlos. A veces los gatos están afuera y otras veces se esconden en el cobertizo. Alex sabe que el número de gatos es mayor que 11. Hay menos de 15 gatos en la granja. ¿Cómo puede Alex hallar la cantidad de gatos que puede haber en su granja?* **PM.2 Razonar** *¿Qué números saben del problema? Marquen con una X los números que NO corresponden con las pistas. Encierren en un círculo los números que indican la cantidad de gatos que puede haber en la granja.* **PM.4 Representar** *¿Cómo pueden representar un problema verbal con dibujos? Hagan un dibujo de los gatos en la granja de Alex. Recuerden que algunos pueden estar escondidos dentro del cobertizo.* **PM.3 Explicar** *¿Están completos sus dibujos? Expliquen a un compañero cómo su dibujo muestra la cantidad de gatos que hay en la granja de Alex.*

Nombre

  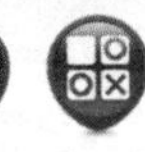

Tarea y práctica 9-7

Razonar

ACTIVIDAD PARA EL HOGAR Coloque 15 monedas en una mesa. Diga: *Estoy escondiendo 1 o más monedas en la mano. ¿Cuántas monedas podría tener en total, ¿13, 14, 15, 16 o 17?* Pida a su niño(a) que cuente las monedas en la mesa y luego explique cómo sabe cuántas monedas podría haber en total.

¡Revisemos!

13 14 15 16 17 18

16 17 18 19 20

10 11 12 13 14

Instrucciones Diga: *Hay 1 o más fichas dentro del frasco. Cuenten las fichas amarillas y luego encierren en un círculo los números que indican cuántas fichas puede haber en total.* 1 y 2 Diga: *Hay 1 o más fichas dentro del frasco. Cuenten las fichas y luego encierren en un círculo los números que indican cuántas fichas puede haber en total.*

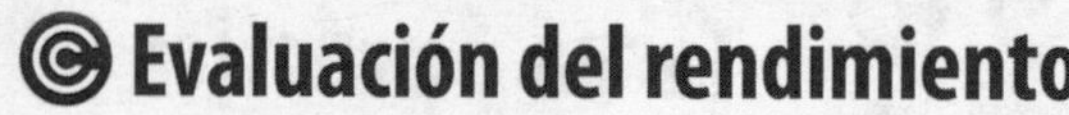

Evaluación del rendimiento

Instrucciones Lea el problema a los estudiantes. Luego, pídales que usen diferentes prácticas matemáticas para resolver el problema. Diga: *Jada sabe que hay 17 conejos en el santuario de animales. Algunos están sentados en la hierba. Algunos están escondidos detrás de un arbusto. ¿Qué pistas puede escribir para que sus amigos adivinen el número de conejos en total?* **PM.1 Entender** *¿Qué saben acerca del problema? ¿Cuántos conejos hay en total?* **PM.2 Razonar** *Díganle las pistas a un amigo. ¿Cuántos conejos puede ver?* **PM.3 Explicar** *Si su amigo dice que hay 14 conejos en total, ¿cuál puede haber sido su error?*

 Nombre ______________________

1

2 + 3	5 − 1	2 + 2	1 + 3	4 − 0
5 − 2	0 + 4	0 + 3	2 + 1	1 + 4
2 − 1	3 + 1	5 − 1	4 + 0	1 + 3
3 + 0	2 + 2	5 − 3	5 − 4	2 + 0
1 − 1	4 − 0	2 − 0	3 + 2	1 + 0

2

Instrucciones Pida a los estudiantes que: 1 coloreen cada casilla que tenga una suma o diferencia que sea igual a 4; 2 escriban la letra que ven.

Puedo...
sumar y restar con fluidez hasta 5.

Estándar de contenido
K.OA.A.5

A-Z Glosario

1

13 16 18

2

12 15 17

3

4

5

6

Instrucciones **Comprender el vocabulario** Pida a los estudiantes que: 1 encierren en un círculo el número **dieciséis;** 2 encierren en un círculo el número **doce;** 3 escriban el número **dieciocho;** 4 dibujen **once** fichas en el recuadro y luego escriban el número; 5 encierren en un círculo **catorce** cubos; 6 escriban el número **veinte.**

Nombre ______

TEMA 9

Refuerzo

Grupo A

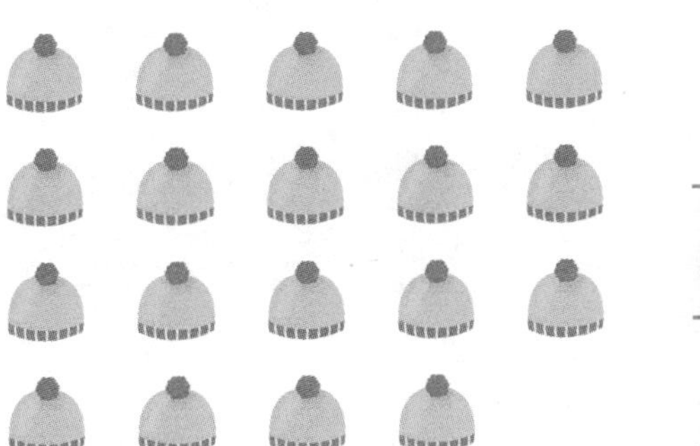

19

1

2

Grupo B

1	2	3	4	5	6	7	8	9	10
11	12	13	14	15	16	17	18	19	20

14 15 16

3

1	2	3	4	5	6	7	8	9	10
11	12	13	14	15	16	17	18	19	20

9

Instrucciones Pida a los estudiantes que: 1 y 2 cuenten los objetos en cada grupo y luego escriban el número que indica cuántos hay; 3 busquen el número azul en la tabla numérica, cuenten hacia adelante hasta que lleguen a la señal de *stop* y luego escriban cada número que contaron.

Grupo C

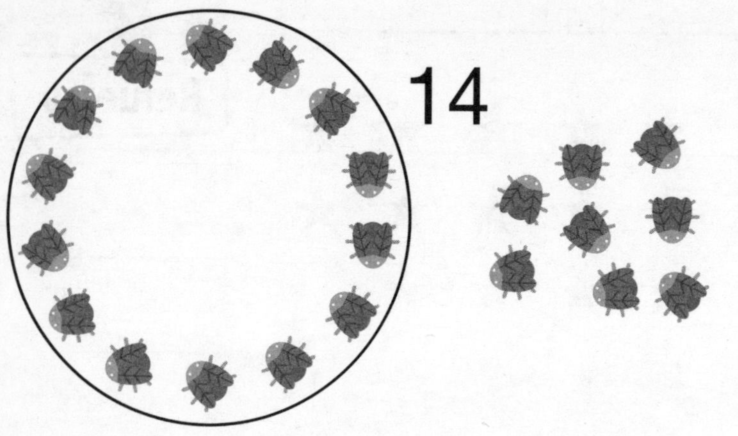

4

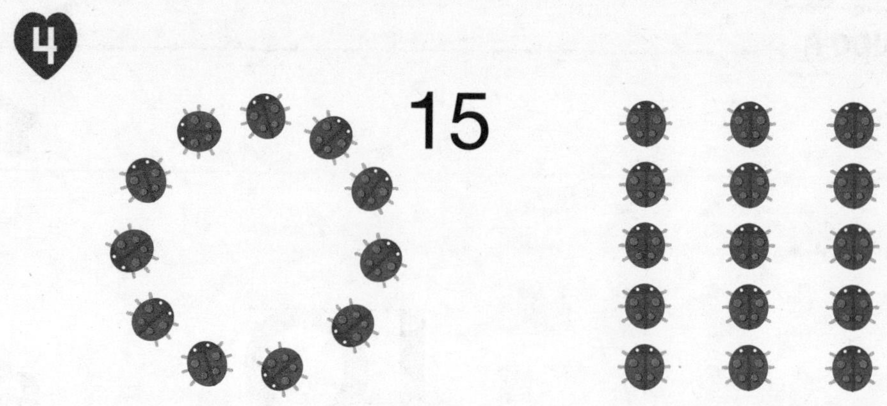

Grupo D

2 3 (4) (5)

9 10 11 12 13

Instrucciones Pida a los estudiantes que: 4 encierren en un círculo el grupo con 15 insectos; 5 escuchen el cuento y usen el razonamiento para hallar la respuesta. *Algunos conejos están descansando en la hierba. 2 o 3 conejos están jugando detrás del arbusto. Cuenten los conejos que hay en la hierba y luego encierren en un círculo los números que muestren cuántos conejos podría haber en total.*

Nombre ____________________

1
Ⓐ 13
Ⓑ 14
Ⓒ 15
Ⓓ 16

2
Ⓐ

Ⓑ

Ⓒ
Ⓓ

3

14	15	16	17
☐	☐	☐	☐

Instrucciones Pida a los estudiantes que marquen la mejor respuesta. 1 ¿Qué número indica cuántos hay? 2 ¿Qué opción muestra 11? 3 Pida a los estudiantes que escuchen el cuento y luego marquen todas las respuestas posibles. *Hay algunas abejas fuera de la colmena. 1 o más abejas están dentro de la colmena. Cuenten las abejas que están fuera de la colmena y luego marquen todos los números que indican cuántas abejas podría haber en total.*

4

5

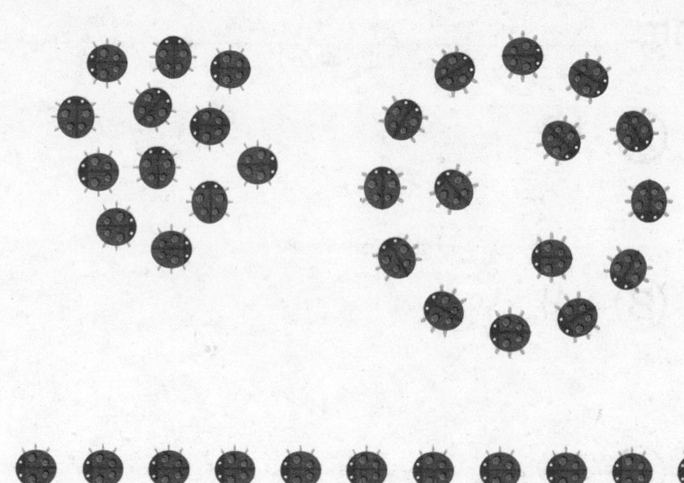

6

7

1	2	3	4	5	6	7	8	9	10
11	12	13	14	15	16	17	18	19	20

16

Instrucciones Pida a los estudiantes que: 4 cuenten las hojas y luego escriban el número que indica cuántas hay; 5 encierren en un círculo el grupo que muestra 15 mariquitas; 6 dibujen dieciocho canicas y luego escriban el número que indica cuántas hay; 7 busquen el número azul en la tabla numérica, cuenten hacia adelante hasta que lleguen a la señal de *stop* y luego escriban cada número que contaron.

Nombre ______________________________

Evaluación del rendimiento

Instrucciones **Las calcomanías de Sara** Diga: *Sara pone muchas calcomanías en su cuaderno. ¿Cuántas de cada tipo de calcomanía hay?* Pida a los estudiantes que: 1 cuenten el número de calcomanías de corazones y luego escriban el número que indica cuántas hay; 2 cuenten el número de calcomanías de caritas sonrientes y luego, escriban el número que indica cuántas hay.

Instrucciones 3 Diga: *Sara quiere usar 14 calcomanías para decorar un marco para fotos.* Pida a los estudiantes que encierren en un círculo el grupo de calcomanías que debe usar y luego dibujen otra manera de mostrar 14 calcomanías. 4 Diga: *Sara recibe una calcomanía cada día cuando le da la comida a su perro. ¿Cuántas calcomanías tendrá Sara en dos días?* Pida a los estudiantes que cuenten las calcomanías en el plato de perro, cuenten hacia adelante para hallar la respuesta y luego escriban cada número que contaron. 5 Diga: *Sara pone algunas calcomanías en el frente de la tarjeta. Pone 1 o más calcomanías al reverso de la tarjeta.* Pida a los estudiantes que cuenten las calcomanías que puso en el frente de la tarjeta y luego encierren en un círculo los números que muestran cuántas calcomanías podría haber en total. Pida a los estudiantes que expliquen sus respuestas.

TEMA 10

Componer y descomponer números del 11 al 19

Pregunta esencial: ¿Cómo te puede ayudar a entender el valor de posición el componer y descomponer los números del 11 al 19 en diez unidades y algunas unidades más?

Recursos digitales

Resuelve Aprende Glosario Herramientas Evaluación Ayuda Juegos

Proyecto de Matemáticas y Ciencias: La luz del sol y la superficie de la Tierra

Instrucciones Lea el diálogo a los estudiantes. **¡Investigar!** Pida a los estudiantes que investiguen cómo la luz del sol influye en la superficie de la Tierra. Diga: *Hablen con sus amigos y familiares sobre la luz del sol y cómo afecta a la Tierra.* **Diario: Hacer un cartel** Pida a los estudiantes que hagan un cartel que muestre 3 cosas que la luz del sol le proporciona a la Tierra. Pídales que dibujen un sol con 16 rayos. Luego, pídales que escriban una ecuación para partes de 16.

Nombre ______________________

Repasa lo que sabes

1

2

3

4

5

6

Instrucciones Pida a los estudiantes que: 1 encierren en un círculo el grupo que tiene 16; 2 encierren en un círculo el grupo que tiene 20; 3 encierren en un círculo el grupo que tiene menos que el otro grupo; 4 a 6 cuenten las hojas y luego escriban el número que indica cuántas hay.

A-Z
Glosario

Mis tarjetas de palabras

Instrucciones Pida a los estudiantes que recorten las tarjetas de palabras. Lea la palabra o frase de la tarjeta y pídales que expliquen lo que la palabra o la frase significa.

¿Cuántos más?

Mis tarjetas de palabras

Instrucciones Revise las definiciones con los estudiantes y pídales que estudien las tarjetas. Para ampliar el aprendizaje, pida a los estudiantes que hagan dibujos de cada palabra en una hoja de papel.

Resuélvelo y coméntalo

Nombre ______________________

Lección 10-1

Formar 11, 12 y 13

10 + ____ = ____

Instrucciones Diga: *Usen fichas para llenar el marco de 10. Pongan 1, 2 o 3 fichas fuera del marco de 10. Dibujen todas las fichas. ¿Qué ecuación pueden escribir para decir cuántas fichas hay en total?*

Puedo...
usar dibujos y ecuaciones para formar los números 11, 12 y 13.

Estándar de contenido
K.NBD.A.1
Prácticas matemáticas
PM.2, PM.4, PM.5, PM.7

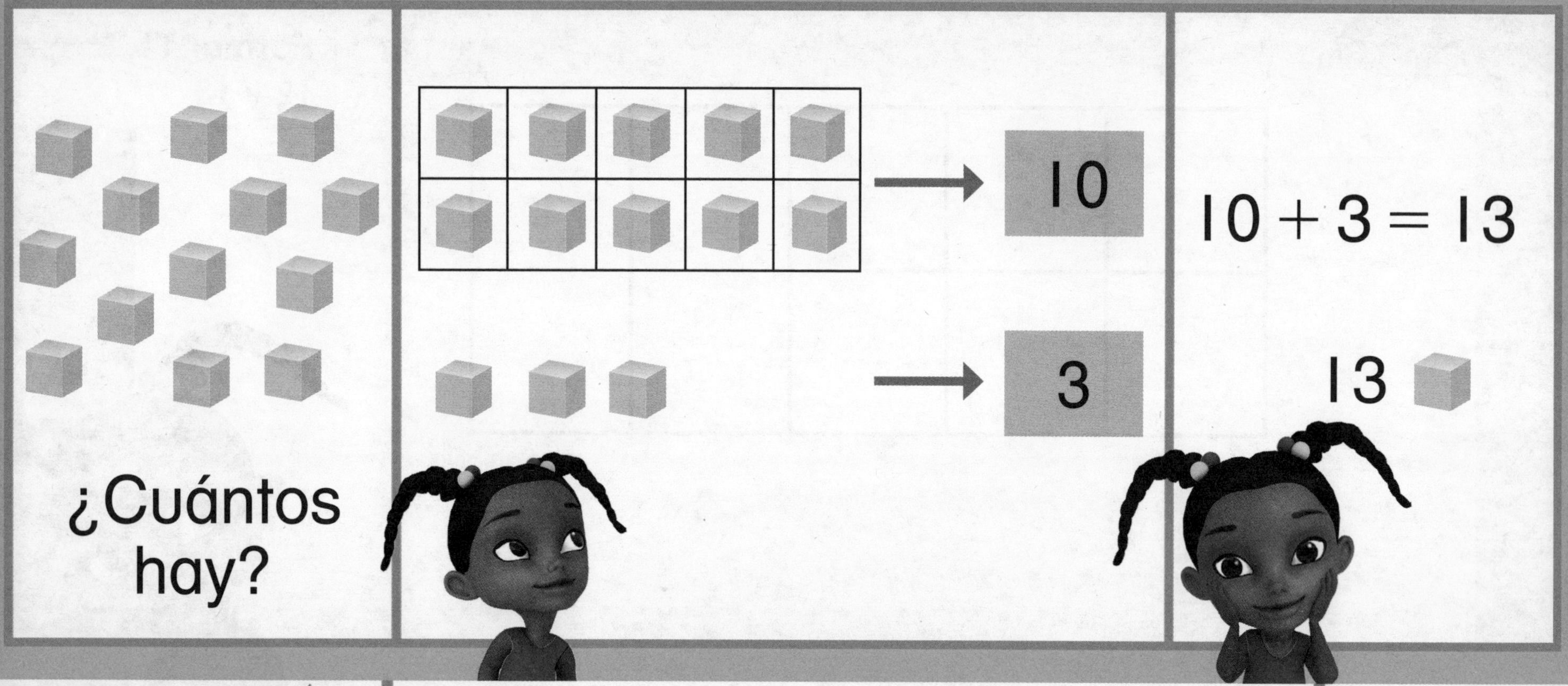

¿Cuántos hay?

10

3

$10 + 3 = 13$

13

Práctica guiada

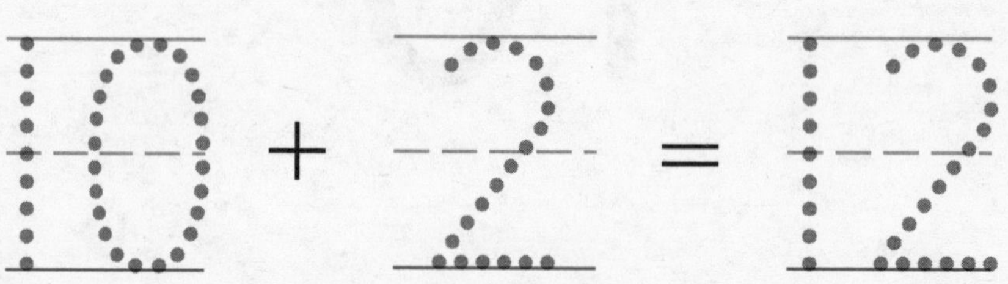

Instrucciones Pida a los estudiantes que escriban una ecuación que represente el número de bloques que se muestra. Luego, pídales que digan cómo el dibujo y la ecuación muestran 10 unidades y algunas unidades más.

Nombre ______________________

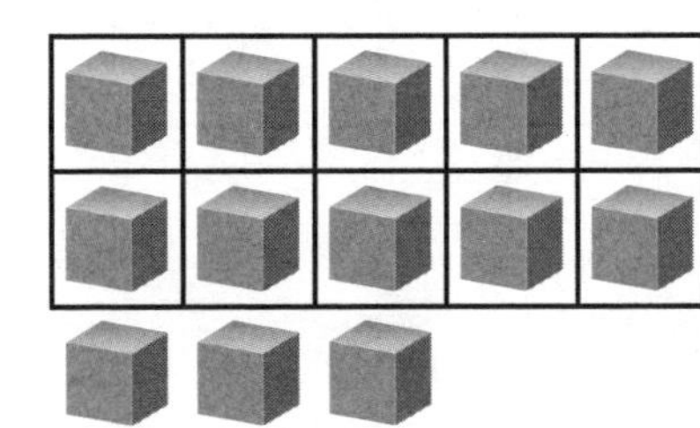

_____ + _____ = _____

_____ + _____ = _____

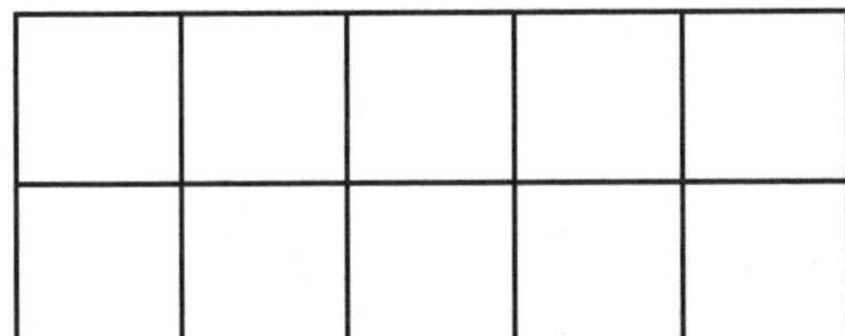

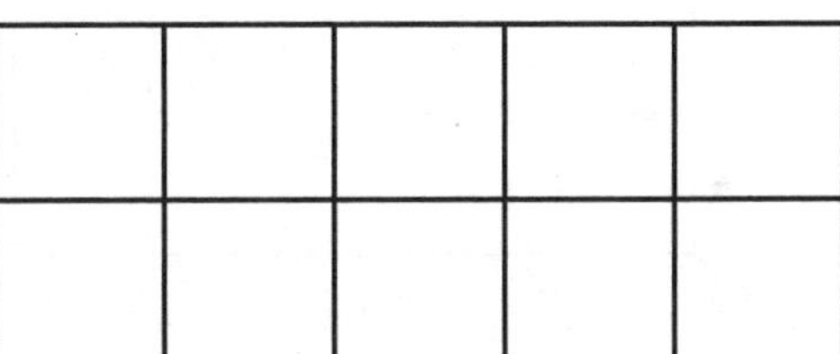

10 + 2 = 12

10 + 3 = 13

Instrucciones Pida a los estudiantes que: 2 y 3 escriban una ecuación que represente el número de bloques que se muestra. Luego, pídales que digan cómo el dibujo y la ecuación muestran 10 unidades y algunas unidades más; 4 y 5 dibujen bloques que representen la ecuación. Luego, pídales que digan cómo el dibujo y la ecuación muestran 10 unidades y algunas unidades más.

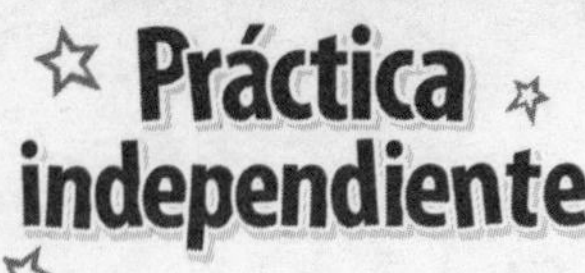

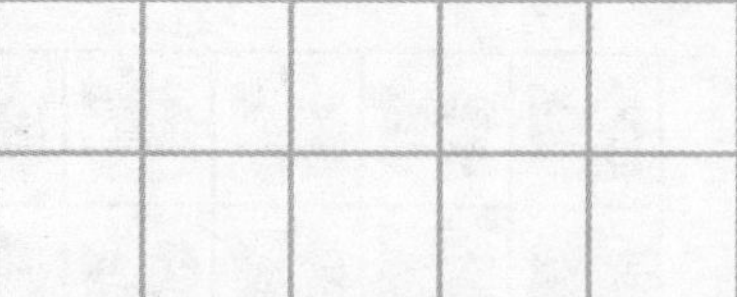

___ + ___ = ___

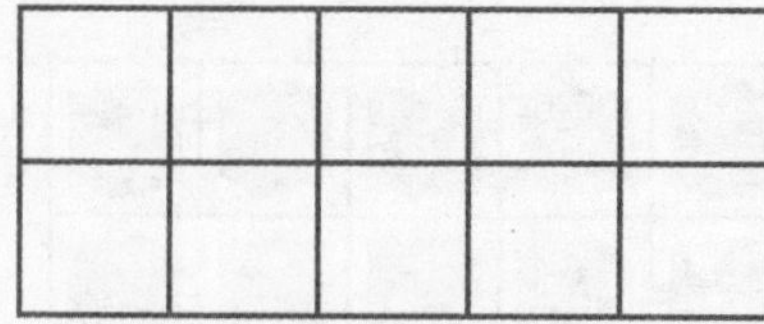

___ + ___ = ___

8

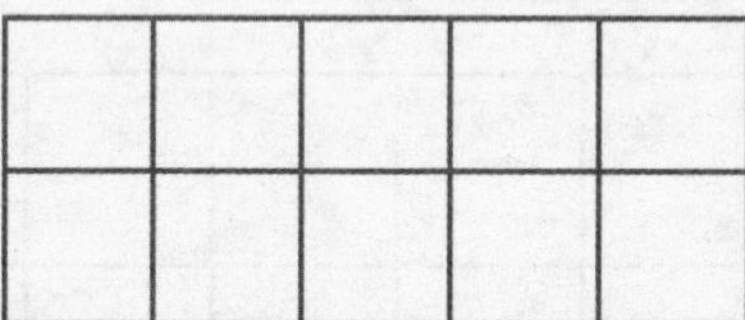

10 + ___ = 12

13 = 10 + ___

Instrucciones Pida a los estudiantes que: 6 dibujen fichas y escriban una ecuación para mostrar cómo formar 13. Luego, pídales que digan cómo el dibujo y la ecuación muestran 10 unidades y algunas unidades más; 7 dibujen fichas y escriban una ecuación para mostrar cómo formar 11. Luego, pídales que digan cómo el dibujo y la ecuación muestran 10 unidades y algunas unidades más. 8 **Álgebra** Pida a los estudiantes que dibujen fichas para hallar el número que falta. Luego, pídales que digan cómo el dibujo y la ecuación muestran 10 unidades y algunas unidades más. 9 **Razonamiento de orden superior** Pida a los estudiantes que dibujen fichas para hallar el número que falta. Luego, pídales que digan cómo el dibujo y la ecuación muestran 10 unidades y algunas unidades más.

Nombre ______________________________

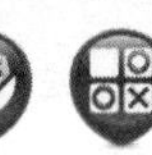

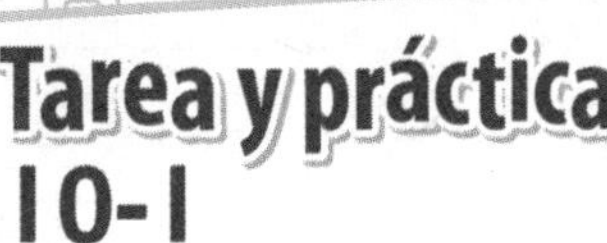

Tarea y práctica 10-1

Formar 11, 12 y 13

ACTIVIDAD PARA EL HOGAR Pida a su niño(a) que use monedas para representar y explicar cómo formar 11, 12 y 13 con 10 unidades y algunas unidades más.

¡Revisemos!

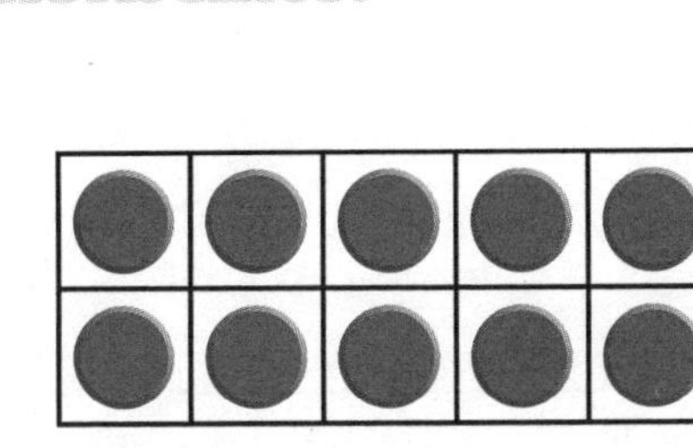

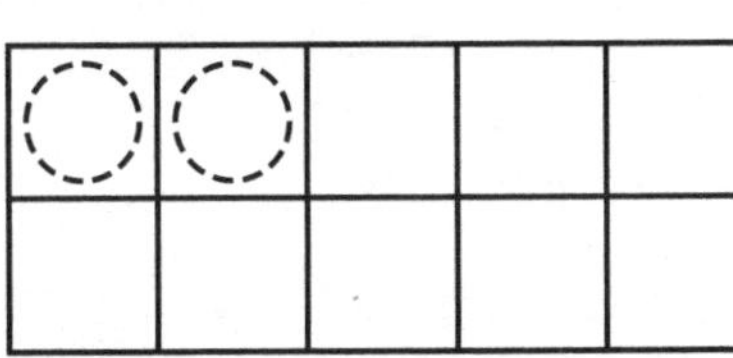

10 + 2 = 12

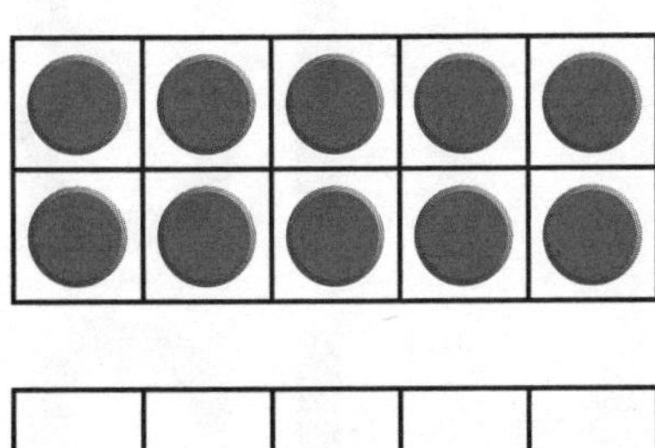

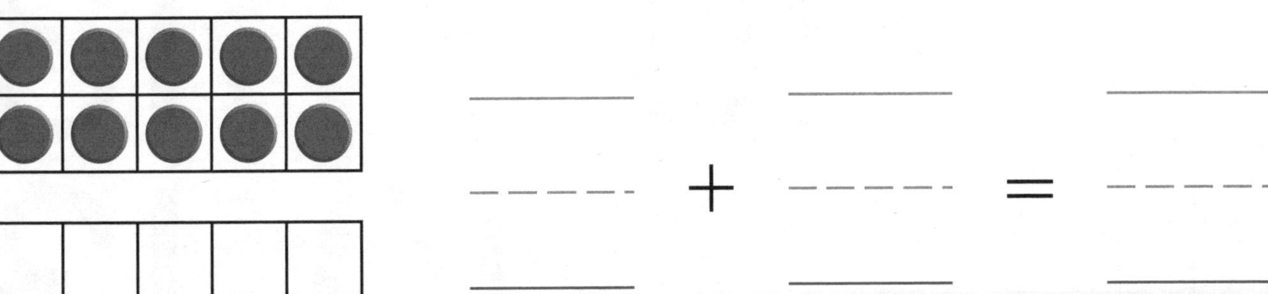

___ + ___ = ___

Instrucciones Diga: *Pueden usar fichas y un marco doble de 10 para mostrar 12 como 10 unidades y algunas unidades más. Rellenen el primer marco de 10 con diez fichas. Luego, dibujen algunas fichas más para formar 12 y escriban una ecuación que represente el dibujo.* ★1 Pida a los estudiantes que dibujen fichas para formar 13 y escriban una ecuación que represente el dibujo. Luego, pídales que digan cómo el dibujo y la ecuación muestran 10 unidades y algunas unidades más.

Instrucciones **2 Matemáticas y Ciencias** Diga: *Las plantas convierten la luz del sol en su alimento. Esto las ayuda a crecer. Li Mei plantó 10 flores al sol. Crecieron mucho. Plantó 2 flores a la sombra. Estas no crecieron tan altas como las otras flores.* Pida a los estudiantes que dibujen flores y escriban una ecuación para indicar cuántas flores plantó Li Mei en total. **3** Pida a los estudiantes que dibujen fichas para formar 11 y escriban una ecuación que represente el dibujo. Luego, pídales que digan cómo el dibujo y la ecuación muestran 10 unidades y algunas unidades más. **4 Razonamiento de orden superior** Pida a los estudiantes que dibujen fichas para hallar los números que faltan en las ecuaciones. Luego, pídales que digan cómo los dibujos y las ecuaciones muestran 10 unidades y algunas unidades más.

Resuélvelo y coméntalo

Nombre ______________________

Resuelve

Lección 10-2

Formar 14, 15 y 16

____ + ____ = 15

Instrucciones Diga: *Pongan 15 fichas en el marco doble de 10 para mostrar 10 unidades y algunas unidades más. Luego, completen la ecuación para que represente las fichas.*

Puedo...
formar los números 14, 15 y 16.

Estándar de contenido
K.NBD.A.1
Prácticas matemáticas
PM.2, PM.3, PM.4, PM.7

diez unidades
10

cuatro unidades
4

14 fichas

10 + 4 = 14

diez unidades
10

seis unidades
6

16 fichas

10 + 6 = 16

Práctica guiada

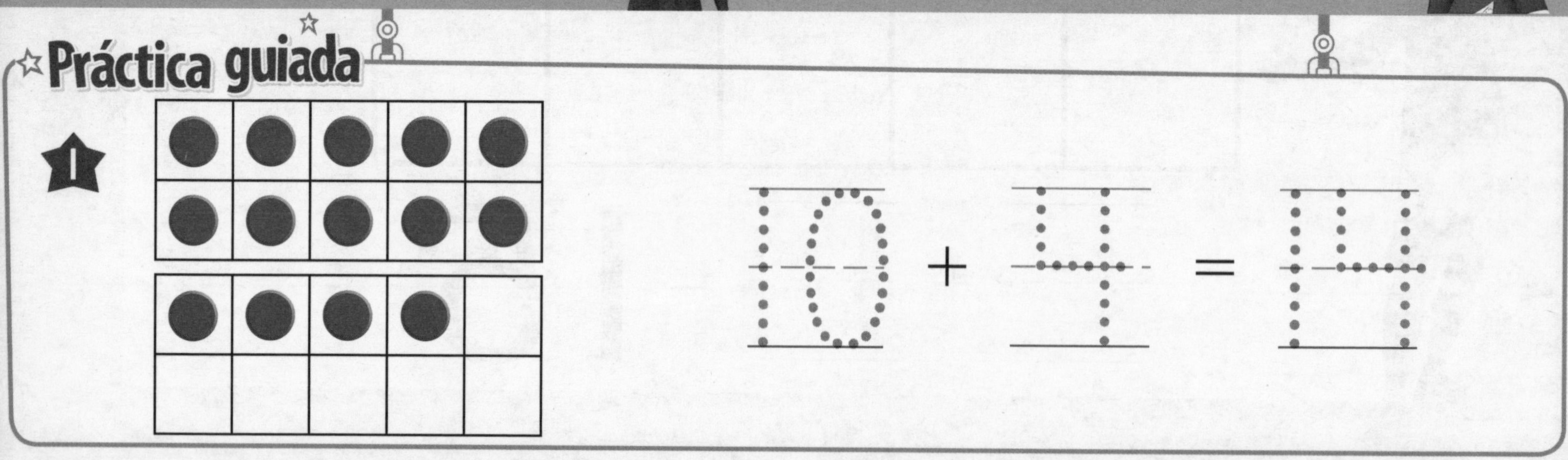

Instrucciones Pida a los estudiantes que escriban una ecuación que represente las fichas. Luego, pídales que digan cómo el dibujo y la ecuación muestran 10 unidades y algunas unidades más.

Nombre ______

2

___ + ___ = ___

3

___ + ___ = ___

4

10 + 4 = 14

5

10 + 5 = 15

Instrucciones Pida a los estudiantes que: 2 y 3 escriban una ecuación que represente las fichas. Luego, pídales que digan cómo el dibujo y la ecuación muestran 10 unidades y algunas unidades más; 4 y 5 dibujen fichas que representen la ecuación. Luego, pídales que digan cómo el dibujo y la ecuación muestran 10 unidades y algunas unidades más.

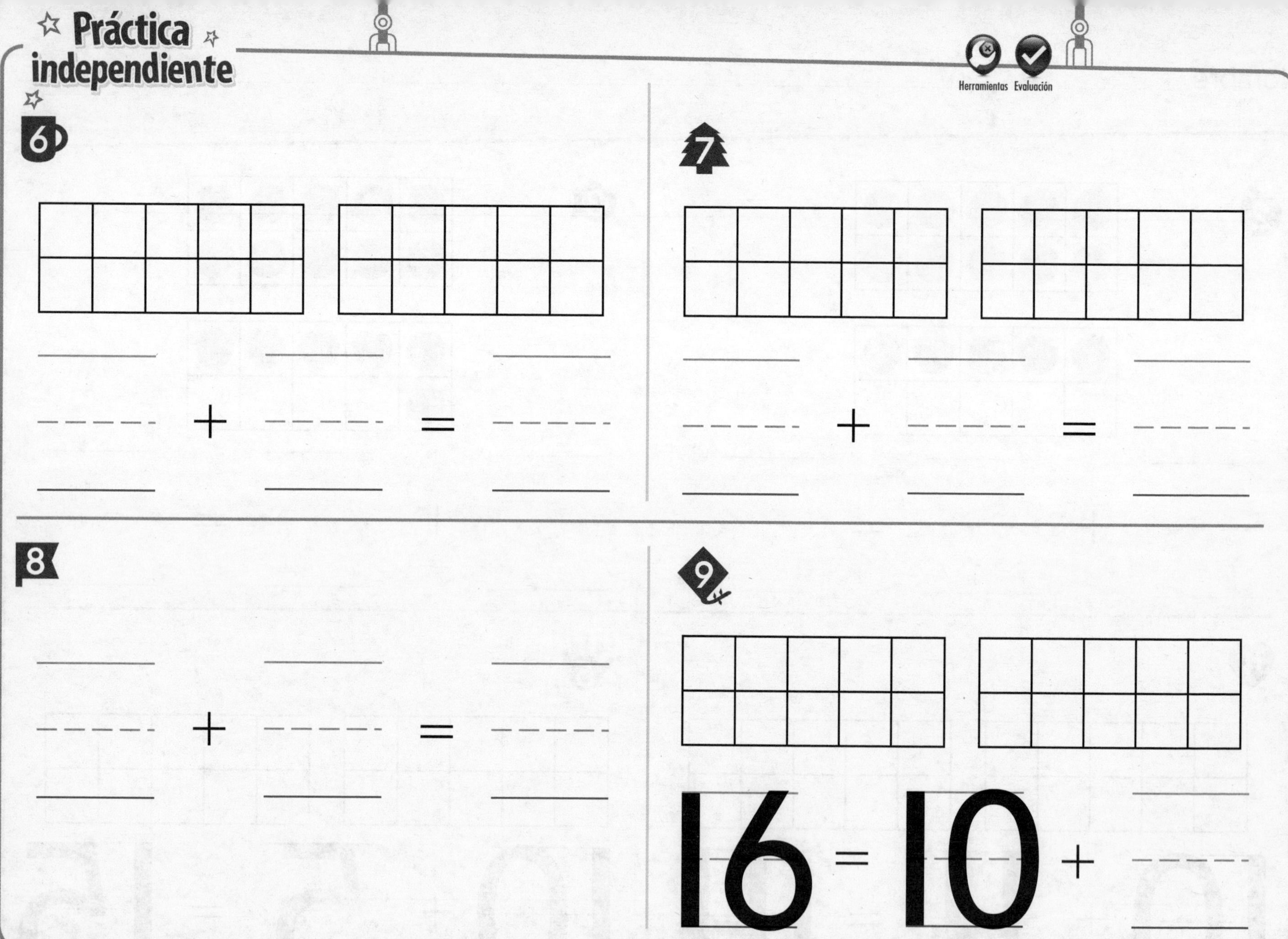

Instrucciones Pida a los estudiantes que: 6 dibujen fichas y escriban una ecuación para mostrar cómo formar 16. Luego, pídales que digan cómo el dibujo y la ecuación muestran 10 unidades y algunas unidades más; 7 dibujen fichas y escriban una ecuación para mostrar cómo formar 14. Luego, pídales que digan cómo el dibujo y la ecuación muestran 10 unidades y algunas unidades más. 8 **Sentido numérico** Pida a los estudiantes que escriban una ecuación para mostrar 15 como 10 unidades y algunas unidades más. 9 **Razonamiento de orden superior** Pida a los estudiantes que dibujen fichas para hallar el número que falta en la ecuación. Luego, pídales que digan cómo el dibujo y la ecuación muestran 10 unidades y algunas unidades más.

Nombre ______________________________

Ayuda

Herramientas
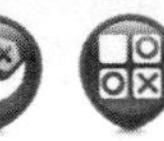
Juegos

Tarea y práctica 10-2

Formar 14, 15 y 16

ACTIVIDAD PARA EL HOGAR Pida a su niño(a) que represente el número 14 como un círculo grande con 10 X dentro del círculo y 4 X fuera del círculo. Repita la actividad con los números 15 y 16.

¡Revisemos!

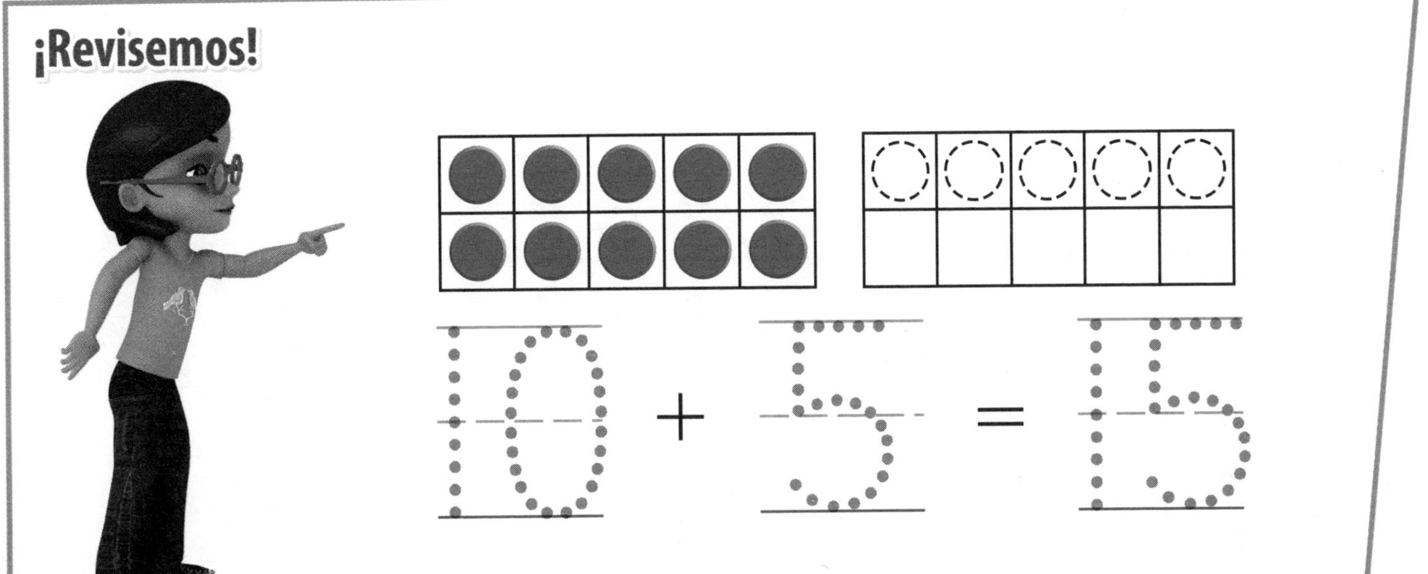

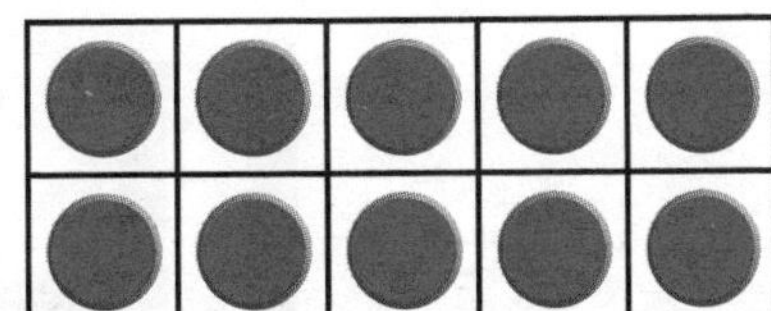

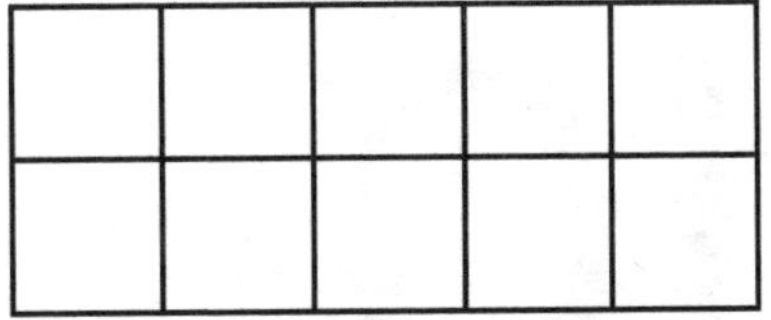

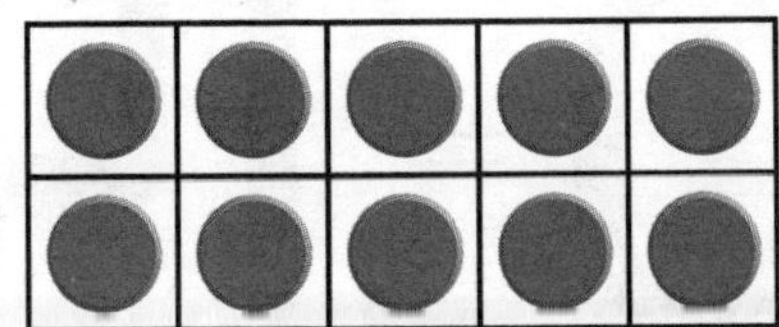

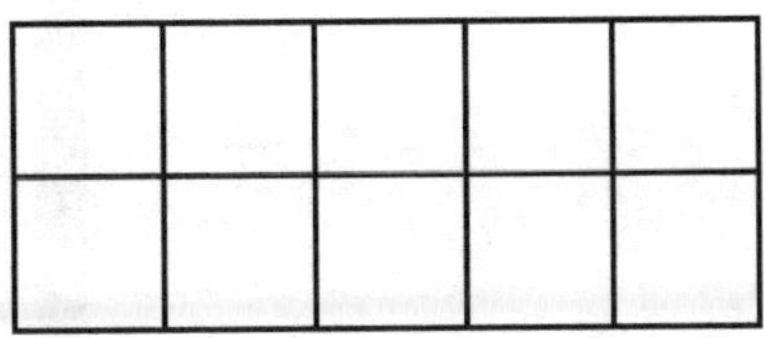

Instrucciones Diga: *Continúen dibujando fichas en el marco de 10 para formar 15. Luego, escriban una ecuación que represente el dibujo. El dibujo y la ecuación muestran una manera de formar 15 con 10 unidades y algunas unidades más.* Pida a los estudiantes que: 1 dibujen fichas para formar 14 y escriban una ecuación que represente el dibujo. Luego, pídales que digan cómo el dibujo y la ecuación muestran 10 unidades y algunas unidades más; 2 dibujen fichas para formar 16 y escriban una ecuación que represente el dibujo. Luego, pídales que digan cómo el dibujo y la ecuación muestran 10 y algunas unidades más.

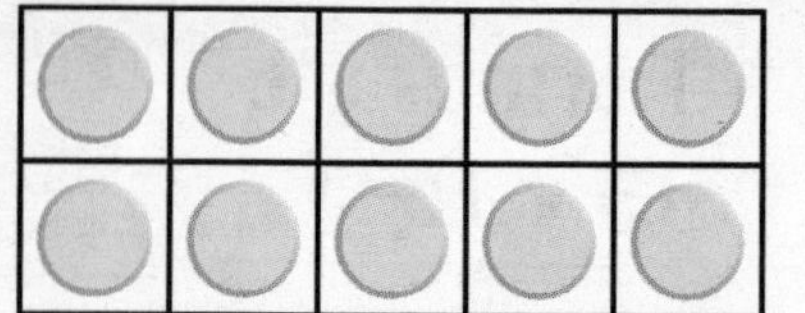

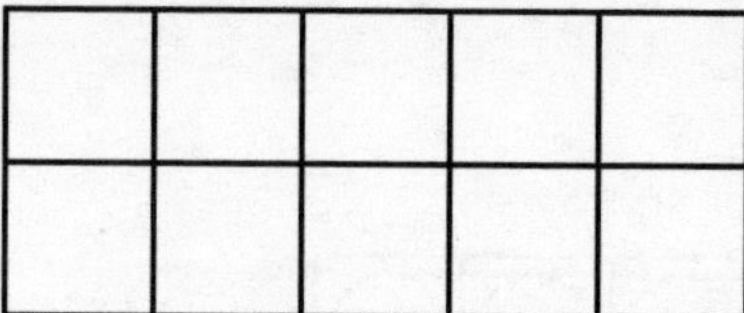

___ + ___ = ___

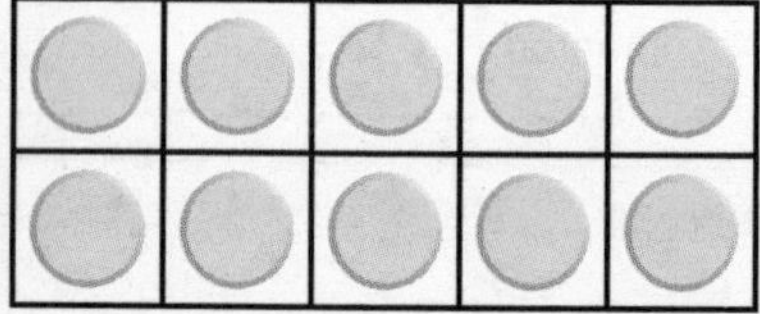

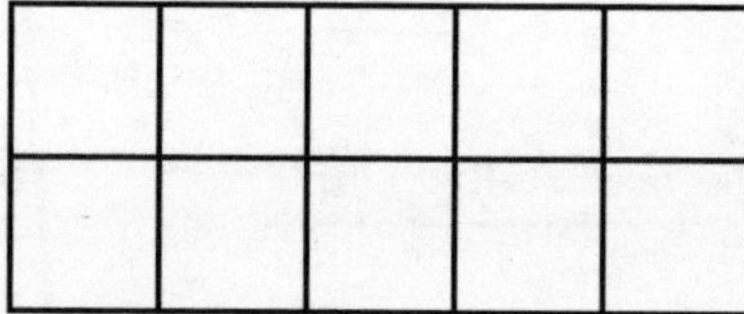

___ + ___ = ___

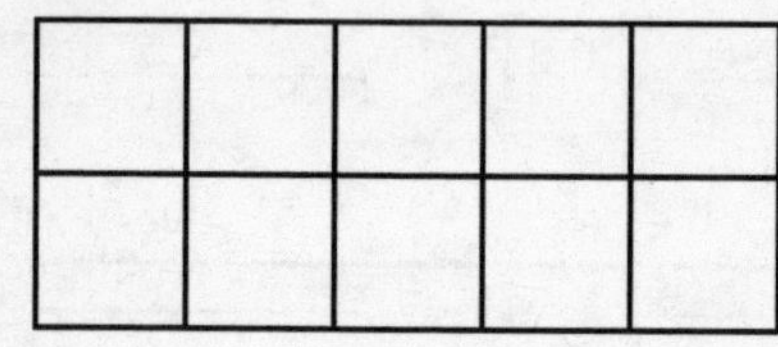

10 + ___ = 14

___ + 10 = 14

Instrucciones Pida a los estudiantes que: 3 dibujen fichas para mostrar cómo formar 15 y escriban una ecuación que represente el dibujo. Luego, pídales que digan cómo el dibujo y la ecuación muestran 10 unidades y algunas unidades más; 4 dibujen fichas para mostrar cómo formar 16 y escriban una ecuación que represente el dibujo. Luego, pídales que digan cómo el dibujo y la ecuación muestran 10 unidades y algunas unidades más. 5 **Razonamiento de orden superior** Pida a los estudiantes que dibujen fichas para hallar los números que faltan en las ecuaciones. Luego, pídales que digan cómo el dibujo y las ecuaciones muestran 10 unidades y algunas unidades más.

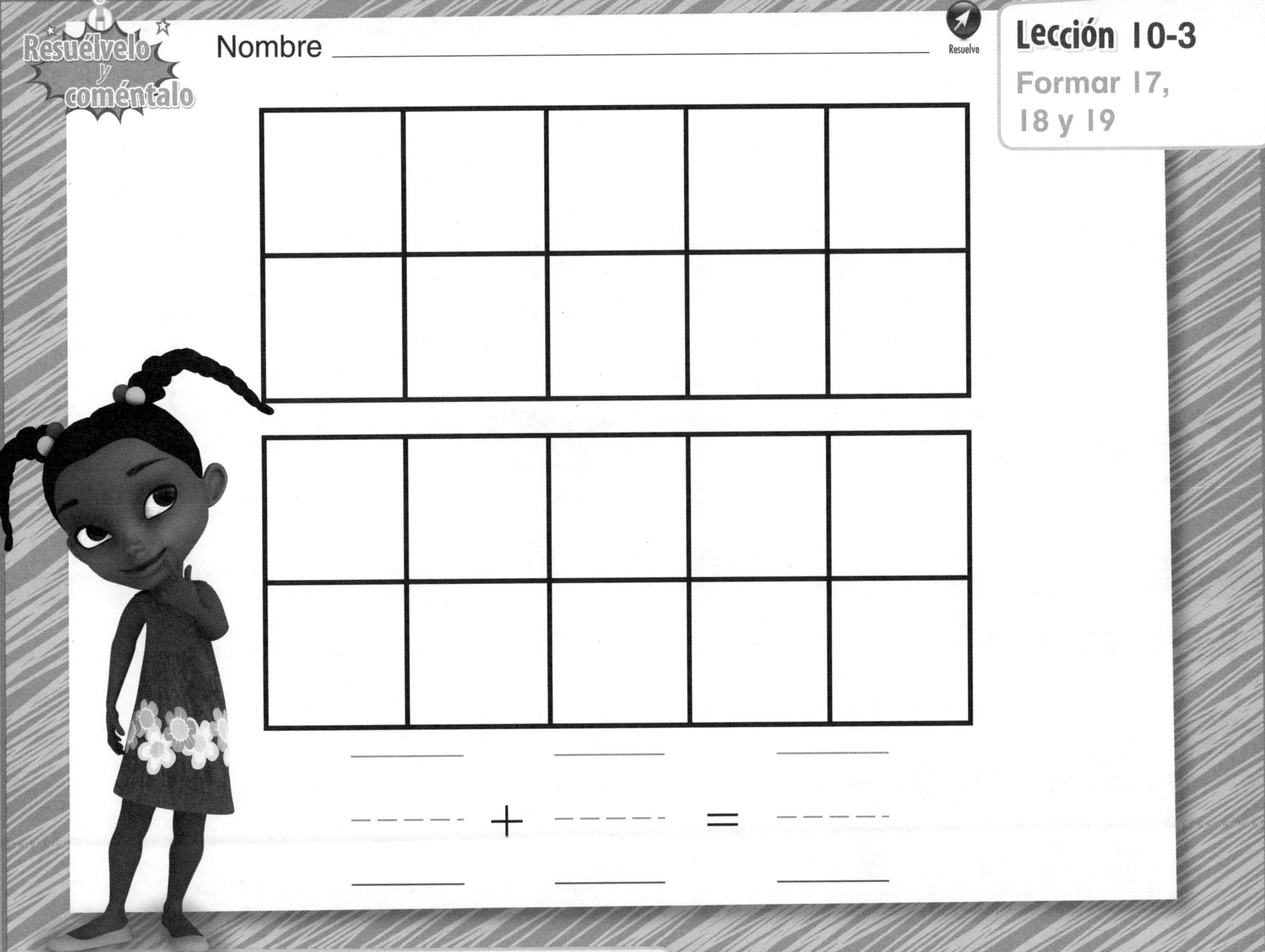

Lección 10-3

Formar 17, 18 y 19

Instrucciones Diga: *Jada prepara 10 premios para la feria de la escuela. Luego, prepara 8 más. Usen fichas para mostrar cuántos premios prepara Jada en total. Luego, escriban una ecuación que represente las fichas y digan cómo las fichas y la ecuación muestran 10 unidades y algunas unidades más.*

Puedo...
formar los números 17, 18 y 19.

Estándar de contenido
K.NBD.A.1
Prácticas matemáticas
PM.1, PM.2, PM.4, PM.7

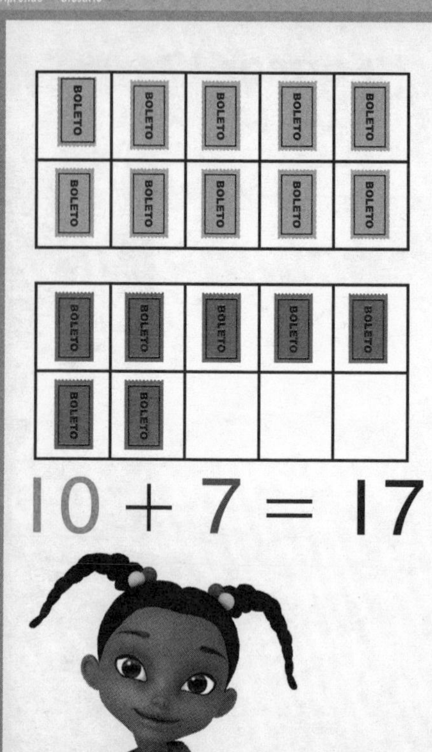

$10 + 7 = 17$

$10 + 8 = 18$

$10 + 9 = 19$

$10 + 7 = 17$
$10 + 8 = 18$
$10 + 9 = 19$

diez
unidades
suma

Práctica guiada

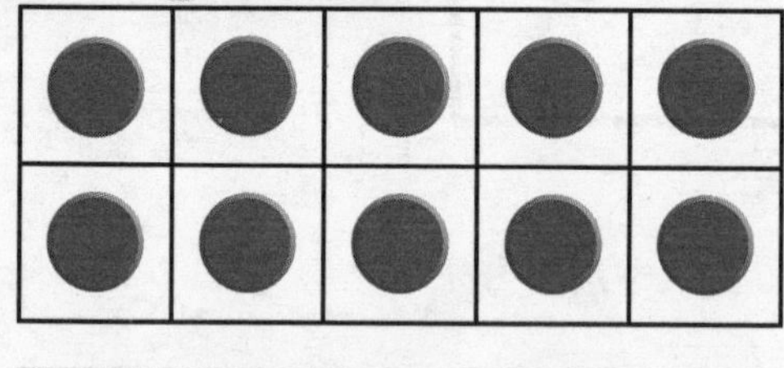

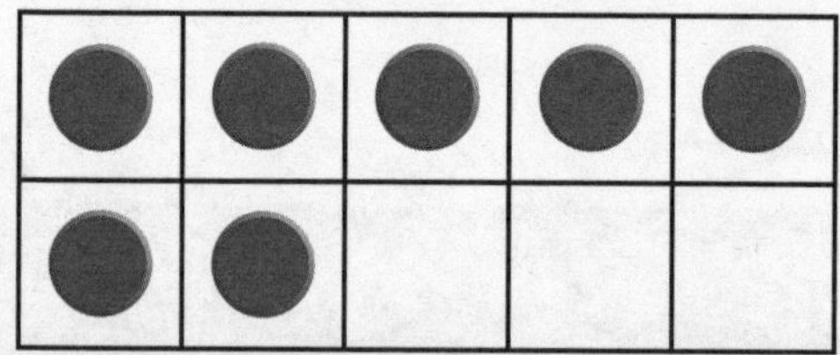

$10 + 7 = 17$

Instrucciones Pida a los estudiantes que completen las ecuaciones para que representen las fichas. Luego, pídales que digan cómo el dibujo y la ecuación muestran 10 unidades y algunas unidades más.

Nombre ______

2

___ + ___ = ___

3

___ + ___ = ___

4

10 + 7 = 17

5

10 + 9 = 19

Instrucciones Pida a los estudiantes que: 2 y 3 escriban una ecuación que represente las fichas. Luego, pídales que digan cómo el dibujo y la ecuación muestran 10 unidades y algunas unidades más; 4 y 5 dibujen fichas que representen la ecuación. Luego, pídales que digan cómo el dibujo y la ecuación muestran 10 unidades y algunas unidades más.

Práctica independiente

Herramientas Evaluación

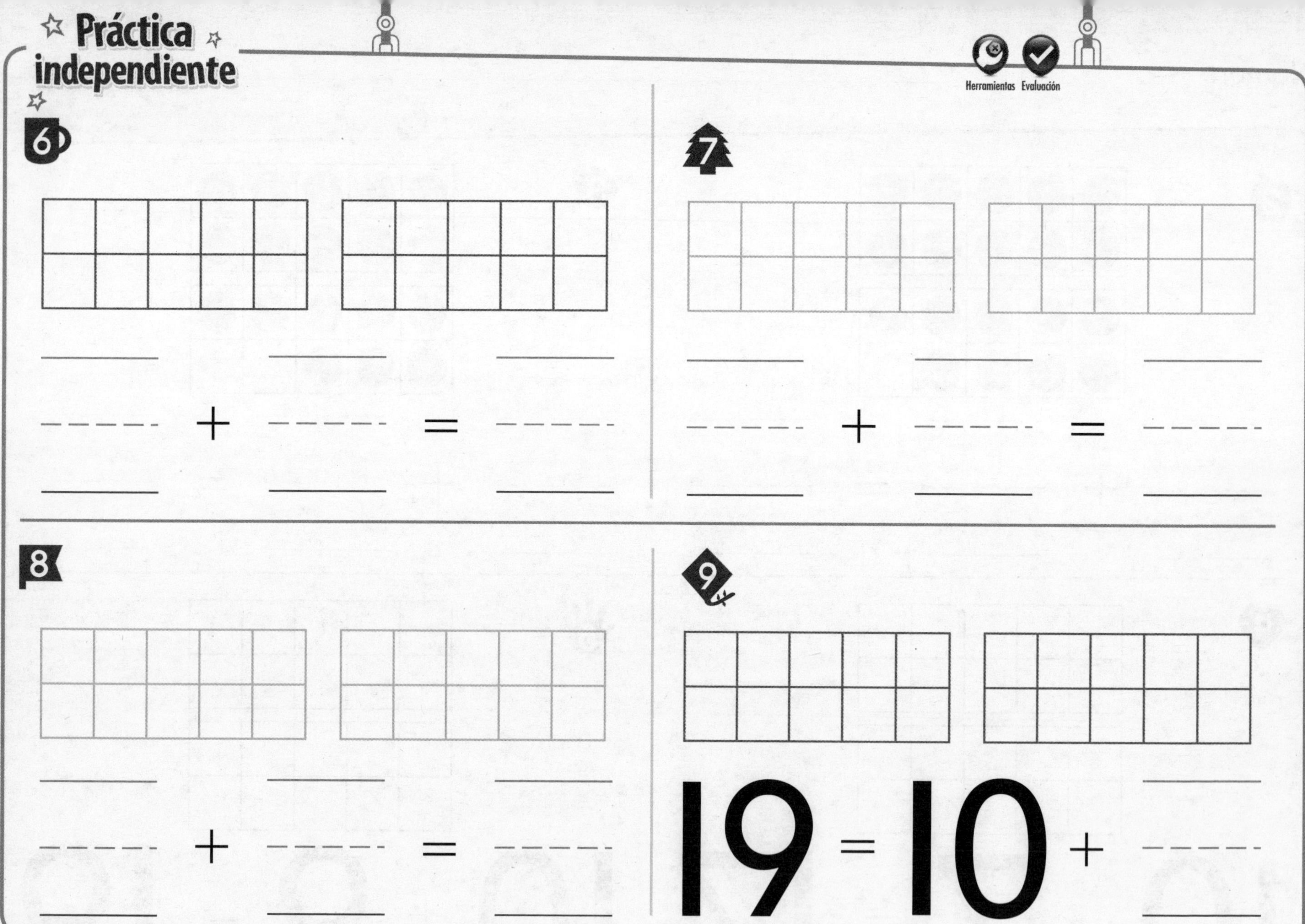

Instrucciones Pida a los estudiantes que: 6 dibujen fichas y luego escriban una ecuación que muestre cómo formar 18. Luego, pídales que digan cómo el dibujo y la ecuación muestran 10 unidades y algunas unidades más; 7 dibujen fichas y luego escriban una ecuación que muestre cómo formar 19. Luego, pídales que digan cómo el dibujo y la ecuación muestran 10 unidades y algunas unidades más; 8 dibujen fichas y luego escriban una ecuación que muestre cómo formar 17. Luego, pídales que digan cómo el dibujo y la ecuación muestran 10 unidades y algunas unidades más. 9 **Razonamiento de orden superior** Pida a los estudiantes que dibujen fichas para hallar el número que falta en la ecuación. Luego, pídales que digan cómo el dibujo y la ecuación muestran 10 unidades y algunas unidades más.

Nombre ______________________

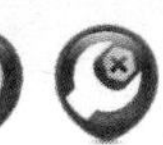
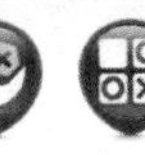

Formar 17, 18 y 19

ACTIVIDAD PARA EL HOGAR Coloque 10 canicas u otros objetos pequeños en un tazón. En otro tazón, pídale a su niño(a) que cuente hacia adelante desde 10 mientras añade objetos hasta que haya 17 objetos en total. Repita con 19 y luego 18 objetos en total.

¡Revisemos!

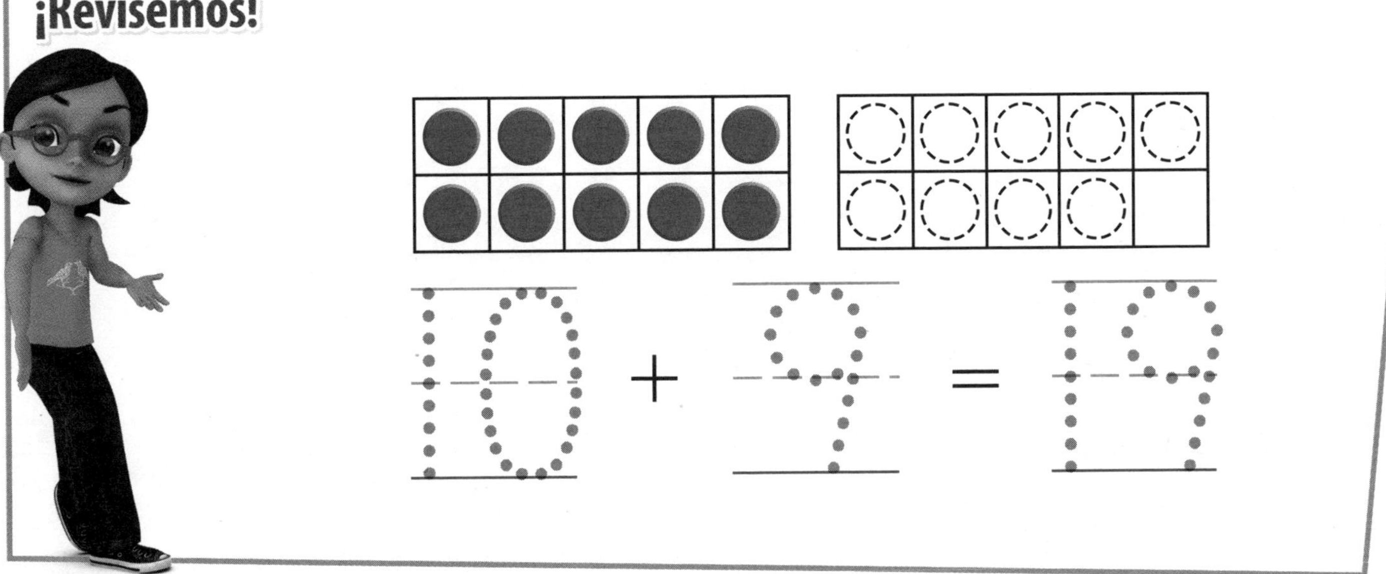

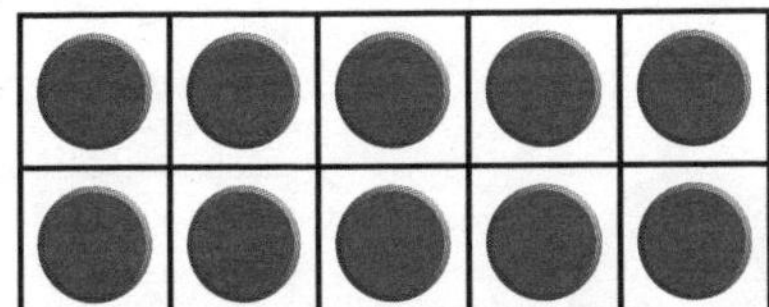
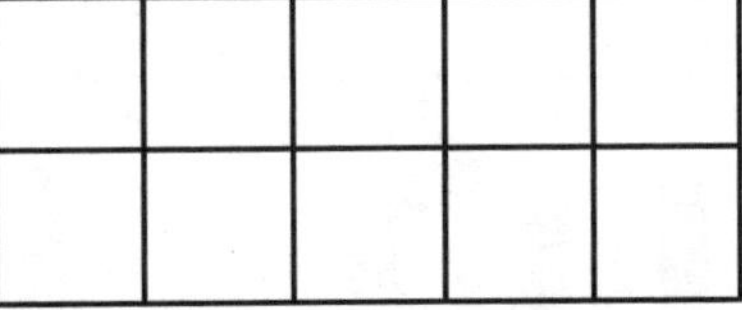
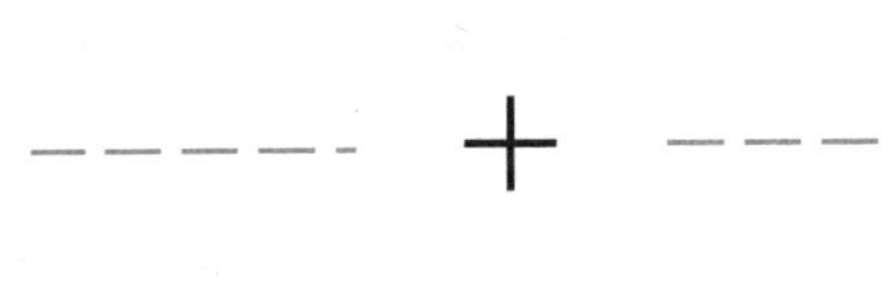

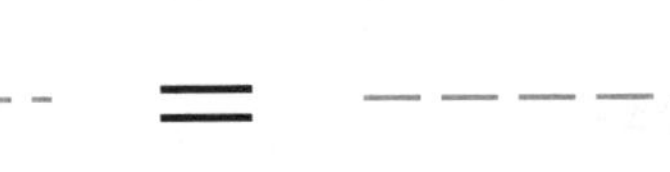

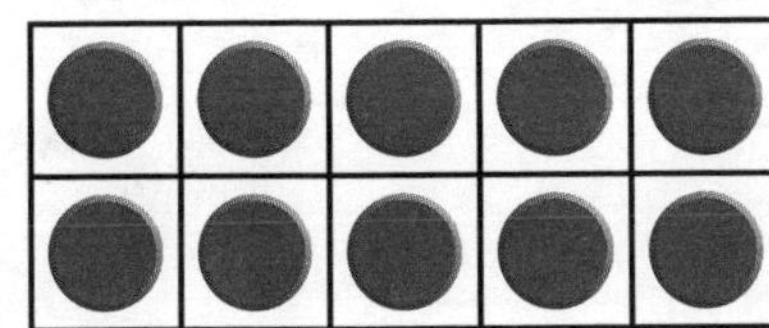
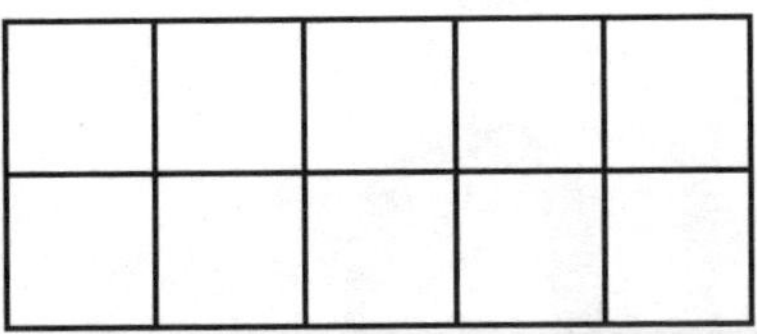

___ + ___ = ___

Instrucciones Diga: *Completen los dibujos de las fichas en el marco de 10 para mostrar cómo formar 19. Luego, escriban una ecuación que represente el dibujo. El dibujo y la ecuación muestran cómo formar 19 con 10 unidades y algunas unidades más.* Pida a los estudiantes que: **1** dibujen fichas y luego escriban la ecuación para mostrar cómo formar 17. Luego, pídales que digan cómo el dibujo y la ecuación muestran 10 unidades y algunas unidades más; **2** dibujen fichas para mostrar cómo formar 18 y luego escriban una ecuación que represente el dibujo. Luego, pídales que digan cómo el dibujo y la ecuación muestran 10 unidades y algunas unidades más.

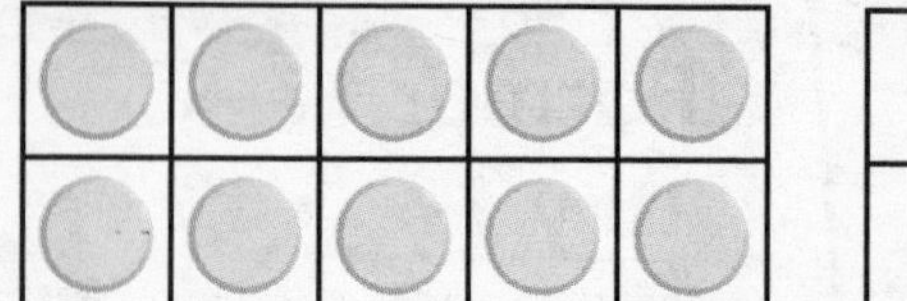

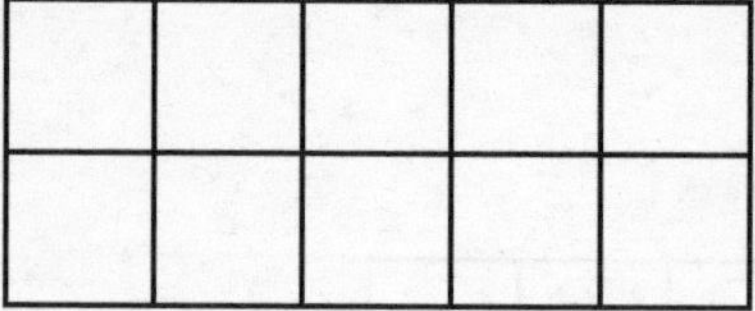

____ + ____ = ____

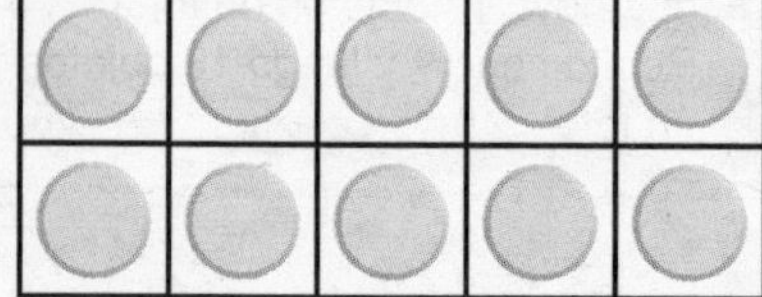

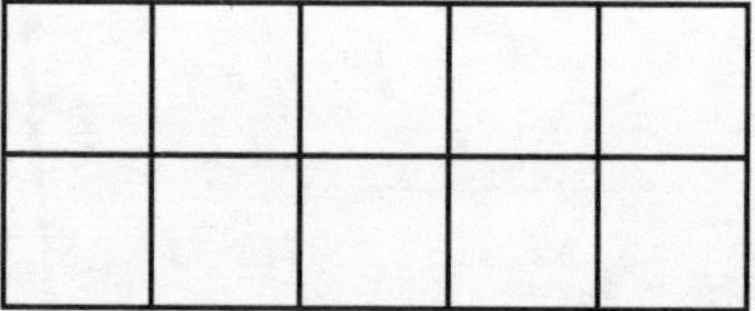

____ + ____ = ____

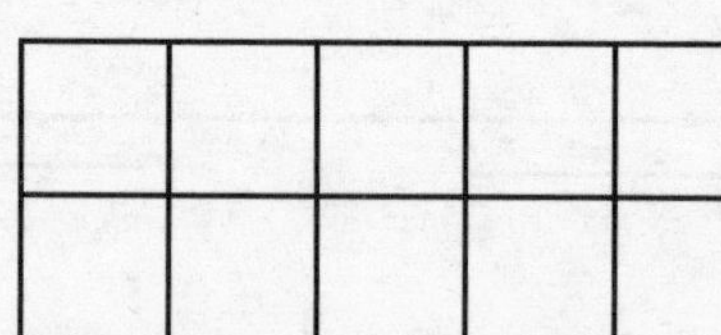

18 = 10 + ____

10 + ____ = 18

Instrucciones Pida a los estudiantes que: 3 dibujen fichas para formar 19 y luego escriban una ecuación que represente el dibujo. Luego, pídales que digan cómo el dibujo y la ecuación muestran 10 unidades y algunas unidades más; 4 dibujen fichas para formar 17 y luego escriban una ecuación que represente el dibujo. Luego, pídales que digan cómo el dibujo y la ecuación muestran 10 unidades y algunas unidades más. 5 **Razonamiento de orden superior** Pida a los estudiantes que dibujen fichas para hallar los números que faltan en las ecuaciones. Luego, pídales que digan cómo el dibujo y la ecuación muestran 10 unidades y algunas unidades más.

Resuélvelo y coméntalo

Nombre ______________________________

Resuelve

Lección 10-4

Hallar partes de 11, 12 y 13

$$13 = \_\_\_\_ + \_\_\_\_$$

Instrucciones Diga: *13 estudiantes esperan el tren. Hay sólo 10 asientos en cada vagón del tren. ¿Cuántos estudiantes tendrán que viajar en un segundo vagón? Usen fichas para mostrar su trabajo. Luego, digan cómo las fichas y la ecuación muestran 10 unidades y algunas unidades más.*

Puedo...
hallar partes de los números 11, 12 y 13.

Estándar de contenido
K.NBD.A.1
Prácticas matemáticas
PM.4, PM.6, PM.7, PM.8

13 TROFEOS

diez unidades
10

tres unidades
3

diez unidades | tres unidades

$13 = 10 + 3$

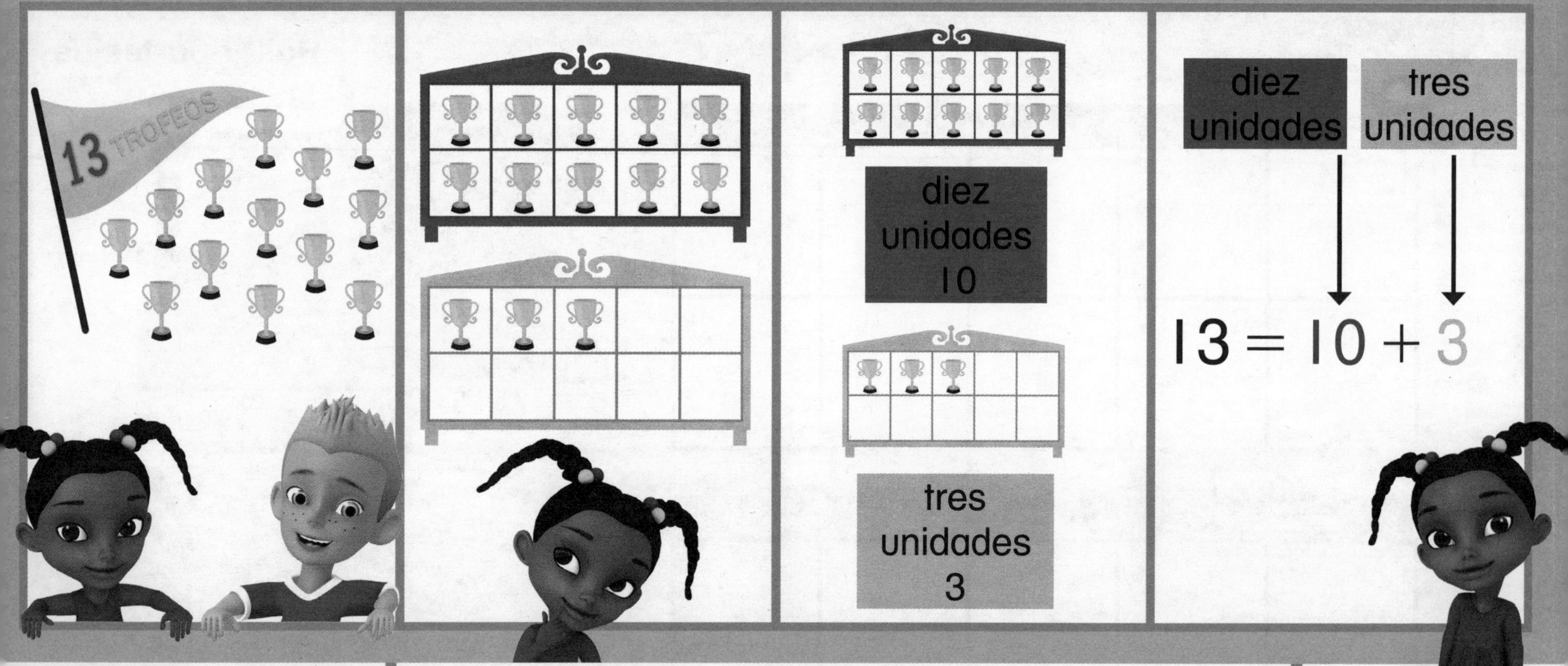

Práctica guiada

1

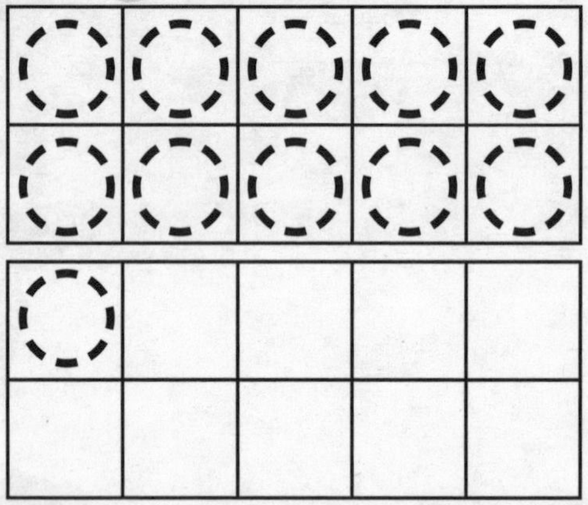

$11 = 10 + 1$

Instrucciones 1 Pida a los estudiantes que usen fichas para mostrar 11, las dibujen en el marco doble de 10 y completen la ecuación para que represente el dibujo. Luego, pídales que digan cómo el dibujo y la ecuación muestran 10 unidades y algunas unidades más.

Nombre ____________________

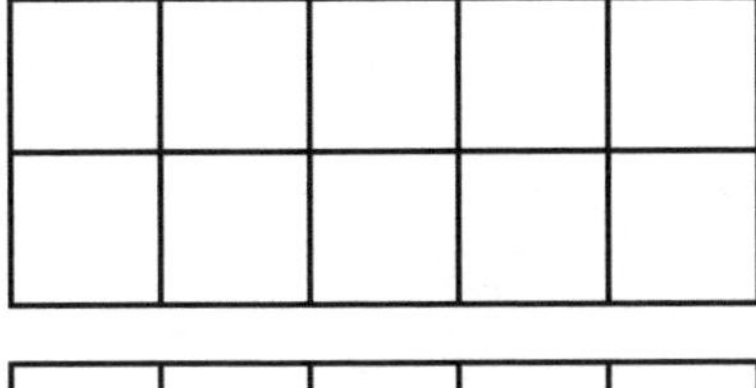

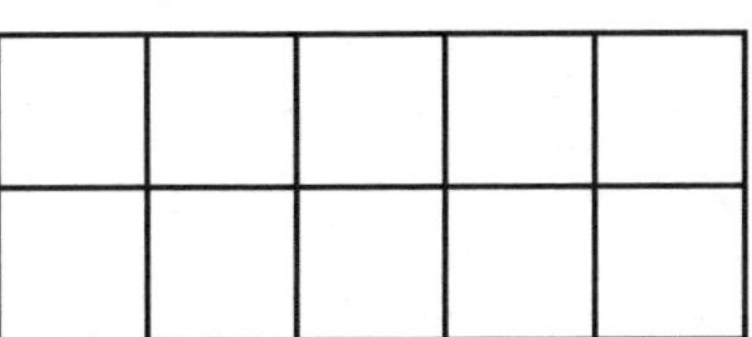

13 = ____ + ____

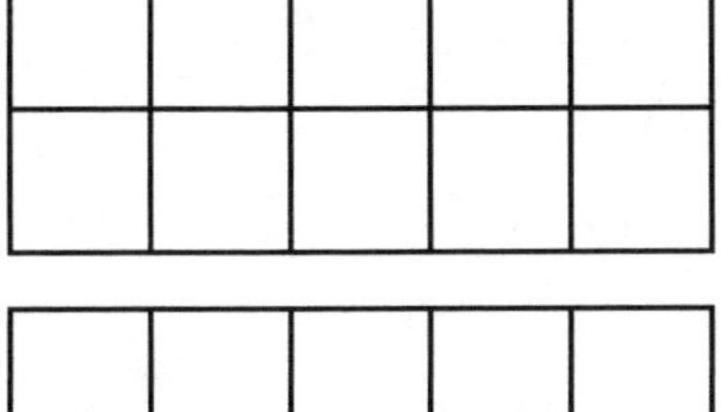

12 = ____ + ____

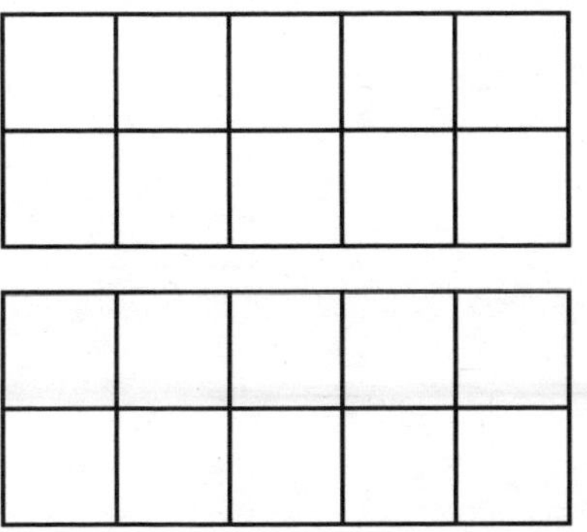

11 = 10 + 1

Instrucciones Pida a los estudiantes que: 2 usen fichas para mostrar 13, las dibujen en el marco doble de 10 y completen la ecuación para que represente el dibujo. Luego, pídales que digan cómo el dibujo y la ecuación muestran 10 unidades y algunas unidades más; 3 usen fichas para mostrar 12, las dibujen en el marco doble de 10 y completen la ecuación para que represente el dibujo. Luego, pídales que digan cómo el dibujo y la ecuación muestran 10 unidades y algunas unidades más; 4 dibujen fichas para representar la ecuación. Luego, pídales que digan cómo el dibujo y la ecuación muestran 10 unidades y algunas unidades más.

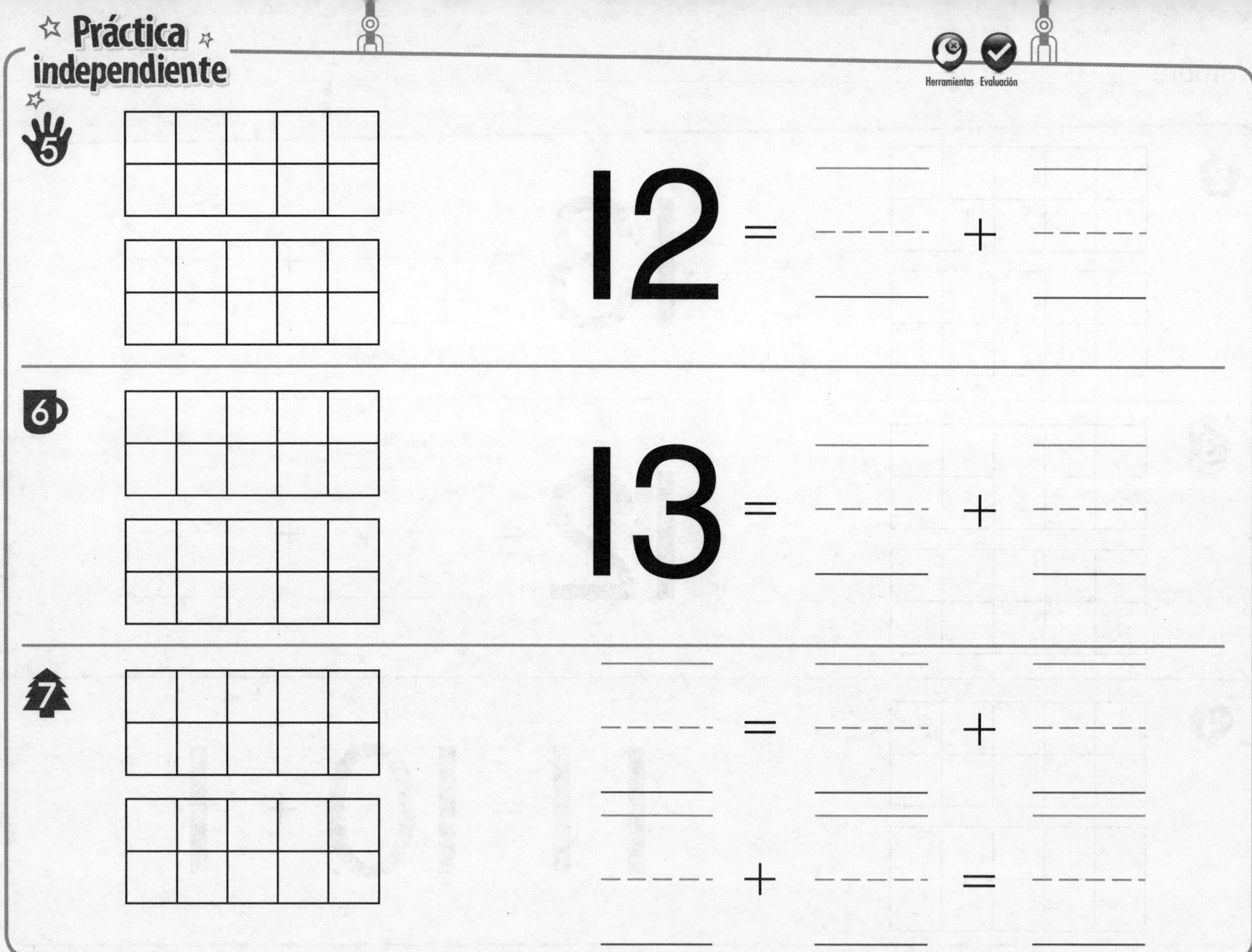

Instrucciones Pida a los estudiantes que: 5 dibujen fichas para formar 12 y completen la ecuación para que represente el dibujo. Luego, pídales que digan cómo el dibujo y la ecuación muestran 10 unidades y algunas unidades más; 6 dibujen fichas para formar 13 y completen la ecuación para que represente el dibujo. Luego, pídales que digan cómo el dibujo y la ecuación muestran 10 unidades y algunas unidades más. 7 **Razonamiento de orden superior** Pida a los estudiantes que dibujen fichas para mostrar 11 y escriban dos ecuaciones que representen el dibujo. Luego, pídales que digan cómo el dibujo y las ecuaciones muestran 10 unidades y algunas unidades más.

Nombre ___________________________

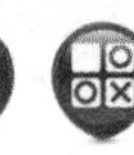

Ayuda Herramientas Juegos

Tarea y práctica 10-4

Hallar partes de 11, 12 y 13

ACTIVIDAD PARA EL HOGAR Pida a su niño(a) que use un grupo de 12 lápices para formar un grupo de 10 lápices y otro grupo de 2 lápices. Comenten sobre cuántos lápices hay en cada grupo y cuántos hay en total. Repita con grupos de 13 y 11 lápices.

¡Revisemos!

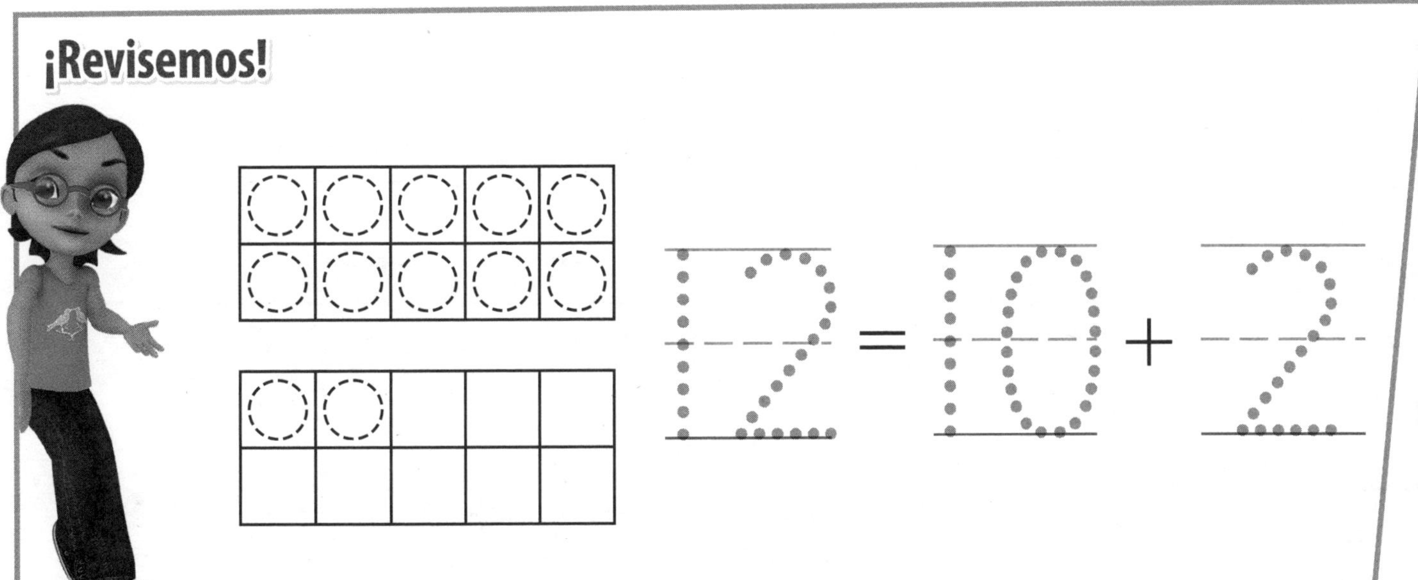

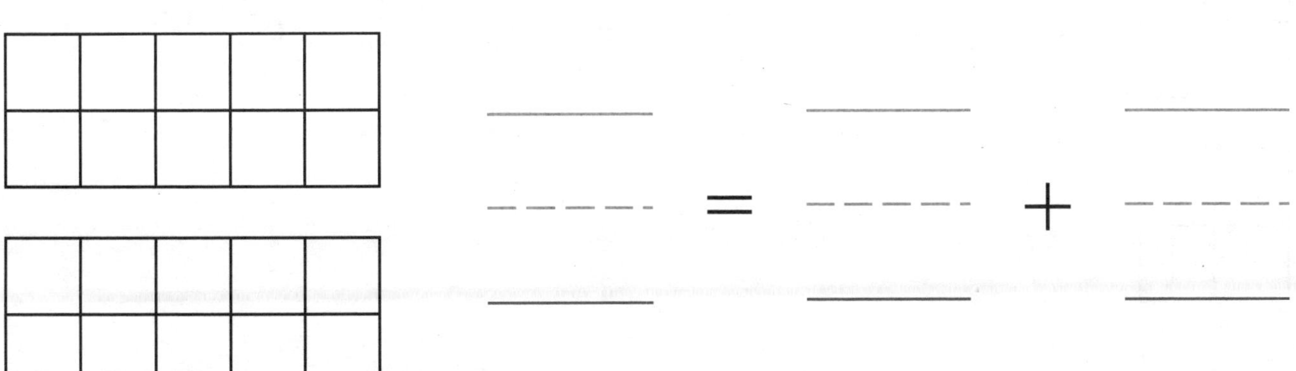

Instrucciones Diga: *Dibujen fichas en el marco doble de 10 para mostrar 12 y escriban una ecuación que represente el dibujo. El dibujo y la ecuación muestran 10 unidades y algunas unidades más.* ★1 Pida a los estudiantes que dibujen fichas para mostrar 11 y escriban una ecuación que represente el dibujo. Luego, pídales que digan cómo el dibujo y la ecuación muestran 10 unidades y algunas unidades más.

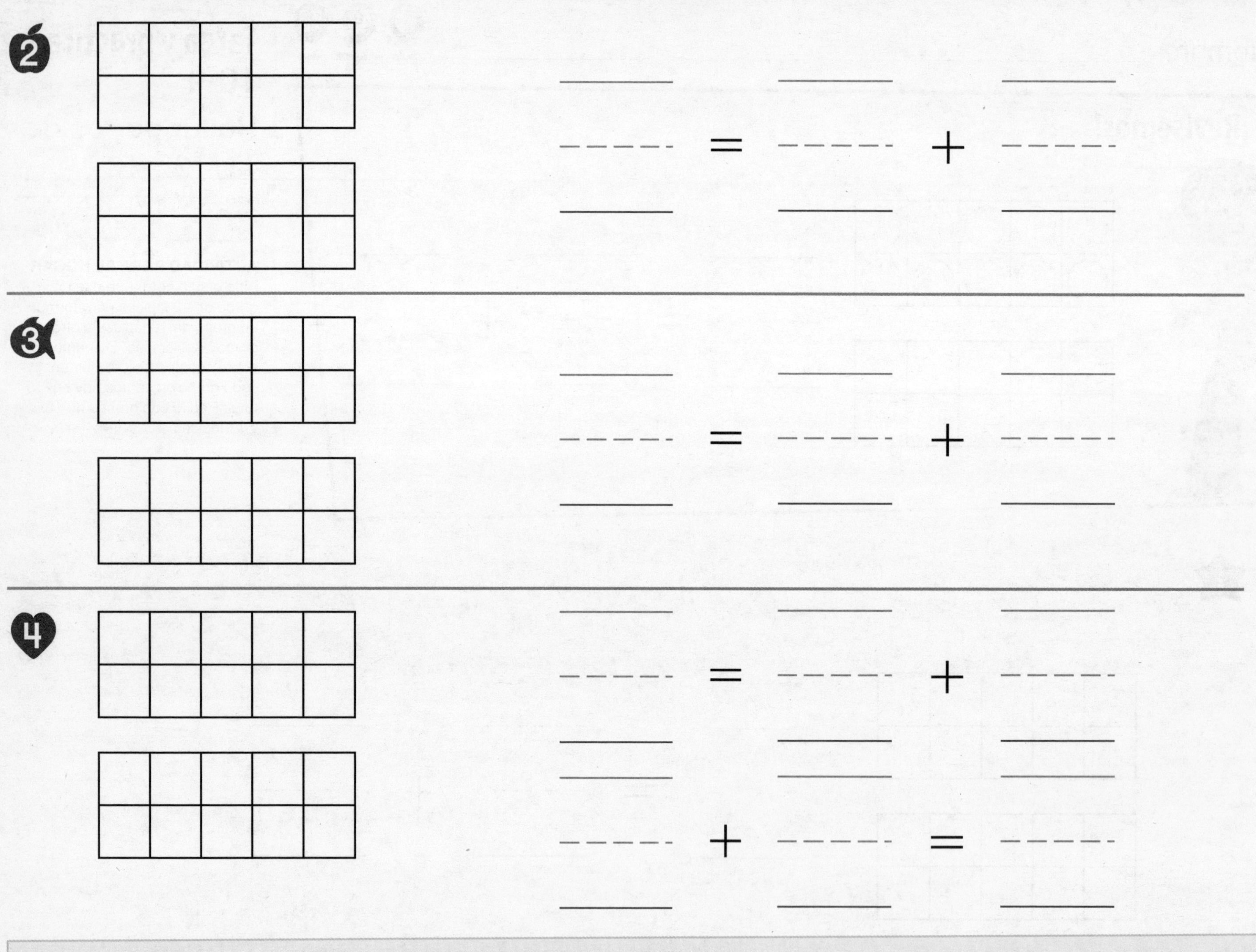

Instrucciones Pida a los estudiantes que: 2 dibujen fichas para mostrar 13 y escriban una ecuación que represente el dibujo. Luego, pídales que digan cómo el dibujo y la ecuación muestran 10 unidades y algunas unidades más; 3 dibujen fichas para mostrar 12 y escriban una ecuación que represente el dibujo. Luego, pídales que digan cómo el dibujo y la ecuación muestran 10 unidades y algunas unidades más. 4 **Razonamiento de orden superior** Pida a los estudiantes que dibujen fichas para mostrar 13 y escriban dos ecuaciones que representen el dibujo. Luego, pídales que digan cómo el dibujo y la ecuación muestran 10 unidades y algunas unidades más.

Resuélvelo y coméntalo

Nombre ______________________

Resuelve

Lección 10-5
Hallar partes de 14, 15 y 16

14 = ____ + ____

Instrucciones Diga: *14 estudiantes van al zoológico. El primer autobús lleva 10 estudiantes. Los demás estudiantes van en un segundo autobús. Usen fichas para describir esta situación. Luego, completen la ecuación para que represente las fichas y digan cómo las fichas y la ecuación muestran 10 unidades y algunas unidades más.*

Puedo...
hallar partes de los números 14, 15 y 16.

Estándar de contenido
K.NBD.A.1
Prácticas matemáticas
PM.4, PM.5, PM.7, PM.8

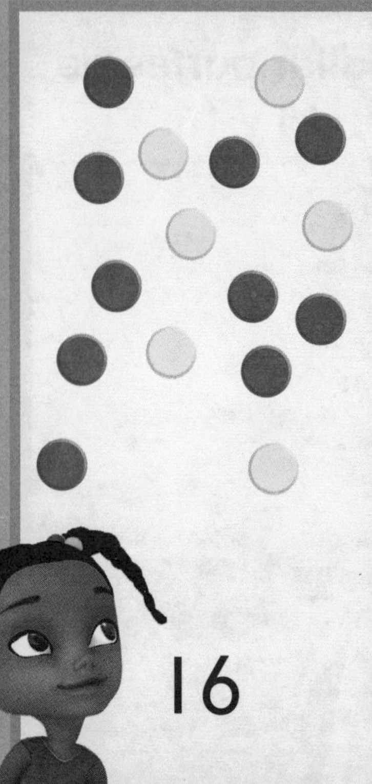

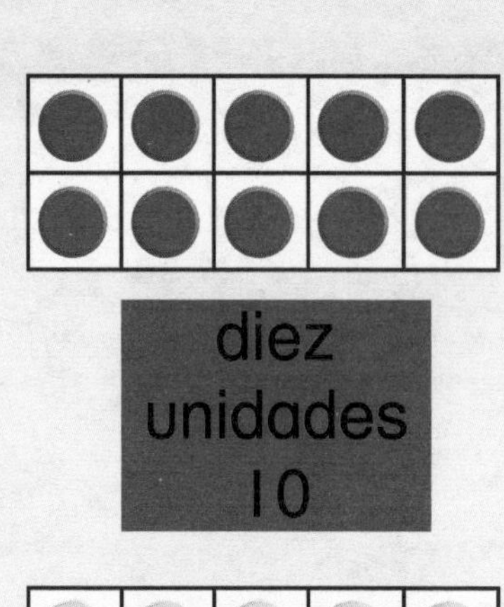

diez unidades 10

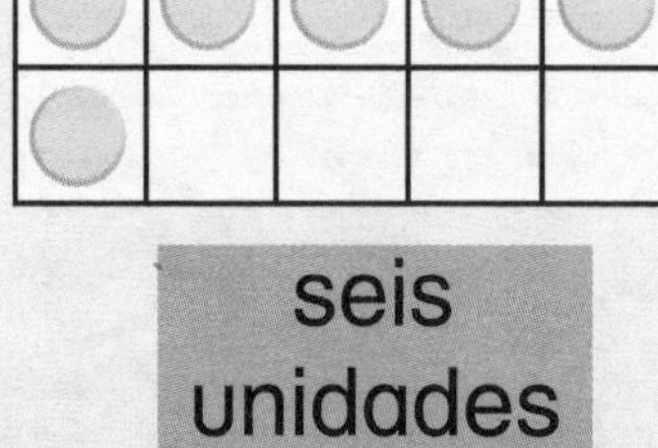

seis unidades 6

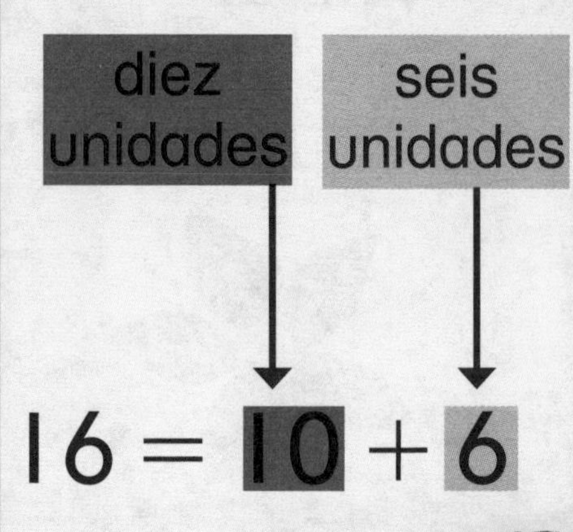

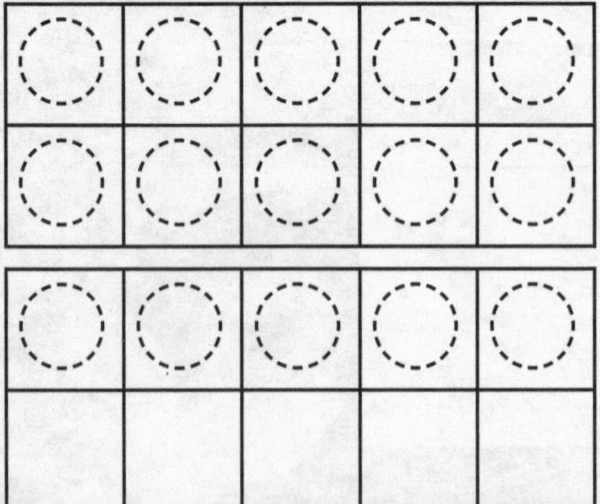

15 = 10 + 5

Instrucciones 1 Pida a los estudiantes que usen fichas para mostrar 15, las dibujen en el marco doble de 10 y completen la ecuación para que represente el dibujo. Luego, pídales que digan cómo el dibujo y la ecuación muestran 10 unidades y algunas unidades más.

Nombre ____________________

$14 = \_\_\_ + \_\_\_$

$16 = \_\_\_ + \_\_\_$

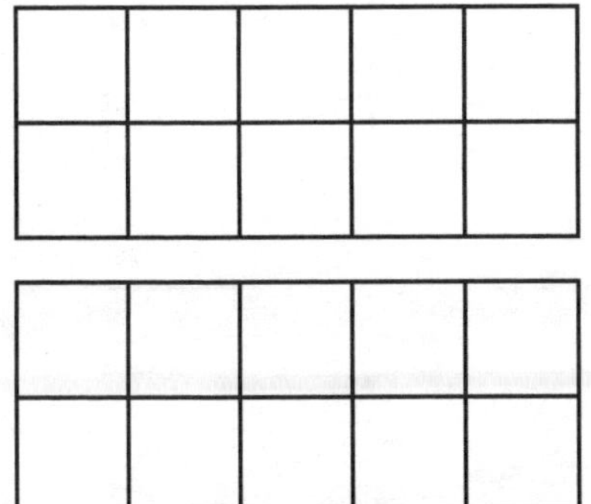

$15 = 10 + 5$

Instrucciones Pida a los estudiantes que: 2 usen fichas para mostrar 14, las dibujen en el marco doble de 10 y completen la ecuación para que represente el dibujo. Luego, pídales que digan cómo el dibujo y la ecuación muestran 10 unidades y algunas unidades más; 3 usen fichas para mostrar 16, las dibujen en el marco doble de 10 y completen la ecuación para que represente el dibujo. Luego, pídales que digan cómo el dibujo y la ecuación muestran 10 unidades y algunas unidades más; 4 dibujen fichas para representar la ecuación. Luego, pídales que digan cómo el dibujo y la ecuación muestran 10 unidades y algunas unidades más.

Práctica independiente

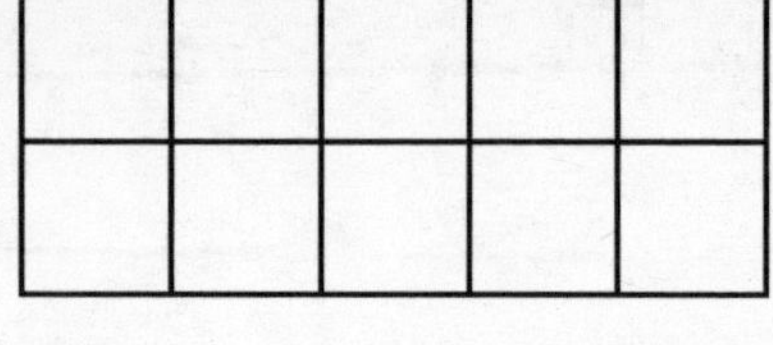

16 = 10 + 6

14 = 10 + 4

_____ = _____ + _____

_____ + _____ = _____

Instrucciones 5 y 6 Pida a los estudiantes que dibujen fichas que representen la ecuación. Luego, pídales que digan cómo el dibujo y la ecuación muestran 10 unidades y algunas unidades más. 7 **Razonamiento de orden superior** Pida a los estudiantes que usen fichas para mostrar 16, las dibujen en el marco doble de 10 y completen dos ecuaciones que representen el dibujo. Luego, pídales que digan cómo el dibujo y las ecuaciones muestran 10 unidades y algunas unidades más.

Nombre ______________________

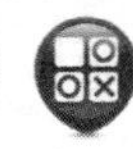

Ayuda Herramientas Juegos

Tarea y práctica 10-5

Hallar partes de 14, 15 y 16

ACTIVIDAD PARA EL HOGAR Dibuje 14 cajas y luego coloree 10 de ellas. Pida a su niño(a) que diga cuántas cajas hay en total. Luego, pídale que diga cuántas cajas están coloreadas y cuántas cajas NO están coloreadas. Repita la actividad con 16 cajas y 15 cajas.

¡Revisemos!

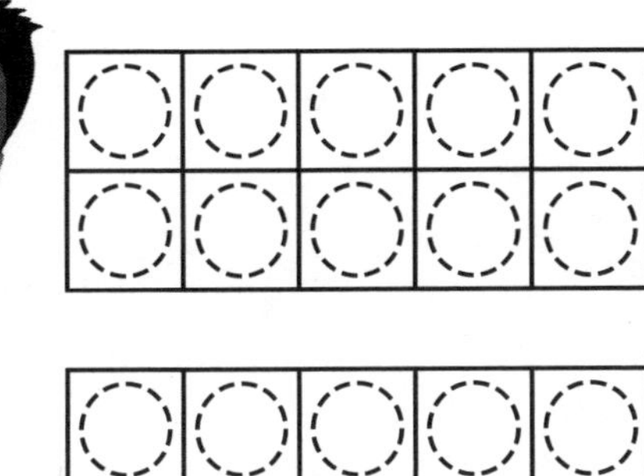

15 = 10 + 5

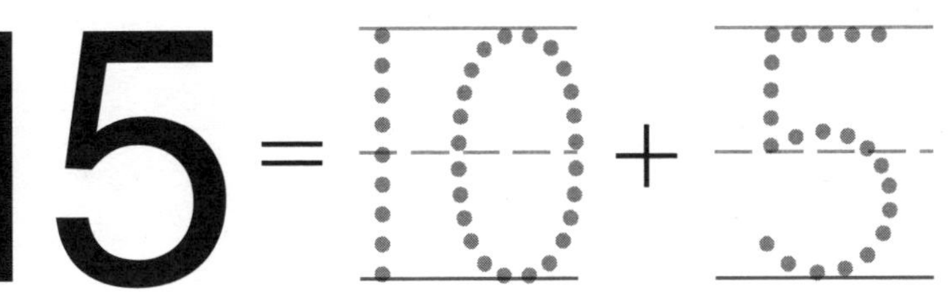

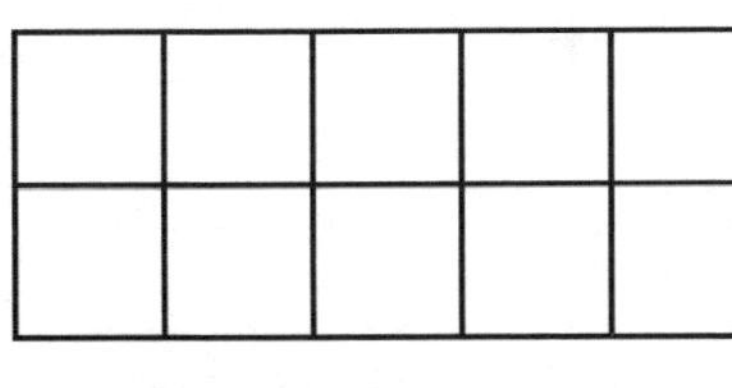
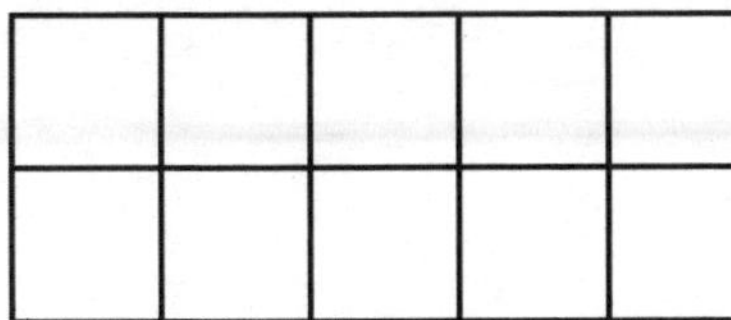

14 = ___ + ___

Instrucciones Diga: *Dibujen fichas en el marco doble de 10 para mostrar 15 y completen la ecuación para que represente el dibujo. El dibujo y la ecuación muestran 10 unidades y algunas unidades más.* ★1 Pida a los estudiantes que dibujen fichas para mostrar 14 y completen la ecuación para que represente el dibujo. Luego, pídales que digan cómo el dibujo y la ecuación muestran 10 unidades y algunas unidades más.

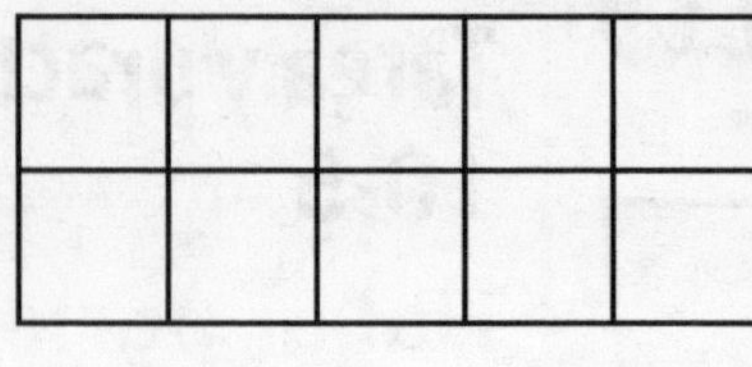

16 = ____ + ____

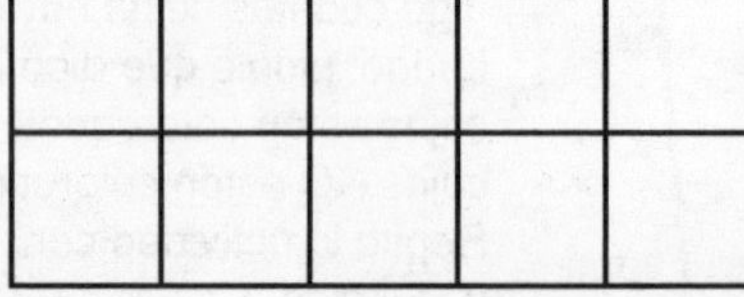

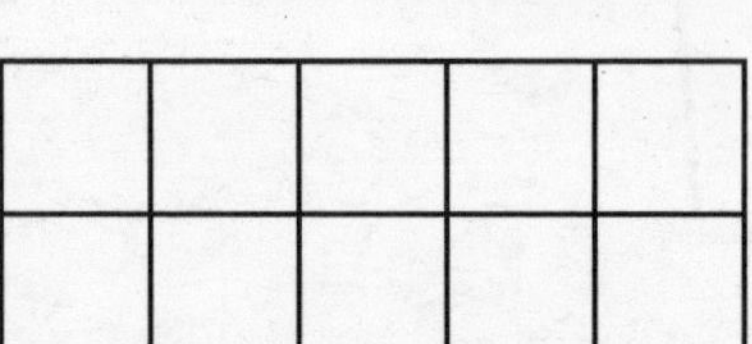

15 = ____ + ____

____ = ____ + ____

____ + ____ = ____

Instrucciones Pida a los estudiantes que: 2 dibujen fichas para mostrar 16 y completen la ecuación para que represente el dibujo. Luego, pídales que digan cómo el dibujo y la ecuación muestran 10 unidades y algunas unidades más; 3 dibujen fichas para mostrar 15 y completen la ecuación para que represente el dibujo. Luego, pídales que digan cómo el dibujo y la ecuación muestran 10 unidades y algunas unidades más. 4 **Razonamiento de orden superior** Pida a los estudiantes que dibujen fichas para mostrar 14 y escriban dos ecuaciones que representen el dibujo. Luego, pídales que digan cómo el dibujo y las ecuaciones muestran 10 unidades y algunas unidades más.

Nombre ______________________

Lección 10-6

Hallar partes de 17, 18 y 19

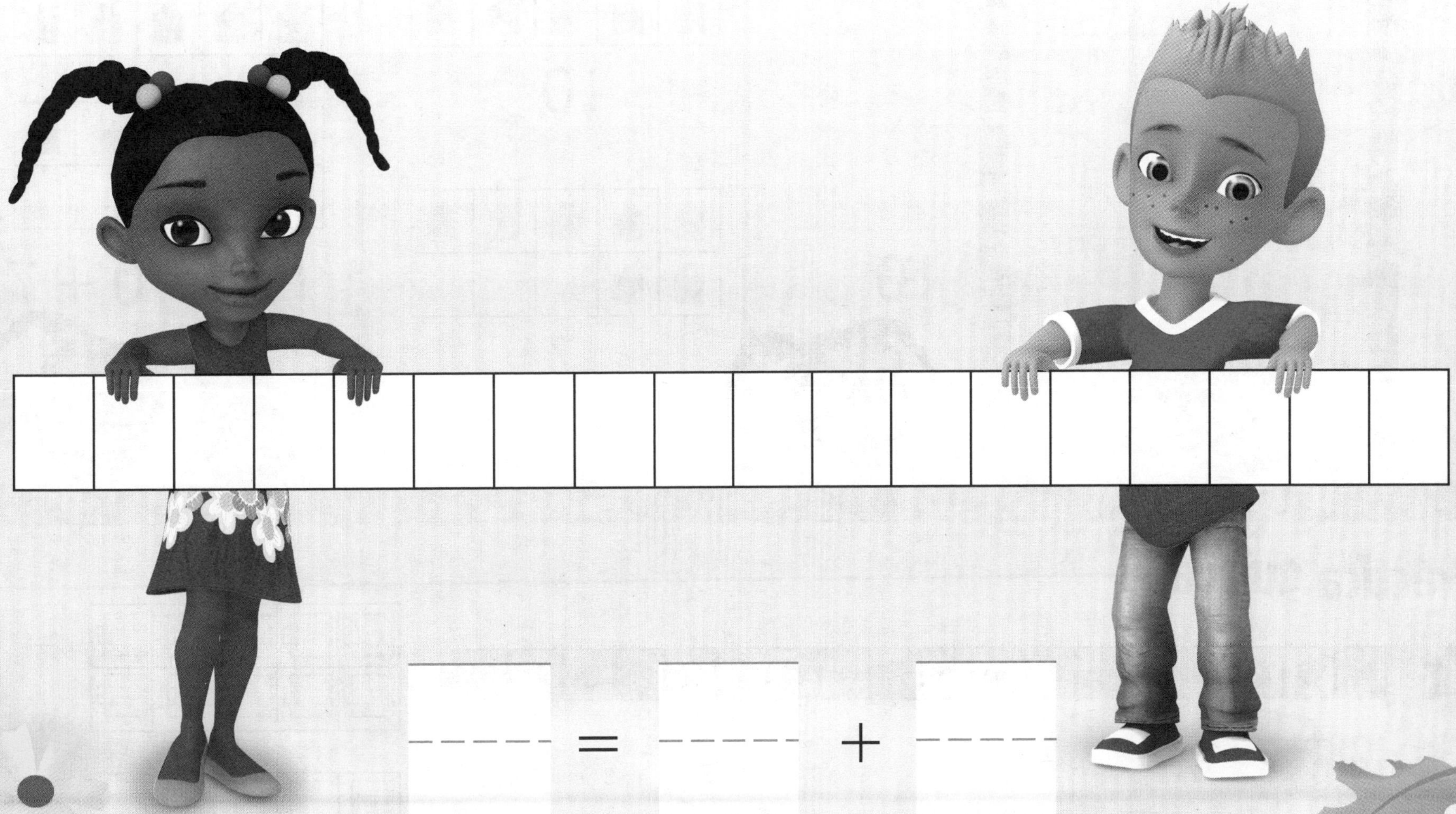

___ = ___ + ___

Instrucciones Diga: *¿Cómo podemos separar estas 18 casillas en 10 unidades y algunas unidades más? Usen 2 crayones de diferentes colores para colorear las casillas y mostrar su trabajo. Luego, escriban una ecuación que represente el dibujo.*

Puedo...
Hallar partes de los números 17, 18 y 19.

Estándar de contenido
K.NBD.A.1
Prácticas matemáticas
PM.1, PM.4, PM.6, PM.8

17

7

10

10

7

$17 = 10 + 7$

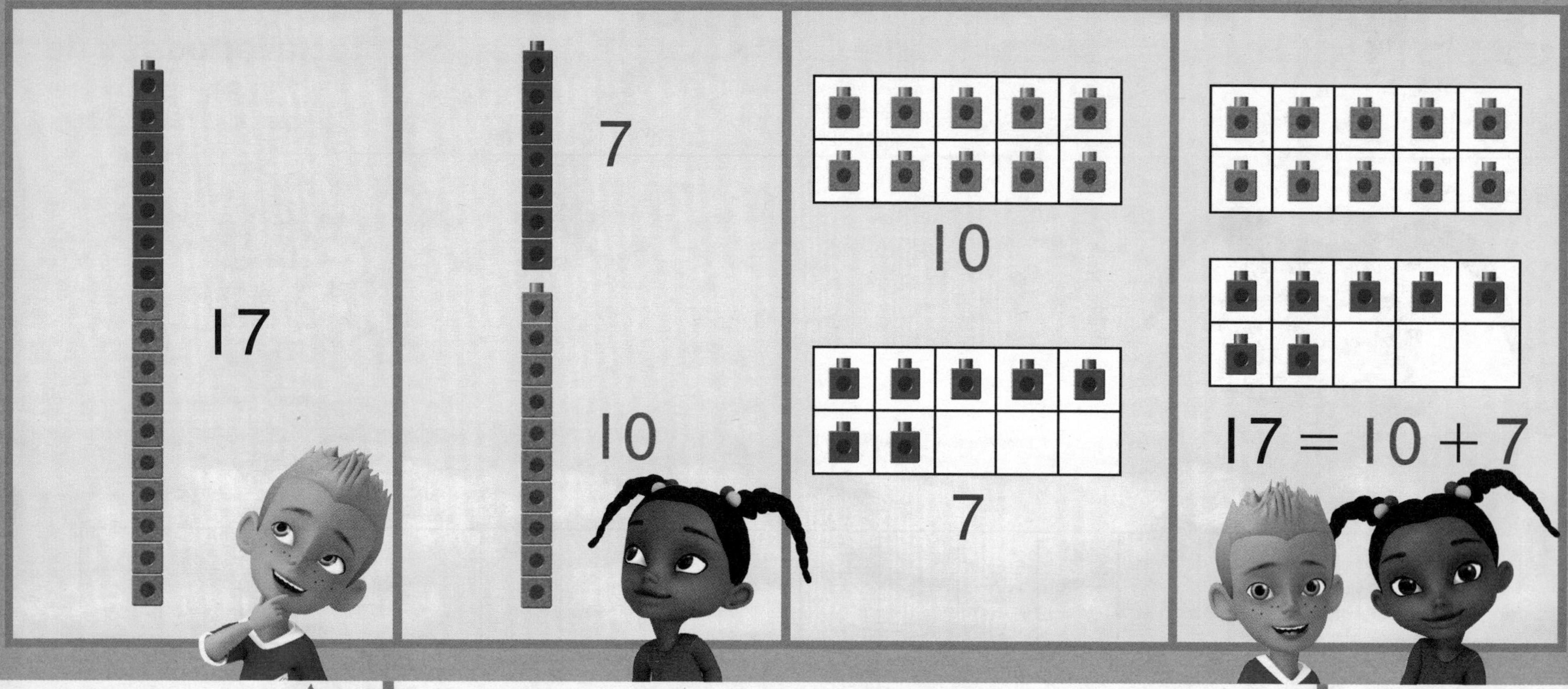

Práctica guiada

1

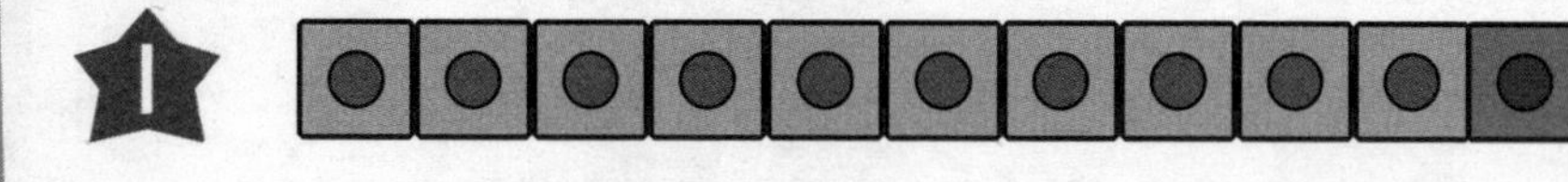

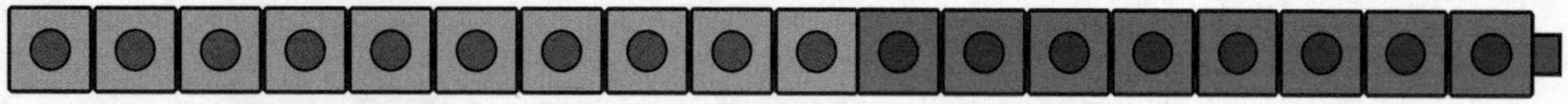

$18 = 10 + 8$

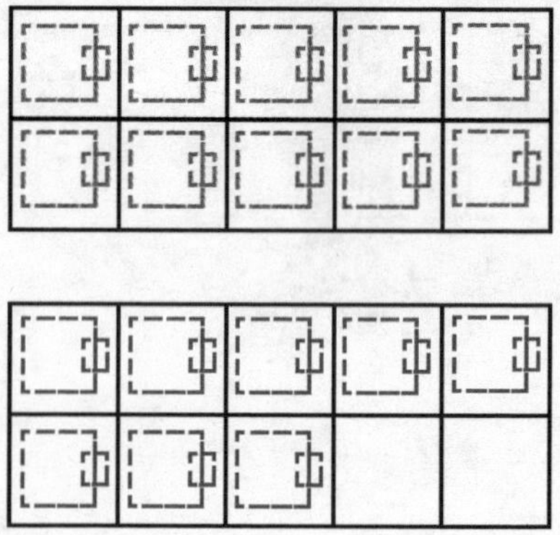

Instrucciones 1 Pida a los estudiantes que coloreen 10 cubos azules para mostrar 10 unidades y luego dibujen 10 cubos azules en el marco de 10 de arriba. Pídales que coloreen de rojo los demás cubos en el tren para mostrar más unidades, los cuenten y luego dibujen cubos rojos en el marco de 10 de abajo. Luego, pídales que escriban una ecuación que represente los dibujos.

Nombre ______________________________

2

______ ______ ______

______ = ______ + ______

______ ______ ______

3

______ ______ ______

______ = ______ + ______

______ ______ ______

4

18 = ______ + ______

Instrucciones Pida a los estudiantes que: 2 y 3 coloreen 10 cuadros de azul para mostrar 10 unidades y luego dibujen 10 cuadros azules en el marco de 10 de arriba. Pídales que coloreen de rojo los demás cubos del tren para mostrar más unidades, las cuenten y luego dibujen cuadros rojos en el marco de 10 de abajo. Luego, pídales que escriban una ecuación que represente los dibujos; 4 completen la ecuación para que represente las fichas. Luego, pídales que digan cómo el dibujo y la ecuación muestran 10 unidades y algunas unidades más.

Práctica independiente

Herramientas Evaluación

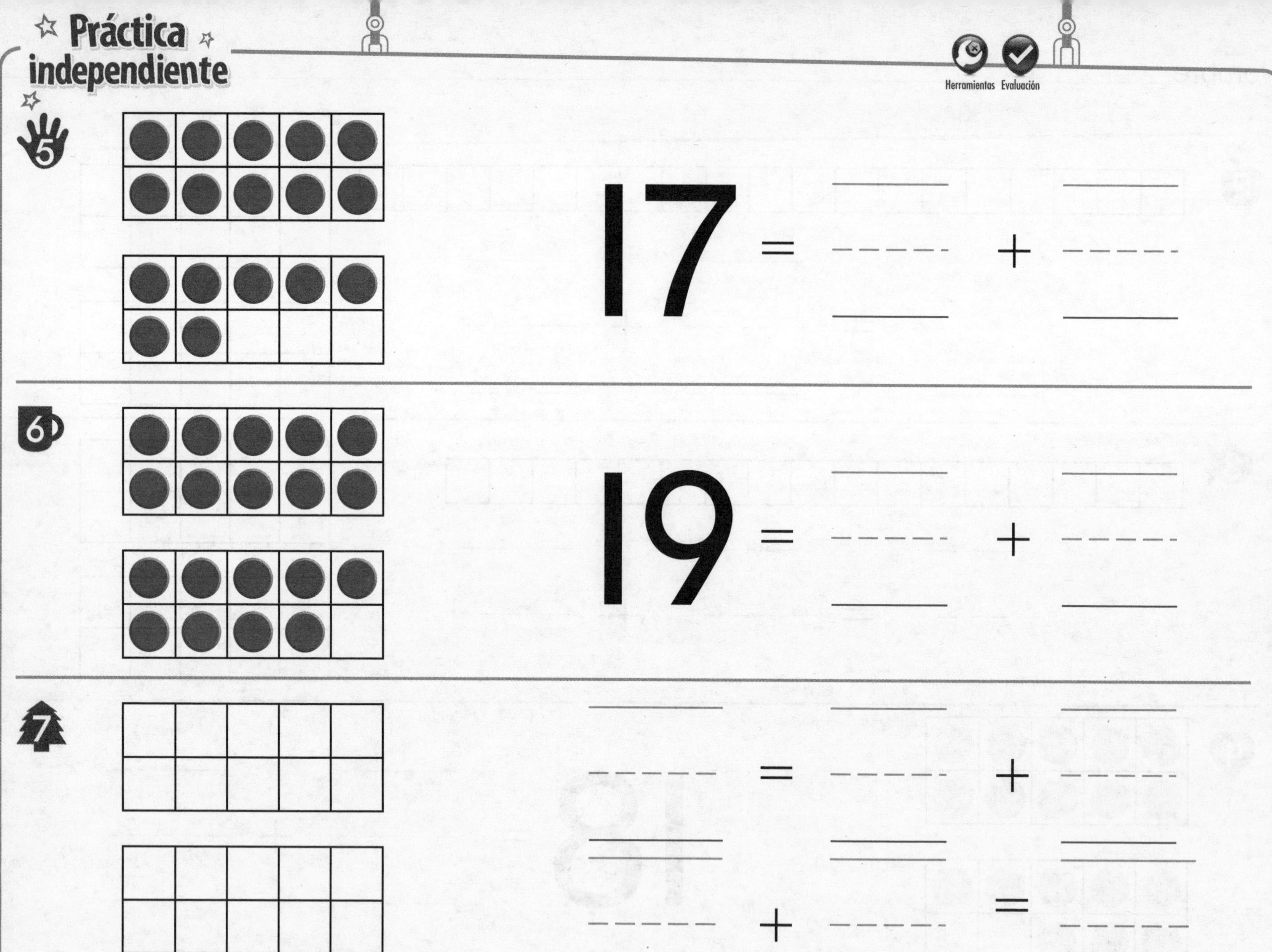

Instrucciones 5 y 6 Pida a los estudiantes que completen la ecuación para que represente las fichas. Luego, pídales que digan cómo el dibujo y la ecuación muestran 10 unidades y algunas unidades más. 7 **Razonamiento de orden superior** Pida a los estudiantes que usen fichas para mostrar 18, las dibujen en el marco doble de 10 y escriban dos ecuaciones que representen el dibujo. Luego, pídales que digan cómo el dibujo y las ecuaciones muestran 10 unidades y algunas unidades más.

Nombre ______________________

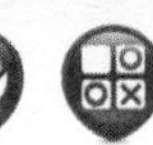

Ayuda Herramientas Juegos

Tarea y práctica 10-6

Hallar partes de 17, 18 y 19

ACTIVIDAD PARA EL HOGAR Pida a su niño(a) que separe un grupo de 18 objetos en un grupo de 10 y un grupo de 8. Hablen sobre cuántos objetos hay en cada grupo y cuántos hay en total. Repita la actividad con 17 objetos y 19 objetos.

¡Revisemos!

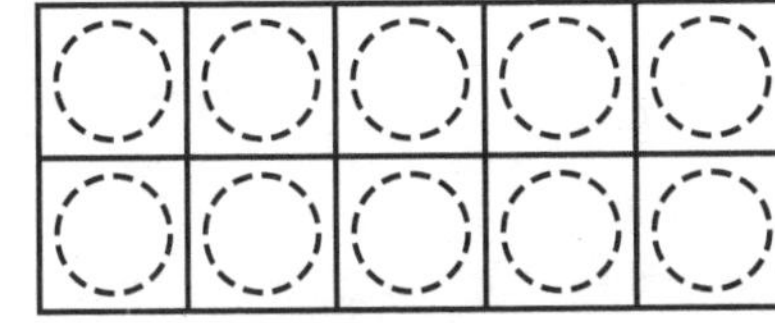
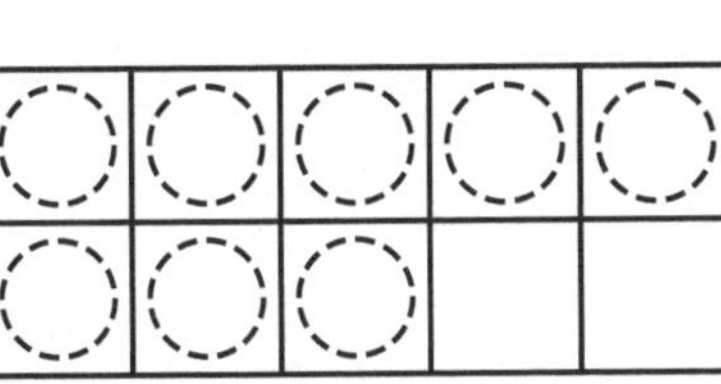

18 = 10 + 8

1

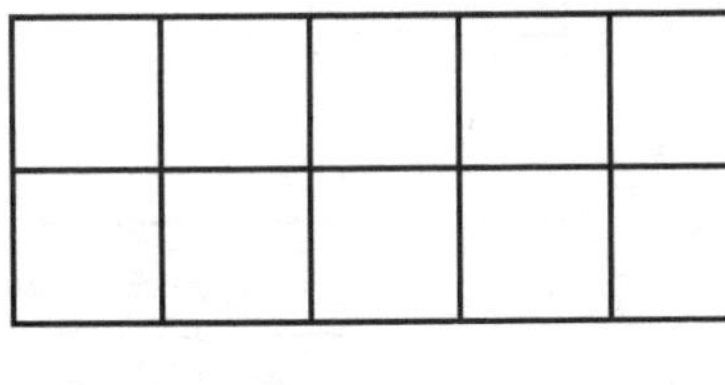

17 = ___ + ___

Instrucciones Diga: *Dibujen fichas para mostrar 18 y luego completen la ecuación para que represente el dibujo. ¿Cómo el dibujo y la ecuación muestran 10 unidades y algunas unidades más?* ★1 Pida a los estudiantes que dibujen fichas para mostrar 17 y luego completen la ecuación para que represente el dibujo. Luego, pídales que digan cómo el dibujo y la ecuación muestran 10 unidades y algunas unidades más.

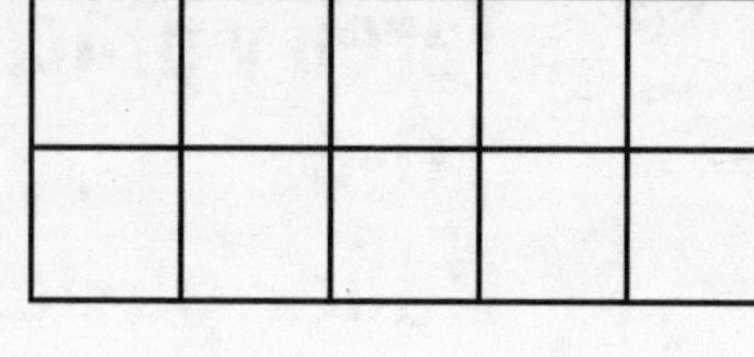

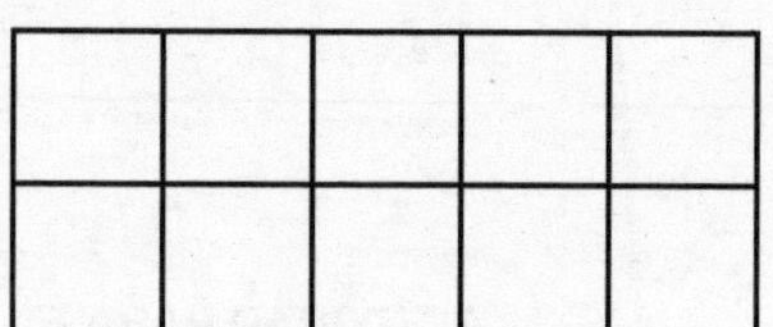

19 = ______ + ______

3

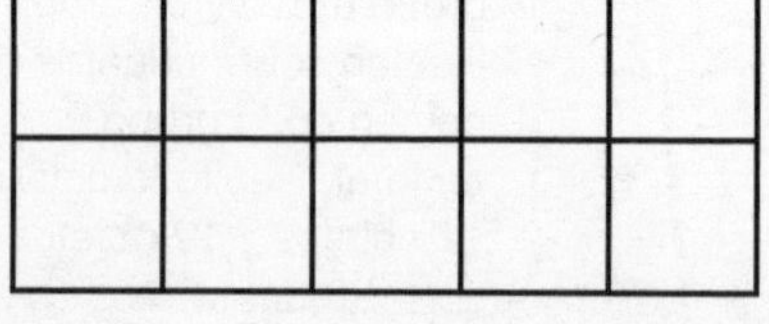

18 = ______ + ______

4

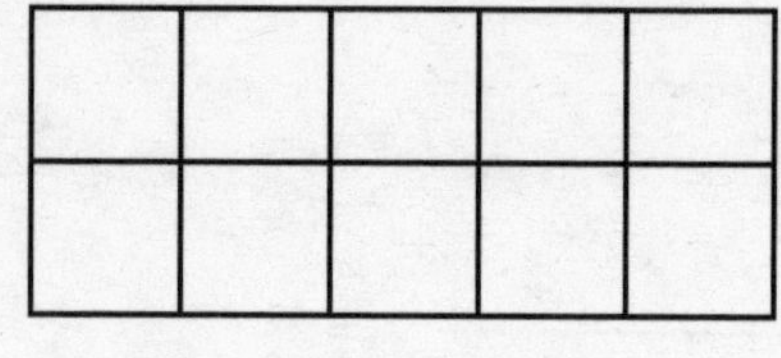

______ = ______ + ______

______ + ______ = ______

Instrucciones Pida a los estudiantes que: 2 dibujen fichas para mostrar 19 y luego completen la ecuación para que represente el dibujo. Luego, pídales que digan cómo el dibujo y la ecuación muestran 10 unidades y algunas unidades más; 3 dibujen fichas para mostrar 18 y luego completen la ecuación para que represente el dibujo. Luego, pídales que digan cómo el dibujo y la ecuación muestran 10 unidades y algunas unidades más. 4 **Razonamiento de orden superior** Pida a los estudiantes que dibujen fichas para mostrar 17 y luego escriban dos ecuaciones que representen el dibujo. Luego, pídales que digan cómo el dibujo y las ecuaciones muestran 10 unidades y algunas unidades más.

Nombre ____________________

Prácticas matemáticas y resolución de problemas

Lección 10-7

Buscar y usar la estructura

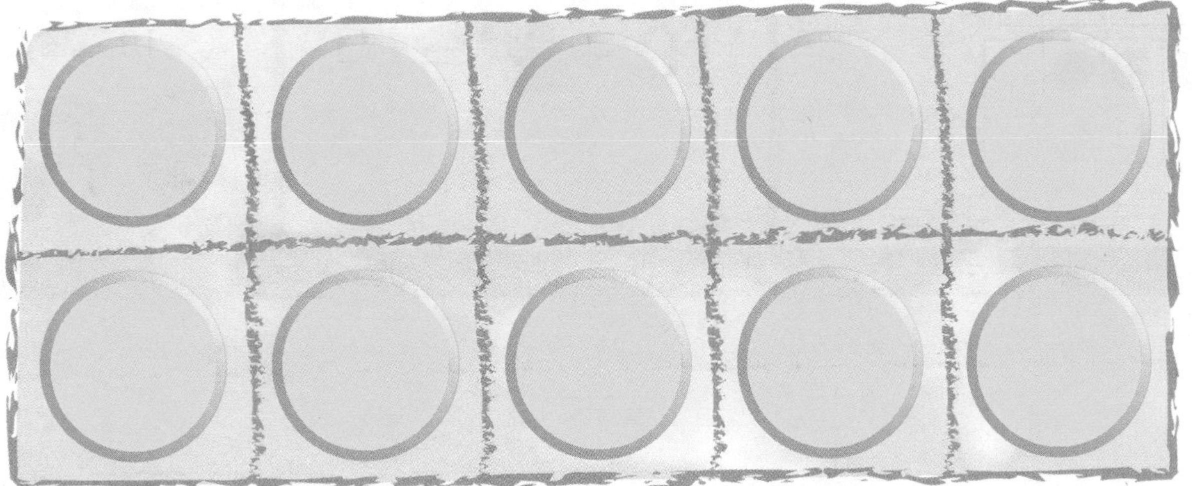

Instrucciones Diga: *Coloquen algunas fichas en el marco de 5 rojo. Usen un crayón rojo y escriban el número que indica cuántas fichas hay en el marco rojo. Coloquen el mismo número de fichas en el marco de 5 azul. Usen un crayón azul y escriban el número que indica cuántas fichas hay en el marco azul. Muéstrenle los números a un compañero. ¿Qué patrones ven?*

Puedo...
usar patrones para formar y hallar las partes de números hasta 19.

Prácticas matemáticas
PM.7 También, PM.3, PM.4, PM.5, PM.8
Estándar de contenido
K.NBD.A.1

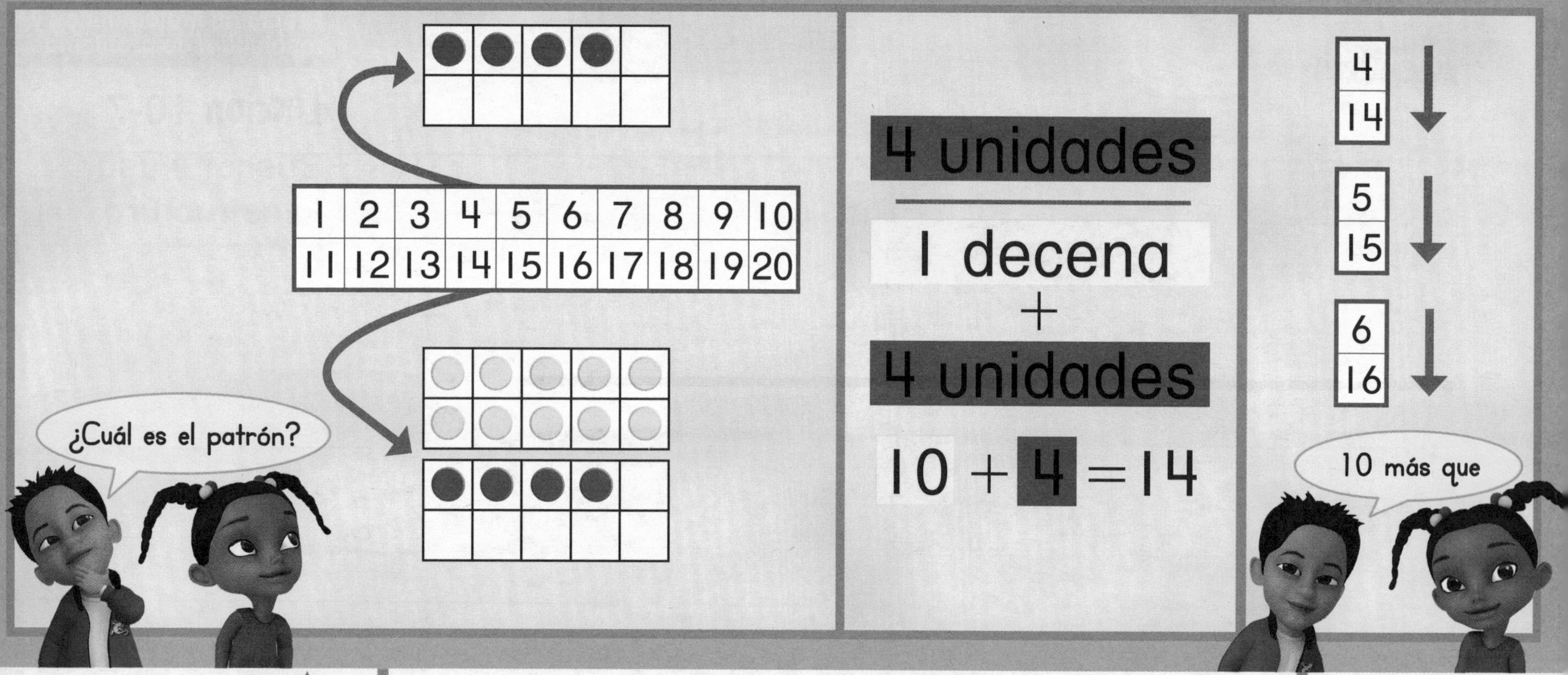

1	2	3	4	5	6	7	8	9	10
11	12	13	14	15	16	17	18	19	20

¿Cuál es el patrón?

4 unidades

1 decena + 4 unidades

$10 + 4 = 14$

4
14

5
15

6
16

10 más que

Práctica guiada

1	2	3	4	5	6	7	8	9	10
11	12	13	14	15	16	17	18	19	20

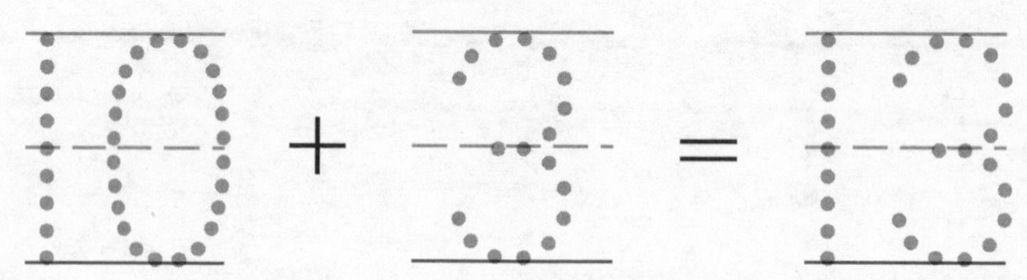

Instrucciones Pida a los estudiantes que hallen el número que está dentro de la casilla azul y luego coloreen el número que es 10 más que el número en la casilla azul. Pídales que escriban una ecuación que corresponda con los números y luego digan cómo la ecuación muestra 10 unidades y algunas unidades más. Luego, pida a los estudiantes que expliquen el patrón que formaron.

Nombre ____________________

Práctica independiente

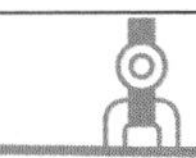

1	2	3	4	5	6	7	8	9	10
11	12	13	14	15	16	17	18	19	20

____ + ____ = ____

1	2	3	4	5	6	7	8	9	10
11	12	13	14	15	16	17	18	19	20

____ + ____ = ____

1	2	3	4	5	6	7	8	9	10
11	12	13	14	15	16	17	18	19	20

____ + ____ = ____

$10 + 1 = 11$ $10 + 2 = 12$ ____ + ____ = 13

Instrucciones Pida a los estudiantes que: 2 a 4 busquen el número que está dentro de la casilla azul y coloreen el número que es 10 más que el número en la casilla azul. Luego, pídales que escriban una ecuación que coincida con los números y digan cómo la ecuación muestra 10 unidades y algunas unidades más; 5 completen la ecuación para continuar el patrón y expliquen el patrón que formaron.

Evaluación del rendimiento

1	2	3	4	5	6	7	8	9	10
11	12	13	14	15	16	17	18	19	20

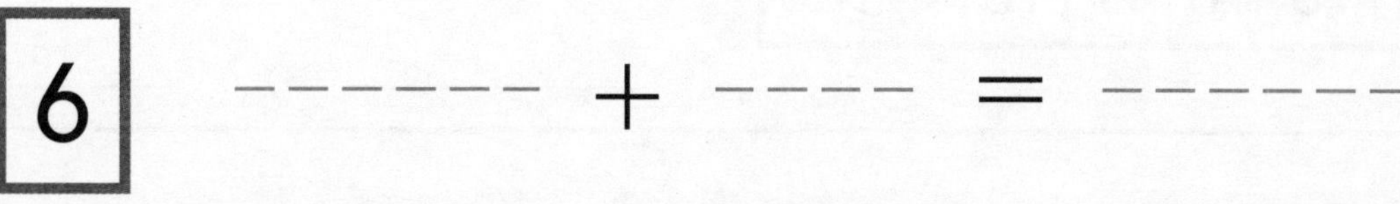

6 ______ + ______ = ______

7 ______ + ______ = ______

Instrucciones Lea el problema a los estudiantes. Luego, pídales que usen diferentes prácticas matemáticas para resolver el problema. Diga: *La clase del Sr. Soto intercambiará tarjetas durante una fiesta. Hay 16 estudiantes en la clase. La tienda vende tarjetas en paquetes de 10. Alex ya tiene 6 tarjetas. Marta ya tiene 7 tarjetas. ¿Cuántas tarjetas tendrán Alex y Marta después de que cada uno compre un paquete de tarjetas?* **6 PM.7 Usar la estructura** *¿Cómo se puede usar la tabla numérica como ayuda para resolver el problema? Escriban las ecuaciones para la cantidad de tarjetas que tendrán Alex y Marta.* **7 PM.8 Generalizar** *Después de hallar la cantidad de tarjetas que tendrá Alex, ¿será más fácil hallar la cantidad de tarjetas que tendrá Marta?* **8 PM.3 Explicar** *Explíquenle a un compañero por qué sus respuestas son correctas. Luego, hablen con el compañero sobre los patrones que ven en la tabla numérica y cómo las ecuaciones muestran 10 unidades y algunas unidades más.*

Nombre ____________________

Ayuda Herramientas Juegos

Tarea y práctica 10-7

Buscar y usar la estructura

ACTIVIDAD PARA EL HOGAR Ordene 11 monedas u otros objetos pequeños de la siguiente manera: dos filas de 5 monedas y una sóla moneda debajo de las dos filas. Pídale a su niño(a) que escriba la ecuación que describa el número de monedas (10 + 1 = 11). Repita la actividad con 12 monedas, 13 monedas y así, hasta 19 monedas. Pídale a su niño(a) que explique el patrón en las ecuaciones que ha escrito.

¡Revisemos!

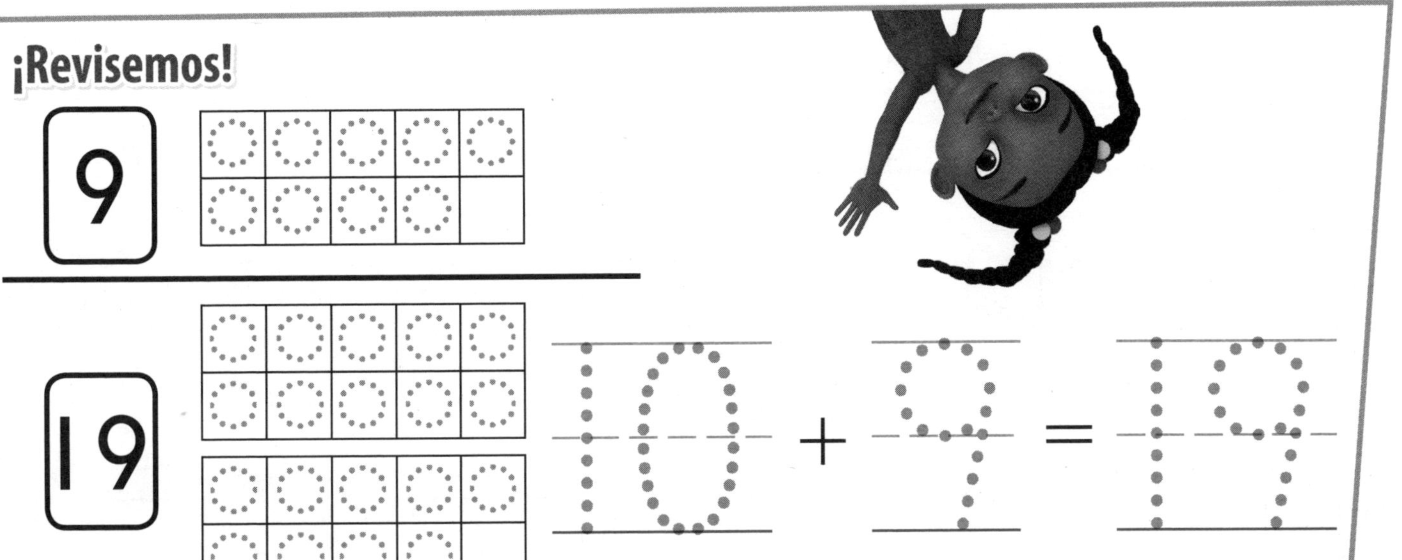

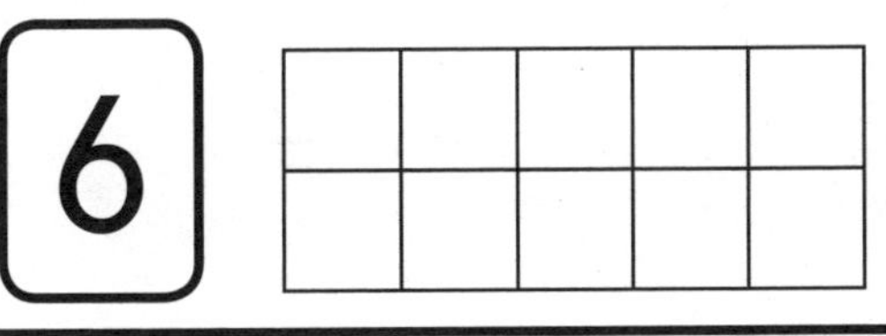

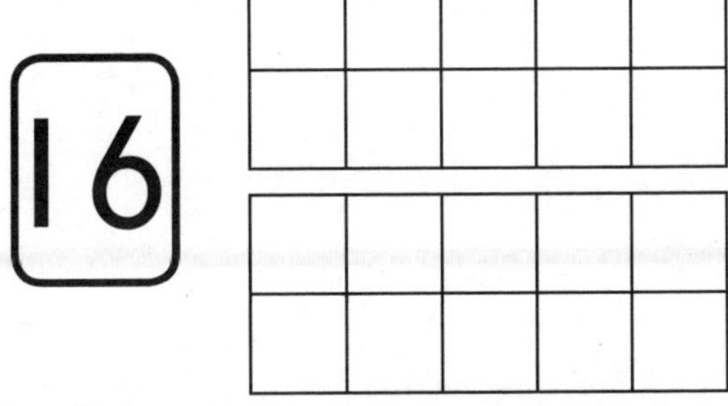

____ + ____ = ____

Instrucciones Diga: *Lean los números en las tarjetas y luego dibujen fichas en el marco de 10 de arriba para mostrar 9 y en el marco doble de 10 de abajo para mostrar 19. Escriban una ecuación que represente los dibujos en los marcos de 10. Digan cómo el dibujo y la ecuación muestran 10 unidades y algunas unidades más.* **1** Pida a los estudiantes que lean los números en las tarjetas y luego dibujen fichas en los marcos de 10 de arriba y de abajo para mostrar cuántos hay. Luego, pídales que escriban una ecuación que represente los dibujos en los marcos de 10. Pida a los estudiantes que digan cómo el dibujo y la ecuación muestran 10 unidades y algunas unidades más.

Evaluación del rendimiento

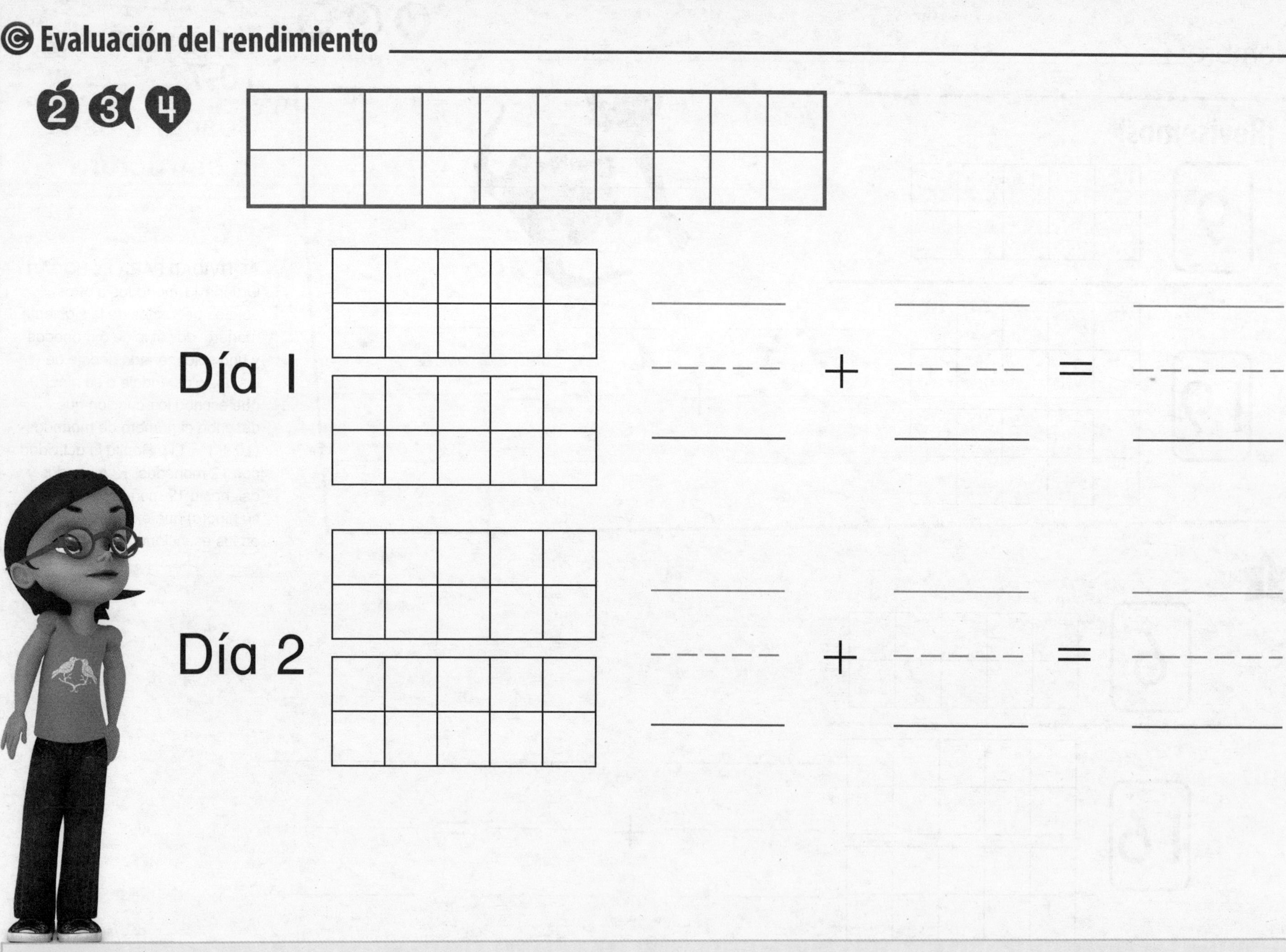

Instrucciones Lea el problema a los estudiantes. Luego, pídales que usen diferentes prácticas matemáticas para resolver el problema. Diga: *A Alex le regalaron una tableta digital. Venía cargada con 10 aplicaciones. Cada día, Alex puede subir una aplicación más. ¿Cuántas aplicaciones tendrá Alex en dos días?* **PM.4 Representar** *¿Puede un modelo ayudarlos a resolver el problema? Escriban los números en la tabla numérica. ¿Qué números ayudarán a resolver este problema?* **PM.5 Usar herramientas** *¿Cómo pueden usar los marcos de 10 como ayuda? Dibujen fichas para mostrar cuántas aplicaciones habrá en la tableta de Alex cada día. Luego, escriban ecuaciones que pueden usar como ayuda para ver el patrón.* **PM.7 Usar la estructura** *¿Cuántas aplicaciones tendrá Alex en tres días? ¿Cómo ver un patrón los ayudó a resolver el problema? Expliquen su respuesta.*

1

A	Y	H
2 + 3	4 − 2	5 − 2

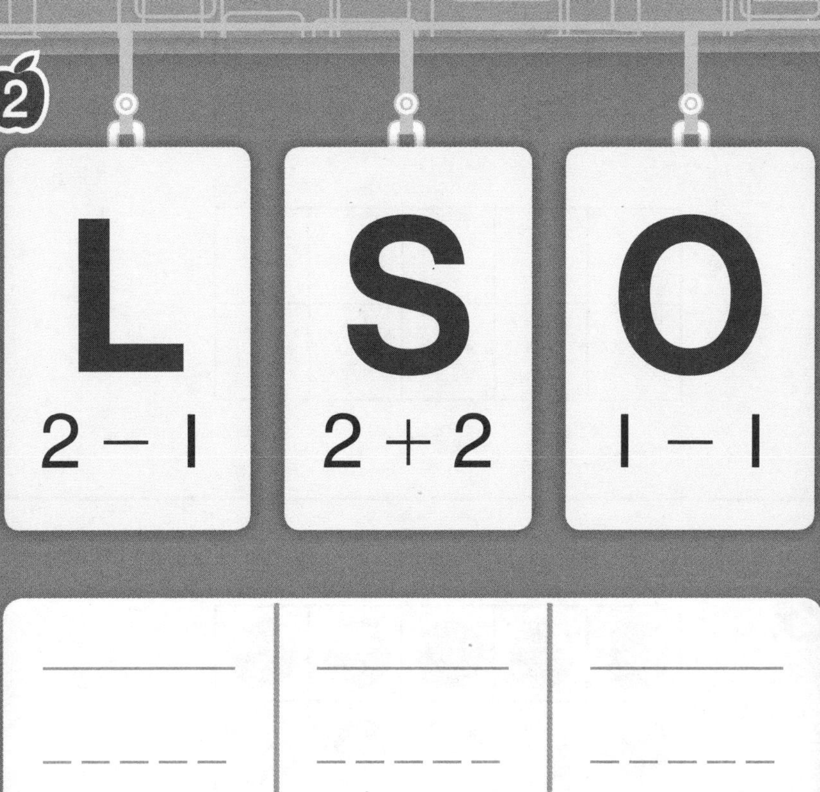

2

L	S	O
2 − 1	2 + 2	1 − 1

____	____	____
4 − 1	4 + 1	1 + 1

____	____	____
1 + 3	0 + 0	5 − 4

Instrucciones 1 y 2 Pida a los estudiantes que trabajen en parejas. Pídales que señalen una pista en la fila de arriba y luego resuelvan el problema de suma o de resta. Luego, pídales que miren las pistas en la fila de abajo para hallar el problema que corresponde a la pista y luego escriban la letra de la pista arriba del problema. Pida a los estudiantes que emparejen todas las pistas.

Puedo...
sumar y restar con facilidad hasta 5.

Estándar de contenido
K.OA.A.5

A-Z Glosario

$10 + \_\_\_ = 15$

2

$19 = 10 + \_\_\_$

Instrucciones **Comprender el vocabulario** Pida a los estudiantes que: 1 completen el dibujo y la ecuación para mostrar **cuántas más** se necesitan para formar 15; 2 completen el dibujo y la ecuación para mostrar **cuántas más** se necesitan para formar 19.

Nombre ______

Grupo A

Refuerzo

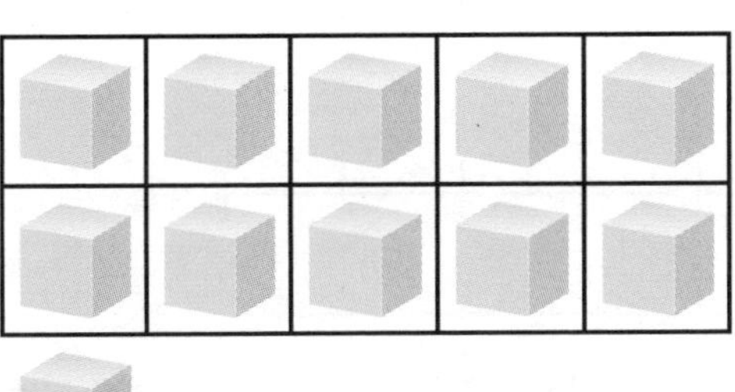

$10 + 1 = 11$

___ + ___ = ___

Grupo B

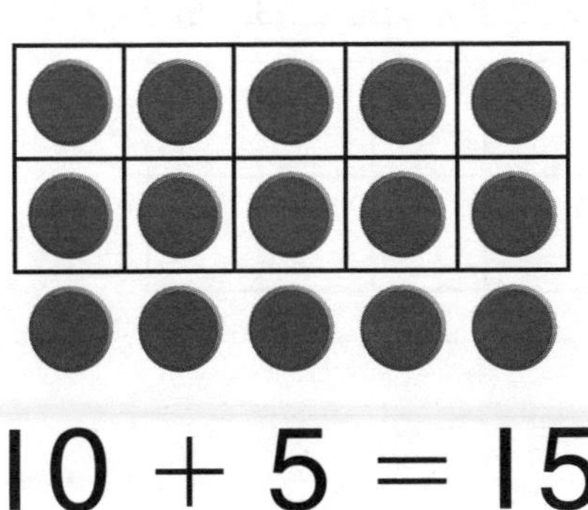

$10 + 5 = 15$

2

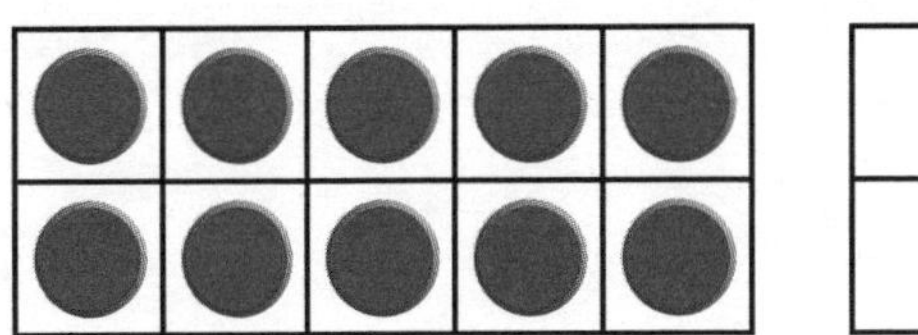

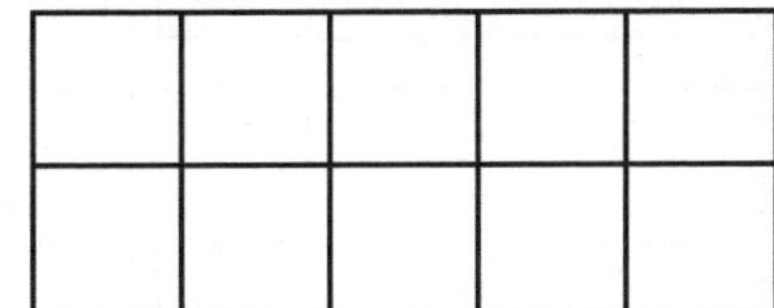

___ + ___ = ___

Instrucciones Pida a los estudiantes que: 1 escriban una ecuación que represente los bloques. Luego, pídales que digan cómo el dibujo y la ecuación muestran 10 unidades y algunas unidades más; 2 dibujen fichas para mostrar 16 y luego escriban una ecuación que represente el dibujo. Luego, digan cómo el dibujo y la ecuación muestran 10 unidades y algunas unidades más.

Grupo C

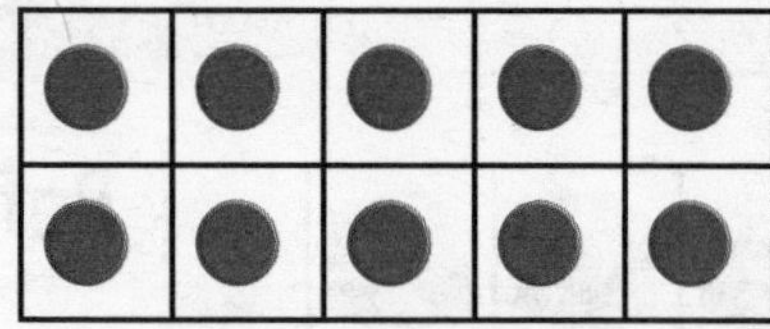

10 + 8 = 18

3

10 + 7 = 17

Grupo D

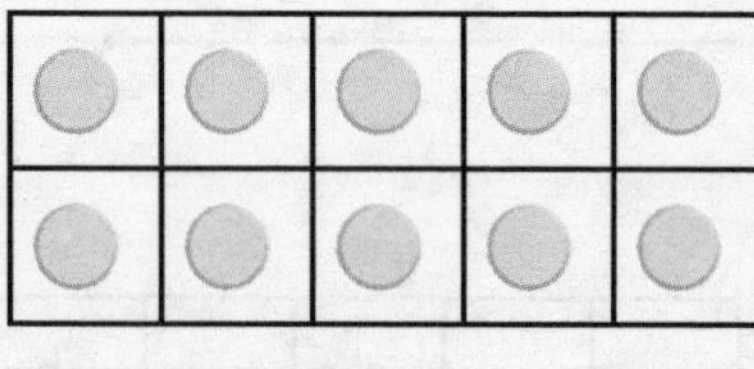

12 = 10 + 2

4

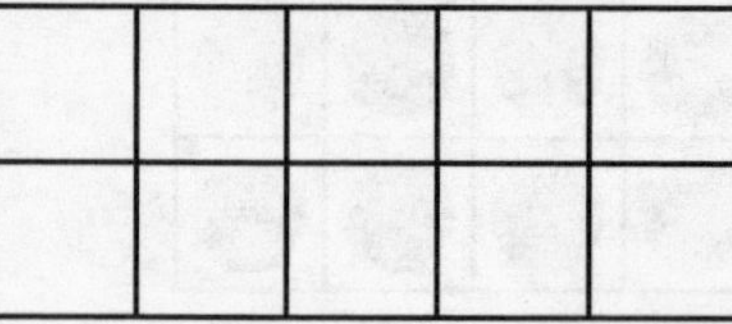

11 = ___ + ___

Instrucciones Pida a los estudiantes que: 3 dibujen fichas que representen la ecuación. Luego, pídales que digan cómo el dibujo y la ecuación muestran 10 unidades y algunas unidades más; 4 dibujen fichas para formar 11 y luego completen la ecuación para que represente el dibujo. Luego, pídales que digan cómo el dibujo y la ecuación muestran 10 unidades y algunas unidades más.

Nombre ______________________

Grupo E

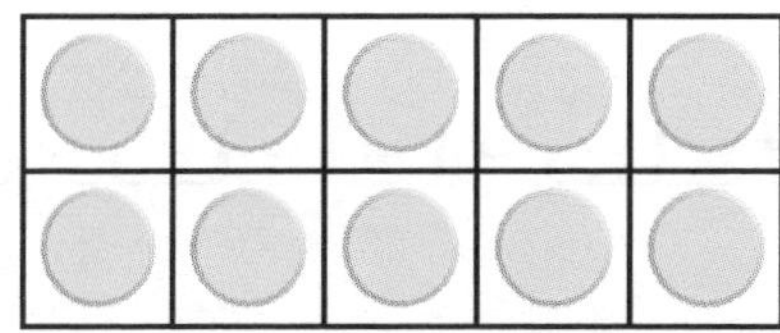

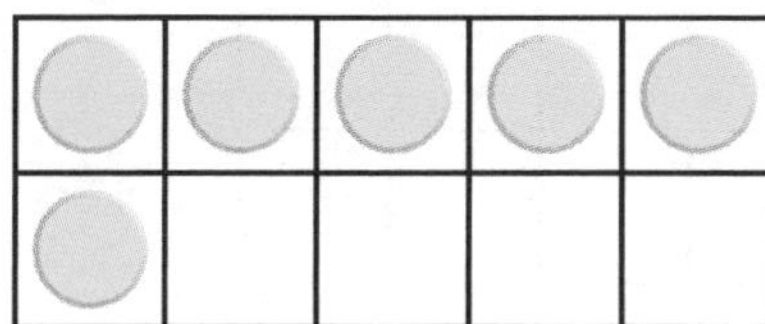

16 = 10 + 6

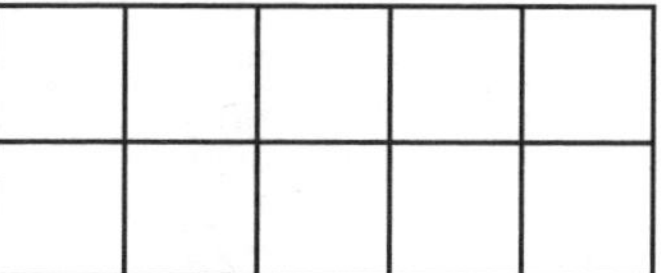

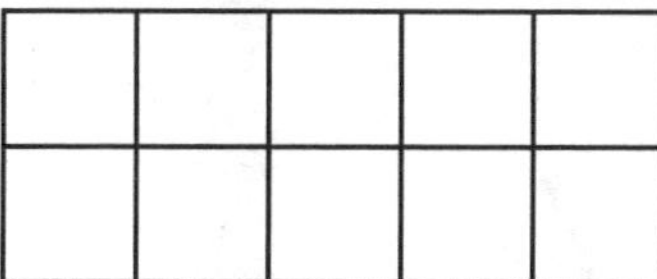

14 = ____ + ____

Grupo F

1	2	3	4	5	6	7	8	9	10
11	12	13	14	15	16	17	18	19	20

19 = 10 + 9

6

1	2	3	4	5	6	7	8	9	10
11	12	13	14	15	16	17	18	19	20

____ + ____ = ____

Instrucciones Pida a los estudiantes que: 5 usen fichas para mostrar 14, las dibujen en el marco doble de 10 y completen la ecuación para que represente el dibujo. Luego, pídales que digan cómo el dibujo y la ecuación muestran 10 unidades y algunas unidades más; 6 busquen el número que está en la casilla azul y coloreen el número que es 10 más que el número en la casilla azul. Luego, pídales que escriban una ecuación que represente los números y digan cómo la ecuación muestra 10 unidades y algunas unidades más.

Grupo G

17

7

10

17 = 10 + 7

7

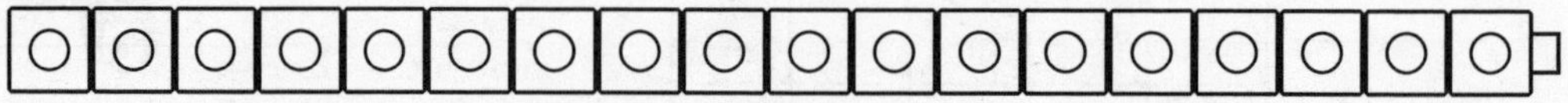

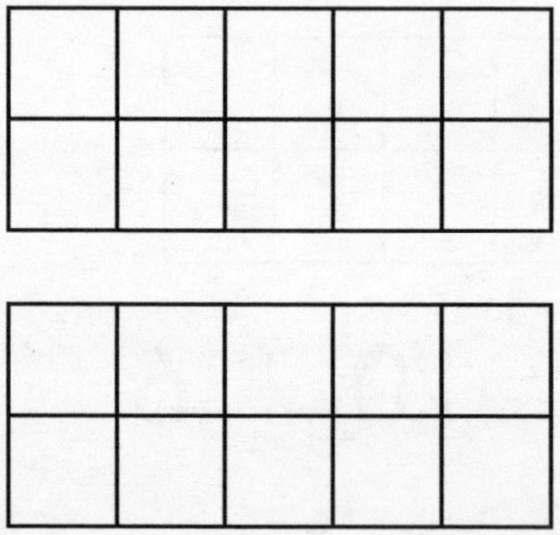

_____ = _____ + _____

Instrucciones Pida a los estudiantes que: 7 coloreen 10 cubos de azul para mostrar 10 unidades y luego dibujen 10 cubos azules en el marco de 10 de arriba. Pídales que coloreen los demás cubos de rojo para mostrar más unidades, las cuenten y luego dibujen el mismo número de cubos rojos en el marco de 10 de abajo. Luego, pídales que escriban una ecuación que represente los dibujos.

Nombre ______________________________

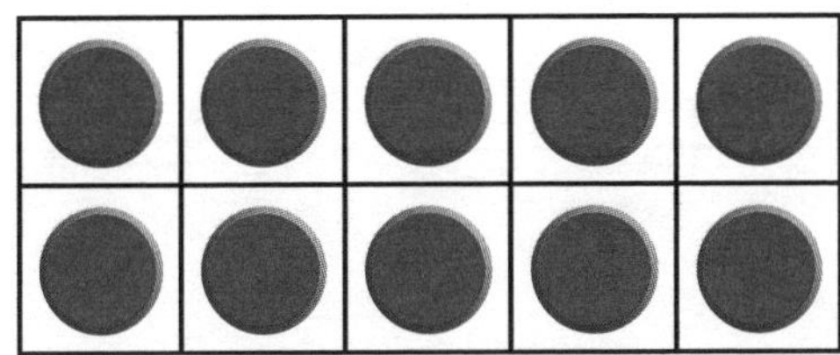

Ⓐ 16 = 10 + 6

Ⓑ 15 = 10 + 5

Ⓒ 14 = 10 + 4

Ⓓ 13 = 10 + 3

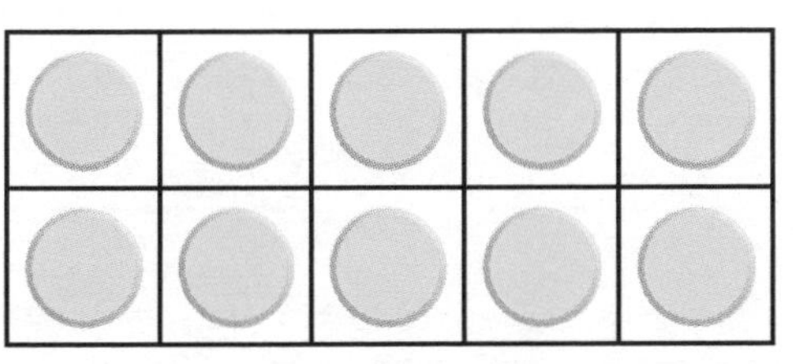

Ⓐ 10 y 6

Ⓑ 10 y 7

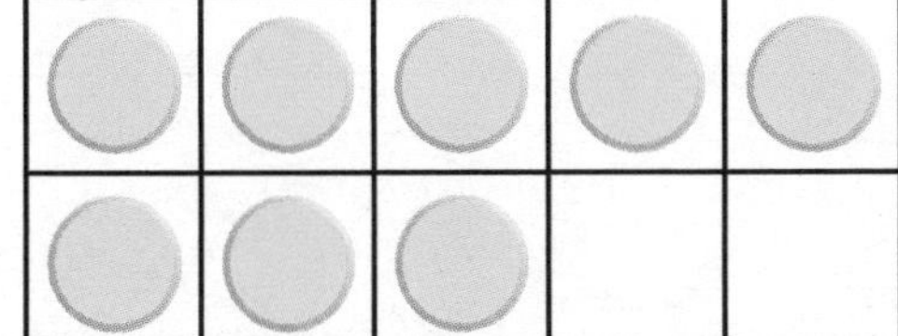

Ⓒ 10 y 8

Ⓓ 10 y 9

____ + ____ = **18**

3

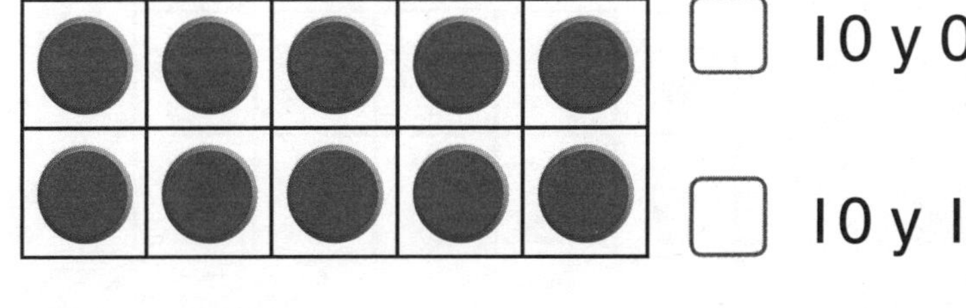

☐ 10 y 0

☐ 10 y 1

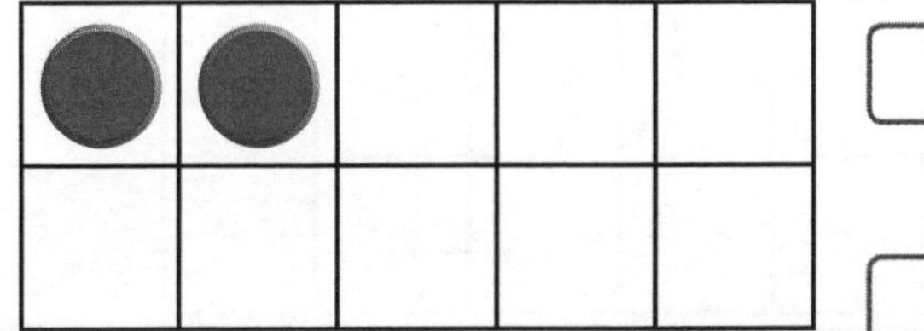

☐ 10 y 2

☐ 10 y 3

12 = ____ + ____

Instrucciones Pida a los estudiantes que marquen la mejor respuesta. 1 ¿Qué ecuación representa las fichas en el marco doble de 10? 2 ¿Qué números completan la ecuación y representan las fichas en el marco doble de 10? 3 Marquen todas las maneras en que podrían completar la ecuación.

4

1	2	3	4	5	6	7	8	9	10
11	12	13	14	15	16	17	18	19	20

_____ + _____ = _____

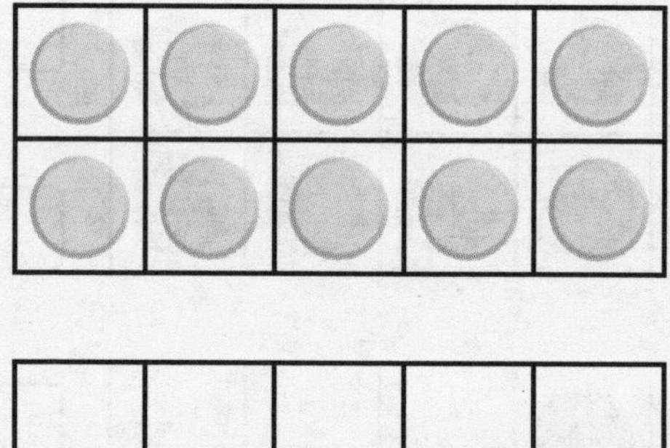

13 = _____ + _____

Instrucciones Pida a los estudiantes que: 4 busquen el número que está dentro de una casilla azul y luego coloreen el número que es 10 más que el número en la casilla azul. Luego, pídales que escriban una ecuación que represente los números; 5 dibujen fichas para formar 13 y luego completen la ecuación para que represente el dibujo.

Nombre

6

10 + 6 = 16

7

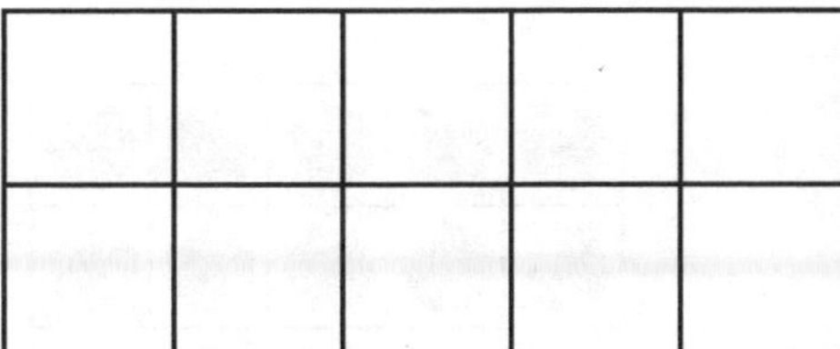

____ = ____ + ____

Instrucciones Pida a los estudiantes que: 6 dibujen fichas para representar la ecuación; 7 coloreen 10 cubos azules para mostrar 10 unidades y luego dibujen 10 cuadros azules en el marco de 10 de arriba. Pídales que coloreen los demás cubos de rojo para mostrar más unidades, los cuenten y luego dibujen cuadros rojos en el marco de 10 de abajo. Luego, pídales que escriban una ecuación que represente los dibujos.

8

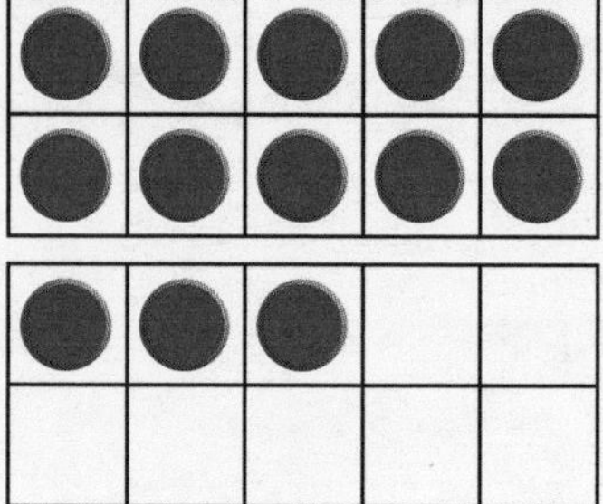

$11 = 10 + 1$

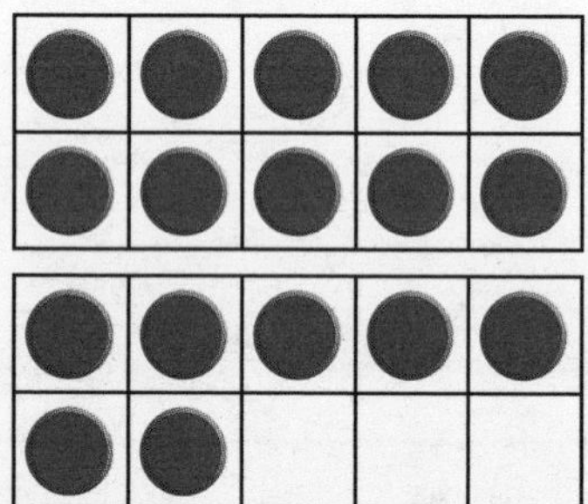

$14 = 10 + 4$

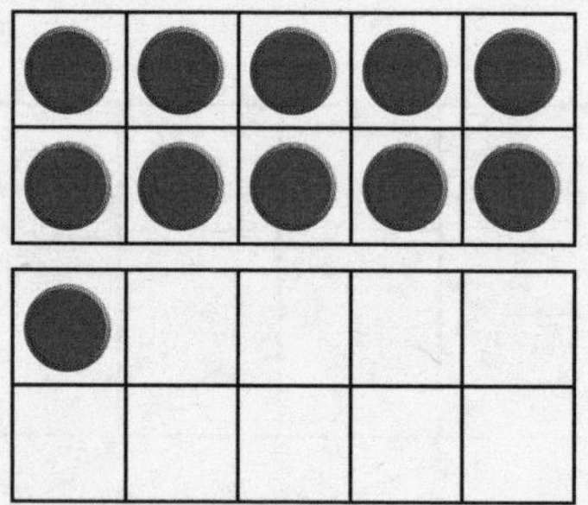

$13 = 10 + 3$

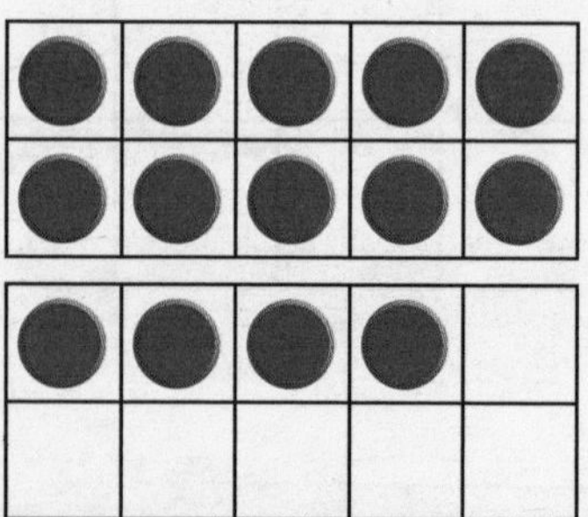

$17 = 10 + 7$

Instrucciones 8 Pida a los estudiantes que tracen una línea para emparejar cada marco doble de 10 con la ecuación que corresponda.

Nombre ______________________

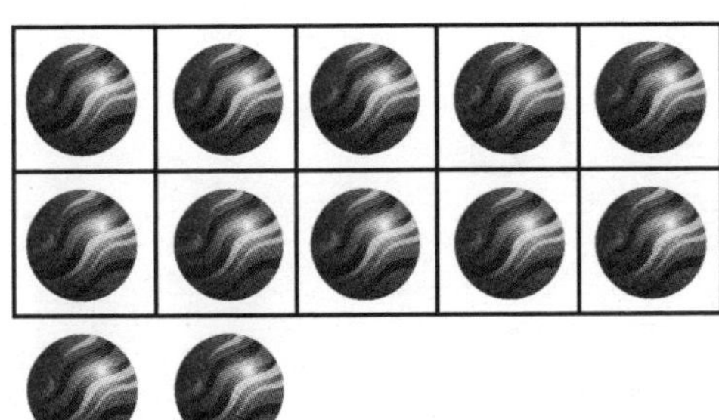

___ + ___ = ___

2

18 = ___ + ___

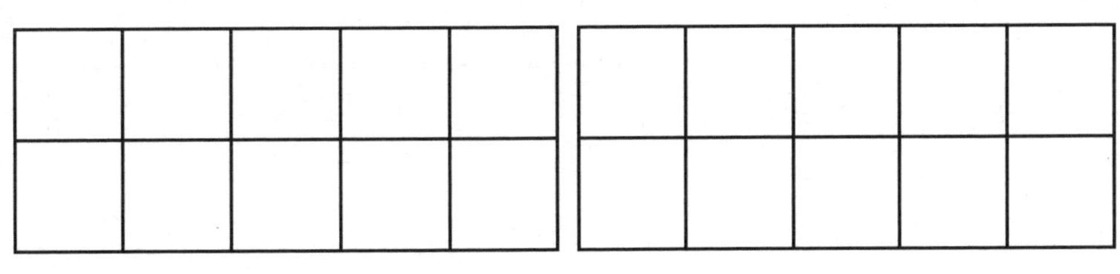

___ = ___ + ___

___ + ___ = ___

Instrucciones **Las canicas de Mateo** Diga: *Mateo colecciona diferentes tipos de canicas. Usa marcos de 10 como ayuda para contar sus canicas.* Pida a los estudiantes que: 1 escriban la ecuación para mostrar cuántas canicas moradas tiene Mateo; 2 dibujen canicas rojas en el segundo marco de 10 para mostrar 18 canicas rojas en total y luego completen la ecuación. Pídales que digan cómo el dibujo y la ecuación muestran 10 unidades y algunas unidades más; 3 dibujen 17 canicas amarillas en el marco doble de 10 y luego escriban dos ecuaciones que representen su dibujo.

$$10 + 3 = 13$$

1	2	3	4	5	6	7	8	9	10
11	12	13	14	15	16	17	18	19	20

_____   _____ + _____ = _____

Instrucciones 4 Pida a los estudiantes que miren la ecuación que escribió Mateo para mostrar cuántas canicas verdes tiene y luego dibujen las canicas en el marco doble de 10 para mostrar el número. Pídales que digan cómo el dibujo muestra 10 unidades y algunas unidades más. 5 Diga: *Mateo puso sus canicas de rayas en un marco de 5. Luego, compró 10 canicas de rayas más.* Pida a los estudiantes que escriban el número que indica cuántas canicas de rayas tenía Mateo al principio y luego coloreen la casilla de la tabla numérica que indica cuántas canicas de rayas tiene ahora. Luego, pídales que escriban una ecuación que indique cuántas canicas de rayas tiene en total. Pídales que expliquen cómo el dibujo y la ecuación muestran 10 unidades y algunas unidades más.

TEMA 11 Contar números hasta 100

Pregunta esencial: ¿Cómo se pueden contar los números hasta 100 usando una tabla de 100?

Recursos digitales

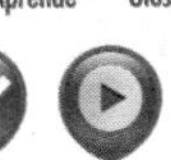

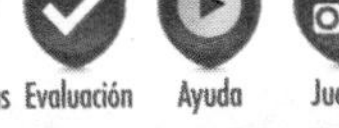

Hormigas

Las hormigas viven en colonias.

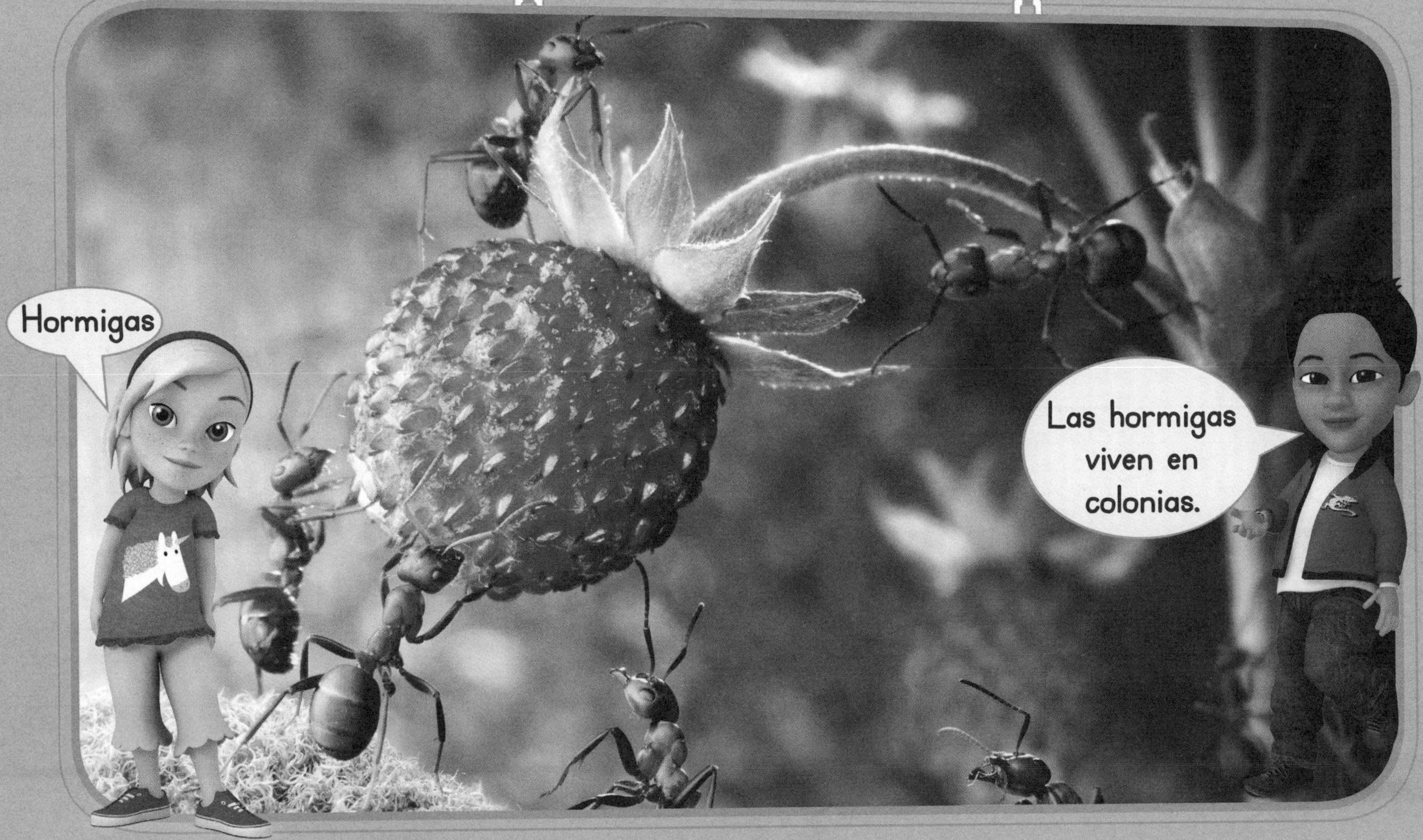

Proyecto de Matemáticas y Ciencias: Las colonias de hormigas

Instrucciones Lea el diálogo a los estudiantes. **¡Investigar!** Pida a los estudiantes que investiguen cómo las hormigas viven y trabajan juntas en colonias. Diga: *Hablen con sus amigos y familiares sobre las colonias de hormigas. Pregunten sobre los diferentes trabajos que realizan las hormigas en una colonia y que las ayudan a sobrevivir.* **Diario: Hacer un cartel** Pida a los estudiantes que hagan un cartel. Pídales que dibujen una colonia de hormigas con 5 grupos de hormigas. Debe haber 10 hormigas en cada grupo. Luego, pídales que cuenten de diez en diez para hallar cuántas hormigas hay en total. Pida a los estudiantes que usen una tabla de 100 para practicar el conteo de diez en diez hasta 50.

Nombre ____________________

Repasa lo que sabes

11 17 19

$10 + 6$

$3 + 10$

$10 + 4$

$8 + 10$

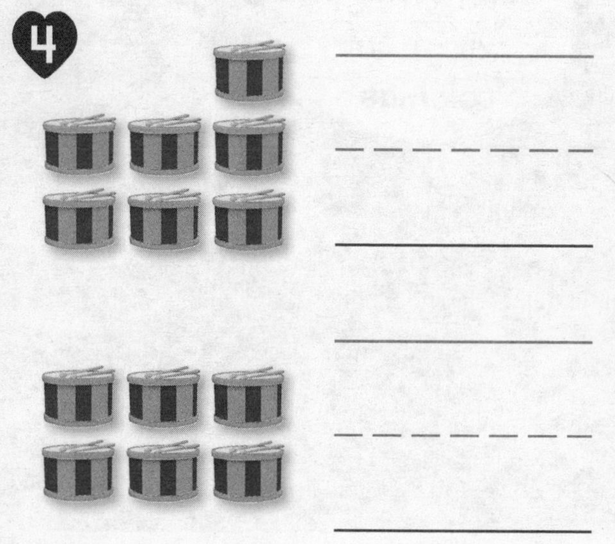

Instrucciones Pida a los estudiantes que: 1 encierren en un círculo el número *diecinueve;* 2 encierren en un círculo la suma que forma 16; 3 encierren en un círculo la suma que forma 18; 4 a 6 cuenten cada conjunto de objetos, escriban los números que indican cuántos hay y luego encierren en un círculo el número que es mayor que el otro número.

Mis tarjetas de palabras

Instrucciones Pida a los estudiantes que recorten las tarjetas de palabras. Lea la palabra o frase de la tarjeta y pídales que expliquen lo que la palabra o la frase significa.

patrón

unidades

decenas

columna

tabla de 100

Mis tarjetas de palabras

Instrucciones Revise las definiciones con los estudiantes y pídales que estudien las tarjetas. Para ampliar el aprendizaje, pida a los estudiantes que hagan dibujos de cada palabra en una hoja de papel.

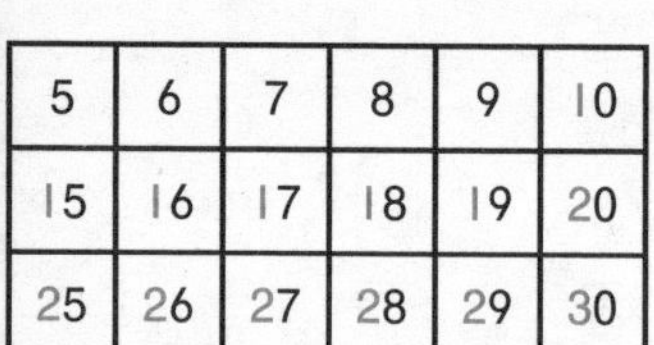

5	6	7	8	9	10
15	16	17	18	19	20
25	26	27	28	29	30

Señale los números verdes.
Diga: *El número a la izquierda de las unidades indica las **decenas.** Contamos por **decenas** cuando contamos de diez en diez. 9... 19... 29...*

5	6	7	8	9	10
15	16	17	18	19	20
25	26	27	28	29	30

Señale los números verdes.
Diga: *Cuando contamos 5... 6... 7... 8... 9, estamos contando **unidades.***

10 20 30 40 50

Señale los números.
Diga: *Cuando contamos de diez en diez, estamos usando un **patrón** numérico.*

1	2	3	4	5	6	7	8	9	10
11	12	13	14	15	16	17	18	19	20
21	22	23	24	25	26	27	28	29	30
31	32	33	34	35	36	37	38	39	40
41	42	43	44	45	46	47	48	49	50
51	52	53	54	55	56	57	58	59	60
61	62	63	64	65	66	67	68	69	70
71	72	73	74	75	76	77	78	79	80
81	82	83	84	85	86	87	88	89	90
91	92	93	94	95	96	97	98	99	100

Señale la columna coloreada.
Diga: *Los números de las **decenas** son los que se cuentan cuando contamos de diez en diez hasta 100.*

columna

fila

1	2	3	4	5	6	7	8	9	10
11	12	13	14	15	16	17	18	19	20
21	22	23	24	25	26	27	28	29	30
31	32	33	34	35	36	37	38	39	40
41	42	43	44	45	46	47	48	49	50
51	52	53	54	55	56	57	58	59	60
61	62	63	64	65	66	67	68	69	70
71	72	73	74	75	76	77	78	79	80
81	82	83	84	85	86	87	88	89	90
91	92	93	94	95	96	97	98	99	100

Señale la tabla de 100.
Diga: *Una **tabla de 100** nos ayuda a contar números más grandes y hallar patrones numéricos.*

1	2	3	4	5
11	12	13	14	15
21	22	23	24	25
31	32	33	34	35

Señale la columna encerrada en un círculo.
Diga: *Esta es una **columna.** Las columnas van de arriba hacia abajo.*

Nombre ______________________

Lección 11-1

Contar hasta 30 usando patrones

1	2	3	4	5	6	7	8	9	10
11	12	13	14	15	16	17	18	19	20
21	22	23	24	25	26	27	28	29	30

Instrucciones Diga: *Cuenten en voz alta hasta 30 mientras señalan cada número. ¿Qué patrones ven o escuchan cuando cuentan hasta 30 usando los números de la tabla? Coloreen las casillas que muestran el patrón que hallen.*

Puedo...
usar patrones para contar hasta 30.

Estándares de contenido
K.CNC.A.1, K.CNC.A.2
Prácticas matemáticas
PM.1, PM.2, PM.6, PM.7

Práctica guiada

1	1	2	3	4	5	6	7	8	9	10
	11	12	13	14	15	16	17	18	19	20
	21	22	23	24	25	26	27	28	29	30

Instrucciones Pida a los estudiantes que: 1 cuenten en voz alta todos los números en la fila de arriba. Pídales que escuchen los siguientes números en la fila de abajo y luego encierren en un círculo el número en la fila de arriba y la parte del número en la fila de abajo que suenan igual: *veintiUNO, veintiDÓS, veintiTRÉS, veintiCUATRO, veintiCINCO, veintiSÉIS;* 2 escuchen los siguientes números y luego completen los números en la tabla: *veintisiete, vientiocho, veintinueve.*

Nombre ____________________

3

					6	7	8	9	10
11	12	13	14	15	16	17	18	19	20
21	22	23	24	2__	2__	2__	2__	2__	30

4

5

1	2	3		5	6	7	8	9	10
11	12	13		15	16				
21	22	23	2__	25	26	27	28	29	30

6

Instrucciones 3 **Sentido numérico** Pida a los estudiantes que escriban los números que faltan y luego expliquen cómo saben que los números son los correctos. Pida a los estudiantes que: 4 cuenten los números en la fila de abajo en voz alta y luego escriban los números que faltan mientras los dicen; 5 escriban los números que faltan en la columna, los digan en voz alta y luego expliquen en qué se parecen los números de esa columna; 6 usen la tabla para hallar los números que faltan en la fila del medio y luego expliquen cómo usaron la tabla.

☆ Práctica independiente ☆

1	2	3	4	5	6		8	9	10
11	12	13	14	15	16		18	19	20
21	2__	2__	2__	2__	26	2__	28	29	30

9

1	2	3	4	5	6	7	8	9	10
11	12							19	20
21	22	23	24	25	26	27	28	29	30

Instrucciones Pida a los estudiantes que: 7 escriban los números que faltan en la columna, los digan en voz alta y luego expliquen en qué se parecen los números de esa columna; 8 cuenten los números en la fila de abajo en voz alta y luego escriban los números que faltan mientras los dicen en voz alta. 9 **Razonamiento de orden superior** Pida a los estudiantes que escriban los números que faltan en la tabla, los cuenten en voz alta y luego expliquen el patrón que escuchan. Luego, pídales que encierren en un círculo el número que sigue en el patrón.

Nombre ______________________________

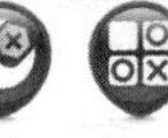

Ayuda Herramientas Juegos

Tarea y práctica 11-1

Contar hasta 30 usando patrones

ACTIVIDAD PARA EL HOGAR Dígale a su niño(a) un número entre 1 y 10. Pídale que cuente hasta 30 desde ese número.

¡Revisemos!

1	2	3	4	5	6	7	8	9	10
11	12	13	14	15	16	17	18	19	20
21	22	23	24	25	26	27	28	29	30

1

2

1	2	3	4	5	6	7	8	9	10
11	12	13	14	15	16	17	18	19	20
21	22	23	24	25	26	27	28	29	30

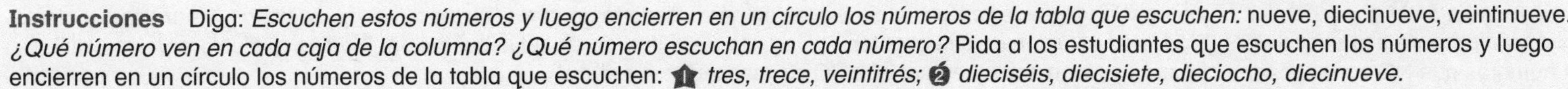

Instrucciones Diga: *Escuchen estos números y luego encierren en un círculo los números de la tabla que escuchen:* nueve, diecinueve, veintinueve. *¿Qué número ven en cada caja de la columna? ¿Qué número escuchan en cada número?* Pida a los estudiantes que escuchen los números y luego encierren en un círculo los números de la tabla que escuchen: 1 *tres, trece, veintitrés;* 2 *dieciséis, diecisiete, dieciocho, diecinueve.*

3

	2	3	4	5	6	7	8	9	10
	12	13	14	15	16	17	18	19	20
2_	22	23	24	25	26	27	28	29	30

4

1	2	3	4	5	6	7	8	9	10
11	12	13	14	15	16	17	18	19	20
21	22	23	24	25	26	27	28	29	30

6

Instrucciones Pida a los estudiantes que: 3 escriban los números que faltan en la columna, los digan en voz alta y luego expliquen en qué se parecen los números de esa columna; 4 escuchen los números y luego encierren en un círculo los números de la tabla que escuchen: *veintisiete, vientiocho, veintinueve, treinta;* 5 escuchen los números y luego encierren en un círculo los números de la tabla que escuchen: *veinte, veintiuno, veintidós, veintitrés.* 6 **Razonamiento de orden superior** Pida a los estudiantes que cuenten en voz alta los números de la fila del medio. Pídales que coloreen las casillas de los números que NO corresponden al patrón y luego expliquen por qué NO corresponden al patrón.

Nombre ______________________________

Lección 11-2

Contar hasta 50 usando patrones

1	2	3	4	5	6	7	8	9	10
11	12	13	14	15	16	17	18	19	20
21	22						28	29	30
31	32	33	34	35	36	37	38	39	40
41	42	43	44	45	46	47	48	49	50

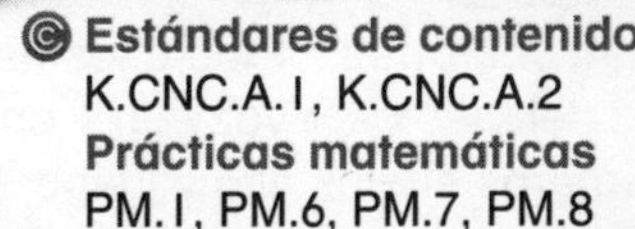

Instrucciones Diga: *Miren los números de la tabla y las partes subrayadas. Cuenten en voz alta todos los números hasta 50. Escriban y luego digan los números que faltan. Digan cómo saben que los números son los correctos.*

Puedo...
usar patrones para contar hasta 50.

Estándares de contenido
K.CNC.A.1, K.CNC.A.2
Prácticas matemáticas
PM.1, PM.6, PM.7, PM.8

1	2	3	4	5	6	7	8	9	
11	12	13	14	15	16	17	18	19	
21	22	23	24	25	26	27	28	29	
31	32	33	34	35	36	37	38	39	
41	42	43	44	45	46	47	48	49	

1	2	3	4	5	6	7	8	9	10
11	12	13	14	15	16	17	18	19	20
21	22	23	24	25	26	27	28	29	30
31	32	33						39	40
41	42	43	44	45	46	47	48	49	50

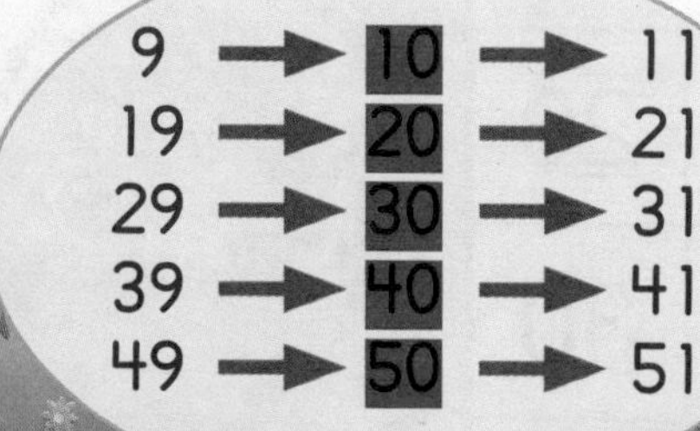

☆ Práctica guiada

	21	22	23	24	25	26	27	28	29	30
	31	32	33	34	35	36	37	38	39	40
	41	42	43	_4	_5	_6	_7	_8	_9	50

Instrucciones Pida a los estudiantes que: ★1 cuenten en voz alta los números en la fila de arriba. Luego, pídales que cuenten todos los números en la fila del medio en voz alta y encierren en un círculo la parte del número que se diga igual; 2 completen los números en la fila de abajo mientras cuentan los números en voz alta y luego expliquen cómo sabían qué número escribir en el lugar de las decenas.

Nombre ______________________

	2	3	4		6	7	8	9	10
11	12	13	14	15		17	_8	19	20
21	22	23	24	25	26	27	_8	29	30
31	32	33	34				_8	39	40
41	42	43	44	45	46	47	_8	49	50

6 ______ ______ ______

7

34 35 36   26 36 46   35 36 37

Instrucciones Pida a los estudiantes que: 3 escriban los números que faltan en las dos primeras filas y luego expliquen cómo hallaron los números; 4 coloreen las casillas de los números que tienen un 2 en el lugar de las decenas; 5 encuentren estos números y los marquen con una X: *treinta y dos, cuarenta y cuatro.* 6 **Vocabulario** Pida a los estudiantes que completen los números en la columna verde, expliquen el **patrón** que ven en el lugar de las decenas y luego escriban el número que se mantiene siempre igual en esa columna. 7 Pida a los estudiantes que busquen las casillas azules en la tabla y luego encierren en un círculo el conjunto de números que muestra los números que faltan.

Práctica independiente

8

1	2			5		7	8	9	
11		13	14	15	16		18	19	
21	22	23	24	25	26	27	28	29	
31	32	33	34	35	36	37	38	39	40
41	42	43	44	45	46	47	48	49	

9 10

11

Instrucciones Pida a los estudiantes que: 8 escriban todos los números que faltan en la tabla y luego expliquen cómo hallaron los números; 9 coloreen las casillas de los números que tienen un 4 en el lugar de las decenas; 10 hallen y marquen con una X los siguientes números: *treinta y cinco, cuarenta y uno, cuarenta y ocho.* 11 **Razonamiento de orden superior** Pida a los estudiantes que miren la columna verde, escriban todos los números que están en la columna y luego expliquen cómo usaron la tabla numérica para hallar la respuesta.

Nombre ____________________

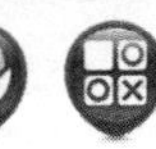

Tarea y práctica 11-2

Contar hasta 50 usando patrones

ACTIVIDAD PARA EL HOGAR Dígale a su niño(a) un número menor que 50. Pídale que cuente desde ese número hasta 50. Repita la actividad con diferentes números.

¡Revisemos!

1	2	3	4	5	6	7	8	9	10
11	12	13	14	15	16	17	18	19	20
21	22	23	24	25	26	27	28	29	30
31	32	33	34	35	36	37	38	39	40
41	42	43	44	45	46	47	48	49	50

1	2	3	4	5	6	7	8	9	10
11	12	13	14	15	16	17	18	19	20
21	22	23	24	25	26	27	28	29	30
31	32	33	34	35	36	37	38	39	40
41	42	43	44	45	46	47	48	49	50

Instrucciones Pida a los estudiantes que señalen la cuarta fila. Diga: *Escuchen los siguientes números y luego encierren en un círculo los números de la tabla que escuchen:* treinta y tres, treinta y cuatro, treinta y cinco, treinta y seis, treinta y siete. *¿Qué número ven en cada casilla de esta fila? ¿Qué número escuchan en cada número?* Pida a los estudiantes que escuchen los números, encierren en un círculo los números de la tabla que escuchen y luego digan qué parte se repite en cada número: 1 *veintiséis, veintisiete, veintiocho, veintinueve;* 2 *cuarenta y uno, cuarenta y dos, cuarenta y tres, cuarenta y cuatro.*

3

1	2	3	4	5					10
11	12	13	14	15	16	17	18	19	20
21	22	23	24	25	26	27	28	29	30
31	32	33	34	35	36	37	38	39	40
41	42	43	44	45	46	47	48	49	50

4

5

Instrucciones Pida a los estudiantes que: 3 escriban los números que faltan en la fila de arriba, los digan en voz alta y luego expliquen cómo saben que son los números correctos; 4 miren los números de la fila de arriba que están encerrados en un círculo. Luego, pídales que encierren en un círculo el lugar de las decenas en cada columna que representa el patrón de esos números. Pídales que cuenten los números en voz alta y luego expliquen el patrón que escuchan. 5 **Razonamiento de orden superior** Pida a los estudiantes que escuchen los números y luego escriban los números que escuchan: *diez, veinte, treinta, cuarenta, cincuenta.*

Nombre ____________________

Lección 11-3

Contar de 10 en 10 hasta 100

1	2	3	4	5	6	7	8	9	10
11	12	13	14	15	16	17	18	19	20
21	22	23	24	25	26	27	28	29	30
31	32	33	34	35	36	37	38	39	40
41	42	43	44	45	46	47	48	49	50
51	52	53	54	55	56	57	58	59	60
61	62	63	64	65	66	67	68	69	70
71	72	73	74	75	76	77	78	79	80
81	82	83	84	85	86	87	88	89	90
91	92	93	94	95	96	97	98	99	100

Instrucciones Diga: *Coloreen todas las casillas de los números que tienen un cero en el lugar de las unidades mientras los cuentan en voz alta. Digan cómo saben qué números deben contar.*

Puedo...
contar de diez en diez hasta 100.

Estándar de contenido
K.CNC.A.1
Prácticas matemáticas
PM.2, PM.3, PM.4, PM.7

1	2	3	4	5	6	7	8	9	10
11	12	13	14	15	16	17	18	19	20
21	22	23	24	25	26	27	28	29	30
31	32	33	34	35	36	37	38	39	40
41	42	43	44	45	46	47	48	49	50
51	52	53	54	55	56	57	58	59	60

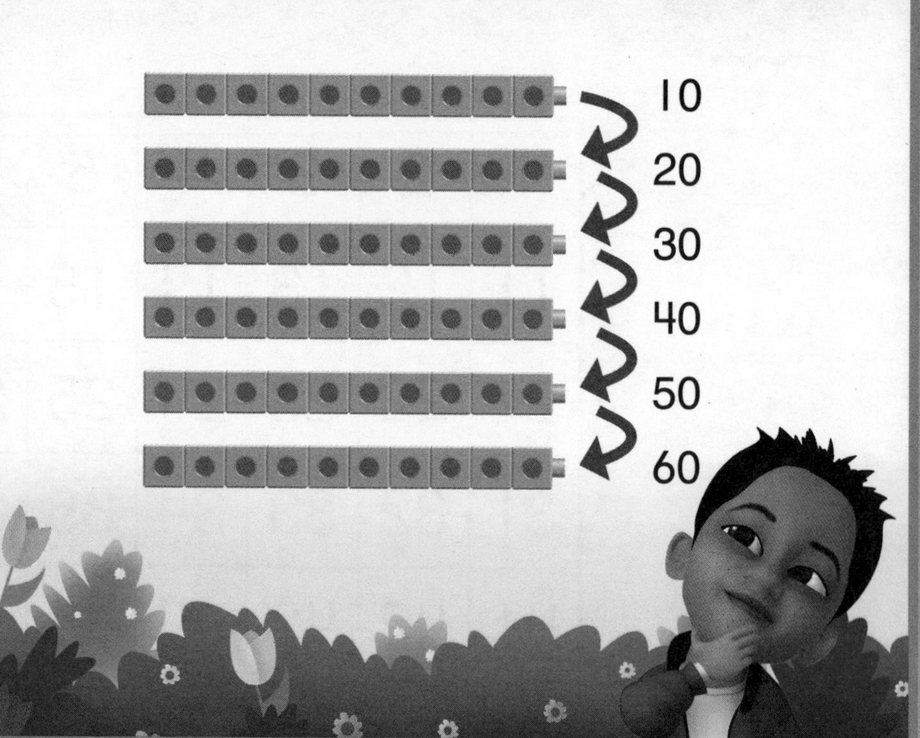

Práctica guiada

1	2	3	4	5	6	7	8	9	10
11	12	13	14	15	16	17	18	19	20
21	22	23	24	25	26	27	28	29	30
31	32	33	34	35	36	37	38	39	40
41	42	43	44	45	46	47	48	49	50
51	52	53	54	55	56	57	58	59	60

2

51	52	53	54	55	56	57	58	59	60
61	62	63	64	65	66	67	68	69	
71	72	73	74	75	76	77	78	79	80
81	82	83	84	85	86	87	88	89	90
91	92	93	94	95	96	97	98	99	100

50 60 70

Instrucciones Pida a los estudiantes que: 1 encierren en un círculo la decena que viene antes de 40 pero después de 20; 2 miren la tabla y luego encierren en un círculo el número que falta.

Nombre ___

1	2	3	4	5	6	7	8	9	10
11	12	13	14	15	16	17	18	19	20
21	22	23	24	25	26	27	28	29	30
31	32	33	34	35	36	37	38	39	40
41	42	43	44	45	46	47	48	49	50
51	52	53	54	55	56	57	58	59	60
61	62	63	64	65	66	67	68	69	70
71	72	73	74	75	76	77	78	79	80
81	82	83	84	85	86	87	88	89	90
91	92	93	94	95	96	97	98	99	100

20 30 50

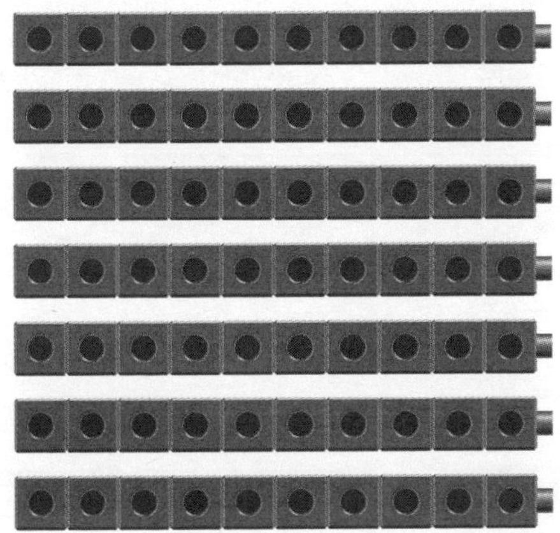

40 60 70

6

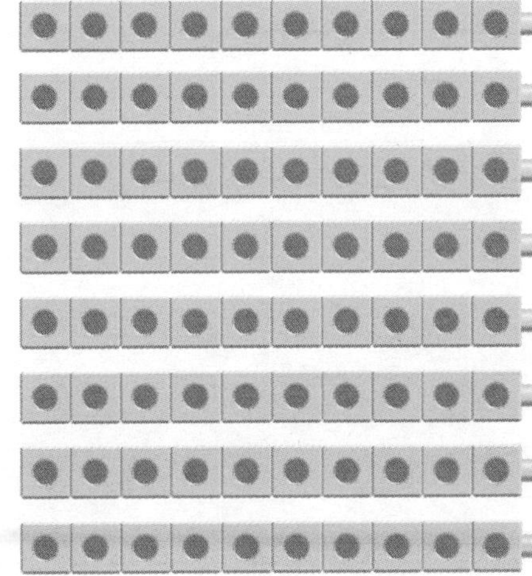

80 90 100

Instrucciones Pida a los estudiantes que: 3 encierren en un círculo los números que faltan en el siguiente patrón: *diez, veinte, treinta,* ___, *cincuenta,* ___, *setenta,* ___, ___, *cien;* 4 a 6 cuenten los cubos y luego encierren en un círculo el número que indica cuántos hay.

Práctica independiente

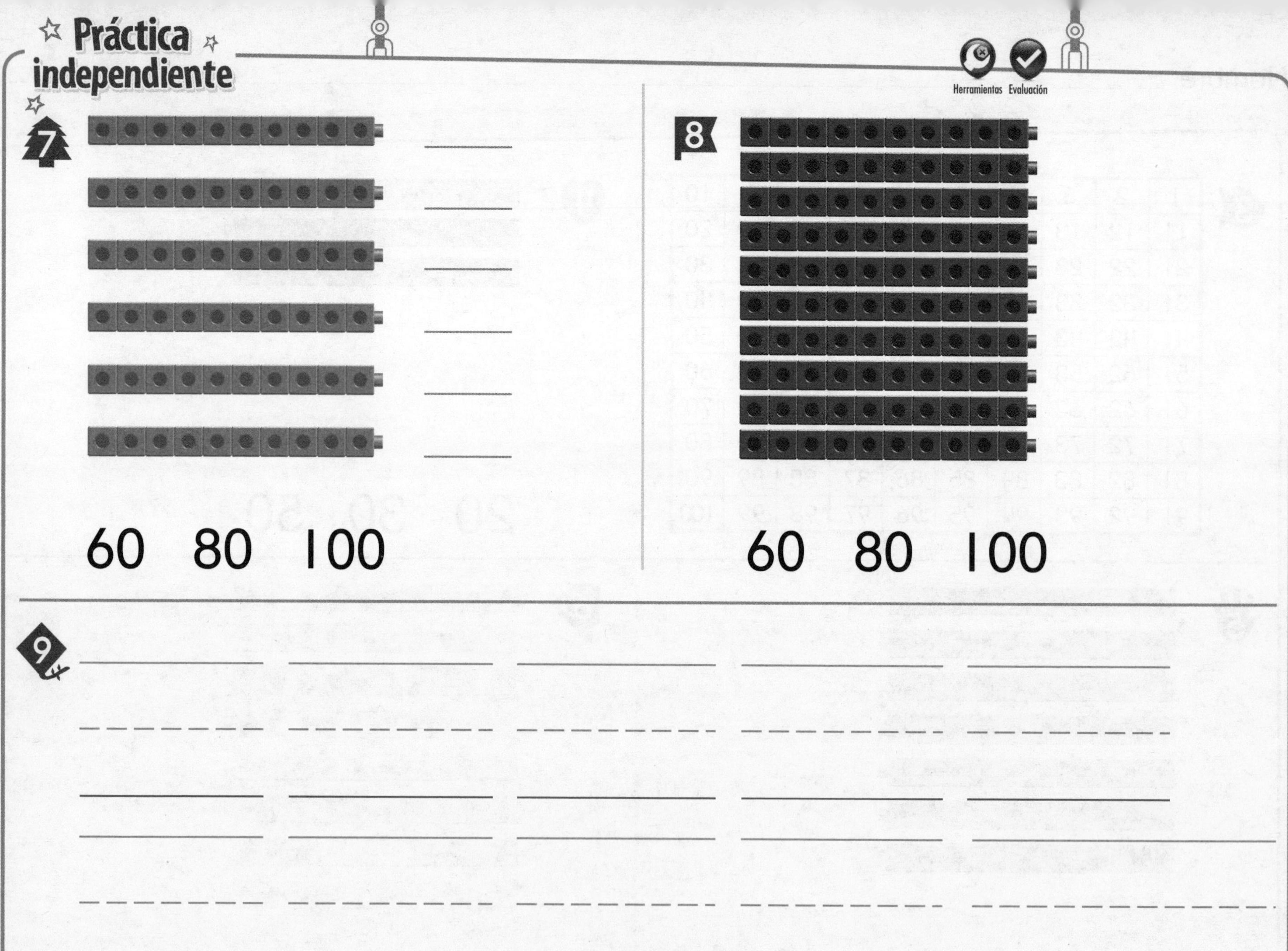

Instrucciones **7 Álgebra** Pida a los estudiantes que cuenten los trenes de cubos de diez en diez, escriban las decenas mientras cuentan y luego encierren en un círculo el número que indica cuántos hay. **8** Pida a los estudiantes que cuenten los cubos y luego encierren en un círculo el número que indica cuántos hay. **9 Razonamiento de orden superior** Pida a los estudiantes que escriban todas las decenas en orden.

Nombre ________________________________

Tarea y práctica 11-3

Contar de 10 en 10 hasta 100

ACTIVIDAD PARA EL HOGAR Ordene 30 objetos, como monedas, cuentas u otros objetos pequeños, en grupos de 10 en una mesa. Pida a su niño(a) que use las decenas para contar en voz alta la cantidad de objetos. Repita la actividad con hasta 10 grupos de objetos.

¡Revisemos!

1	2	3	4	5	6	7	8	9	10
11	12	13	14	15	16	17	18	19	20
21	22	23	24	25	26	27	28	29	30
31	32	33	34	35	36	37	38	39	40
41	42	43	44	45	46	47	48	49	50
51	52	53	54	55	56	57	58	59	60
61	62	63	64	65	66	67	68	69	70
71	72	73	74	75	76	77	78	79	80
81	82	83	84	85	86	87	88	89	90
91	92	93	94	95	96	97	98	99	100

1	2	3	4	5	6	7	8	9	10
11	12	13	14	15	16	17	18	19	20
21	22	23	24	25	26	27	28	29	30
31	32	33	34	35	36	37	38	39	40
41	42	43	44	45	46	47	48	49	50
51	52	53	54	55	56	57	58	59	60
61	62	63	64	65	66	67	68	69	70
71	72	73	74	75	76	77	78	79	80
81	82	83	84	85	86	87	88	89	90
91	92	93	94	95	96	97	98	99	100

Instrucciones Diga: *Coloreen de verde las casillas de las siguientes decenas:* diez, cuarenta, cincuenta, sesenta, noventa. ★ Pida a los estudiantes que coloreen de anaranjado las casillas de las siguientes decenas: *veinte, treinta, cincuenta, setenta, ochenta, cien.*

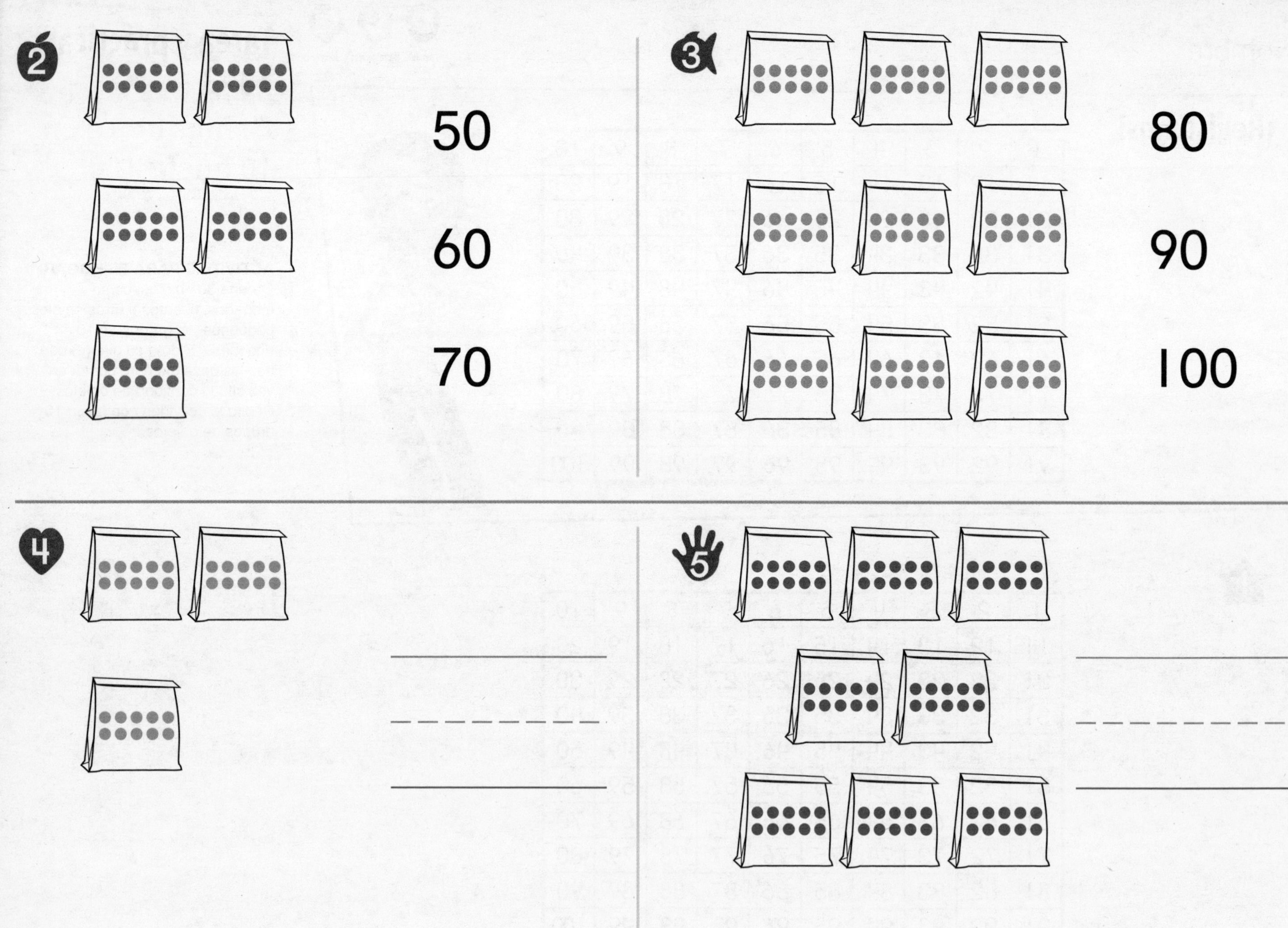

Instrucciones 2 y 3 Pida a los estudiantes que cuenten los puntos y luego encierren en un círculo el número que indica cuántos hay.
4 **Razonamiento de orden superior** Pida a los estudiantes que cuenten el número de puntos y luego escriban el número que indica cuántos hay.
5 **Razonamiento de orden superior** Pida a los estudiantes que cuenten el número de puntos y luego escriban el número que indica cuántos hay.

Nombre ________________

Lección 11-4

Contar de 10 en 10 y de 1 en 1

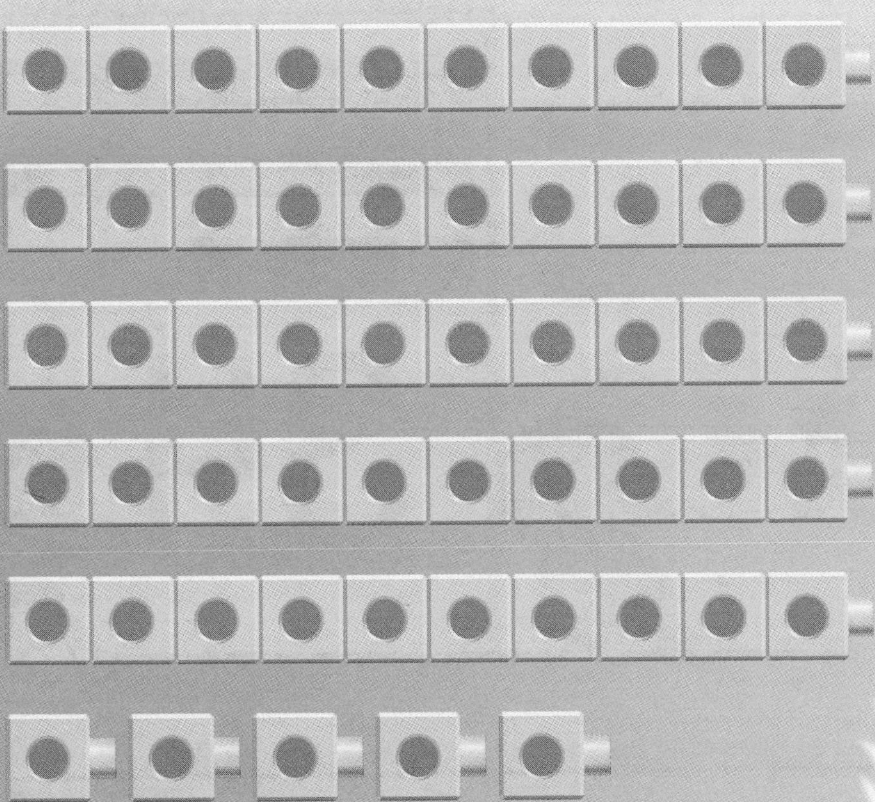

Instrucciones Diga: *Carlos tiene algunos cubos. ¿Cuántos cubos tiene Carlos? ¿Cuál sería una manera rápida de contar todos los cubos? Escribe el número que indica cuántos tiene.*

Puedo...
contar de 10 en 10 y de 1 en 1 hasta 100.

Estándares de contenido
K.CNC.A.1, K.CNC.A.2
Prácticas matemáticas
PM.1, PM.2, PM.3, PM.6

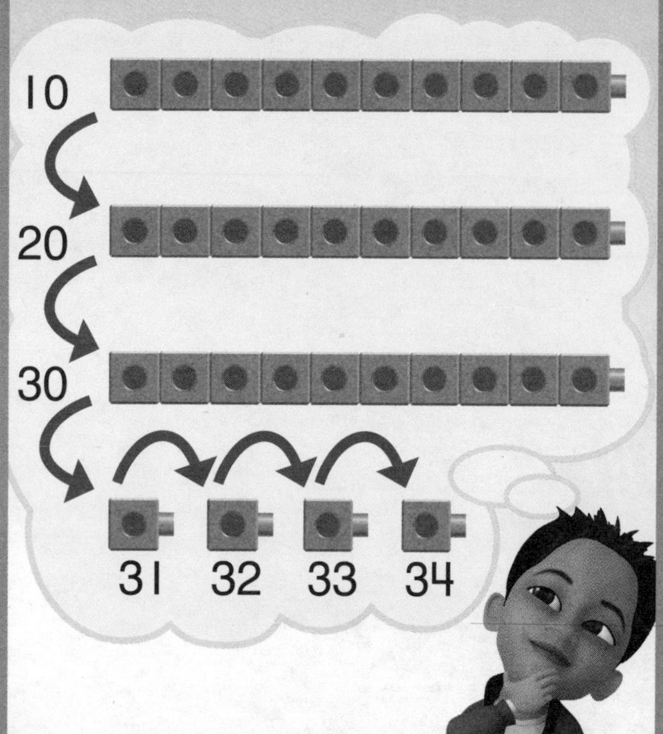

Práctica guiada

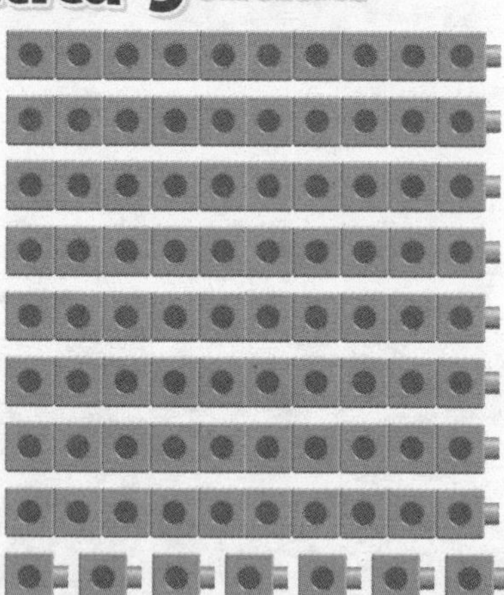

77

87

97

2

46

47

48

Instrucciones 1 y 2 Pida a los estudiantes que cuenten de 10 en 10 y de 1 en 1 y luego encierren en un círculo el número que indica cuántos hay. Recuérdeles a los estudiantes que pueden usar una tabla de 100 para contar de 10 en 10 y de 1 en 1.

Nombre ______________________________

3

52

62

72

4

23

32

33

5

42

43

52

6

33

34

35

Instrucciones 3 a 6 Pida a los estudiantes que cuenten de 10 en 10 y de 1 en 1 y luego encierren en un círculo el número que indica cuántos hay. Si es necesario, los estudiantes pueden usar una tabla de 100.

68

77

86

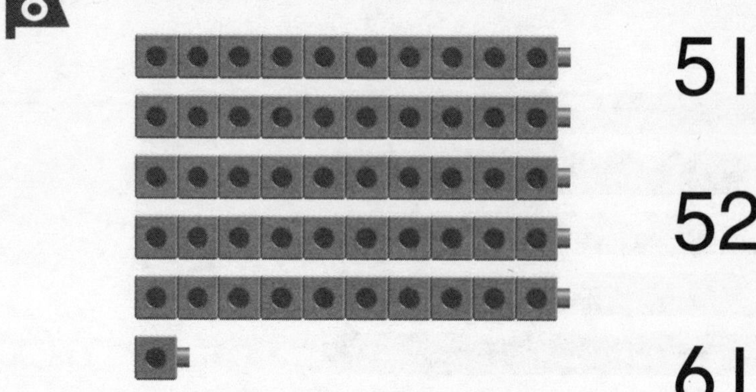

51

52

61

36

46

56

10

25

Instrucciones 7 a 9 Pida a los estudiantes que cuenten de 10 en 10 y de 1 en 1 y luego encierren en un círculo el número que indica cuántos hay. 10 **Razonamiento de orden superior** Pida a los estudiantes que dibujen cubos para mostrar cómo ordenar el número 25 para que sea fácil de contar.

Nombre ______________________________

   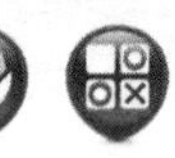

Ayuda Herramientas Juegos

Tarea y práctica 11-4

Contar de 10 en 10 y de 1 en 1

ACTIVIDAD PARA EL HOGAR Dele a su niño(a) un número grande de monedas, cuentas u otros objetos pequeños. Pídale que organice los objetos en grupos de 10 para poder contarlos rápidamente. Luego, pídale que cuente de 10 en 10 o de 1 en 1 para hallar cuántos hay.

¡Revisemos!

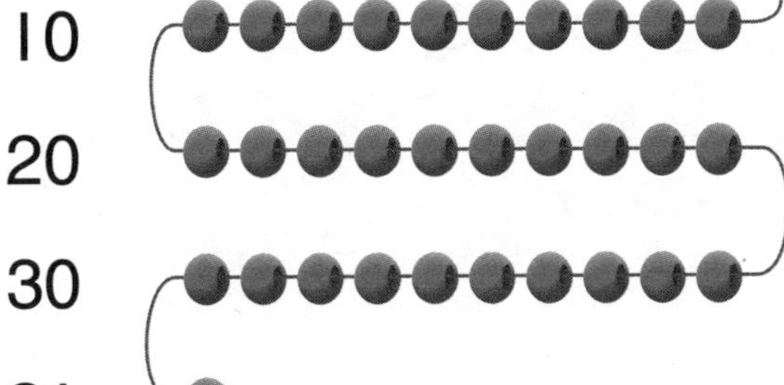

21  31 41

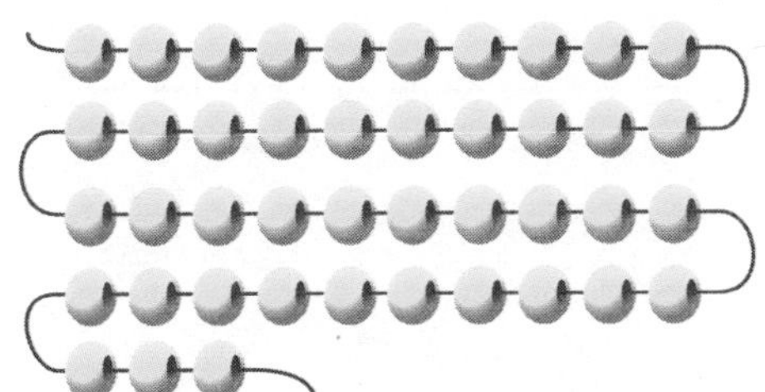

34 42 43

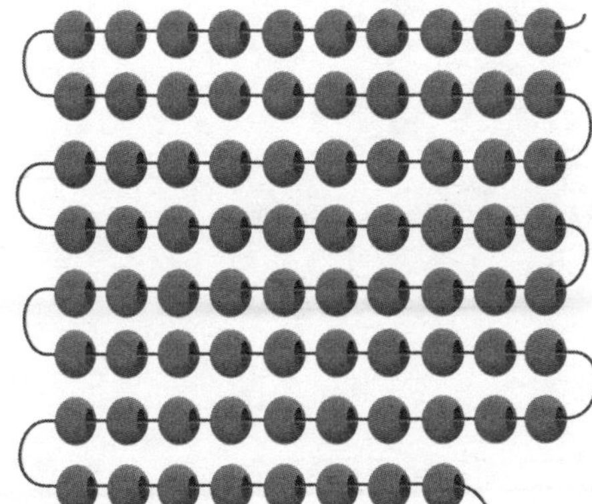

78 87 88

Instrucciones Diga: *Alex ordenó sus cuentas para contarlas en grupos de 10 y así facilitar el conteo. Cuenten las cuentas de 10 en 10 y luego de 1 en 1. ¿Cuántas cuentas hay? Encierren en un círculo el número que indica cuántas hay.* 1 y 2 Pida a los estudiantes que cuenten las cuentas de 10 en 10 y de 1 en 1 y luego encierren en un círculo el número que indica cuántas hay.

3

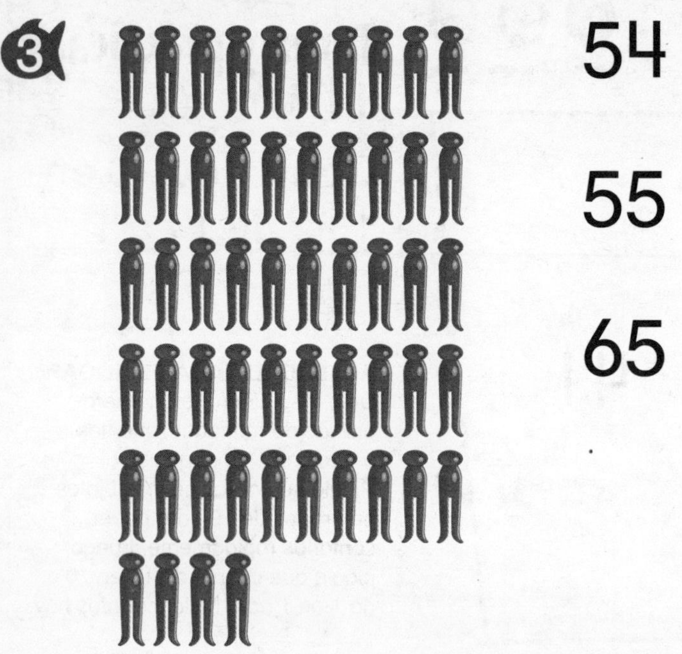

54

55

65

4

38

39

49

5

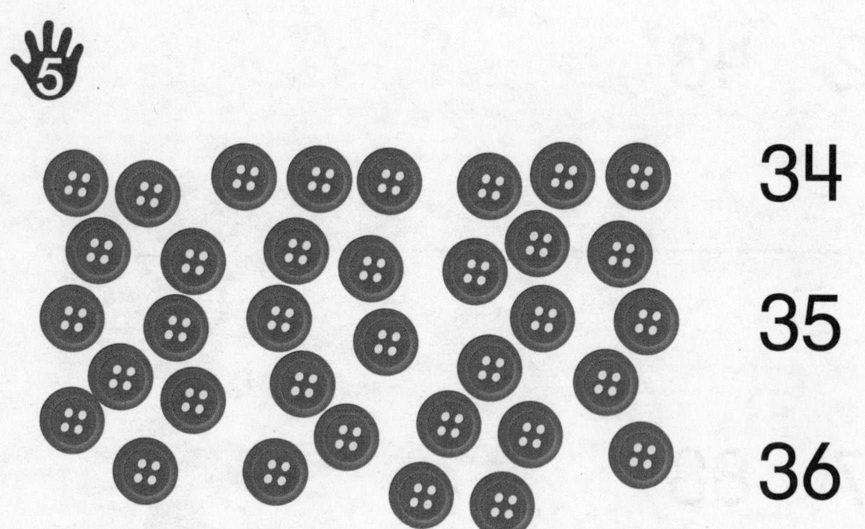

34

35

36

6

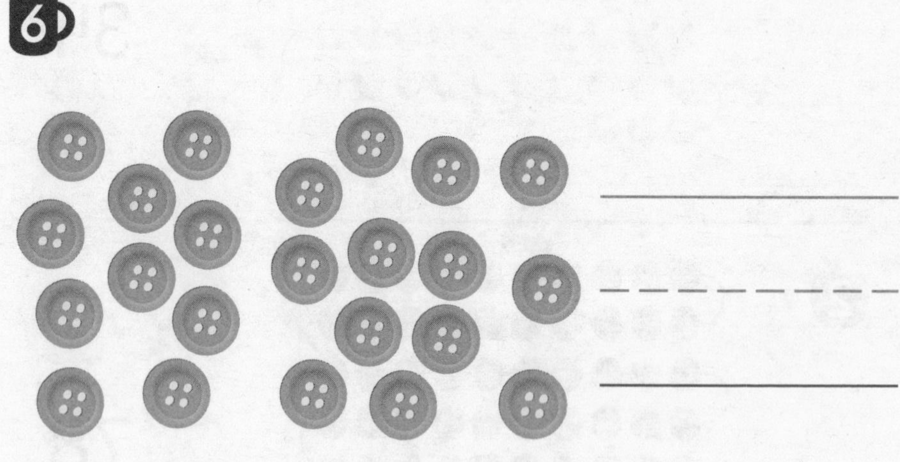

Instrucciones 3 y 4 Pida a los estudiantes que cuenten de 10 en 10 y de 1 en 1 y luego encierren en un círculo el número que indica cuántos hay. 5 **Razonamiento de orden superior** Pida a los estudiantes que encierren en un círculo los grupos de botones para facilitar el conteo. Luego, pídales que cuenten de 10 en 10 y de 1 en 1 y encierren en un círculo el número que indica cuántos hay. 6 **Razonamiento de orden superior** Pida a los estudiantes que encierren en círculos los grupos de botones para facilitar el conteo. Luego, pídales que cuenten de 10 en 10 y de 1 en 1 y escriban el número que indica cuántos hay.

Nombre ______________________________

Lección 11-5

Contar hasta 100 desde cualquier número

1	2	3	4	5	6	7	8	9	10
11	12	13	14	15	16	17	18	19	20
21	22	23	24	25	26	27	28	29	30
31	32	33	34	35	36	37	38	39	40
41	42	43	44	45	46	47	48	49	50
51	52	53	54	55	56	57	58	59	60
61	62	63	64	65	66	67	68	69	70
71	72	73	74	75	76	77	78	79	80
81	82	83	84	85	86	87	88	89	90
91	92	93	94	95	96	97	98	99	100

Instrucciones Diga: *Cuenten hacia adelante desde el número amarillo. Paren en el número rojo. Digan cuántos números contaron en voz alta. Coloreen las casillas de los números que contaron en voz alta para mostrar su trabajo.*

Puedo...
contar de 1 en 1 desde cualquier número hasta 100.

Estándares de contenido
K.CNC.A.1, K.CNC.A.2
Prácticas matemáticas
PM.1, PM.5, PM.7, PM.8

71	72	73	74	75	76	77	78	79	80
81	82	83	84	85	86	87	88	89	90
91	92	93	94	95	96	97	98	99	100

91

Práctica guiada

1

21	22	23	24	25	26	27	28	29	30
31	32	33	34	35	36	37	38	39	40
41	42	43	44	45	46	47	48	49	50
51	52	53	54	55	56	57	58	59	60

2

1	2	3	4	5	6	7	8	9	10
11	12	13	14	15	16	17	18	19	20
21	22	23	24	25	26	27	28	29	30
31	32	33	34	35	36	37	38	39	40

Instrucciones 1 y 2 Pida a los estudiantes que coloreen las casillas de los números mientras cuentan en voz alta desde la casilla amarilla hasta la casilla roja.

Nombre ______________________________

1	2	3	4	5	6	7	8	9	10
11	12	13	14	15	16	17	18	19	20
21	22	23	24	25	26	27	28	29	30
31	32	33	34	35	36	37	38	39	40
41	42	43	44	45	46	47	48	49	50
51	52	53	54	55	56	57	58	59	60
61	62	63	64	65	66	67	68	69	70
71	72	73	74	75	76	77	78	79	80
81	82	83	84	85	86	87	88	89	90
91	92	93	94	95	96	97	98	99	100

1	2	3	4	5	6	7	8	9	10
11	12	13	14	15	16	17	18	19	20
21	22	23	24	25	26	27	28	29	30
31	32	33	34	35	36	37	38	39	40
41	42	43	44	45	46	47	48	49	50
51	52	53	54	55	56	57	58	59	60
61	62	63	64	65	66	67	68	69	70
71	72	73	74	75	76	77	78	79	80
81	82	83	84	85	86	87	88	89	90
91	92	93	94	95	96	97	98	99	100

1	2	3	4	5	6	7	8	9	10
11	12	13	14	15	16	17	18	19	20
21	22	23	24	25	26	27	28	29	30
31	32	33	34	35	36	37	38	39	40
41	42	43	44	45	46	47	48	49	50
51	52	53	54	55	56	57	58	59	60
61	62	63	64	65	66	67	68	69	70
71	72	73	74	75	76	77	78	79	80
81	82	83	84	85	86	87	88	89	90
91	92	93	94	95	96	97	98	99	100

1	2	3	4	5	6	7	8	9	10
11	12	13	14	15	16	17	18	19	20
21	22	23	24	25	26	27	28	29	30
31	32	33	34	35	36	37	38	39	40
41	42	43	44	45	46	47	48	49	50
51	52	53	54	55	56	57	58	59	60
61	62	63	64	65	66	67	68	69	70
71	72	73	74	75	76	77	78	79	80
81	82	83	84	85	86	87	88	89	90
91	92	93	94	95	96	97	98	99	100

Instrucciones 3 a 6 Pida a los estudiantes que coloreen las casillas de los números mientras cuentan en voz alta desde la casilla amarilla hasta la casilla roja.

☆ Práctica independiente ☆

1	2	3	4	5	6	7	8	9	10
11	12	13	14	15	16	17	18	19	20
21	22	23	24	25	26	27	28	29	30
31	32	33	34	35	36	37	38	39	40
41	42	43	44	45	46	47	48	49	50
51	52	53	54	55	56	57	58	59	60
61	62	63	64	65	66	67	68	69	70
71	72	73	74	75	76	77	78	79	80
81	82	83	84	85	86	87	88	89	90
91	92	93	94	95	96	97	98	99	100

1	2	3	4	5	6	7	8	9	10
11	12	13	14	15	16	17	18	19	20
21	22	23	24	25	26	27	28	29	30
31	32	33	34	35	36	37	38	39	40
41	42	43	44	45	46	47	48	49	50
51	52	53	54	55	56	57	58	59	60
61	62	63	64	65	66	67	68	69	70
71	72	73	74	75	76	77	78	79	80
81	82	83	84	85	86	87	88	89	90
91	92	93	94	95	96	97	98	99	100

1	2	3	4	5	6	7	8	9	10
11	12	13	14	15	16	17	18	19	20
21	22	23	24	25	26	27	28	29	30
31	32	33	34	35	36	37	38	39	40
41	42	43	44	45	46	47	48	49	50
51	52	53	54	55	56	57	58	59	60
61	62	63	64	65	66	67	68	69	70
71	72	73	74	75	76	77	78	79	80
81	82	83	84	85	86	87	88	89	90
91	92	93	94	95	96	97	98	99	100

10

51	52	53	54	55	56	57	58	59	
61	62	63	64	65	66	67	68	69	
71	72	73	74	75	76	77	78	79	
81	82	83	84	85	86	87	88	89	
91	92	93	94	95	96	97	98	99	

Instrucciones 7 a 9 Pida a los estudiantes que coloreen las casillas de los números mientras cuentan en voz alta desde la casilla amarilla hasta la casilla roja. 10 **Razonamiento de orden superior** Pida a los estudiantes que escriban los números mientras cuentan de 10 en 10 en voz alta desde la casilla amarilla hasta la casilla roja.

Nombre ____________________

Tarea y práctica 11-5

Contar hasta 100 desde cualquier número

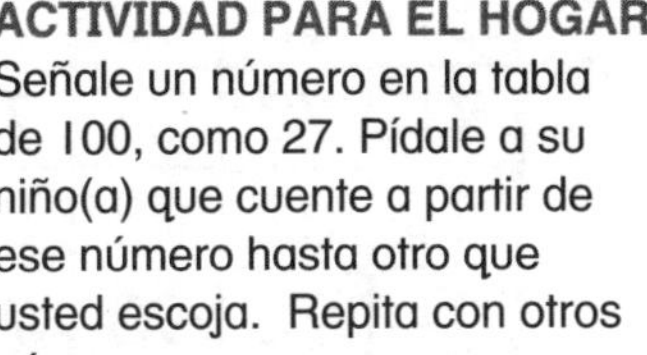

ACTIVIDAD PARA EL HOGAR Señale un número en la tabla de 100, como 27. Pídale a su niño(a) que cuente a partir de ese número hasta otro que usted escoja. Repita con otros números.

¡Revisemos!

1	2	3	4	5	6	7	8	9	10
11	12	13	14	15	16	17	18	19	20
21	22	23	24	25	26	27	28	29	30
31	32	33	34	35	36	37	38	39	40
41	42	43	44	45	46	47	48	49	50
51	52	53	54	55	56	57	58	59	60
61	62	63	64	65	66	67	68	69	70
71	72	73	74	75	76	77	78	79	80
81	82	83	84	85	86	87	88	89	90
91	92	93	94	95	96	97	98	99	100

1	2	3	4	5	6	7	8	9	10
11	12	13	14	15	16	17	18	19	20
21	22	23	24	25	26	27	28	29	30
31	32	33	34	35	36	37	38	39	40
41	42	43	44	45	46	47	48	49	50
51	52	53	54	55	56	57	58	59	60
61	62	63	64	65	66	67	68	69	70
71	72	73	74	75	76	77	78	79	80
81	82	83	84	85	86	87	88	89	90
91	92	93	94	95	96	97	98	99	100

1	2	3	4	5	6	7	8	9	10
11	12	13	14	15	16	17	18	19	20
21	22	23	24	25	26	27	28	29	30
31	32	33	34	35	36	37	38	39	40
41	42	43	44	45	46	47	48	49	50
51	52	53	54	55	56	57	58	59	60
61	62	63	64	65	66	67	68	69	70
71	72	73	74	75	76	77	78	79	80
81	82	83	84	85	86	87	88	89	90
91	92	93	94	95	96	97	98	99	100

Instrucciones Diga: *Pueden contar hacia adelante desde cualquier número. Encuentren el número* dieciocho *y enciérrenlo en un círculo. Cuenten en voz alta hasta que lleguen a la casilla roja. Coloreen las casillas de los números que contaron en voz alta.* Pida a los estudiantes que encierren en un círculo el número dado y luego coloreen las casillas de los números mientras cuentan en voz alta desde el número dentro del círculo hasta la casilla roja. Pídales que: 1 encierren en un círculo el número *ochenta;* 2 encierren en un círculo el número *treinta y seis.*

1	2	3	4	5	6	7	8	9	10
11	12	13	14	15	16	17	18	19	20
21	22	23	24	25	26	27	28	29	30
31	32	33	34	35	36	37	38	39	40
41	42	43	44	45	46	47	48	49	50
51	52	53	54	55	56	57	58	59	60
61	62	63	64	65	66	67	68	69	70
71	72	73	74	75	76	77	78	79	80
81	82	83	84	85	86	87	88	89	90
91	92	93	94	95	96	97	98	99	100

1	2	3	4	5	6	7	8	9	10
11	12	13	14	15	16	17	18	19	20
21	22	23	24	25	26	27	28	29	30
31	32	33	34	35	36	37	38	39	40
41	42	43	44	45	46	47	48	49	50
51	52	53	54	55	56	57	58	59	60
61	62	63	64	65	66	67	68	69	70
71	72	73	74	75	76	77	78	79	80
81	82	83	84	85	86	87	88	89	90
91	92	93	94	95	96	97	98	99	100

1	2	3	4	5	6	7	8	9	10
11	12	13	14	15	16	17	18	19	20
21	22	23	24	25	26	27	28	29	30
31	32	33	34	35	36	37	38	39	40
41	42	43	44	45	46	47	48	49	50
51	52	53	54	55	56	57	58	59	60
61	62	63	64	65	66	67	68	69	70
71	72	73	74	75	76	77	78	79	80
81	82	83	84	85	86	87	88	89	90
91	92	93	94	95	96	97	98	99	100

1	2	3	4	5	6	7	8	9	
11	12	13	14	15	16	17	18	19	
21	22	23	24	25	26	27	28	29	
31	32	33	34	35	36	37	38	39	
41	42	43	44	45	46	47	48	49	
51	52	53	54	55	56	57	58	59	
61	62	63	64	65	66	67	68	69	
71	72	73	74	75	76	77	78	79	
81	82	83	84	85	86	87	88	89	
91	92	93	94	95	96	97	98	99	

Instrucciones Pida a los estudiantes que encierren en un círculo el número dado y coloreen las casillas de los números mientras cuentan en voz alta desde el número dentro del círculo hasta la casilla roja. Pídales que: 3 encierren en un círculo el número *veintidós;* 4 encierren en un círculo el número *cincuenta y uno.* 5 **Razonamiento de orden superior** Pida a los estudiantes que encierren en un círculo el número que viene después de *dieciséis,* el número que viene después de *cuarenta y ocho* y el número que viene después de *ochenta.* 6 **Razonamiento de orden superior** Pida a los estudiantes que escriban los números mientras cuentan en voz alta de 10 en 10 desde la casilla amarilla hasta la casilla roja.

Nombre ____________________

Lección 11-6

Contar hasta 100 usando patrones

1	2	3	4	5	6	7	8	9	10
11	12	13	14	15	16	17	18	19	20
21	22	23	24	25	26	27	28	29	30
31	32	33	34	35	36	37	38	39	40
41	42	43	44	45	46	47	48	49	50
51	52	53	54	55	56	57	58	59	60
61	62	63	64	65	66	67	68	69	70
71	72	73	74	75	76	77	78	79	80
81	82	83	84	85	86	87	88	89	90
91	92	93	94	95	96	97	98	99	100

Instrucciones Diga: *Carlos mira la tabla. Sabe que 21 viene justo después de 20. Encierren en un círculo los números que vienen justo después de cada decena. ¿Cómo saben que tienen razón? ¿Qué patrones ven?*

Puedo...
contar de 10 en 10 y de 1 en 1 desde cualquier número hasta 100.

Estándares de contenido
K.CNC.A.1, K.CNC.A.2
Prácticas matemáticas
PM.2, PM.5, PM.6, PM.7

41	42	43	44	45	46	47	48	49	50
51	52	53	54	55	56	57	58	59	60
61	62	63	64	65	66	67	68	69	70
71	72	73	74	75	76	77	78	79	80
81	82	83	84	85	86	87	88	89	90
91	92	93	94	95	96	97	98	99	100

61	62	63	64	65	66	67	68	69	70
71	72	73	74	75	76	77	78	79	80
81	82	83	84	85	86	87	88	89	90
91	92	93	94	95	96	97	98	99	100

Práctica guiada

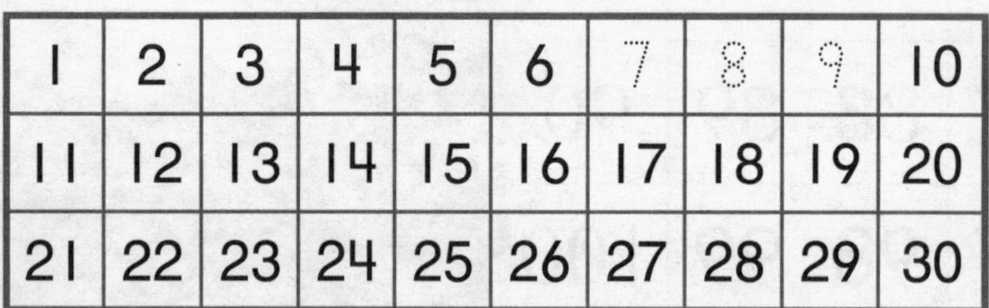

1	2	3	4	5	6	7	8	9	10
11	12	13	14	15	16	17	18	19	20
21	22	23	24	25	26	27	28	29	30

1	2	3	4	5	6	7	8	9	10
11	12	13	14	15	16	17	18	19	20
21	22	23	24	25	26	27	28	29	30

Instrucciones 1 y 2 Pida a los estudiantes que cuenten hacia adelante para hallar y escribir los números que faltan.

Nombre ______

61	62	63	64	65				69	70
71	72	73	74	75	76	77	78	79	80
81	82	83	84	85	86	87	88	89	90

66 76 86

67 68 69

66 67 68

	42	43	44	45	46	47	48	49	50
	52	53	54	55	56	57	58	59	60
	62	63	64	65	66	67	68	69	70

41 42 43

41 51 61

41 43 45

31	32	33	34	35	36	37	38	39	
41	42	43	44	45	46	47	48	49	
51	52	53	54	55	56	57	58	59	

40 50 60

40 41 42

38 39 40

11	12	13	14	15	16	17	18	19	20
21	22	23	24	25	26	27	28	29	
		33	34	35	36	37	38	39	40

20 30 40

28 29 30

30 31 32

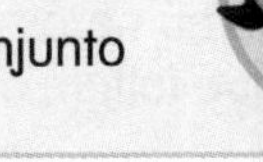

Instrucciones 3 a 6 Pida a los estudiantes que cuenten hacia adelante y luego encierren en un círculo la fila que muestra el conjunto de números que falta.

Práctica independiente

71	72	73	74	75	76	77	78	79	80
81	82	83	84	85	86	87	88	89	90
91	92	93	94	95	96	97			

80 90 100

98 99 100

89 99 100

8

51	52	53	54	55	56	57	58	59	60
61	62	63	64	65	66	67	68	69	70
71	72	73				77	78	79	80

74 84 94

74 64 54

74 75 76

1	2	3	4	5		7	8	9	10
11	12	13	14	15		17	18	19	20
21	22	23	24	25		27	28	29	30

6 7 8

6 16 26

6 17 28

10

31	32	33	34	35	36	37	38	39	40
41	42	43	44	45	46	47	48	49	50
51						57	58	59	60
61	62	63	64	65	66	67	68	69	70
71	72	73	74	75	76	77	78	79	80

Instrucciones 7 a 9 Pida a los estudiantes que cuenten hacia adelante y luego encierren en un círculo la fila que muestra el conjunto de números que falta. 10 **Razonamiento de orden superior** Pida a los estudiantes que cuenten hacia adelante para hallar los números que faltan, escriban los números en la tabla y luego encierren en un círculo la columna que tiene 3 en el lugar de las unidades.

Nombre ____________________

  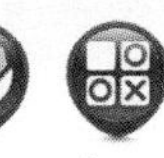

Tarea y práctica 11-6

Contar hasta 100 usando patrones

ACTIVIDAD PARA EL HOGAR Señale una tabla de 100 de esta lección. Túrnense inventando adivinanzas y adivinando las respuestas. Por ejemplo, pregunte a su niño(a): *¿Qué número viene justo después de 31 y justo antes de 33? (32)*

¡Revisemos!

1	2	3	4	5	6	7	8	9	10
11	12	13	14	15	16	17	18	19	20
21	22	23	24	25	26	27	28	29	30
31	32	33	34	35	36	37	38	39	40
41	42	43	44	45	46	47	48	49	50

1	2	3	4	5	6	7	8	9	10
11	12	13	14	15	16	17	18	19	20
21	22	23	24	25	26	27	28	29	30
31	32	33	34	35	36	37	38	39	40
41	42	43	44	45	46	47	48	49	50

1	2	3	4	5	6	7	8	9	10
11	12	13	14	15	16	17	18	19	20
21	22	23	24	25	26	27	28	29	30
31	32	33	34	35	36	37	38	39	40
41	42	43	44	45	46	47	48	49	50
51	52	53	54	55	56	57	58	59	60

Instrucciones Diga: *Encierren en un círculo la columna con los números:* siete, diecisiete, veintisiete, treinta y siete, cuarenta y siete. *¿Qué patrón ven y escuchan?* Pida a los estudiantes que: 1 encierren en un círculo la columna que tiene 9 en el lugar de las unidades, cuenten los números en voz alta y luego expliquen el patrón que ven y escuchan; 2 encierren en un círculo los números que tienen 3 en el lugar de las decenas, cuenten los números en voz alta y luego expliquen el patrón que ven y escuchan.

1	2	3	4	5	6	7	8	9	10
11	12	13	14	15	16	17	18	19	20
21	22	23	24	25	26	27	28	29	30
31	32	33	34	35	36	37	38	39	40
41	42	43	44	45	46	47	48	49	50

41	42	43	44	45	46	47	48	49	50
51	52	52	54	55	56	57	58	59	60
61	62	63	64	65	66	67	68	69	70
71	72	73	74	75	76	77	78	79	80
81	82	83	84	85	86	87	88	89	90
91	92	93	94	95	96	97	98	99	100

11		13		15	16	17	18	19	20
	22	23	24	25	26	27	28		30
	32		34	35	36	37	38		40
41	42	43		45	46	47	48		
51		53	54	55	56	57		59	60

51	52	53	54	55	56	57	58	59	60
61	62	63	64	65	66	67	68	69	70
71	72	73	74	75	76	77	78	79	80
81	82	83	84	85	86	87	88	89	90
91	92	93	94	95	96	97	98	99	100

Instrucciones Pida a los estudiantes que: 3 encierren en un círculo la fila que empieza con el número *veintiuno,* cuenten los números en voz alta y luego expliquen el patrón que ven y escuchan; 4 encierren en un círculo la columna que tiene 9 en el lugar de las unidades, cuenten los números en voz alta y luego expliquen el patrón que ven y escuchan. 5 **Razonamiento de orden superior** Pida a los estudiantes que cuenten de 1 en 1 para escribir los números que faltan y luego encierren en un círculo la columna que tiene 4 en el lugar de las unidades. 6 **Razonamiento de orden superior** Pida a los estudiantes que encierren en un círculo el número que es 1 más que 72 y luego marquen con una X el número que es 1 menos que 90.

Nombre ____

Prácticas matemáticas y resolución de problemas

Lección 11-7

Buscar y usar la estructura

1	2	3	4	5	6	7	8	9	10
11	12	13	14	15	16	17	18	19	20
21	22	23	24	25	26	27	28	29	30

1	2	3	4	5	6	7	8	9	10
11	12	13	14	15	16	17	18	19	20
21	22	23	24	25	26	27	28	29	30

Piensa.

Instrucciones Diga: *La maestra de Carlos le da un reto a la clase. ¿Hay más de una manera de resolverlo? Empiecen en 3. Usen flechas y muestren cómo contar hacia adelante 15 lugares. Coloreen el número de rojo para mostrar dónde terminan. Muestren otra manera de usar flechas en la segunda tabla.*

Puedo...
contar de 10 en 10 y de 1 en 1 desde cualquier número.

Prácticas matemáticas
PM.7 También, PM.6, PM.8
Estándares de contenido
K.CNC.A.1, K.CNC.A.2

1	2	3	4	5	6	7	8	9	10
11	12	13	14	15	16	17	18	19	20
21	22	23	24	25	26	27	28	29	30
31	32	33	34	35	36	37	38	39	40

16

1	2	3	4	5	6	7	8	9	10
11	12	13	14	15	16	17	18	19	20
21	22	23	24	25	26	27	28	29	30
31	32	33	34	35	36	37	38	39	40

16

Práctica guiada

1	2	3	4	5	6	7	8	9	10
11	12	13	14	15	16	17	18	19	20
21	22	23	24	25	26	27	28	29	30
31	32	33	34	35	36	37	38	39	40

1	2	3	4	5	6	7	8	9	10
11	12	13	14	15	16	17	18	19	20
21	22	23	24	25	26	27	28	29	30
31	32	33	34	35	36	37	38	39	40

Instrucciones Pida a los estudiantes que: 1 empiecen en 22 y creen un camino para mostrar cómo contar 15 más usando solo unidades. Pídales que encierren en un círculo el número en que terminen y luego expliquen cómo usaron la tabla numérica para hallar la respuesta; 2 empiecen en 12 y creen un camino para mostrar cómo contar 14 más usando decenas y luego unidades. Pídales que encierren en un círculo el número en que terminen y luego expliquen cómo usaron la tabla numérica para hallar la respuesta.

Nombre

Práctica independiente

41	42	43	44	45	46	47	48	49	50
51	52	53	54	55	56	57	58	59	60
61	62	63	64	65	66	67	68	69	70
71	72	73	74	75	76	77	78	79	80

41	42	43	44	45	46	47	48	49	50
51	52	53	54	55	56	57	58	59	60
61	62	63	64	65	66	67	68	69	70
71	72	73	74	75	76	77	78	79	80

61	62	63	64	65	66	67	68	69	70
71	72	73	74	75	76	77	78	79	80
81	82	83	84	85	86	87	88	89	90
91	92	93	94	95	96	97	98	99	100

61	62	63	64	65	66	67	68	69	70
71	72	73	74	75	76	77	78	79	80
81	82	83	84	85	86	87	88	89	90
91	92	93	94	95	96	97	98	99	100

Instrucciones Pida a los estudiantes que: 3 empiecen en 42 y creen un camino para mostrar cómo contar 21 más usando unidades y luego decenas. Pídales que encierren en un círculo el número en que terminen y luego expliquen cómo usaron la tabla numérica para hallar la respuesta; 4 empiecen en 56 y creen un camino para mostrar cómo contar 15 más usando decenas y unidades. Pídales que encierren en un círulo el número en que terminen y luego expliquen cómo usaron la tabla numérica para hallar la respuesta; 5 empiecen en 72 y creen un camino para mostrar cómo contar 27 más de la manera que prefieran. Pídales que encierren en un círculo el número en que terminen y luego expliquen cómo usaron la tabla numérica para hallar la respuesta; 6 empiecen en 63 y creen un camino para mostrar cómo contar 22 más de la manera que prefieran. Pídales que encierren en un círculo el número en que terminen y luego expliquen cómo saben que tienen razón.

Prácticas matemáticas y resolución de problemas

Evaluación del rendimiento ______________________________

1	2	3	4	5	6	7	8	9	10
11	12	13	14	15	16	17	18	19	20
21	22	23	24	25	26	27	28	29	30
31	32	33	34	35	36	37	38	39	40

Instrucciones Lea el problema en voz alta. Luego, pida a los estudiantes que usen diferentes prácticas matemáticas para resolver el problema. Diga: *Empiecen en 7 y cuenten 18 más de la manera que prefieran. Creen un camino para mostrar cómo contaron y luego encierren en un círculo el número en que terminaron.* **PM.6 Hacerlo con precisión** *¿Cuántas decenas hay en 18?* **PM.7 Usar la estructura** *¿Qué números dirían si solo contaran de 1 en 1? ¿Qué números dirían si contaran de 10 en 10 primero y luego de 1 en 1?* **PM.8 Generalizar** *¿En qué número terminarían si contaran de 1 en 1 primero y luego de 10 en 10? ¿Cómo saben que tienen razón si NO contaron otra vez?*

Nombre ____________________

Tarea y práctica 11-7

Buscar y usar la estructura

ACTIVIDAD PARA EL HOGAR Use una tabla numérica de esta lección, dele a su niño(a) un número para comenzar y luego pídale que cuente hacia adelante (hasta 30 números) y diga dónde termina. Debe usar la tabla numérica y contar de 1 en 1 y de 10 en 10. Por ejemplo, su niño empieza en 84, cuenta 11 más de 10 en 10 y de 1 en 1 (84, 94, 95), y termina en 95.

61	62	63	64	65	66	67	68	69	70
71	72	73	74	75	76	77	78	79	80
81	82	83	84	85	86	87	88	89	90
91	92	93	94	95	96	97	98	99	100

61	62	63	64	65	66	67	68	69	70
71	72	73	74	75	76	77	78	79	80
81	82	83	84	85	86	87	88	89	90
91	92	93	94	95	96	97	98	99	100

1	2	3	4	5	6	7	8	9	10
11	12	13	14	15	16	17	18	19	20
21	22	23	24	25	26	27	28	29	30
31	32	33	34	35	36	37	38	39	40

41	42	43	44	45	46	47	48	49	50
51	52	53	54	55	56	57	58	59	60
61	62	63	64	65	66	67	68	69	70
71	72	73	74	75	76	77	78	79	80

Instrucciones Diga: *Creen un camino para contar 25 más desde 72 de 10 en 10 y de 1 en 1. Primero, cuenten hacia adelante de 10 en 10 y después 1 en 1. Luego, cuenten hacia adelante de 1 en 1 y después de 10 en 10. Encierren en un círculo el número en que terminen.* Pida a los estudiantes que: **1** empiecen en 19 y creen un camino para mostrar cómo contar 13 más usando solo unidades. Pídales que encierren en un círculo el número en que terminen y luego expliquen cómo usaron la tabla numérica para hallar la respuesta; **2** empiecen en 41 y creen un camino para mostrar cómo contar 19 más de 10 en 10 y de 1 en 1. Pídales que encierren en un círculo el número en que terminen y luego expliquen cómo usaron la tabla numérica para hallar la respuesta.

Evaluación del rendimiento

61	62	63	64	65	66	67	68	69	70
71	72	73	74	75	76	77	78	79	80
81	82	83	84	85	86	87	88	89	90
91	92	93	94	95	96	97	98	99	100

Instrucciones Lea el problema en voz alta. Luego, pida a los estudiantes que usen diferentes prácticas matemáticas para resolver el problema. Diga: *Empiecen en 62 y cuenten 25 más de la manera que prefieran. Creen un camino para mostrar cómo contaron y luego encierren en un círculo el número en que terminaron.* **PM.6 Hacerlo con precisión** *¿Cuántas decenas hay en 25?* **PM.7 Usar la estructura** *¿Cómo usarían la tabla numérica como ayuda para contar primero de 10 en 10 y luego de 1 en 1?* **PM.8 Generalizar** *¿En qué número terminarían si contaran primero de 1 en 1 y luego de 10 en 10? ¿Cómo saben que tienen razón si NO contaron otra vez?*

Emparéjalo Nombre ____________________

3 + 1	4 − 2	2 + 3

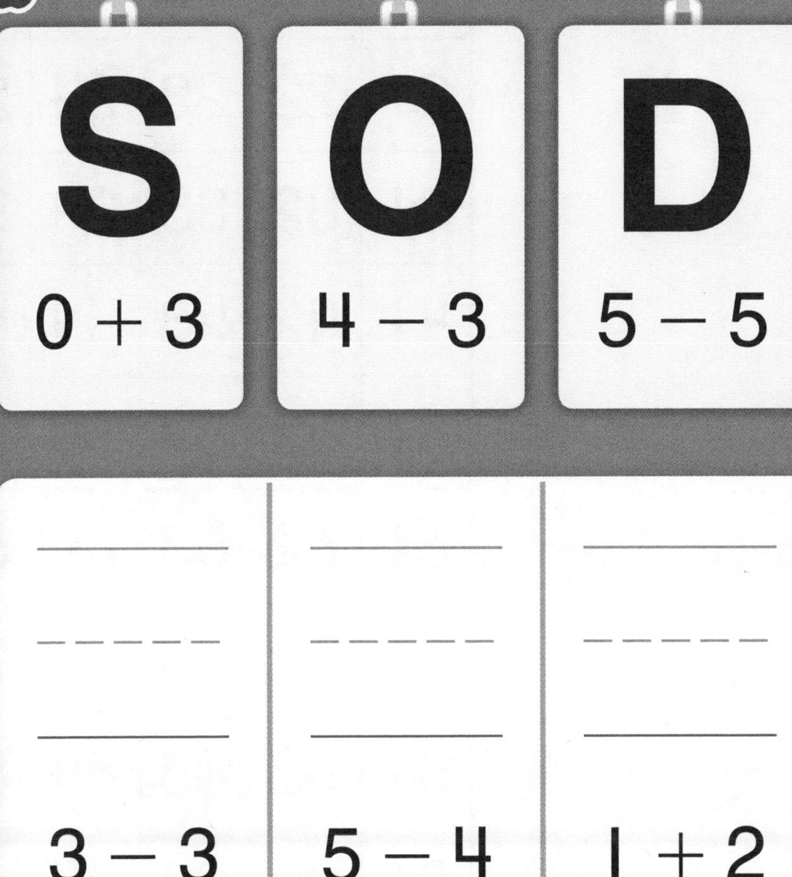

Instrucciones 1 y 2 Pida a los estudiantes que trabajen en parejas. Pídales que señalen una pista en la fila de arriba y luego resuelvan el problema de suma o de resta. Luego, pídales que miren las pistas en la fila de abajo para hallar el problema que corresponde a la pista y luego escriban la letra de la pista arriba del problema. Pida a los estudiantes que emparejen todas las pistas.

Puedo...
sumar y restar con facilidad hasta 5.

Estándar de contenido
K.OA.A.5

1	2	3	4	5	6	7	8	9	10
11	12	13	14	15	16	17	18	19	20
21	22	23	24	25	26	27	28	29	30
31	32	33	34	35	36	37	38	39	40
41	42	43	44	45	46	47	48	49	50
51	52	53	54	55	56	57	58	59	60
61	62	63	64	65	66	67	68	69	70
71	72	73	74	75	76	77	78	79	80
81	82	83	84	85	86	87	88	89	90
91	92	93	94	95	96	97	98	99	100

Instrucciones **Comprender el vocabulario** Pida a los estudiantes que: 1 encierren en un círculo la parte del número en la columna anaranjada que está en el lugar de las **unidades;** 2 encierren en un círculo la parte del número en la columna azul que está en el lugar de las **decenas;** 3 coloreen de amarillo los números de la columna de las **decenas.**

Nombre ____________________

Grupo A

Refuerzo

1	2	3	4	5	6	7	8	9	10
11	12	13	14	15	16	17	18	19	20
21	22	23	24	25	26	27	28	29	30

1	2	3	4	5	6	7	8	9	10
11	12	13	14	15	16	17	18	19	20
21	22	23	24	25	26	27	28	29	30

Grupo B

41	42	43	44	45	46	47	48	49	50
51	52	53	54	55	56	57	58	59	60
61	62	63	64	65	66	67	68	69	70
71	72	73	74	75	76	77	78	79	80
81	82	83	84	85	86	87	88	89	90
91	92	93	94	95	96	97	98	99	100

2

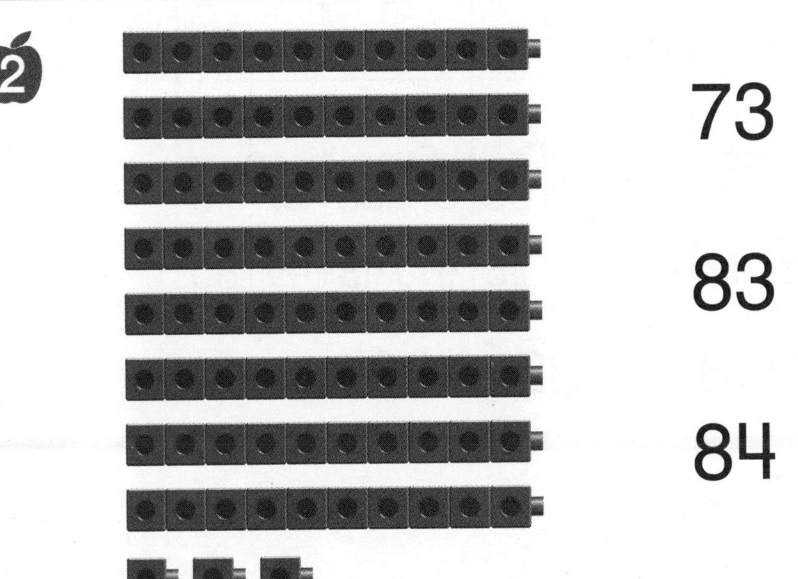

73

83

84

Instrucciones Pida a los estudiantes que: 1 cuenten en voz alta los números en la fila de arriba. Luego, pídales que cuenten en voz alta los números de la fila de abajo y encierren en un círculo el número en la fila de arriba y la parte del número en la fila de abajo que se diga o se escriba igual; 2 cuenten de 10 en 10 y de 1 en 1 y luego encierren en un círculo el número que indica cuántos hay.

Grupo C

1	2	3	4	5	6	7	8	9	10
11	12	13	14	15	16	17	18	19	20
21	22	23	24	25	26	27	28	29	30
31	32	33	34	35	36	37	38	39	40
41	42	43	44	45	46	47	48	49	50

3

51	52	53	54	55	56	57	58	59	60
61	62	63	64	65	66	67	68	69	70
71	72	73	74	75	76	77	78	79	80
81	82	83	84	85	86	87	88	89	90
91	92	93	94	95	96	97	98	99	100

Grupo D

1	2	3	4	5	6	7	8	9	10
11	12	13	14	15	16	17	18	19	20
21	22	23	24	25	26	27	28	29	30
			34	35	36	37	38	39	40
41	42	43	44	45	46	47	48	49	50

31 32 33

4

51	52	53	54	55	56	57	58	59	60
61	62	63	64	65	66	67	68	69	70
71	72	73	74	75		77	78	79	80
81	82	83	84	85		87	88	89	90
91	92	93	94	95		97	98	99	100

75 76 77

76 86 90

76 86 96

Instrucciones Pida a los estudiantes que: 3 coloreen las casillas de los números mientras cuentan en voz alta de 1 en 1 desde la casilla amarilla hasta la casilla roja; 4 cuenten hacia adelante y luego encierren en un círculo la fila que muestra el conjunto de números que falta.

Nombre ______________________

1

Ⓐ 60

Ⓑ 70

Ⓒ 80

Ⓓ 90

2

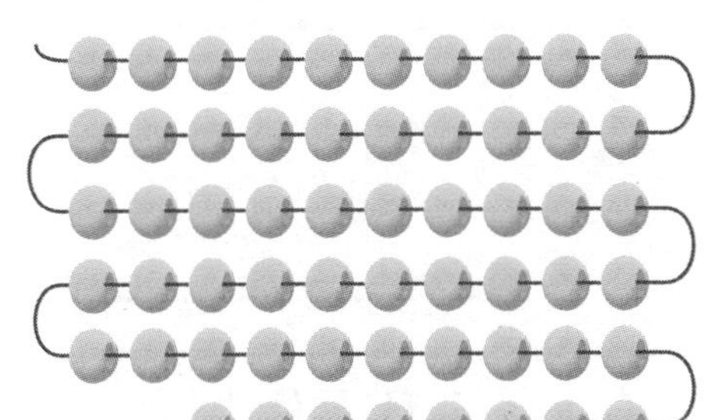

Ⓐ 56

Ⓑ 57

Ⓒ 58

Ⓓ 59

3

61	62	63	64	65	66	67	68	69	70
71	72	73	74	75	76	77	78	79	
81	82	83	84	85	86	87	88	89	
91	92	93	94	95	96	97	98	99	

Ⓐ 80 90 100

Ⓑ 80 80 99

Ⓒ 81 91 100

Ⓓ 85 95 100

Instrucciones Pida a los estudiantes que marquen la mejor respuesta. **1** ¿Qué número indica cuántos cubos hay? **2** Cuenten las cuentas de 10 en 10 y de 1 en 1. ¿Qué número indica cuántos hay? **3** ¿Qué conjunto de números muestra el conjunto de números que faltan en la tabla numérica?

4

1	2	3	4	5	6	7	8	9	10
11	12	13	14	15	16	17	18	19	20
21	22	23	24	25	26	27	28	29	30

51	52	53	54	55	56	57	58	59	60
61	62	63	64	65	66	67	68	69	70
71	72	73	74	75	76	77	78	79	80
81	82	83	84	85	86	87	88	89	90
91	92	93	94	95	96	97	98	99	100

1	2	3	4	5	6	7	8	9	10
11	12	13	14	15	16	17	18	19	20
21	22	23	24	25	26	27	28	29	30
31	32	33	34	35	36	37	38	39	40
41	42	43	44	45	46	47	48	49	50
51	52	53	54	55	56	57	58	59	60
61	62	63	64	65	66	67	68	69	70
71	72	73	74	75	76	77	78	79	80
81	82	83	84	85	86	87	88	89	90
91	92	93	94	95	96	97	98	99	100

11	12	13	14	15		17	18	19	
21		23	24	25	26	27	28	29	
31	32		34	35	36	37	38		
	42	43	44	45	46			49	50
51	52	53	54			57	58	59	60

21 22 28 30

33 35 39 40

41 46 47 48

51 55 56 60

Instrucciones Pida a los estudiantes que: 4 coloreen las casillas de los números que tienen el número *ocho* en el lugar de las unidades; 5 miren la fila que empieza con 61. Pídales que encierren en un círculo el lugar de las decenas de los números para mostrar el patrón y luego encierren en un círculo la columna que tiene un 0 en el lugar de las unidades; 6 coloreen las casillas de los números mientras cuentan de 1 en 1, empezando en la casilla amarilla y terminando en la casilla roja y luego expliquen los patrones que vean o escuchen; 7 cuenten de 1 en 1 para escribir los números que faltan en la fila de arriba y luego encierren en un círculo el número que falta en las otras filas.

Nombre ______________________________

Evaluación del rendimiento

1	2	3	4	5	6	7	8	9	10
11	12	13	14	15	16	17	18	●	20
21	22	23	24	25	26	27	28	29	30
31	32	33	34	35	36	37	38	39	40
41	42	43	44	45	46	47	48	49	50

9 19 20

2

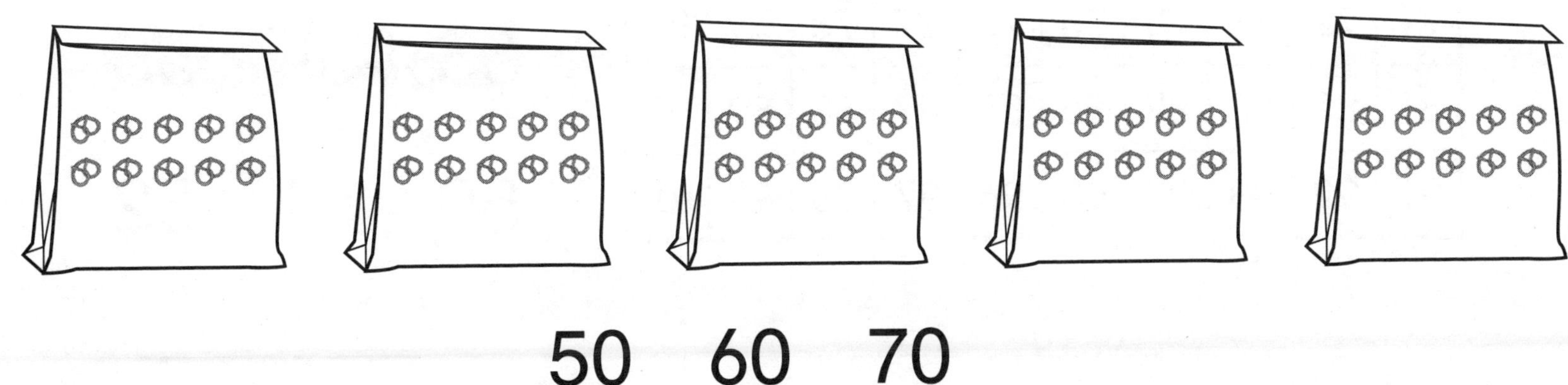

50 60 70

Instrucciones **Meriendas en la escuela** Diga: *¡Es la hora de la merienda para la clase de Kindergarten!* 1 Diga: *Keisha pone una uva en la tabla de 100 para mostrar cuántas uvas tiene en su bolsa de merienda.* Pida a los estudiantes que miren los números que vienen justo antes y después de la uva y luego miren los números que están arriba y debajo de la uva. Pídales que encierren en un círculo el número que falta que dice cuántas uvas tiene Keisha. 2 Pida a los estudiantes que cuenten los pretzels que Liam y sus amigos comparten en la merienda. Pídales que encierren en un círculo el número que indica cuántos hay. Si es necesario, los estudiantes pueden usar la tabla de 100 como ayuda.

65 66 67

51	52	🍒	🍒	🍒	56	57	58	59	60
61	62	63	64	65	66	67	68	69	70
71	72	73	74	75	76	77	78	79	80
81	82	83	84	85	86	87	88	89	90
91	92	93	94	95	96	97	98	99	100

50 60 70

53 54 55

50 51 52

Instrucciones 3 Diga: *Luis trae galletas saladas para la merienda. ¿Cuántas trae?* Pida a los estudiantes que encierren en un círculo los grupos de galletas para facilitar el conteo de 10 en 10 y de 1 en 1. 4 Diga: *Zoé cuenta las cerezas que les da a sus amigos. Ella coloca cerezas en la tabla numérica por los últimos tres números que cuenta.* Pida a los estudiantes que hallen las cerezas en la tabla. Luego, pídales que miren los números a la derecha de la tabla y encierren en un círculo el conjunto de números que faltan para mostrar cómo contó Zoé las cerezas. 5 Diga: *Tomás tiene 64 pasas en una bolsa. Tiene 18 pasas en otra bolsa. Ayuda a Tomás a contar sus pasas.* Pida a los estudiantes que empiecen en 64 en la tabla numérica y creen un camino para mostrar cómo contar 18 más de la manera que prefieran. Luego, pídales que encierren en un círculo el número en que terminaron y luego expliquen cómo contaron hacia adelante.

TEMA 12

Identificar y describir figuras

Pregunta esencial: ¿Cómo se identifican y se describen las figuras bidimensionales y tridimensionales?

Recursos digitales

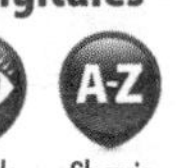

Resuelve Aprende Glosario
Herramientas Evaluación Ayuda Juegos

¡Las ruedas ayudan a empujar y jalar objetos!

Ruedas

Proyecto de Matemáticas y Ciencias: Empujar y jalar objetos

Instrucciones Lea el diálogo a los estudiantes. **¡Investigar!** Pida a los estudiantes que investiguen diferentes tipos de ruedas. Diga: *No todas las ruedas se parecen pero todas tienen la misma forma. Hablen con sus amigos y familiares sobre la forma de una rueda y pregúntenles cómo estas ayudan a empujar o jalar objetos.*
Diario: Hacer un cartel Pida a los estudiantes que hagan un cartel que muestre varios objetos con ruedas. Pídales que dibujen hasta 5 diferentes tipos de objetos con ruedas.

Nombre ______________________________

Repasa lo que sabes

10 20 30 40 50

10 12 15 21 30

2

1	2	3	4	5	6	7	8	9	10
11	12	13	14	15	16	17	18	19	20
21	22	23	24	25	26	27	28	29	30
31	32	33	34	35	36	37	38	39	40
41	42	43	44	45	46	47	48	49	50
51	52	53	54	55	56	57	58	59	60
61	62	63	64	65	66	67	68	69	70
71	72	73	74	75	76	77	78	79	80
81	82	83	84	85	86	87	88	89	90
91	92	93	94	95	96	97	98	99	100

3

51	52	53	54	55	56	57	58	59	60
61	62	63	64	65	66	67	68	69	70
71	72	73	74	75	76	77	78	79	80
81	82	83	84	85	86	87	88	89	90
91	92	93	94	95	96	97	98	99	100

4

5

6

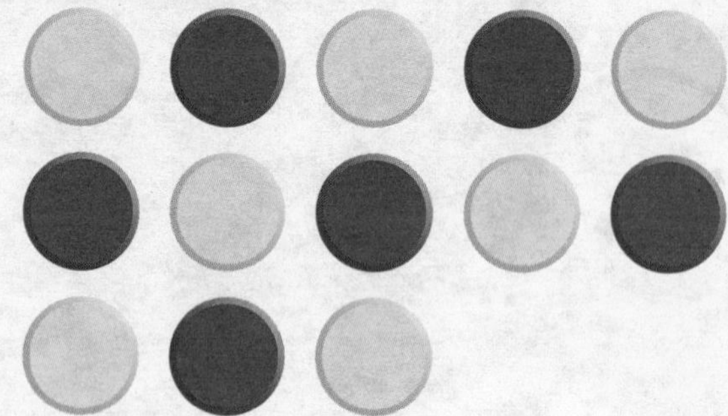

23 8 13

Instrucciones Pida a los estudiantes que: 1 encierren en un círculo el conjunto de números que muestra un patrón de conteo de 10 en 10; 2 encierren en un círculo la tabla de 100; 3 encierren en un círculo los números *cincuenta y cinco* y *noventa y nueve*; 4 cuenten los objetos, escriban los números y luego encierren en un círculo el número que es mayor que el otro número; 5 cuenten los objetos y luego escriban el número; 6 encierren en un círculo el número que indica cuántas fichas hay.

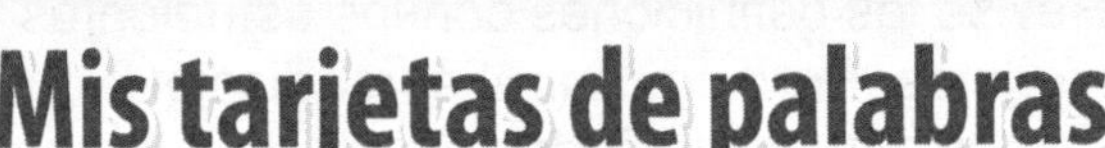

Mis tarjetas de palabras

Instrucciones Pida a los estudiantes que recorten las tarjetas de palabras. Lea la palabra o frase de la tarjeta y pídales que expliquen lo que la palabra o la frase significa.

A-Z Glosario

agrupar

figura bidimensional

figura tridimensional

círculo

triángulo

lado

Mis tarjetas de palabras

Instrucciones Revise las definiciones con los estudiantes y pídales que estudien las tarjetas. Para ampliar el aprendizaje, pida a los estudiantes que hagan dibujos de cada palabra en una hoja de papel.

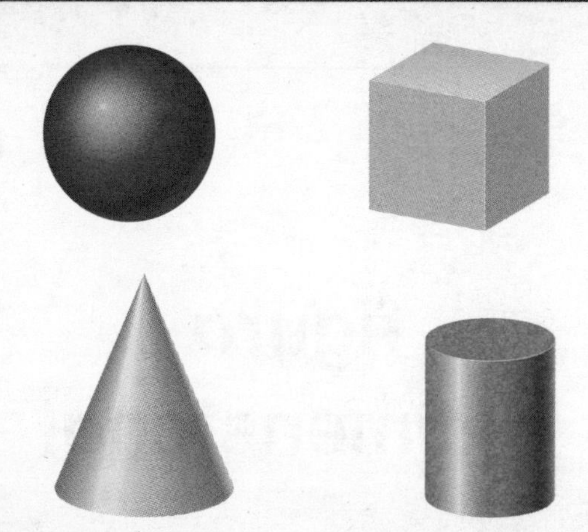

Señale las figuras.
Diga: *Las figuras sólidas también se llaman* ***figuras tridimensionales.***

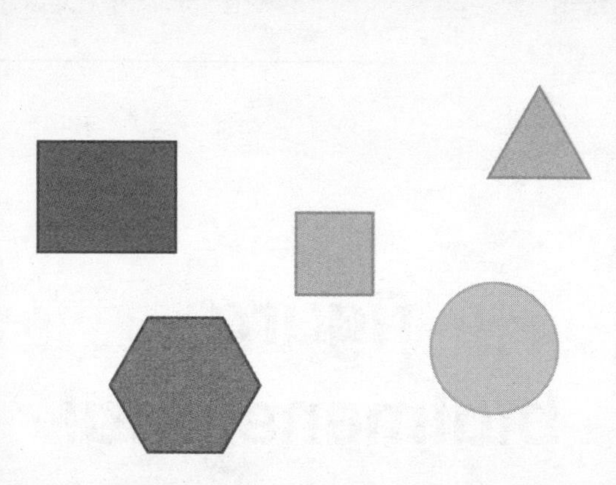

Señale las figuras.
Diga: *Las figuras planas también se llaman* ***figuras bidimensionales.***

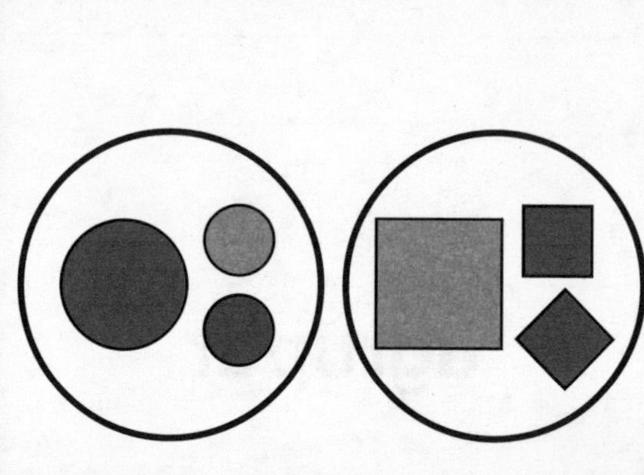

Señale los grupos.
Diga: *Es posible* ***agrupar*** *objetos según su forma.*

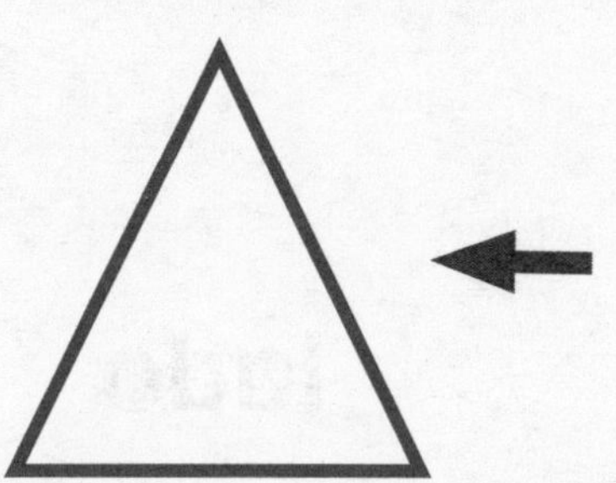

Señale el lado del triángulo.
Diga: *Este es un* ***lado*** *del triángulo. Tiene tres lados en total.*

Señale la figura.
Diga: *Esta figura es un* ***triángulo.***

Señale la figura.
Diga: *Esta figura es un* ***círculo.***

Mis tarjetas de palabras

Instrucciones Pida a los estudiantes que recorten las tarjetas de palabras. Lea la palabra o frase de la tarjeta y pídales que expliquen lo que la palabra o la frase significa.

A-Z Glosario

vértice	**cuadrado**	**rectángulo**
hexágono	**esfera**	**cubo**

Mis tarjetas de palabras

Instrucciones Revise las definiciones con los estudiantes y pídales que estudien las tarjetas. Para ampliar el aprendizaje, pida a los estudiantes que hagan dibujos de cada palabra en una hoja de papel.

Señale la figura.
Diga: *Esta figura es un* ***rectángulo.***

Señale la figura.
Diga: *Esta figura es un* ***cuadrado.***

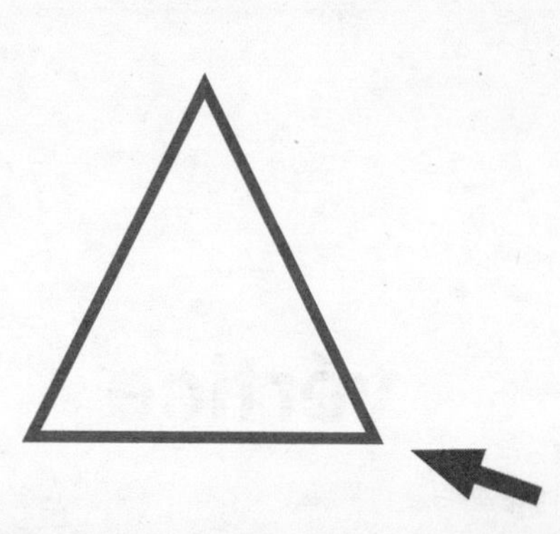

Señale el vértice del triángulo.
Diga: *Otra palabra para esquina es* ***vértice.*** *Todos los triángulos tienen 3* ***vértices.***

Señale la figura.
Diga: *Esta figura sólida es un* ***cubo.***

Señale la figura.
Diga: *Esta figura sólida es una* ***esfera.***

Señale la figura.
Diga: *Esta figura es un* ***hexágono.***

A-Z Glosario

Mis tarjetas de palabras

Instrucciones Pida a los estudiantes que recorten las tarjetas de palabras. Lea la palabra o frase de la tarjeta y pídales que expliquen lo que la palabra o la frase significa.

cono	**cilindro**	**delante de**
detrás de	**al lado de**	**arriba de**

Mis tarjetas de palabras

Instrucciones Revise las definiciones con los estudiantes y pídales que estudien las tarjetas. Para ampliar el aprendizaje, pida a los estudiantes que hagan dibujos de cada palabra en una hoja de papel.

Señale la naranja.
Diga: *La naranja está* ***delante de*** *la cesta.*

Señale la figura.
Diga: *Esta figura sólida es un* ***cilindro.***

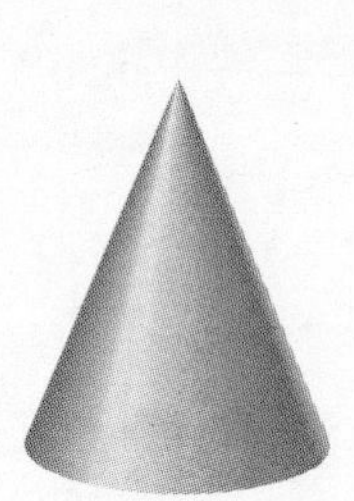

Señale la figura.
Diga: *Esta figura sólida es un* ***cono.***

Señale el cuadro.
Diga: *El cuadro está* ***arriba de*** *la mesa.*

Señale el perro blanco.
Diga: *El perro blanco está* ***al lado del*** *perro café.*

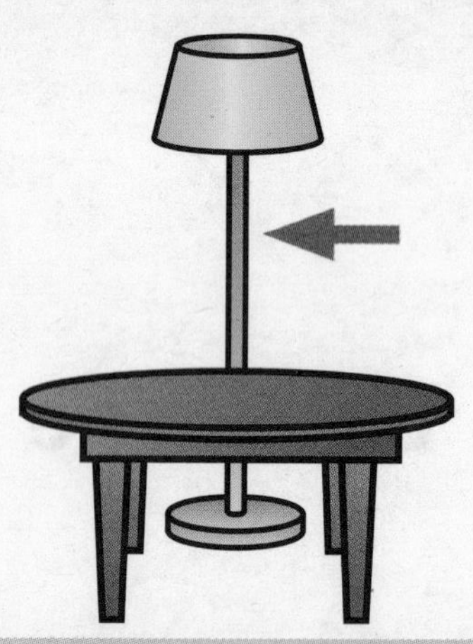

Señale la lámpara.
Diga: *La lámpara está* ***detrás de*** *la mesa.*

Mis tarjetas de palabras

Instrucciones Pida a los estudiantes que recorten las tarjetas de palabras. Lea la palabra o frase de la tarjeta y pídales que expliquen lo que la palabra o la frase significa.

debajo de

junto a

Mis tarjetas de palabras

Instrucciones Revise las definiciones con los estudiantes y pídales que estudien las tarjetas. Para ampliar el aprendizaje, pida a los estudiantes que hagan dibujos de cada palabra en una hoja de papel.

Señale el perro.
Diga: *El perro está* ***junto a*** *la casita.*

Señale la pelota.
Diga: *La pelota está* ***debajo de*** *la mesa.*

Nombre ________________________________

Lección 12-1

Figuras bidimensionales y tridimensionales

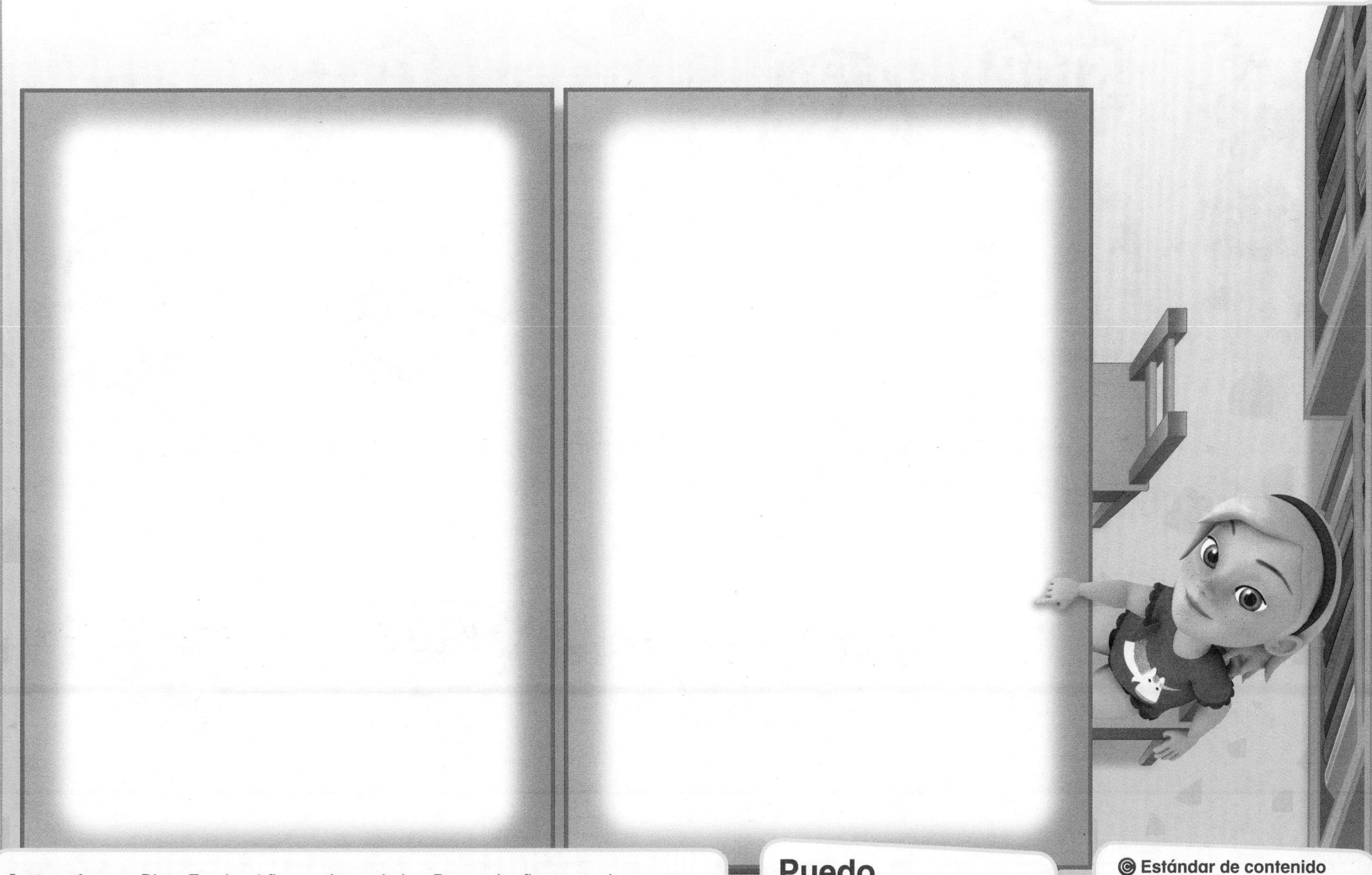

Instrucciones Diga: *Escojan 6 figuras de una bolsa. Pongan las figuras en dos grupos. Digan en qué se diferencian los grupos. Luego, hagan un dibujo en cada mesa de las figuras que pusieron.*

Puedo...
determinar si las figuras son planas o sólidas.

Estándar de contenido
K.G.A.3
Prácticas matemáticas
PM.3, PM.6, PM.7

planos

STOP

sólidos

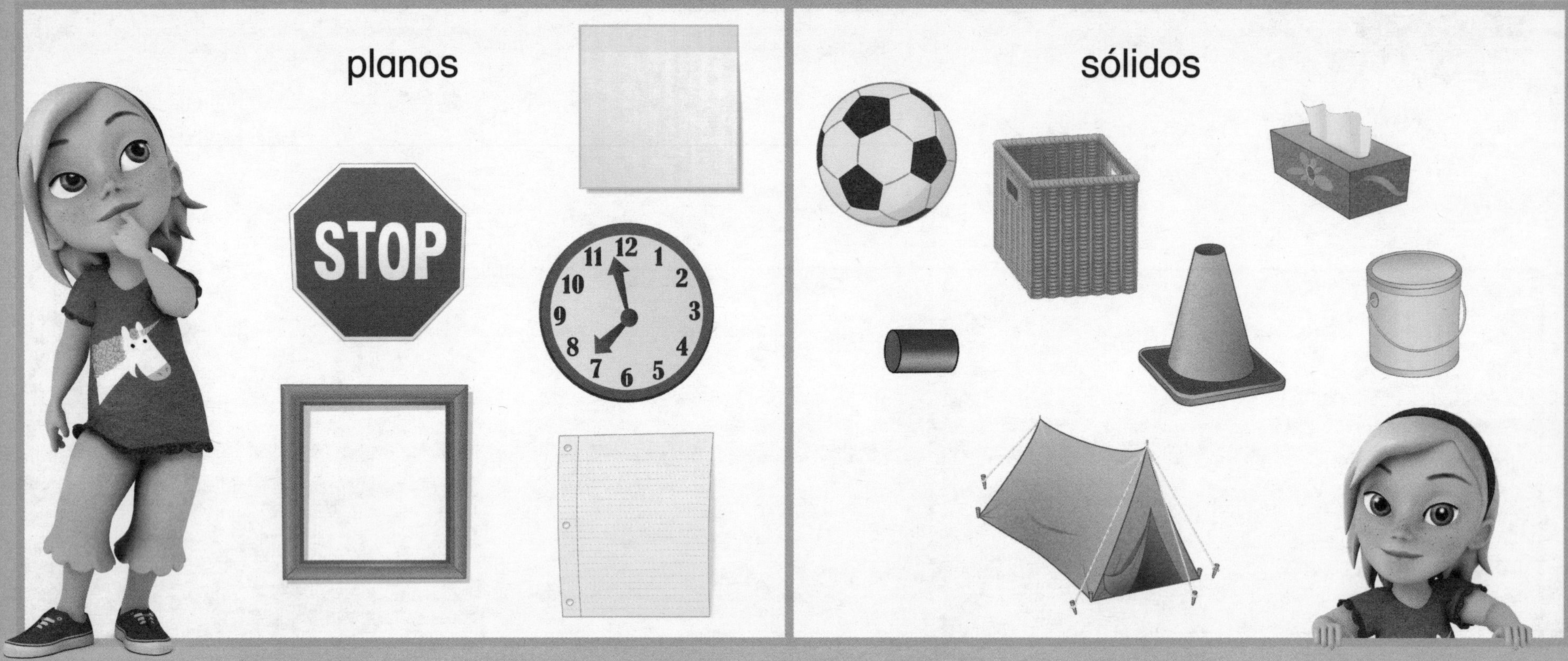

Práctica guiada

Instrucciones 1 Pida a los estudiantes que encierren en un círculo los objetos que son planos y marquen con una X los que son sólidos.

Nombre ______________________________

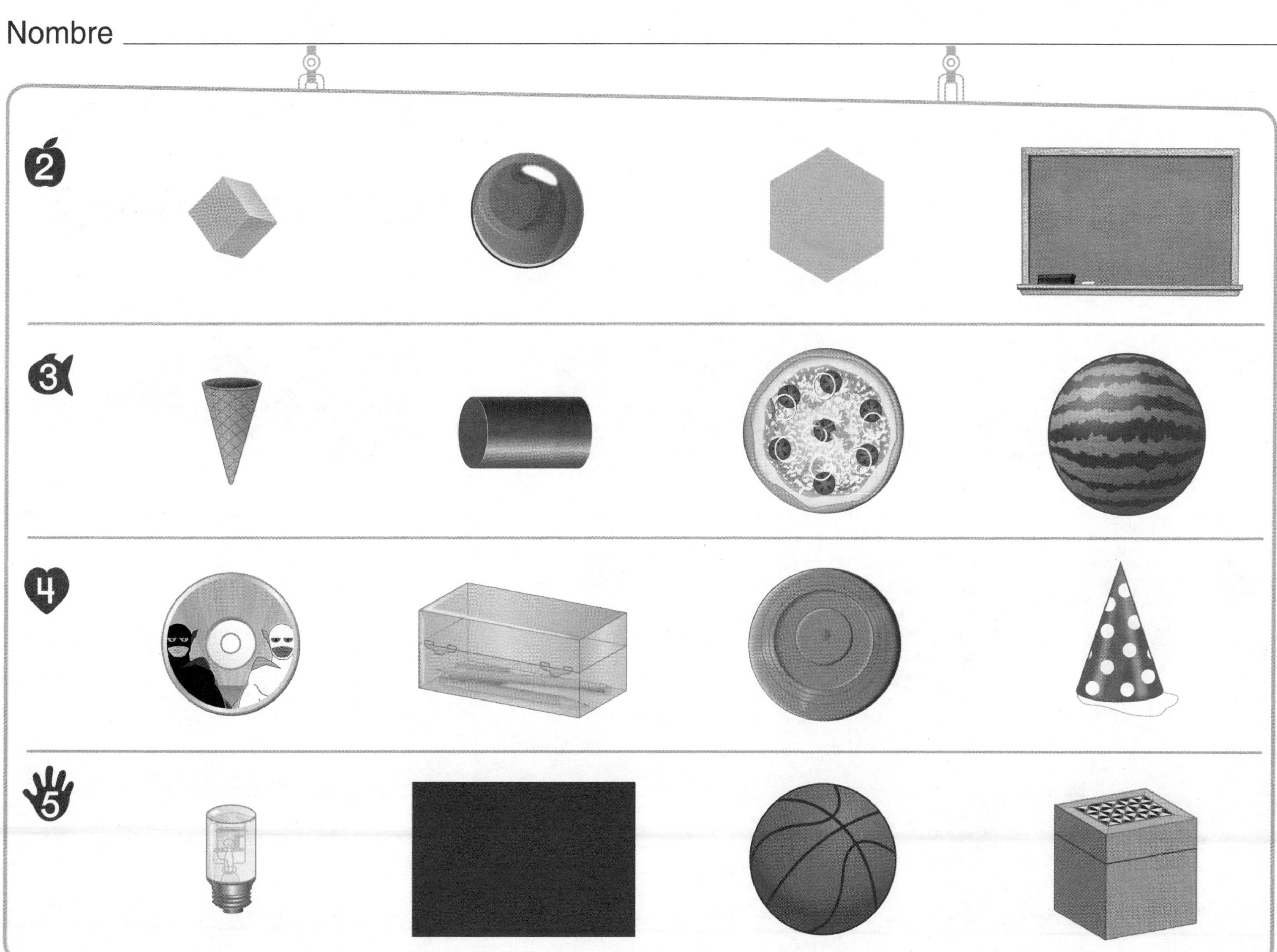

Instrucciones Pida a los estudiantes que: 2 y 3 encierren en un círculo los objetos planos en cada fila y luego marquen con una X los objetos sólidos; 4 marquen con una X los objetos que NO son planos; 5 marquen con una X los objetos que NO son sólidos.

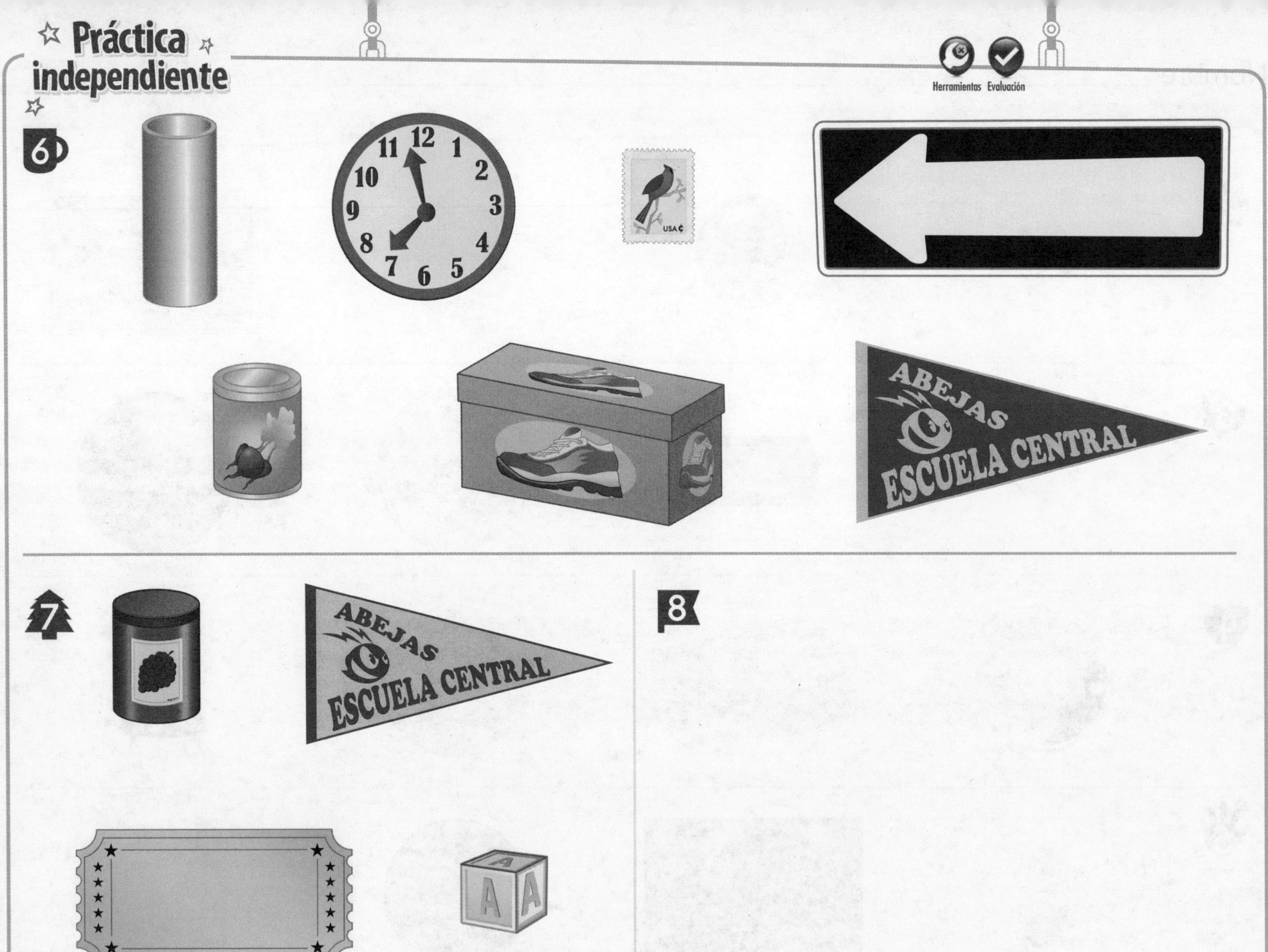

Instrucciones Pida a los estudiantes que: 6 marquen con una X los objetos sólidos. Luego, pídales que encierren en un círculo los objetos planos; 7 marquen con una X los objetos que NO son sólidos. 8 **Razonamiento de orden superior** Pida a los estudiantes que hagan un dibujo de un objeto sólido.

Nombre ______________________

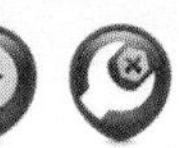
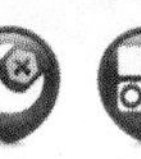
Ayuda Herramientas Juegos

Tarea y práctica 12-1

Figuras bidimensionales y tridimensionales

ACTIVIDAD PARA EL HOGAR Señale varios objetos alrededor de la casa. Pídale a su niño(a) que diga si el objeto es plano o sólido. Luego, pídale que dibuje un objeto plano y un objeto sólido que se pueda encontrar en la cocina.

¡Revisemos!

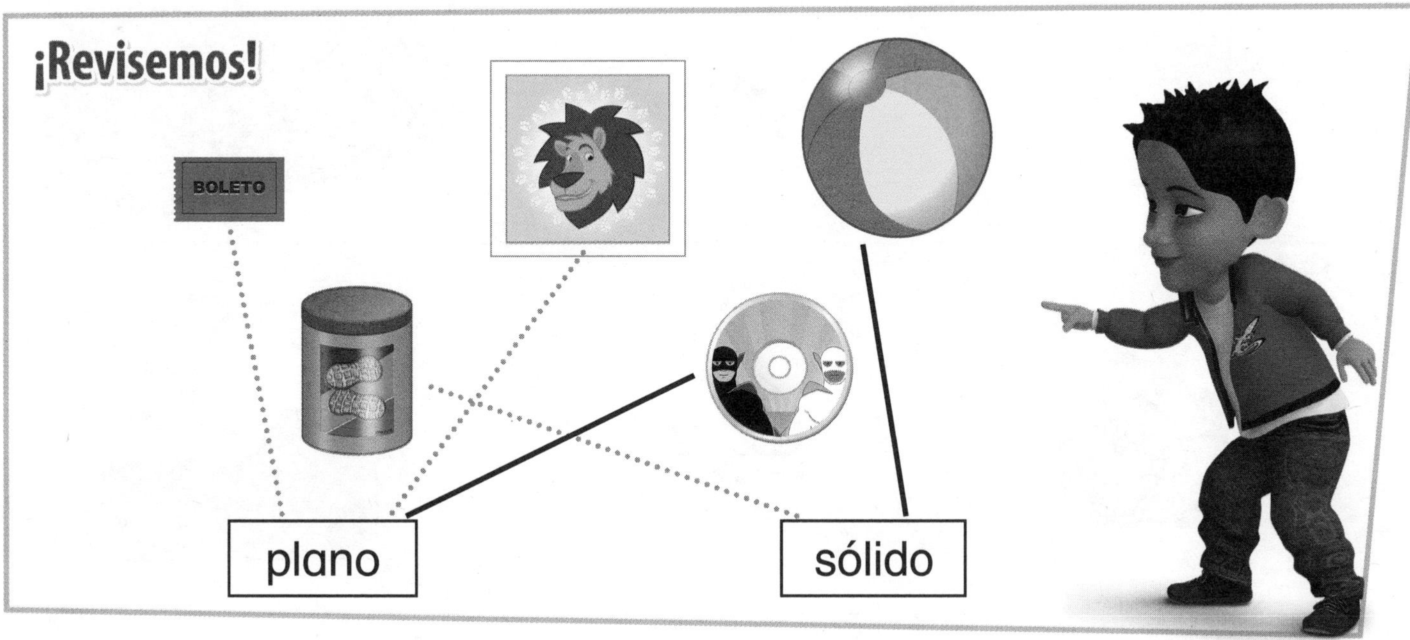

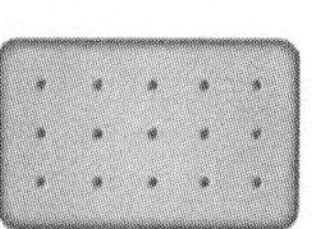
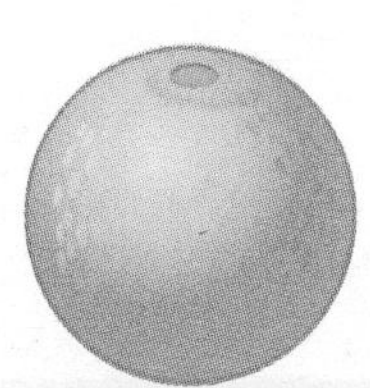
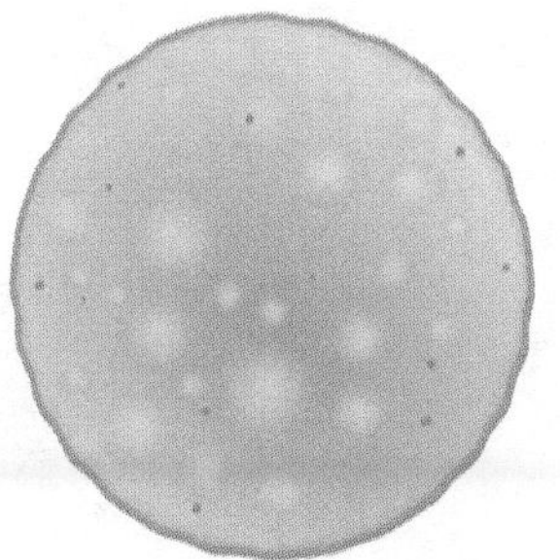

Instrucciones Diga: *El DVD es plano. ¿Qué otros objetos son planos? Dibujen una línea desde los objetos planos hasta el recuadro rotulado* plano. *La pelota de playa es sólida. Dibujen una línea desde otros objetos sólidos hasta el recuadro rotulado* sólido. 1 Pida a los estudiantes que encierren en un círculo los objetos planos y luego marquen con una X los objetos sólidos.

3

4

Instrucciones 2 y 3 Pida a los estudiantes que marquen con una X los objetos que NO son planos. 4 **Razonamiento de orden superior** Pida a los estudiantes que identifiquen un objeto sólido en su cuarto y luego hagan un dibujo de ese objeto. 5 **Razonamiento de orden superior** Pida a los estudiantes que identifiquen un objeto plano en la cocina y luego hagan un dibujo de ese objeto.

Nombre ______________________________

Lección 12-2

Círculos y triángulos

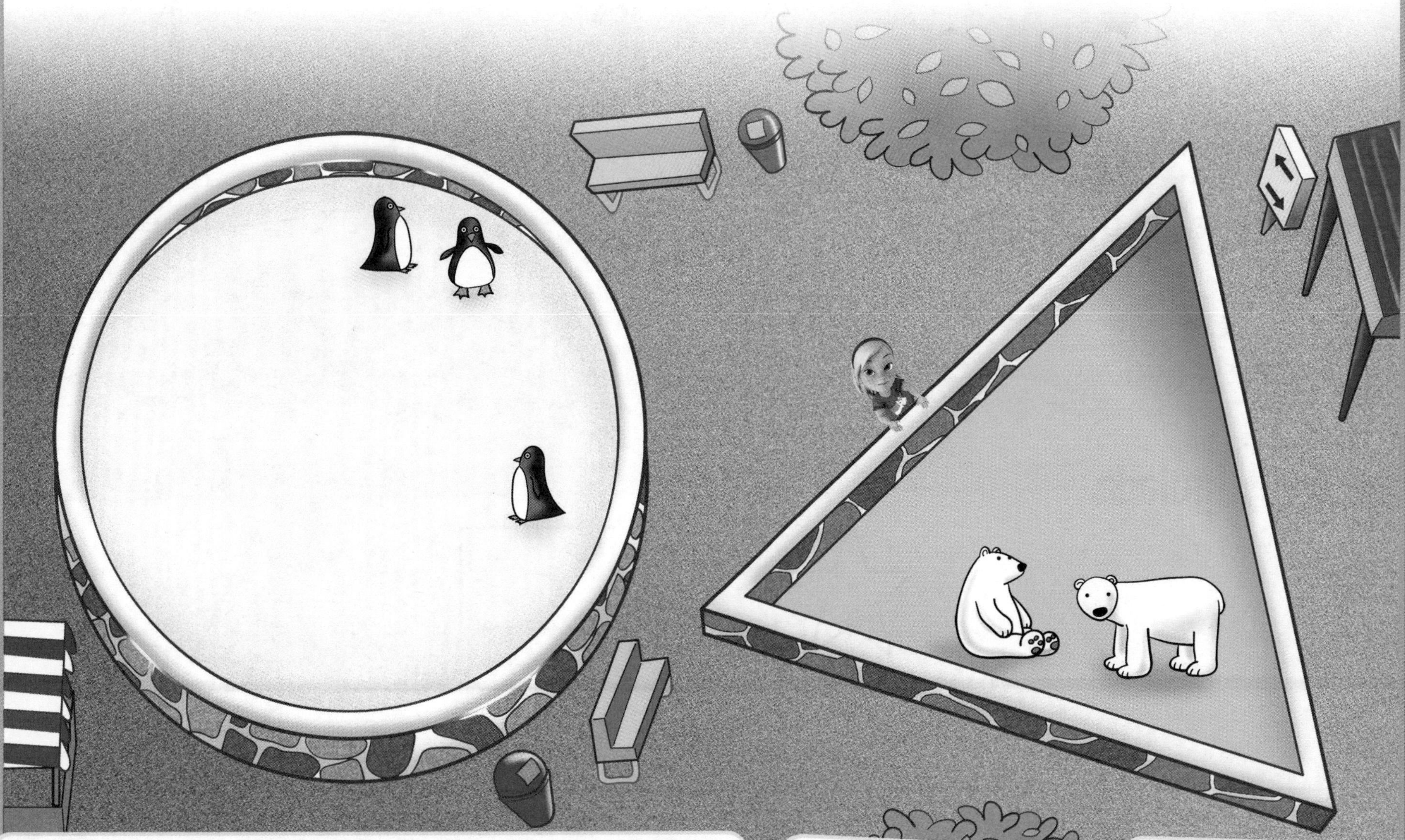

Instrucciones Diga: *El zoológico tiene una exhibición de animales polares. Hay osos polares y pingüinos. Coloquen las figuras en las corrales de animales que tienen la misma forma. Digan en qué se diferencian las figuras que colocaron en el corral de la izquierda y las que colocaron en el corral de la derecha.*

Puedo...
identificar y describir círculos y triángulos.

Estándares de contenido
K.G.A.2, K.G.B.4
Prácticas matemáticas
PM.2, PM.5, PM.6, PM.7

Práctica guiada

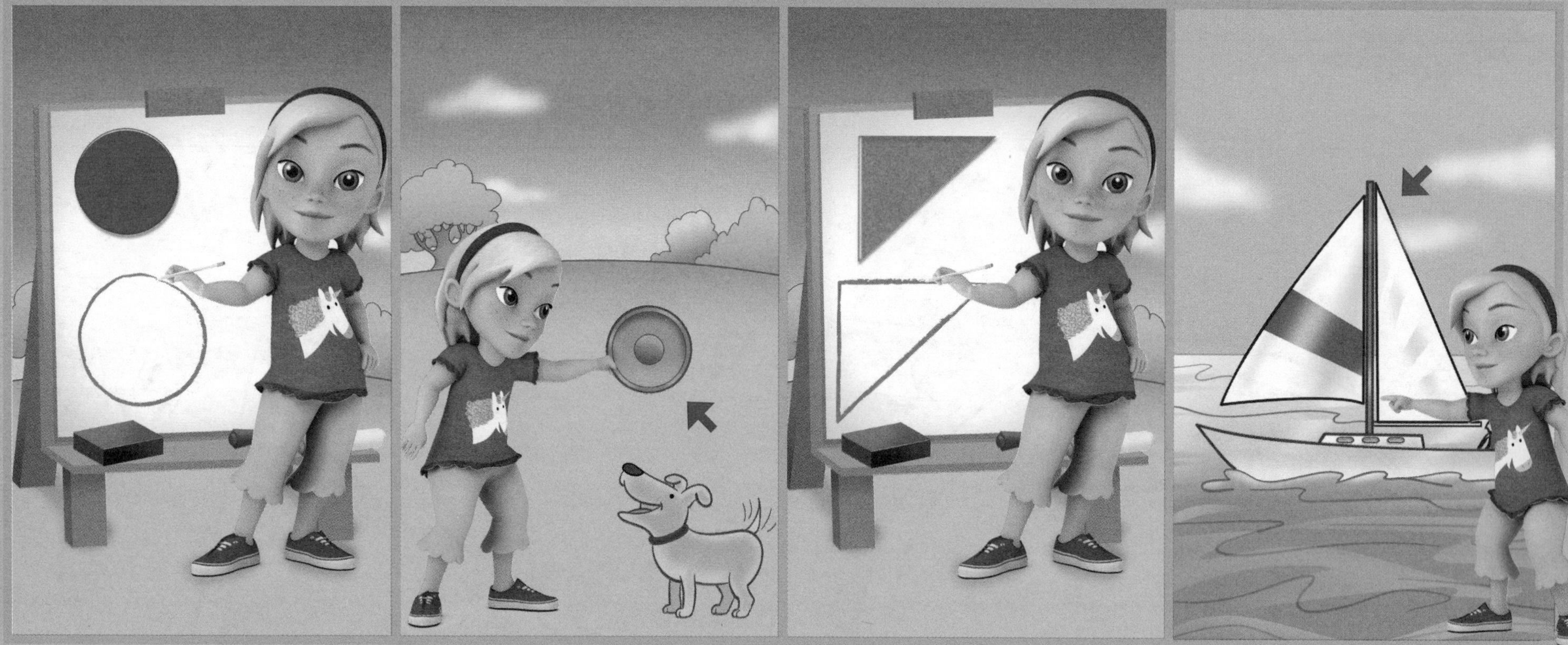

Instrucciones 1 y 2 Pida a los estudiantes que coloreen el círculo en cada fila y luego marquen con una X cada triángulo.

Nombre ___

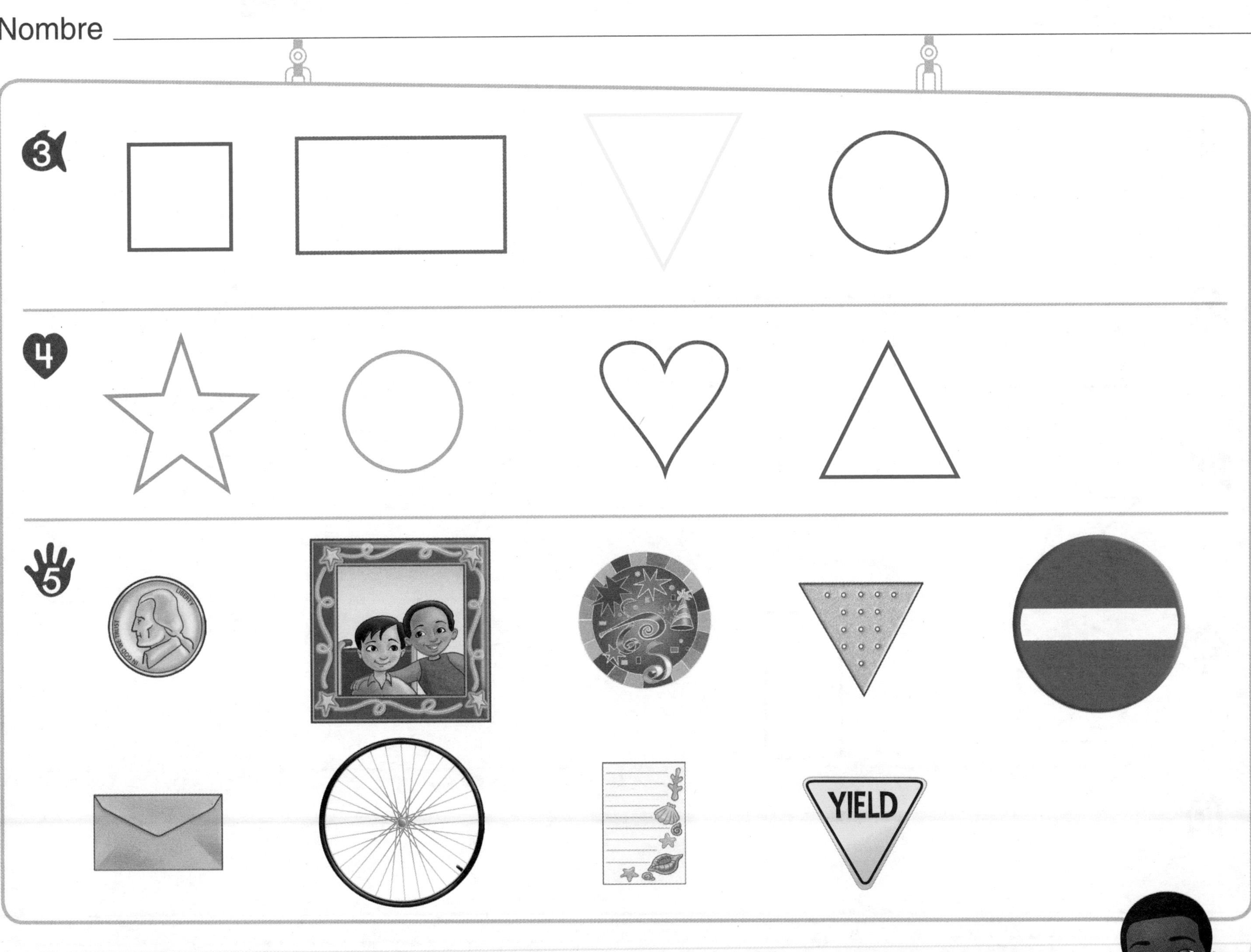

Instrucciones 3 Pida a los estudiantes que coloreen el círculo y marquen con una X el triángulo. 4 **Sentido numérico** Pida a los estudiantes que marquen con una X la figura que tiene 3 lados. 5 Pida a los estudiantes que encierren en un círculo los objetos que tienen forma de triángulo y luego marquen con una X los objetos que tienen forma de círculo.

Instrucciones 6 a 9 Pida a los estudiantes que coloreen los círculos y marquen con una X los triángulos en cada fila. 10 **Razonamiento de orden superior** Pida a los estudiantes que hagan un dibujo de un objeto que tenga forma de triángulo.

Nombre ______________________________

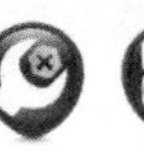
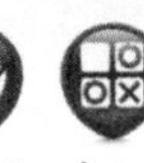

Tarea y práctica 12-2

Círculos y triángulos

ACTIVIDAD PARA EL HOGAR Hojee una revista con su niño(a). Pídale que halle imágenes de objetos que tengan forma de círculo o de triángulo.

¡Revisemos!

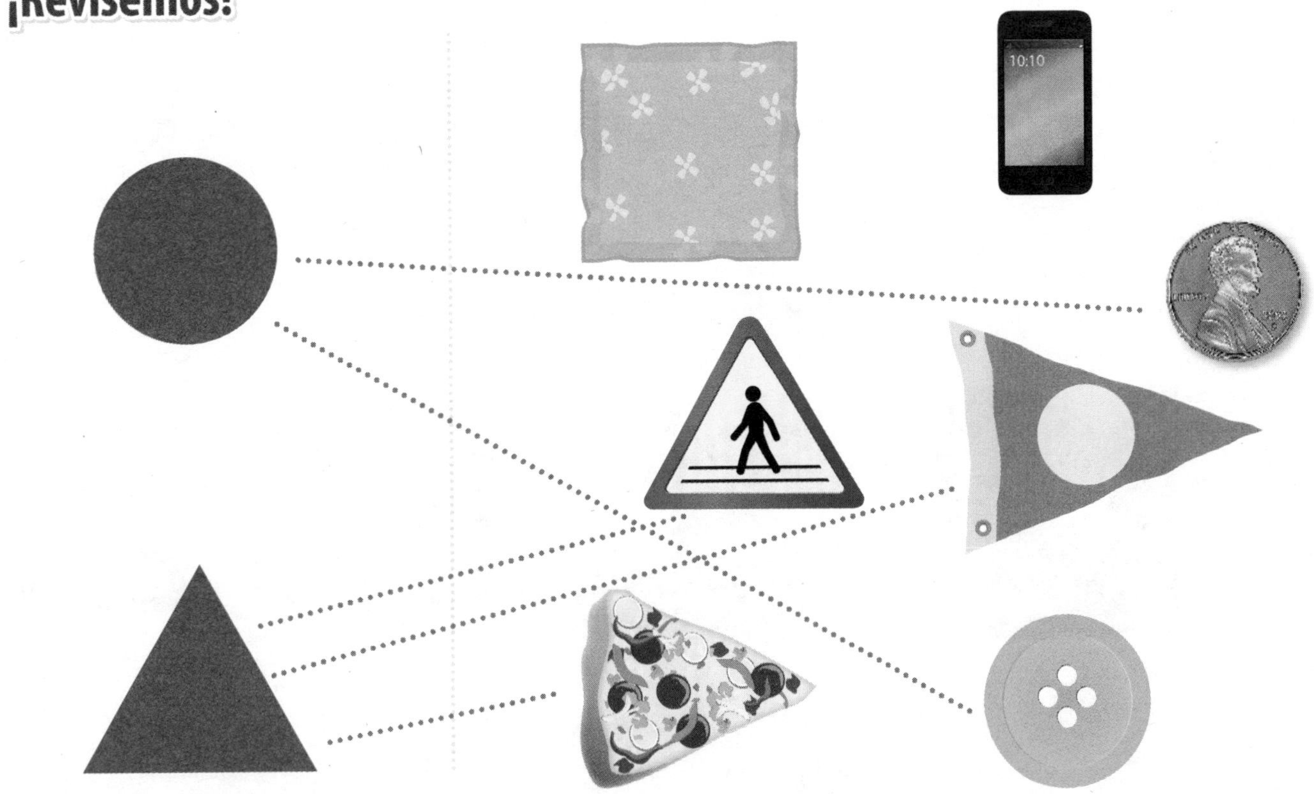

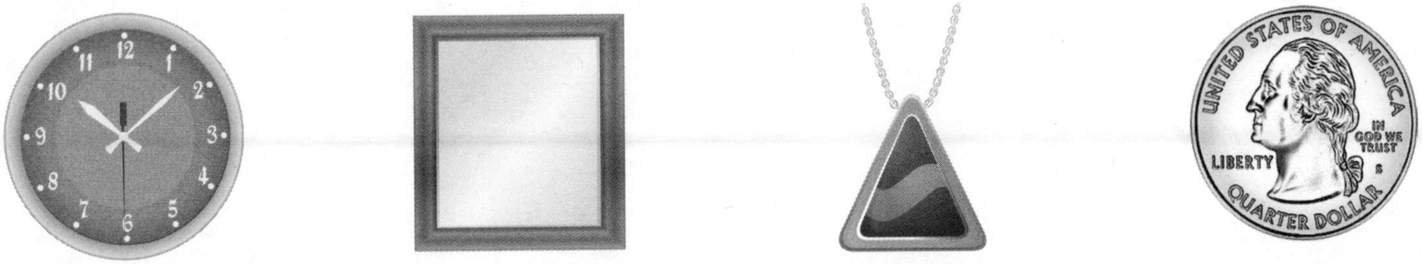

Instrucciones Diga: *Un círculo es redondo. Dibujen una línea desde los objetos que parecen un círculo hasta el círculo azul de la izquierda. Un triángulo tiene 3 lados y 3 vértices. Tracen una línea desde los objetos que parecen un triángulo hasta el triángulo azul de la izquierda.* ★1 Pida a los estudiantes que encierren en un círculo los objetos que parecen un triángulo y marquen con una X los objetos que parecen un círculo.

4

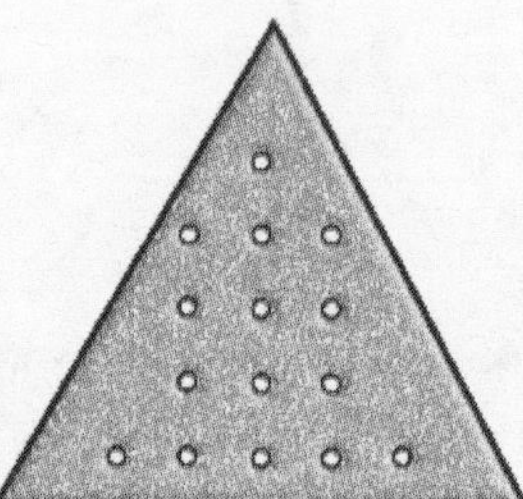

6

Instrucciones Pida a los estudiantes que: 2 y 3 marquen con una X los objetos que parecen un círculo; 4 y 5 encierren en un círculo los objetos que parecen un triángulo. 6 **Razonamiento de orden superior** Pida a los estudiantes que dibujen un círculo rojo grande y un triángulo azul pequeño. 7 **Razonamiento de orden superior** Pida a los estudiantes que hagan un dibujo usando por lo menos 2 círculos y 1 triángulo. Pídales que le digan a un compañero lo que dibujaron usando los nombres de las figuras.

Nombre ___

Lección 12-3

Cuadrados y otros rectángulos

Puedo...
identificar y describir cuadrados y otros rectángulos.

Estándares de contenido
K.G.A.2, K.G.B.4
Prácticas matemáticas
PM.2, PM.6, PM.7, PM.8

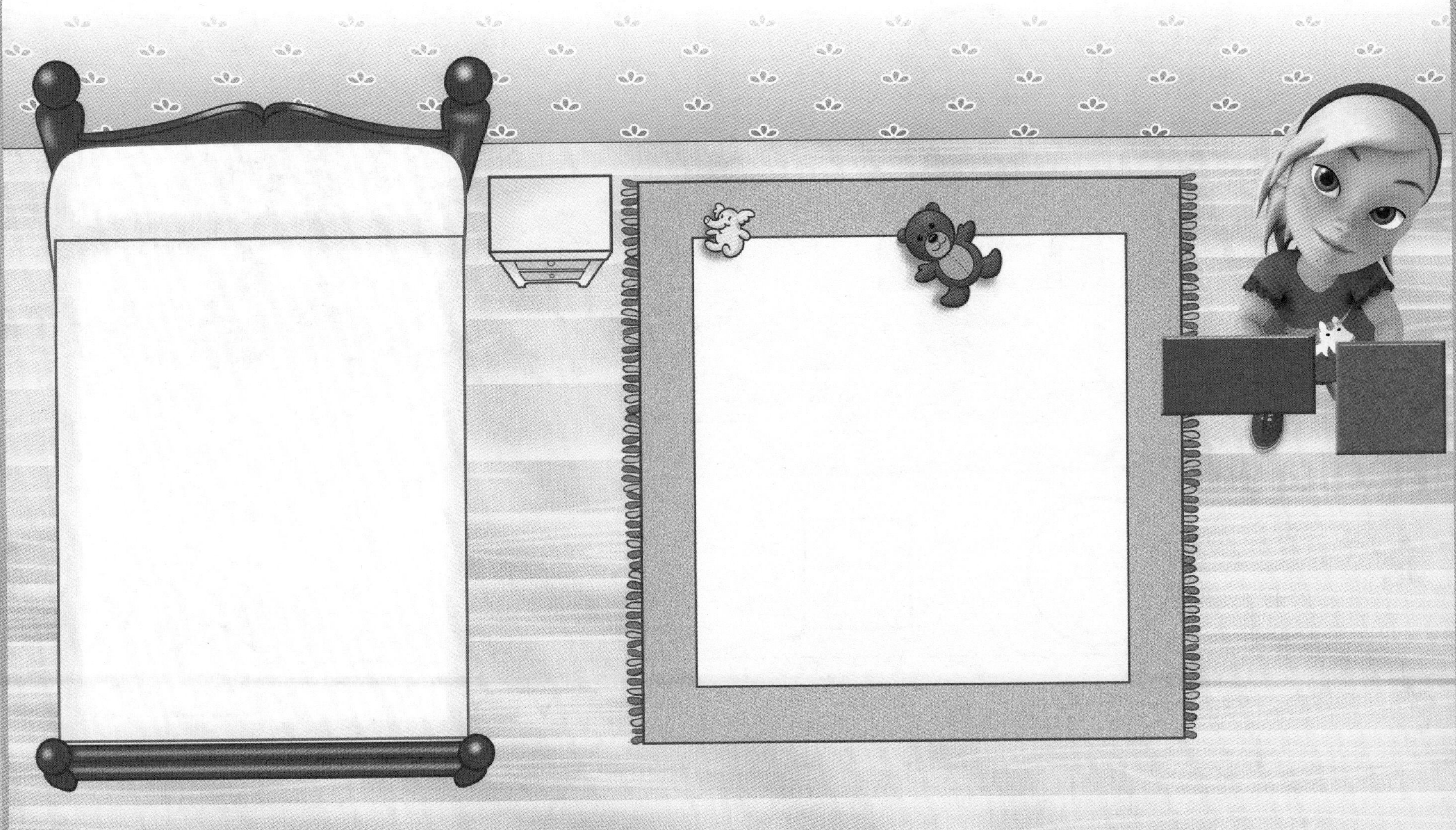

Instrucciones Diga: *Emily sostiene 2 figuras. Escojan la figura roja o la figura azul. Tracen una línea desde esa figura hasta algo en el cuarto que tenga la misma forma.*

Práctica guiada

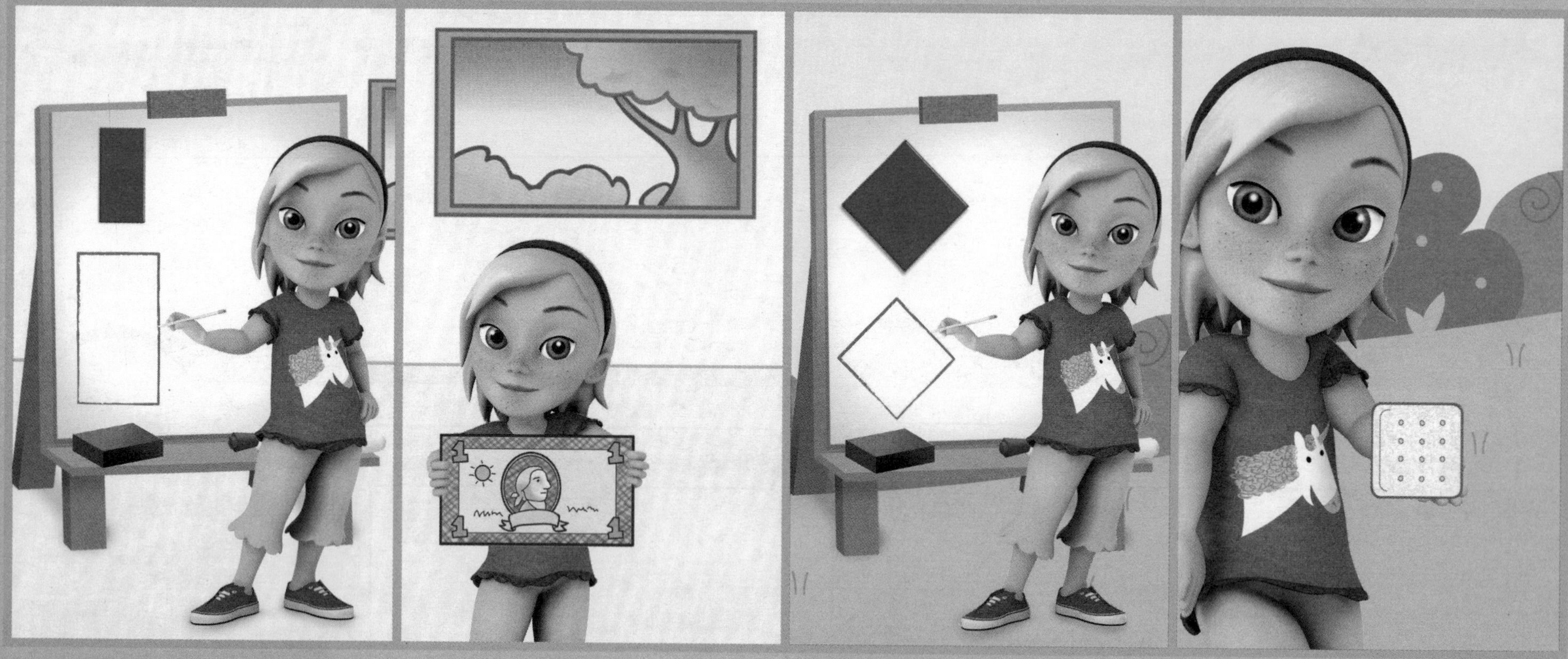

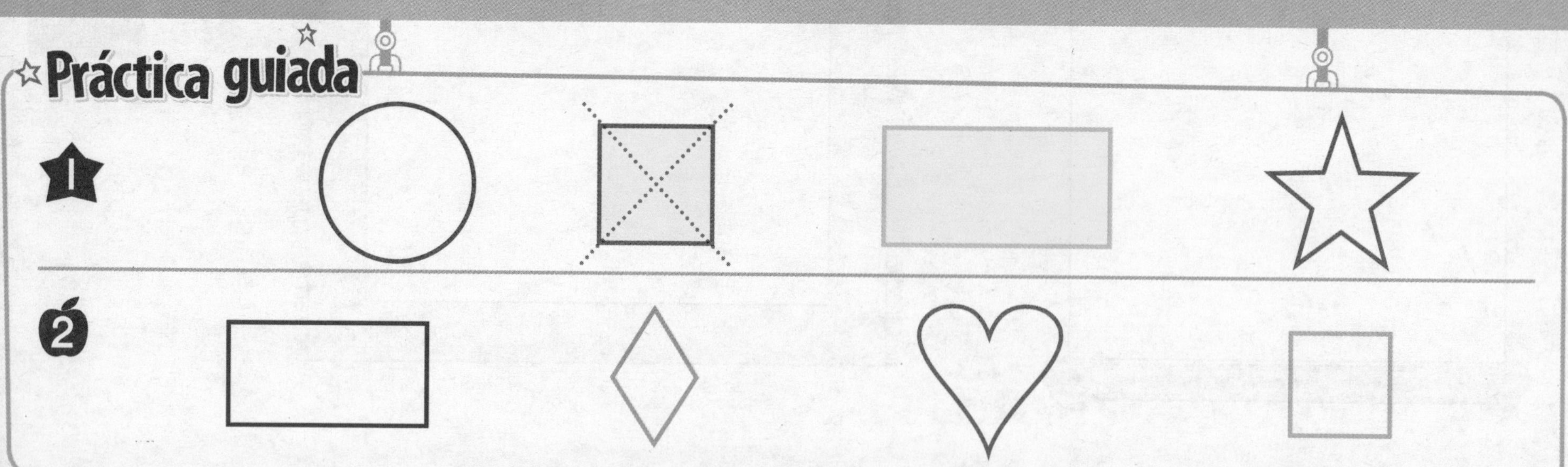

Instrucciones 1 y 2 Pida a los estudiantes que coloreen los rectángulos en cada fila y luego marquen con una X cada rectángulo que sea un cuadrado.

Nombre ______________________________

3

4

5

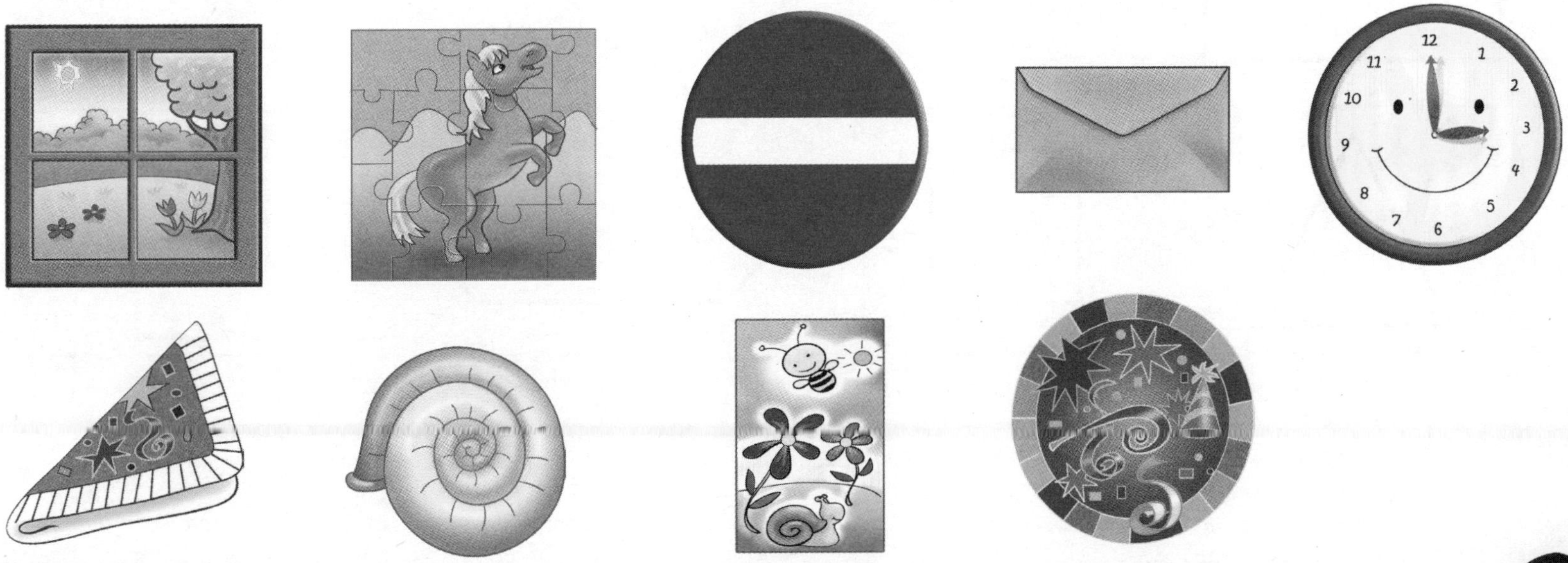

Instrucciones Pida a los estudiantes que: 3 y 4 coloreen los rectángulos en cada fila y luego marquen con una X cada rectángulo que sea también un cuadrado; 5 encierren en un círculo los objetos que tengan forma de rectángulo y luego marquen con una X cada objeto que también tenga forma de cuadrado.

Práctica independiente

Herramientas Evaluación

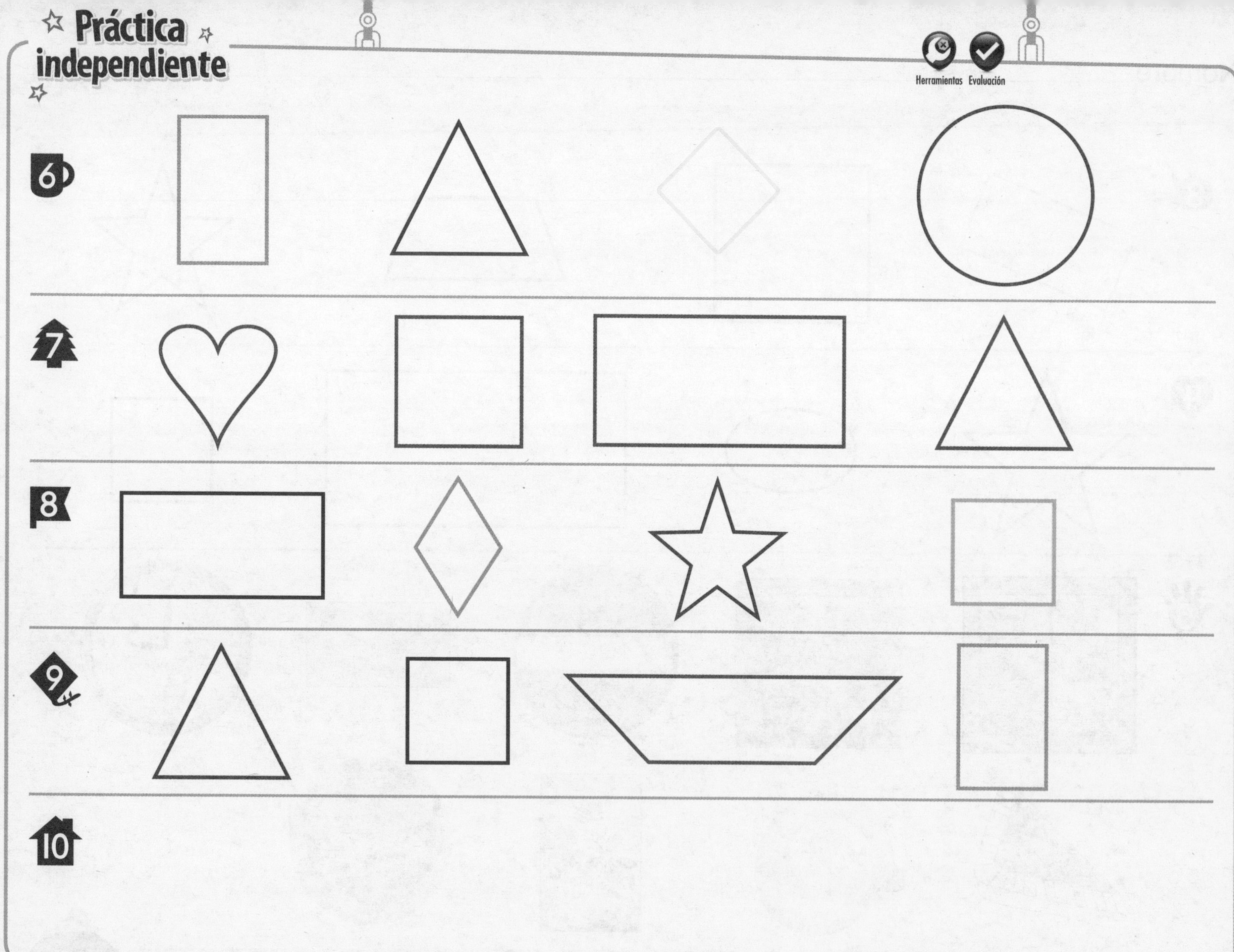

Instrucciones 6 a 9 Pida a los estudiantes que coloreen los rectángulos en cada fila y luego marquen con una X cada rectángulo que también sea un cuadrado. 10 **Razonamiento de orden superior** Pida a los estudiantes que dibujen un rectángulo verde y luego dibujen un cuadrado amarillo.

Nombre ______________________

Ayuda Herramientas Juegos

Tarea y práctica 12-3

Cuadrados y otros rectángulos

ACTIVIDAD PARA EL HOGAR Caminen por su casa o por el vecindario. Pídale a su niño(a) que busque ventanas que tengan forma de rectángulo o de cuadrado.

¡Revisemos!

1

2

Instrucciones Diga: *Observen las figuras ¿Cuál es el nombre de cada figura? Coloreen el cuadrado.* Pida a los estudiantes que: 1 observen las figuras, las nombren y luego coloreen los cuadrados; 2 observen las figuras, las nombren y luego coloreen los rectángulos.

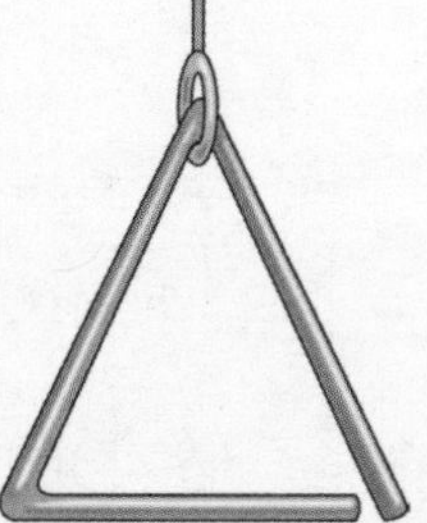

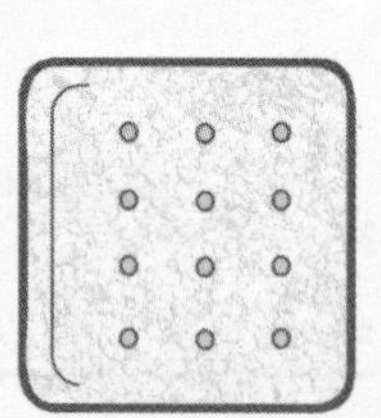

Instrucciones Pida a los estudiantes que: 3 y 4 marquen con una X los objetos que tienen forma de rectángulo; 5 encierren en un círculo los objetos que tienen forma de cuadrado. 6 **Razonamiento de orden superior** Pida a los estudiantes que dibujen un objeto que sea un rectángulo y un cuadrado. 7 **Razonamiento de orden superior** Pida a los estudiantes que hagan un dibujo de por lo menos 2 rectángulos y 2 cuadrados.

Resuélvelo y coméntalo

Nombre ______________________

Lección 12-4
Hexágonos

Instrucciones Diga: *Emily quiere comprar obras de arte que tengan figuras de seis lados como el bloque de patrón amarillo. Encierren en un círculo todas las obras de arte que puede comprar.*

Puedo...
describir e identificar hexágonos.

Estándares de contenido
K.G.A.2, K.G.B.4
Prácticas matemáticas
PM.3, PM.5, PM.6, PM.7

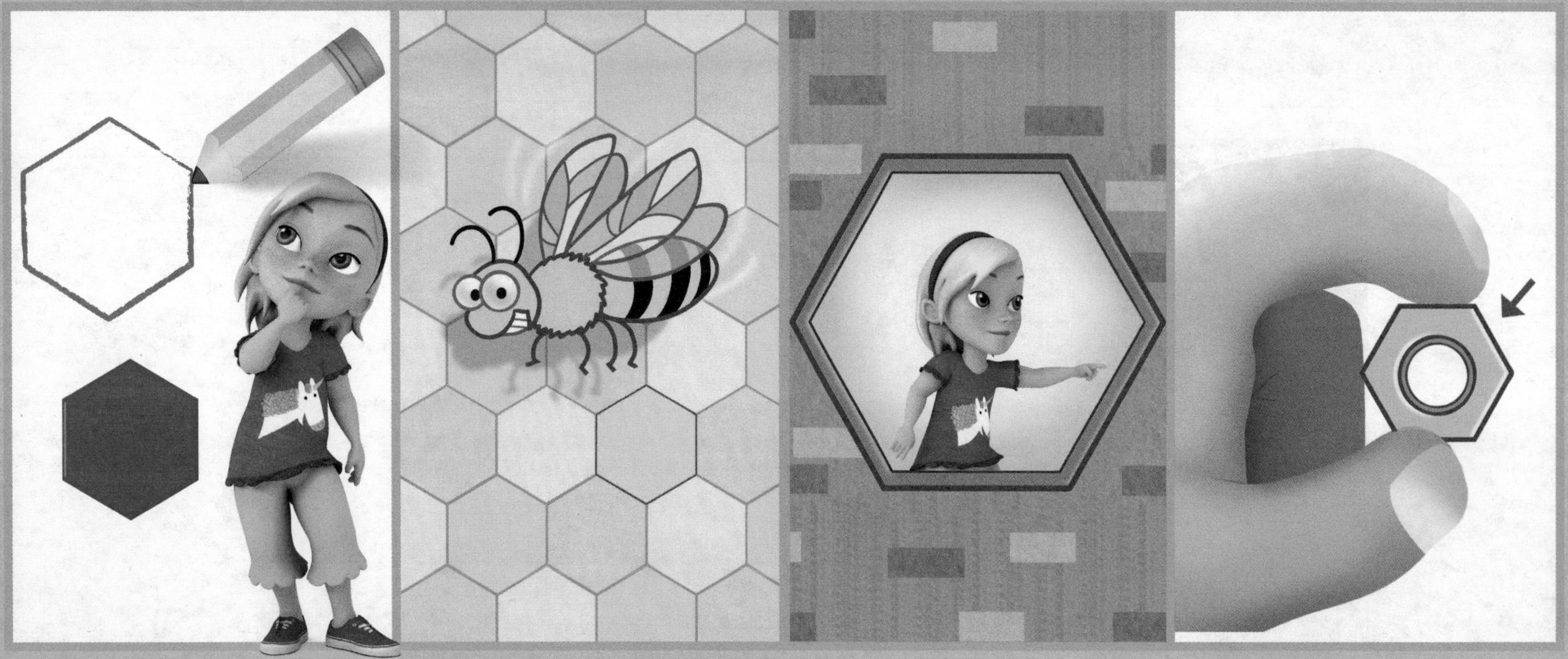

Práctica guiada

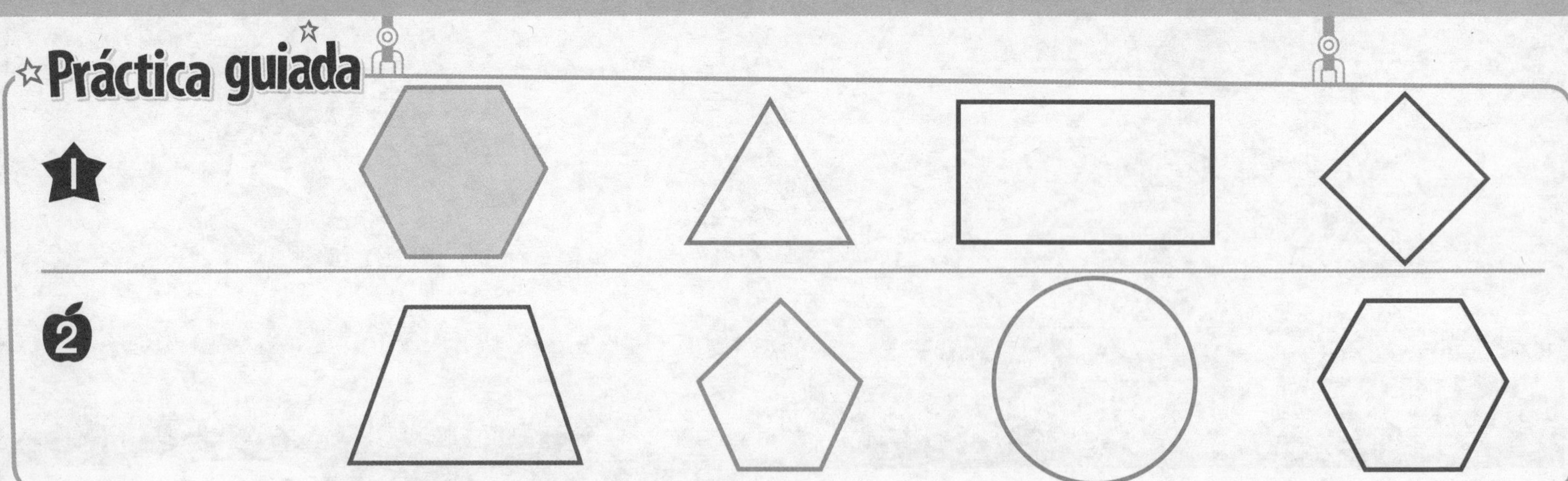

Instrucciones 1 y 2 Pida a los estudiantes que coloreen el hexágono en cada fila.

Nombre ______________________________

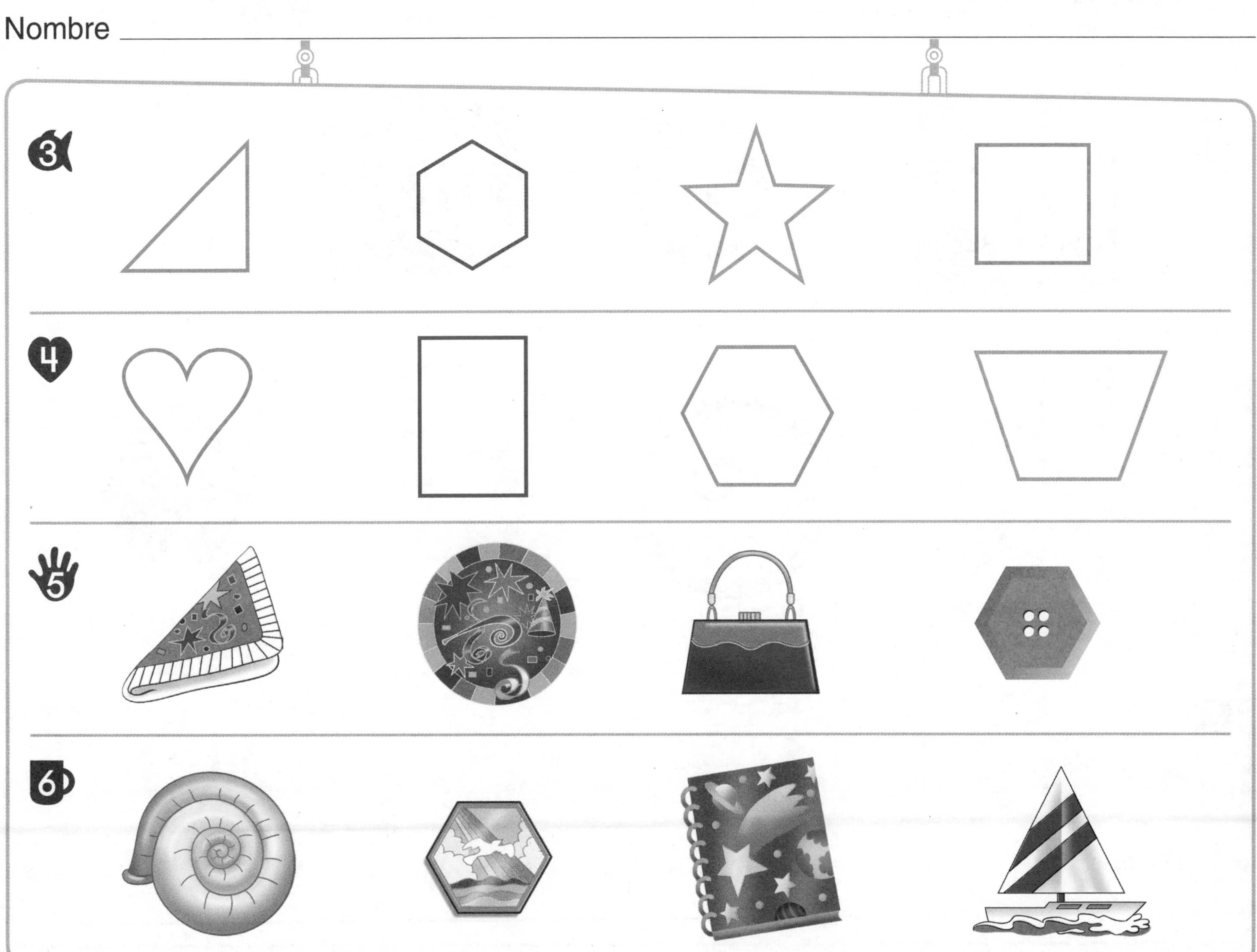

Instrucciones Pida a los estudiantes que: 3 y 4 coloreen el hexágono; 5 y 6 encierren en un círculo el objeto que tiene forma de hexágono.

Práctica independiente

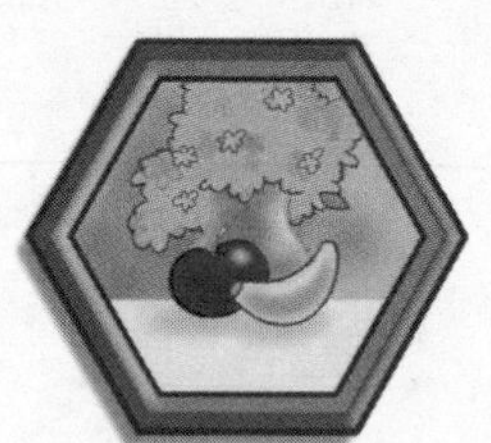

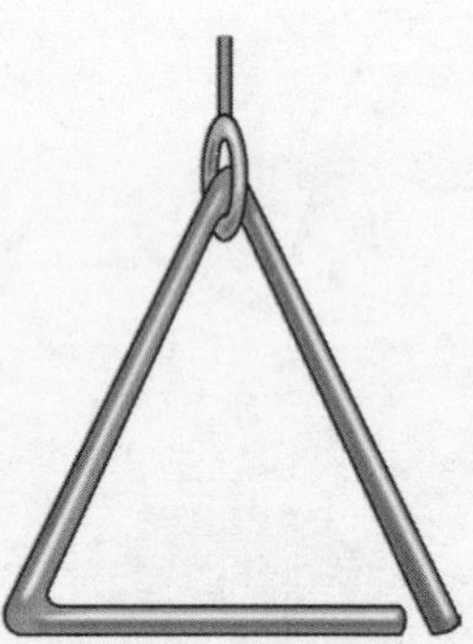

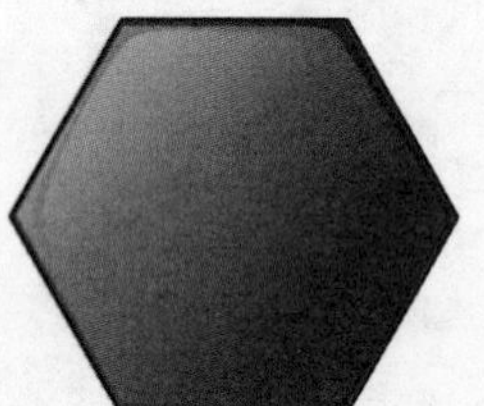

8

Instrucciones 7 Pida a los estudiantes que encierren en un círculo los objetos con forma de hexágono. 8 **Razonamiento de orden superior** Pida a los estudiantes que hagan un dibujo usando por lo menos 1 hexágono.

Nombre ______________________________

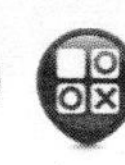
Ayuda Herramientas Juegos

Tarea y práctica 12-4

Hexágonos

ACTIVIDAD PARA EL HOGAR Pida a su niño(a) que hojee periódicos y revistas para identificar imágenes de objetos con forma de hexágono. Luego, pídales que dibujen un objeto con forma de hexágono.

¡Revisemos!

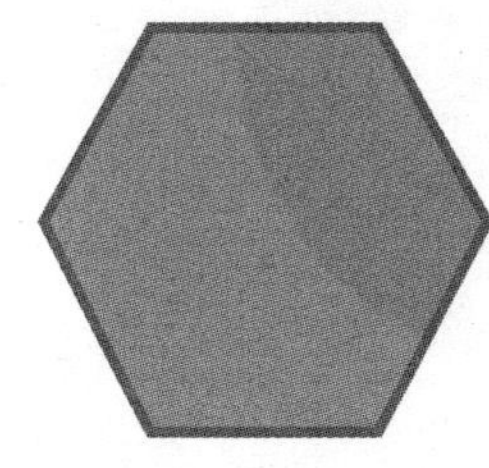
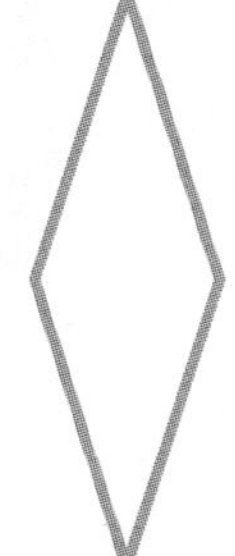
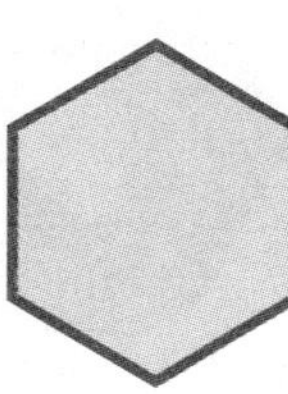

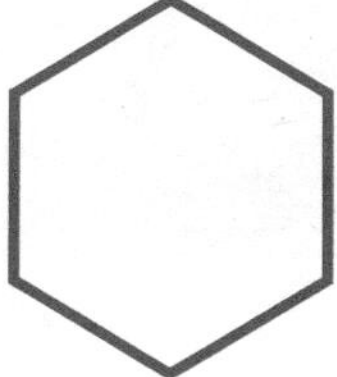
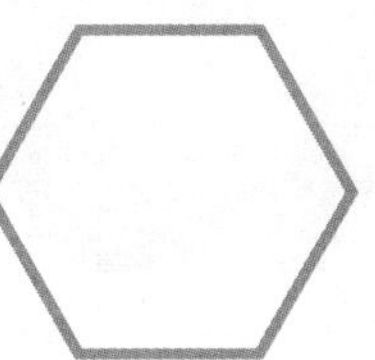
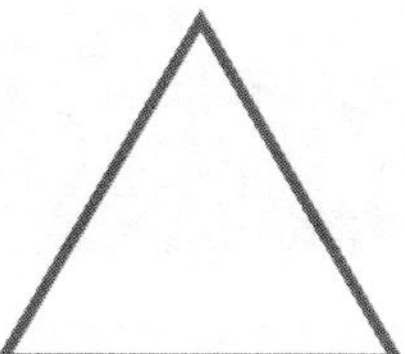
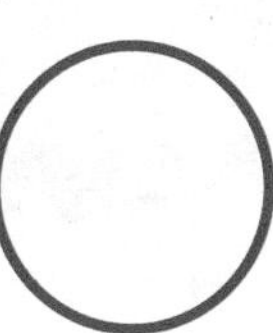

2

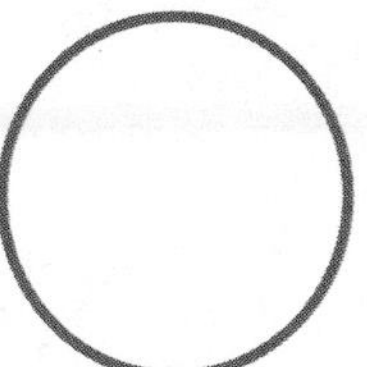
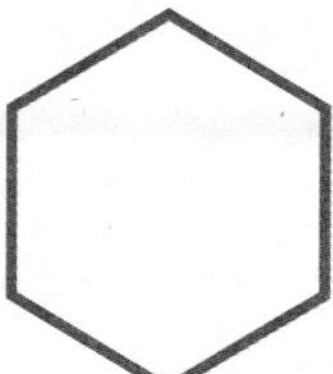

Instrucciones Diga: *Observen las figuras. ¿Cuál es el nombre de cada figura? Coloreen los hexágonos.* 1 y 2 Pida a los estudiantes que coloreen los hexágonos en cada fila.

Instrucciones 3 y 4 Pida a los estudiantes que encierren en un círculo los objetos que tienen forma de hexágono. 5 **Razonamiento de orden superior** Pida a los estudiantes que hagan un dibujo de un objeto que tenga forma de hexágono.

Nombre ______________________________

Lección 12-5
Figuras sólidas

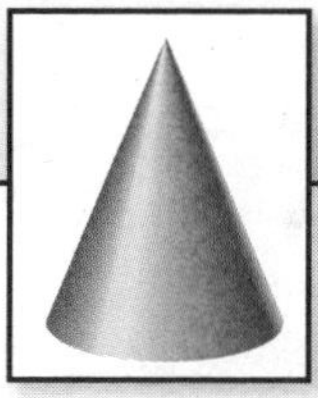

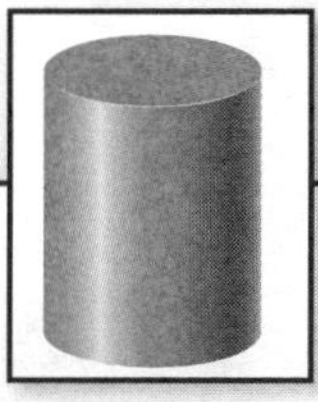

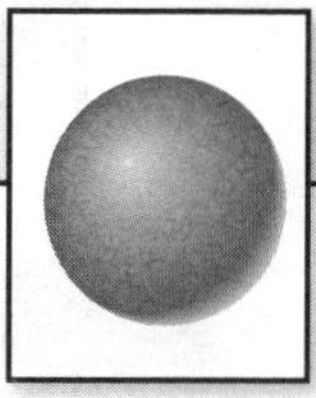

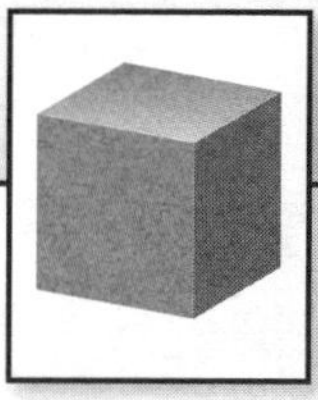

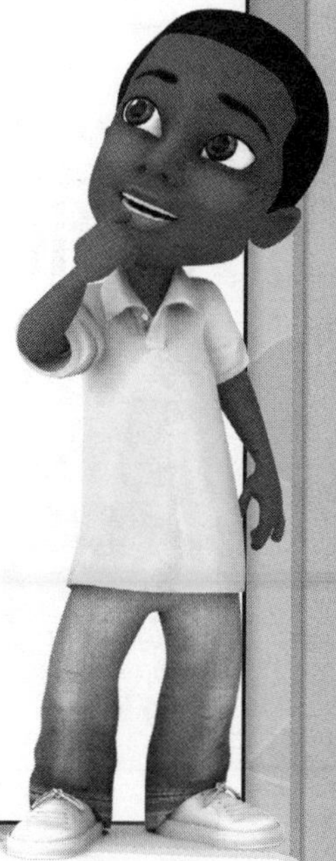

Instrucciones Diga: *Jackson quiere hallar objetos que tengan la misma forma que las figuras sólidas. ¿Cómo puede hallar objetos que tengan la misma forma? Dibujen debajo de cada figura sólida objetos que tengan la misma forma.*

Puedo...
describir e identificar figuras sólidas.

Estándares de contenido
K.G.A.2, K.G.B.4
Prácticas matemáticas
PM.2, PM.4, PM.6, PM.7

Práctica guiada

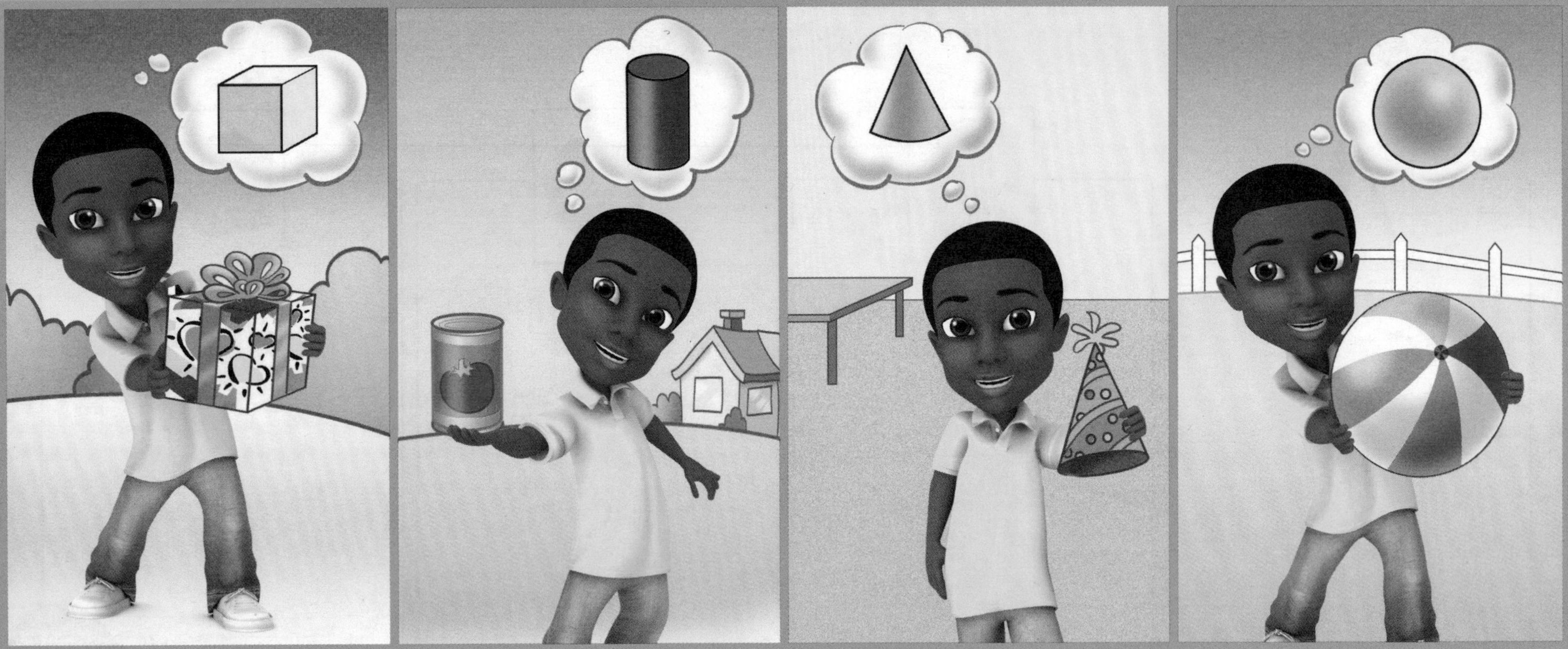

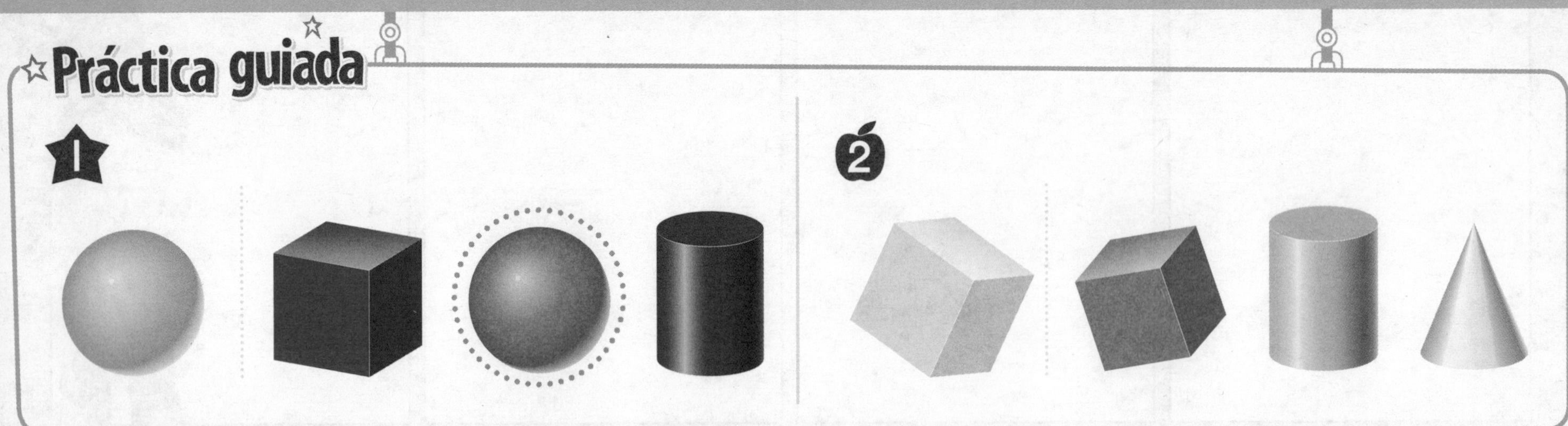

Instrucciones 1 y 2 Pida a los estudiantes que nombren la figura sólida de la izquierda y luego encierren en un círculo la figura sólida de la derecha que tiene la misma forma.

Nombre ______________________________

3

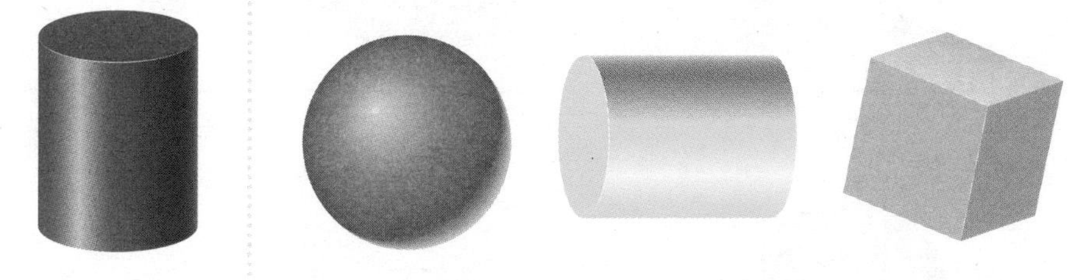

4

5

6

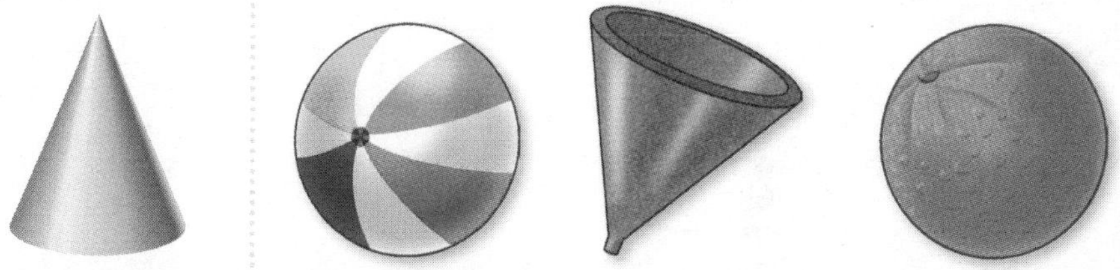

7

8

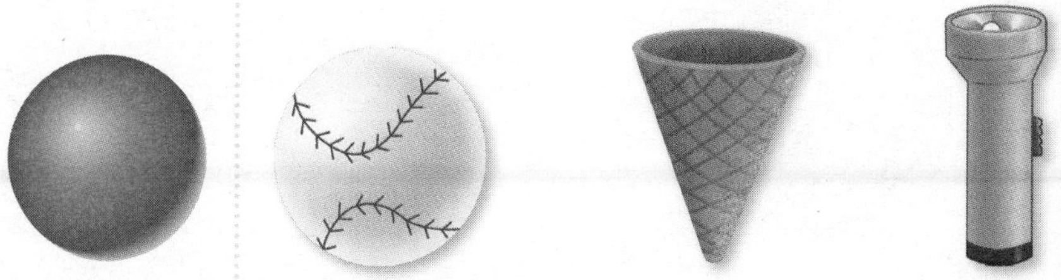

Instrucciones 3 y 4 Pida a los estudiantes que nombren la figura sólida de la izquierda y luego encierren en un círculo la figura sólida de la derecha que tiene la misma forma. 5 a 8 Pida a los estudiantes que nombren la figura sólida de la izquierda y luego encierren en un círculo el objeto de la derecha que se parece a esa figura.

Práctica independiente

Herramientas Evaluación

9

10

11

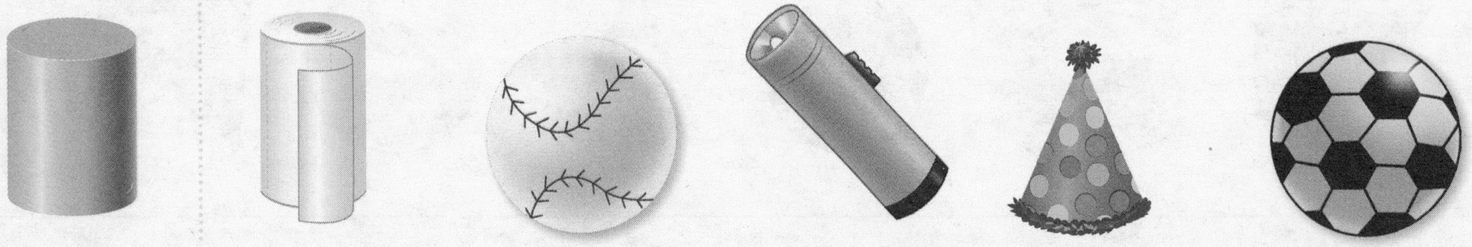

12

Instrucciones Pida a los estudiantes que: 9 y 10 miren el objeto de la izquierda y luego encierren en un círculo la figura sólida que se parece a esa figura; 11 nombren la figura sólida de la izquierda y luego encierren en un círculo los objetos de la derecha que se parecen a esa figura. 12 **Razonamiento de orden superior** Pida a los estudiantes que nombren la figura sólida de la izquierda y luego dibujen 2 objetos más que se parezcan a esa figura.

Nombre ______________________________

Ayuda Herramientas Juegos

Tarea y práctica 12-5

Figuras sólidas

¡Revisemos!

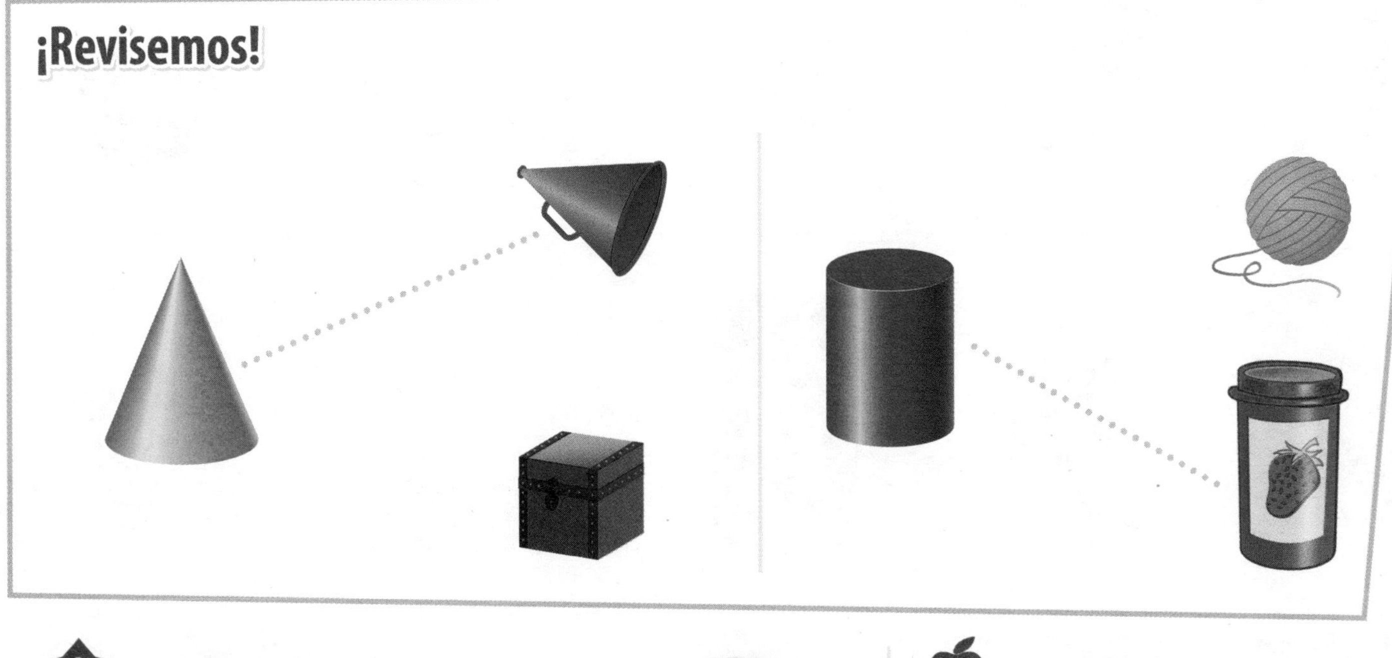

ACTIVIDAD PARA EL HOGAR Muéstrele a su niño(a) varios objetos que parezcan cubos, cilindros, esferas o conos. Pídale que nombre la figura sólida a que se parece. Por ejemplo, muéstrele a su niño(a) una pelota y pídale que nombre la figura (esfera).

1

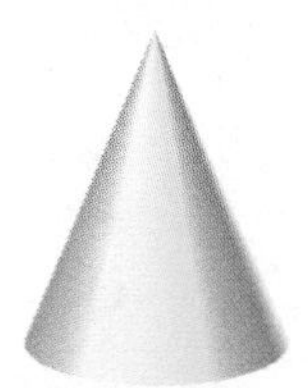

2

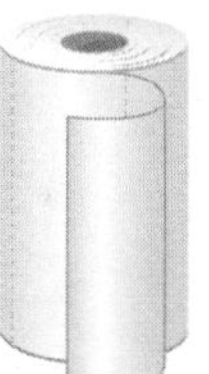

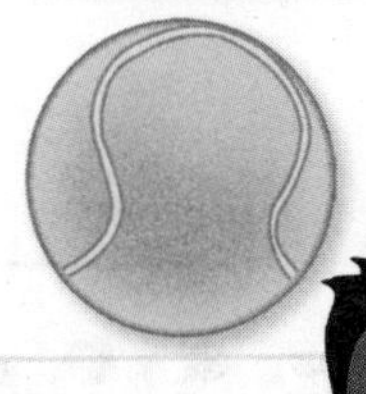

Instrucciones Pida a los estudiantes que señalen el cono azul. Diga: *Esta figura sólida es un cono. Tracen una línea desde el cono hasta el objeto que se parece a esa figura. Tracen una línea desde el cilindro hasta el objeto que se parece a esa figura.* Pida a los estudiantes que: 1 y 2 tracen una línea desde cada figura sólida hasta el objeto que se parece a esa figura.

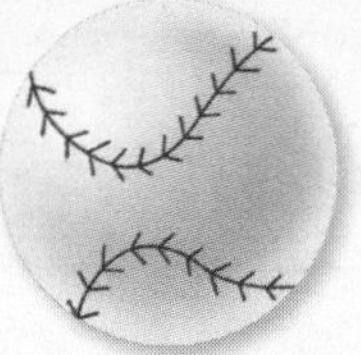

4

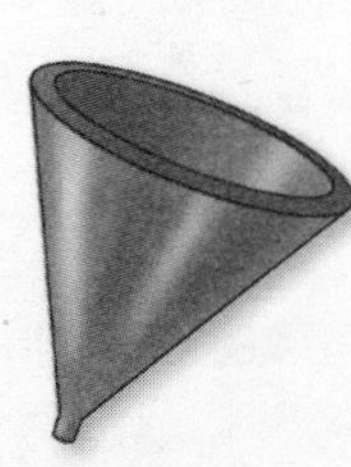

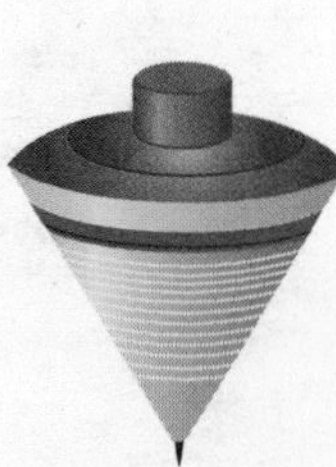

6

Instrucciones 3 y 4 Pida a los estudiantes que encierren en un círculo los 4 objetos en cada fila que son la misma figura y luego nombren la figura. 5 **Matemáticas y Ciencias** Diga: *Se puede empujar un objeto para moverlo. Algunas figuras son más fáciles de empujar que otras.* Pida a los estudiantes que encierren en un círculo el objeto que se puede empujar con más facilidad. 6 **Razonamiento de orden superior** Pida a los estudiantes que dibujen 2 objetos que NO tengan forma de esfera. Digan a un compañero qué forma tienen los objetos.

Nombre ________________________________

Lección 12-6

Describir figuras en el entorno

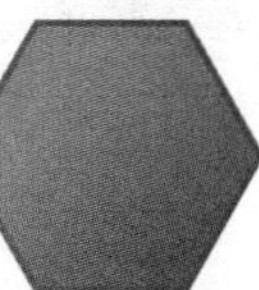

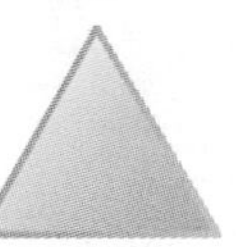

Instrucciones Diga: *Encierren en un círculo una de las figuras en el tablero. Nombren la figura. ¿Pueden hallar esa figura en el salón de clases? Hagan un dibujo del objeto y su entorno.*

Puedo...
describir figuras en el entorno.

Estándares de contenido
K.G.A.1, K.G.A.2, K.G.A.3
Prácticas matemáticas
PM.1, PM.3, PM.6, PM.7

ABC

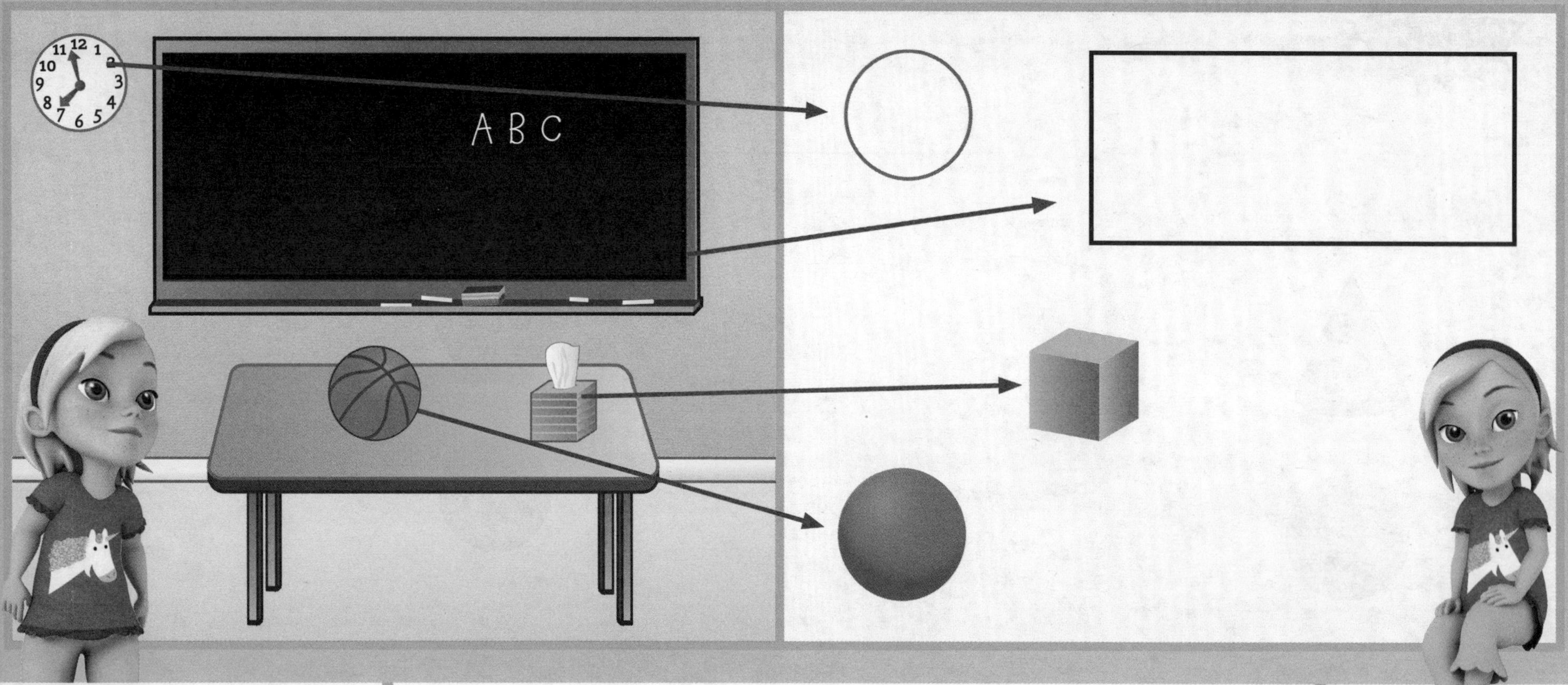

Práctica guiada

1

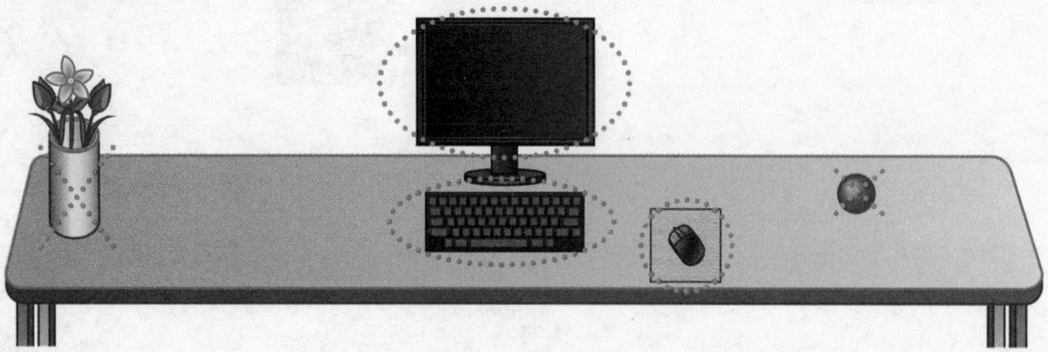

Instrucciones 1 Pida a los estudiantes que señalen los objetos en el dibujo y nombren la figura. Luego, pídales que encierren en un círculo los objetos que son planos y marquen con una X los objetos que son sólidos.

Nombre ____________________

2

Jugo

Jugo

Instrucciones 2 **Vocabulario** Pida a los estudiantes que señalen los objetos en el dibujo y nombren la figura. Luego, pídales que coloreen de azul los objetos que tengan forma de **cuadrado,** de amarillo los objetos que tengan forma de **cilindro** y de rojo los que tengan forma de **círculo.**

Práctica independiente

Instrucciones 3 Pida a los estudiantes que señalen objetos en el dibujo y nombren cada figura. Luego, pídales que encierren en un círculo los objetos que tengan forma de cilindro y marquen con una X los objetos que tengan forma de cono. 4 **Razonamiento de orden superior** Pida a los estudiantes que hagan un dibujo de un parque. Pídales que incluyan 1 o más objetos en el parque que tengan forma de rectángulo.

Nombre ______________________

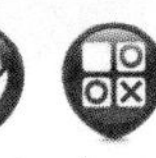
Ayuda Herramientas Juegos

Tarea y práctica 12-6

Describir figuras en el entorno

ACTIVIDAD PARA EL HOGAR Pida a su niño(a) que identifique y nombre objetos en su casa que tengan forma de círculo, cuadrado, rectángulo, triángulo, hexágono, esfera, cubo, cilindro y cono. Pídales que digan dónde se encuentra cada objeto en la casa.

¡Revisemos!

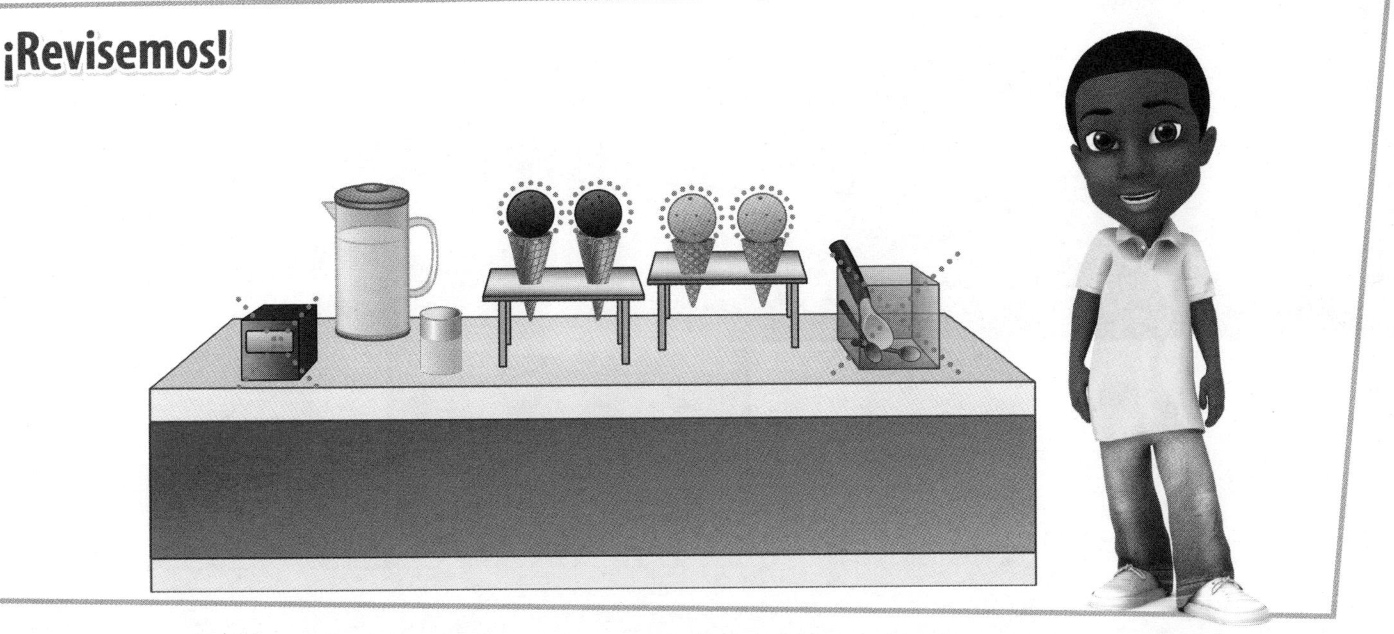

Instrucciones Diga: *Señalen una bola de helado. ¿Qué forma tiene la bola? Busquen otros objetos en el dibujo que tengan forma de esfera y enciérrenlos en un círculo. ¿Pueden encontrar un objeto que tenga forma de cubo? Marquen con una X los objetos que tengan forma de cubo.* ★ Pida a los estudiantes que señalen objetos en el dibujo y nombren cada figura. Luego, pídales que encierren en un círculo los objetos que tengan forma de rectángulo y marquen con una X el objeto que tenga forma de hexágono.

Instrucciones 2 Pida a los estudiantes que señalen objetos en el dibujo y nombren la figura. Pídales que encierren en un círculo los objetos que son planos y marquen con una X los objetos que son sólidos. 3 **Razonamiento de orden superior** Pida a los estudiantes que hagan un dibujo de un patio de recreo. Pídales que dibujen por lo menos 1 objeto que tenga forma de esfera y 1 objeto que tenga forma de rectángulo.

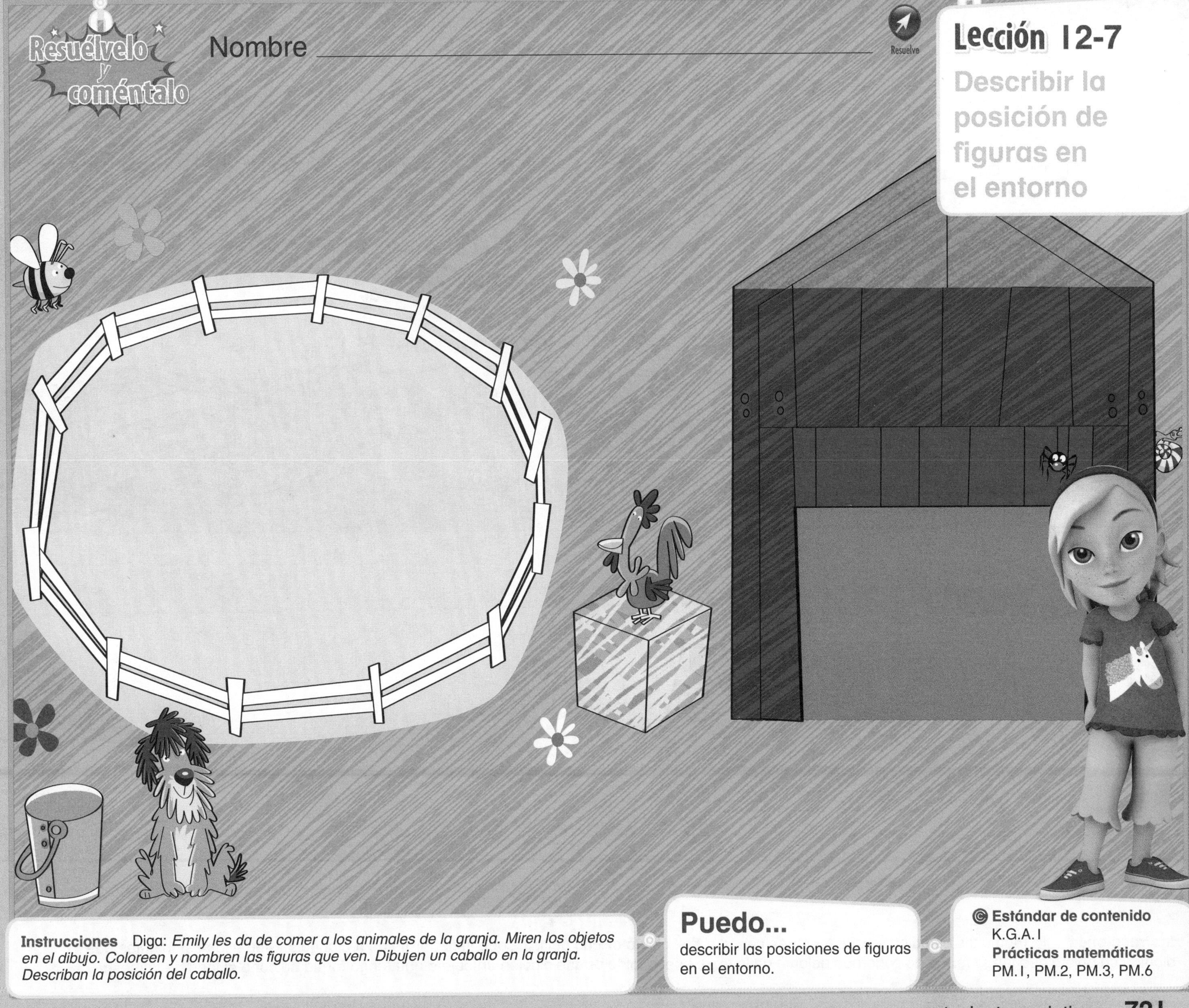

Lección 12-7

Describir la posición de figuras en el entorno

Instrucciones Diga: *Emily les da de comer a los animales de la granja. Miren los objetos en el dibujo. Coloreen y nombren las figuras que ven. Dibujen un caballo en la granja. Describan la posición del caballo.*

Puedo...
describir las posiciones de figuras en el entorno.

Estándar de contenido
K.G.A.1
Prácticas matemáticas
PM.1, PM.2, PM.3, PM.6

Práctica guiada

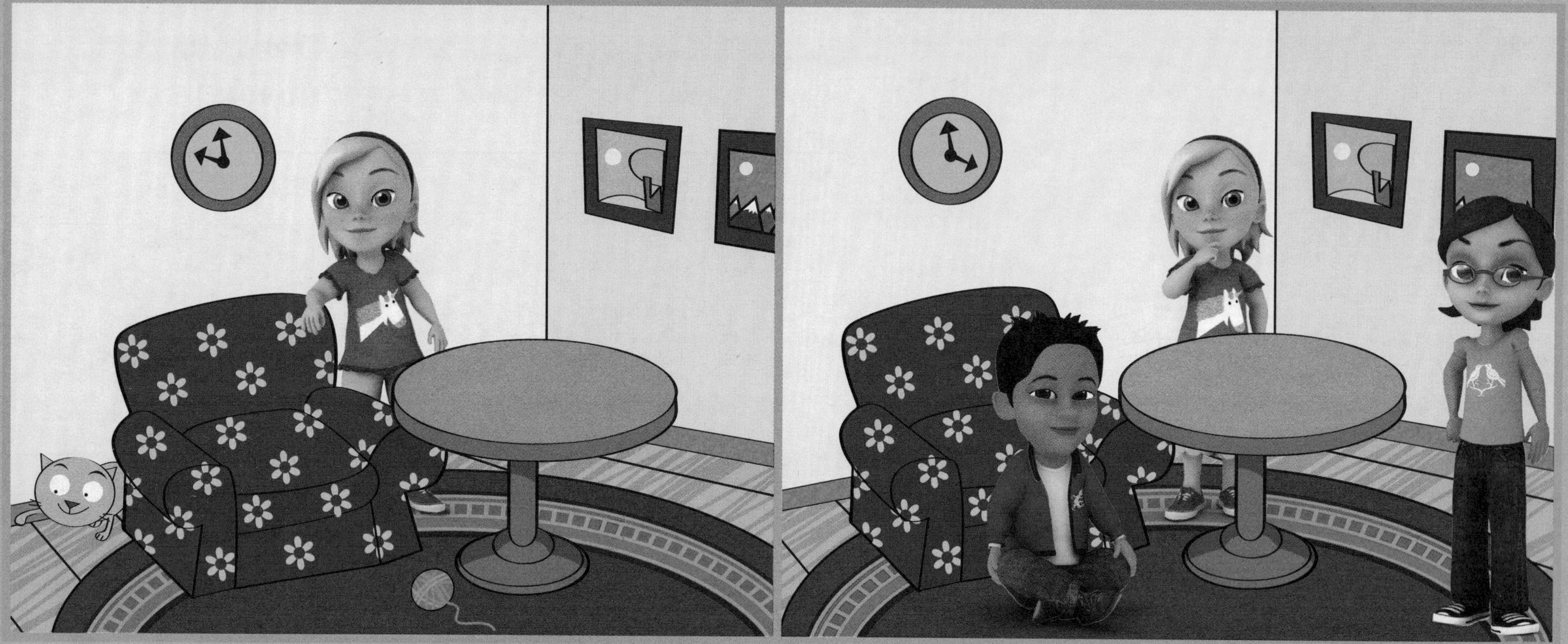

Instrucciones 1 Pida a los estudiantes que marquen con una X el objeto al lado del lápiz que tiene forma de rectángulo. Pida a los estudiantes que dibujen un objeto que tenga forma de cuadrado delante de la taza. Luego, pídales que dibujen un objeto que tenga forma de cono al lado de la mesa.

Nombre ______________________________

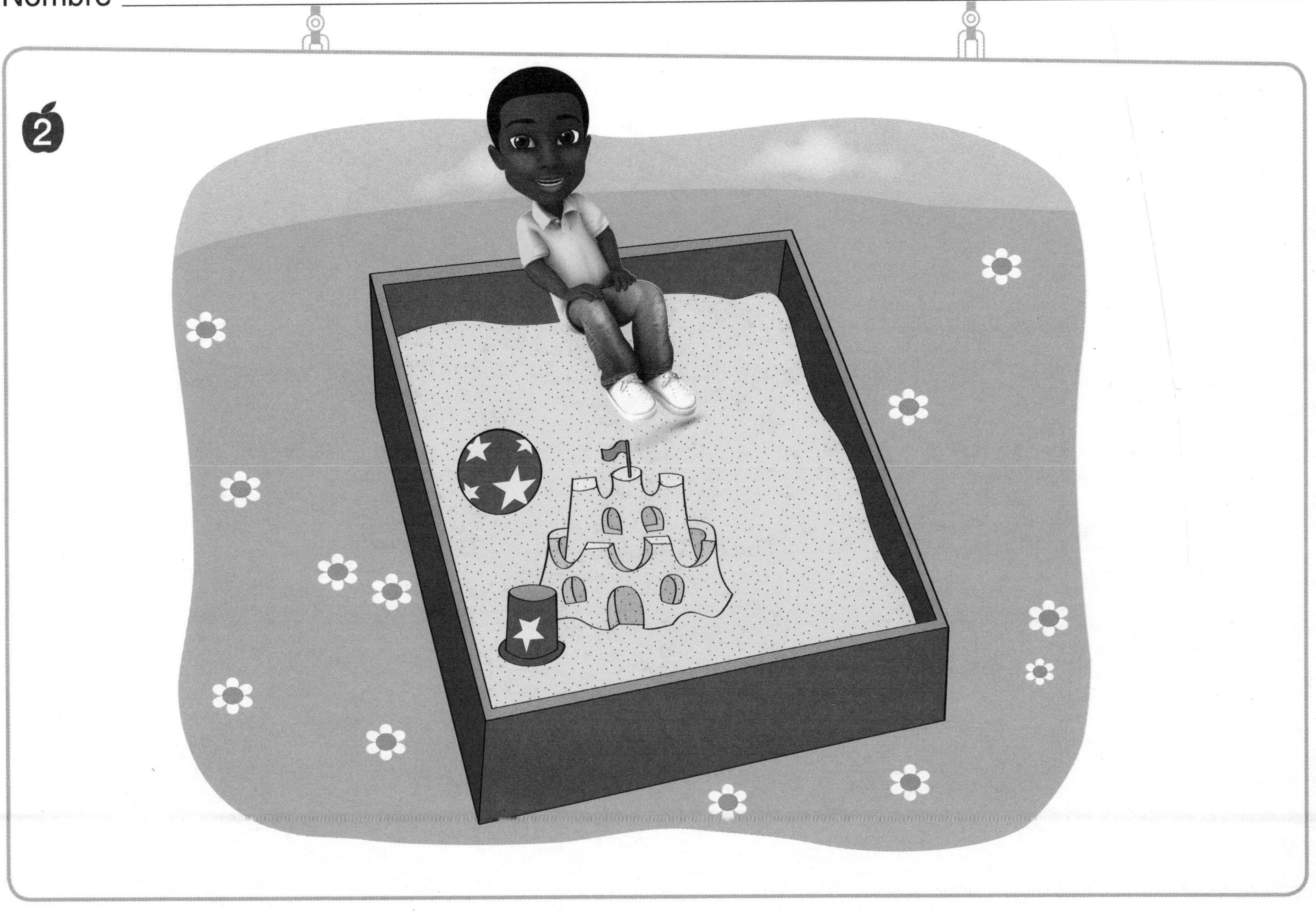

Instrucciones 2 Pida a los estudiantes que nombren la forma de los objetos en el dibujo y usen palabras de posición para describir su ubicación. Luego, pídales que marquen con una X el objeto que está delante del castillo de arena que tiene forma de cilindro. Pida a los estudiantes que dibujen un objeto que tenga forma de esfera al lado de Jackson y luego un objeto que tenga forma de rectángulo junto al arenero.

Instrucciones 3 **Razonamiento de orden superior** Pida a los estudiantes que marquen con una X el objeto debajo del árbol que tiene forma de rectángulo. Pida a los estudiantes que dibujen un objeto que tenga forma de esfera arriba del árbol y luego un objeto que tenga forma de triángulo detrás de la cerca. Luego, pídales que nombren la forma de los objetos en el dibujo y usen palabras de posición para describir su ubicación.

Nombre ____________________

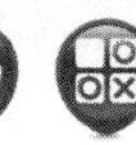

Ayuda Herramientas Juegos

Tarea y práctica 12-7

Describir la posición de figuras en el entorno

ACTIVIDAD PARA EL HOGAR Pida a su niño(a) que nombre las formas de varios objetos en la cocina y luego diga dónde están ubicados usando las siguientes palabras de posición: *arriba de, debajo de, delante de, detrás de, al lado de* y *junto a.*

¡Revisemos!

Instrucciones Diga: *Miren las figuras de la izquierda. Luego, miren el dibujo. Busquen el objeto que está debajo del árbol y luego marquen con una X la figura a la cual se parece. Luego, encierren en un círculo los objetos en el dibujo que tienen forma de círculo.* 1 Pida a los estudiantes que encuentren el objeto que está detrás del cono y marquen con una X la figura sólida de la izquierda a la cual se parece. Luego, pida a los estudiantes que encierren en un círculo los objetos en el dibujo que tienen forma de esfera.

Instrucciones 2 Pida a los estudiantes que busquen el objeto que está arriba de la mesa y marquen con una X la figura sólida de la izquierda a la cual se parece. Luego, pida a los estudiantes que encierren en un círculo los objetos del dibujo que tienen forma de esfera. 3 **Razonamiento de orden superior** Pida a los estudiantes que dibujen un objeto que tenga forma de cubo debajo de un objeto que tenga forma de esfera y al lado de un objeto que tenga forma de cono.

Nombre ______________________________

Prácticas matemáticas y resolución de problemas

Lesson 12-8

Precisión

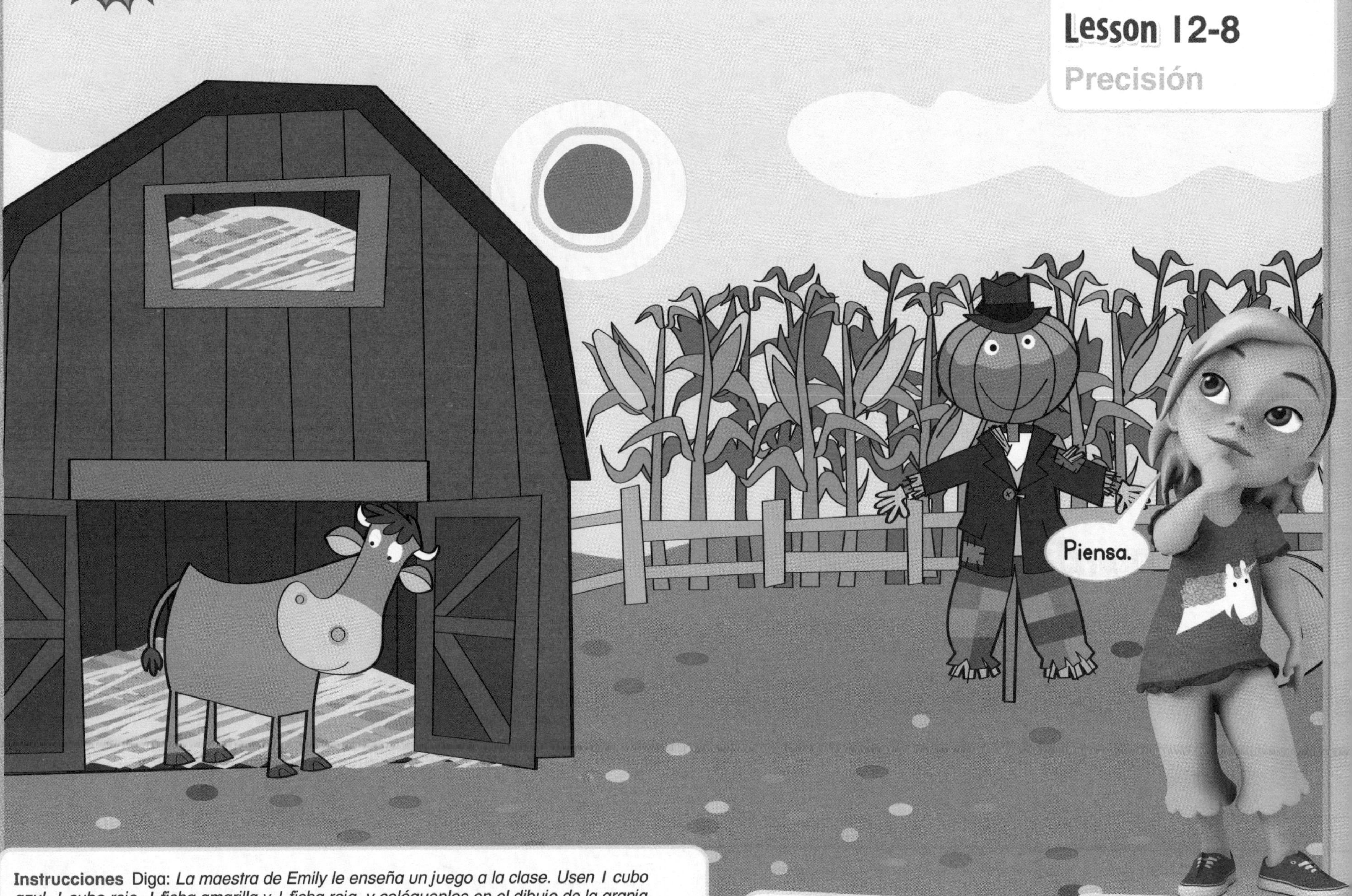

Piensa.

Instrucciones Diga: *La maestra de Emily le enseña un juego a la clase. Usen 1 cubo azul, 1 cubo rojo, 1 ficha amarilla y 1 ficha roja, y colóquenlos en el dibujo de la granja. Jueguen este juego con un compañero. Pongan las herramientas en la página y luego describan dónde se ubica una de ellas. NO le digan a su compañero de qué herramienta están hablando. ¿Cómo puede el compañero adivinar de qué herramienta están hablando? Cambien la ubicación y vuelvan a jugar.*

Puedo...
describir la posición de figuras en el entorno.

Prácticas matemáticas
PM.6 También, PM.3, PM.2
Estándar de contenido
K.G.A.1

Instrucciones 1 Pida a los estudiantes que marquen con una X el objeto arriba de la cama que tiene forma de cubo. Luego, pídales que expliquen cómo saben que tienen razón. Pídales que dibujen una figura que tenga forma de rectángulo al lado de la cama.

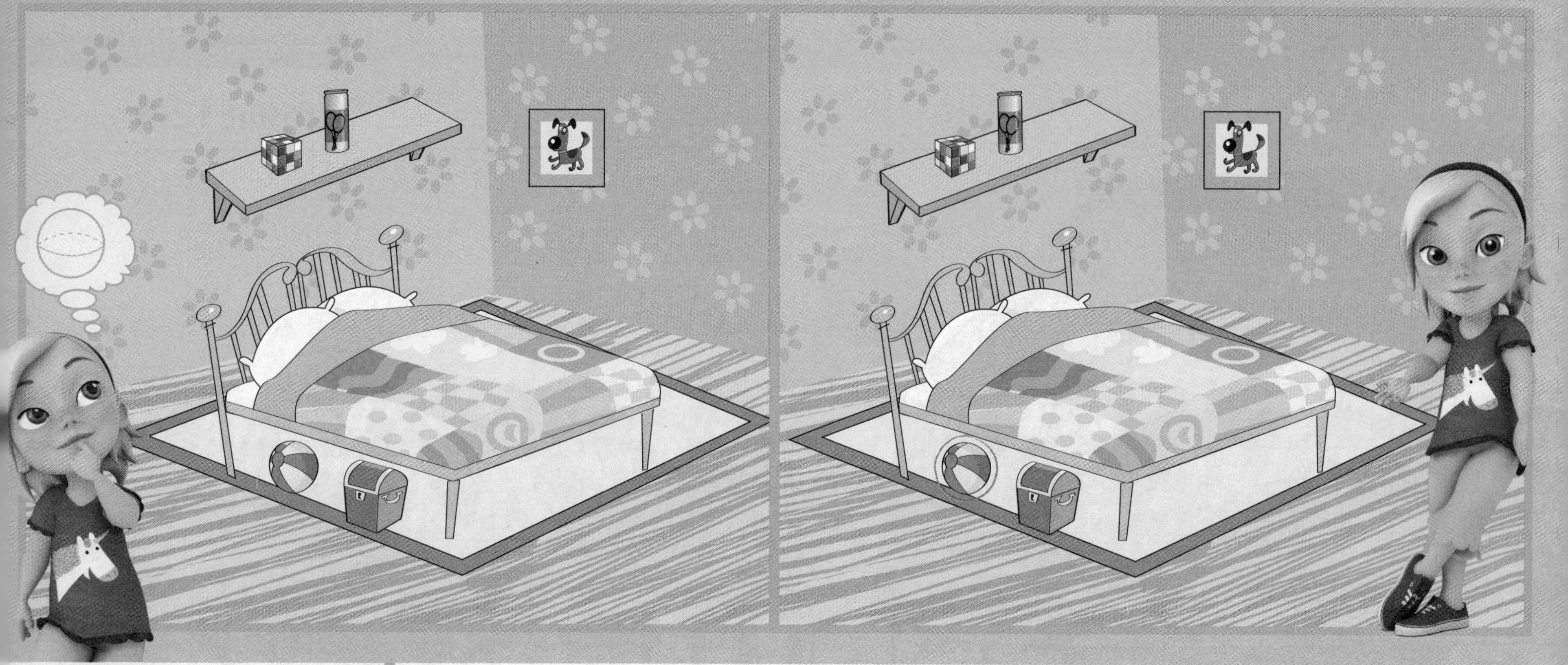

Nombre___

Herramientas Evaluación

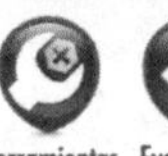

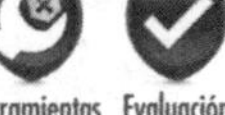

Práctica independiente

2

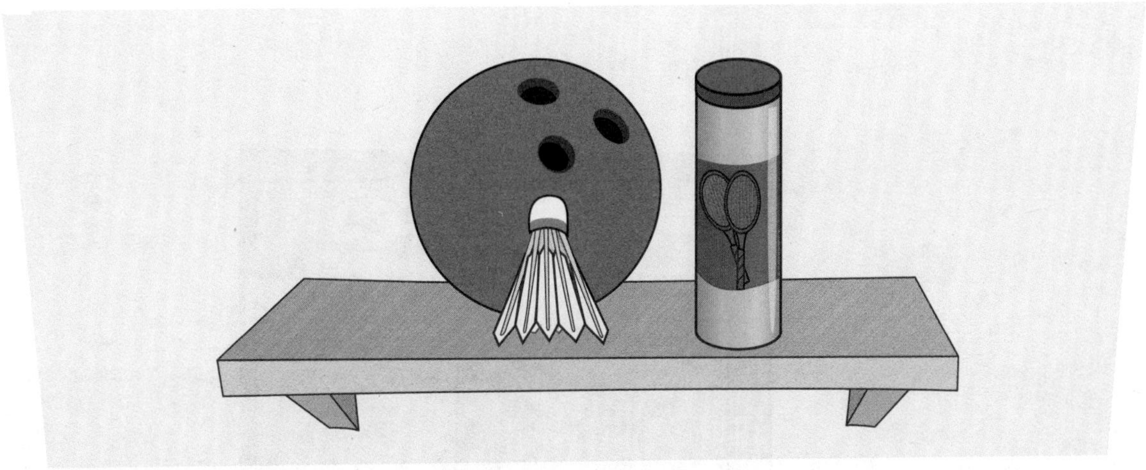

3

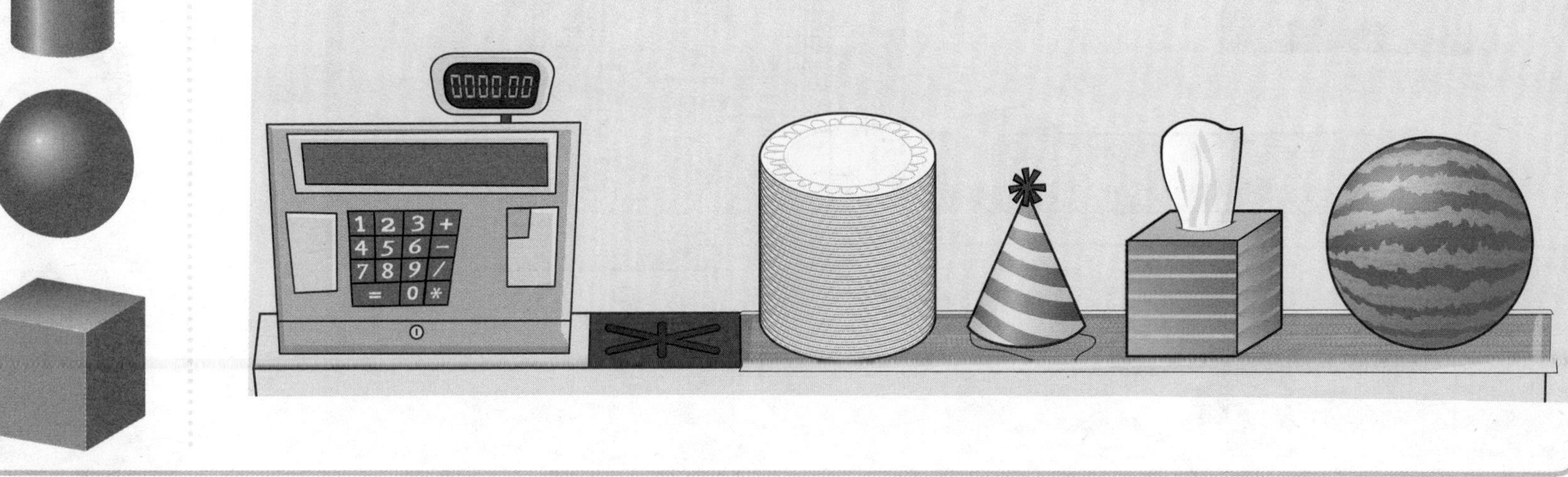

Instrucciones 2 Pida a los estudiantes que nombren las formas de los objetos en el dibujo. Luego, pídales que marquen con una X el objeto que está detrás de otro y junto al objeto que tiene forma de cilindro. Pídales que expliquen cómo decidieron qué figura marcar. 3 Pida a los estudiantes que hallen el objeto que NO está junto a la caja de pañuelos y marquen con una X el sólido de la izquierda al cual se parece. Pídales que expliquen por qué una esfera NO es la respuesta correcta. Pídales que nombren la forma de los objetos en el dibujo.

Prácticas matemáticas y resolución de problemas

Evaluación del rendimiento

Instrucciones Lea el problema a los estudiantes. Luego, pídales que usen diferentes prácticas matemáticas para resolver el problema. Diga: *Carlos quiere contarle a un amigo sobre las cosas que hay en el vestidor y dónde están ubicadas. ¿Qué palabras puede usar?* **PM.6 Hacerlo con precisión** *Marquen con una X el objeto que tiene forma de cilindro que está junto al objeto que tiene forma de cubo. ¿Qué palabras los ayudaron a encontrar el objeto correcto?* **PM.2 Razonar** *Carlos dice que la pelota de futbol está detrás de la botella de agua. ¿Cuál es otra manera de explicar dónde está la botella de agua?* **PM.3 Explicar** *Carlos dice que el rectángulo que es un cartel está arriba del círculo que es un reloj. ¿Están de acuerdo? Expliquen cómo saben que tienen razón.*

Nombre ____________________

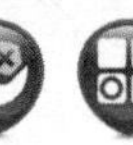

Tarea y práctica 12-8

Precisión

ACTIVIDAD PARA EL HOGAR
Coloque varios objetos en una mesa, como un plato, una cucharilla, un tenedor, una taza y una servilleta. Pida a su niño(a) que diga la posición de cada objeto usando las siguientes palabras: *arriba de, debajo de, junto a, al lado de, delante de* y *detrás de.* Por ejemplo, podría decir: "La cucharilla está junto al plato".

¡Revisemos!

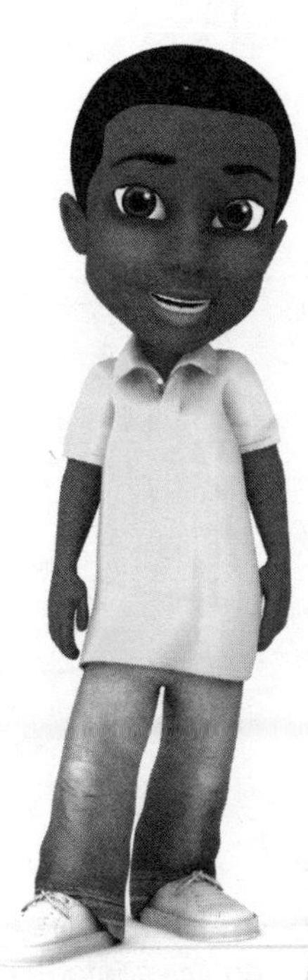

Instrucciones Diga: *Miren los objetos en el dibujo. Nombren las figuras de los objetos que ven. Encierren en un círculo las figuras que ven. Nombren el objeto arriba de la pelota de básquetbol. Márquenlo con una X. Encierren en un círculo el objeto que está junto a la pelota de básquetbol y debajo del bloque.* ★1 Pida a los estudiantes que marquen con una X el objeto que tiene forma de esfera debajo de la mesa. Luego, pídales que encierren en un círculo el objeto con forma de cilindro al lado del árbol.

Evaluación del rendimiento

Instrucciones Lean el problema a los estudiantes. Luego, pídales que usen diferentes prácticas matemáticas para resolver el problema. Diga: *Marta quiere contarle a una amiga qué objetos hay en la cocina y dónde están ubicados. ¿Qué palabras puede usar?* **2 PM.6 Hacerlo con precisión** *Marquen con una X el objeto que tiene forma de cilindro que está detrás del objeto con forma de cono. ¿Qué palabras los ayudaron a hallar el objeto correcto?* **3 PM.2 Razonar** *El cono de helado está al lado del cubo de azúcar. ¿Cuál es otra manera de explicar dónde está el cono de helado?* **4 PM.3 Explicar** *Marta dice que la puerta parece un rectángulo. También dice que está debajo del reloj. ¿Están de acuerdo? Expliquen cómo saben que tienen razón.*

Muestra la letra Nombre ____________________

TEMA 12

Actividad de práctica de fluidez

5 − 2	3 − 1	1 − 1	2 + 0	5 − 4
5 − 0	0 + 2	3 + 1	2 − 0	1 + 2
1 + 4	2 + 0	4 − 2	5 − 3	4 − 0
0 + 1	1 + 1	4 − 3	3 − 1	4 − 1
3 + 2	4 − 2	0 + 3	1 + 1	4 − 4

Instrucciones Pida a los estudiantes que: ★ coloreen cada caja que tenga una suma o diferencia que sea igual a 2; ❷ escriban la letra que ven.

Puedo...
sumar y restar con fluidez hasta 5.

Estándar de contenido
K.OA.A.5

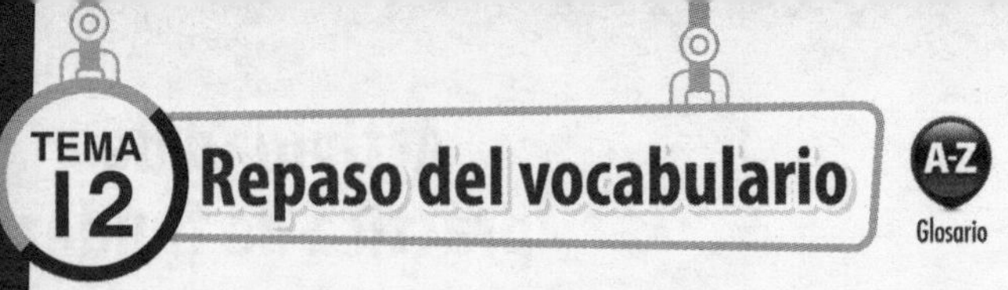

Instrucciones **Comprender el vocabulario** Pida a los estudiantes que: 1 encierren en un círculo la figura **bidimensional;** 2 encierren en un círculo la figura **tridimensional;** 3 encierren en un círculo los **vértices** del triángulo; 4 dibujen un **círculo;** 5 dibujen una figura que NO sea un **cuadrado.**

Nombre ______________________

TEMA 12

Grupo A

Refuerzo

1

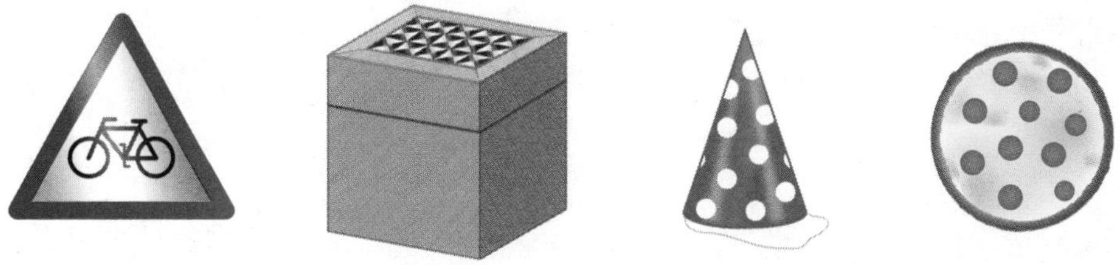

Grupo B

2

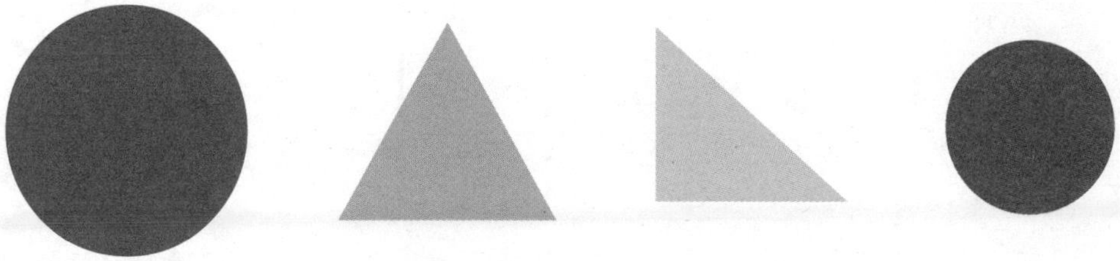

Instrucciones Pida a los estudiantes que: 1 encierren en un círculo los objetos que son planos y marquen con una X los objetos sólidos; 2 encierren en un círculo los objetos que tienen forma de círculo y marquen con una X los objetos que tienen forma de triángulo.

Grupo C

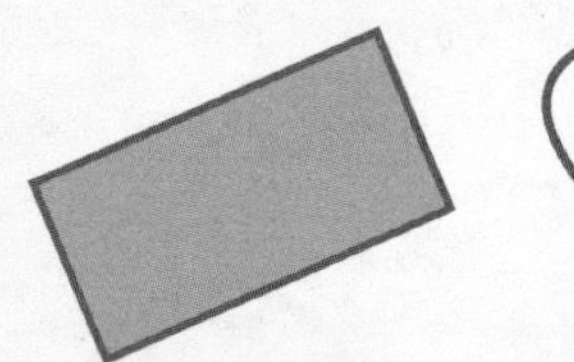   

Grupo D

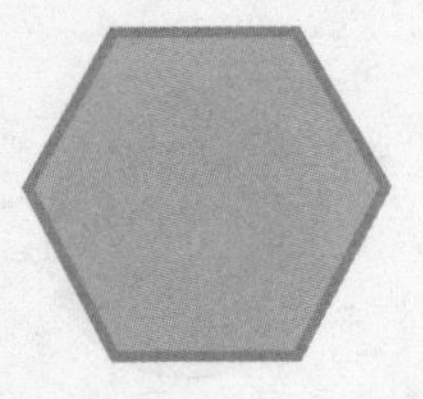   

 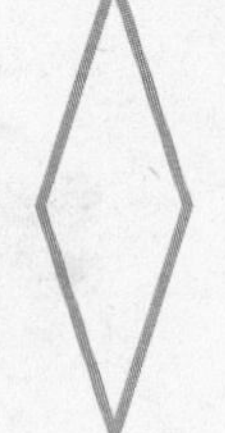 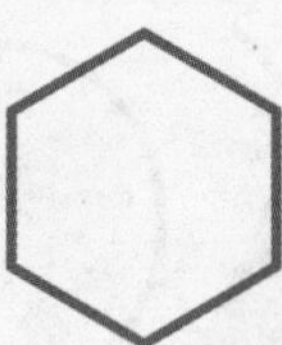 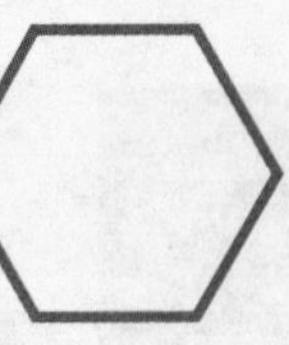

Instrucciones Pida a los estudiantes que: 3 coloreen los rectángulos y luego marquen con una X el rectángulo que es un cuadrado; 4 coloreen los hexágonos.

Nombre ______________________________

Grupo E

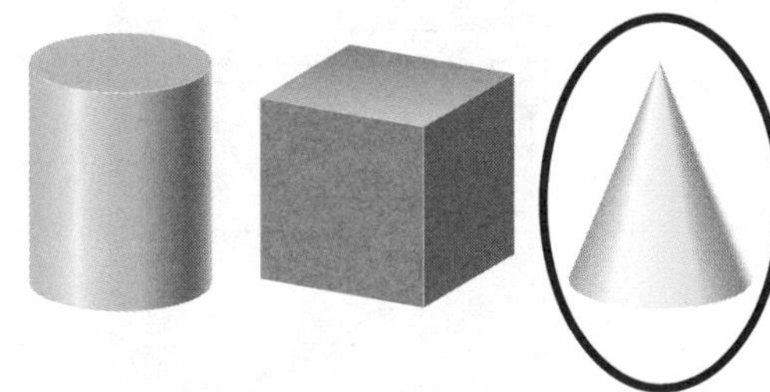

Grupo F

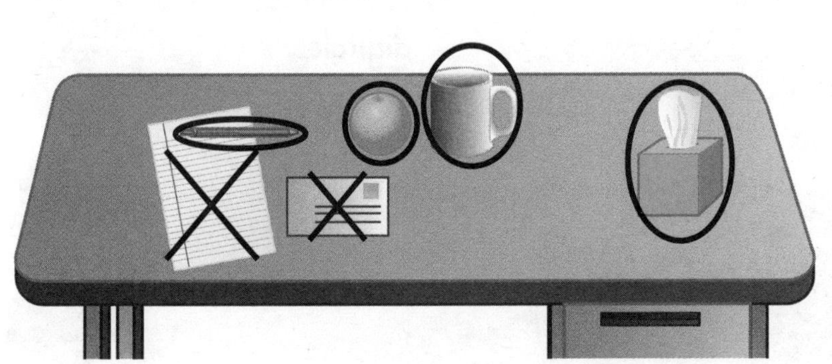

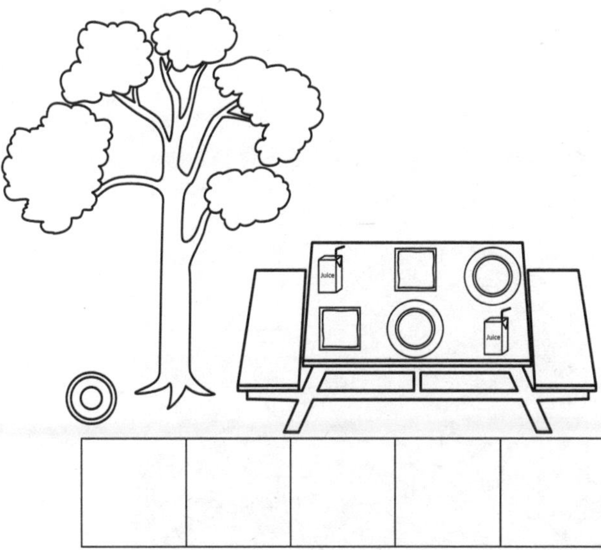

Instrucciones Pida a los estudiantes que: 5 nombren la figura sólida de la izquierda y luego encierren en un círculo la figura de la derecha que se parece a esa figura; 6 señalen cada objeto en el dibujo y digan a qué figura se parece cada uno. Luego, pídales que encierren en un círculo los objetos sólidos y marquen con una X los objetos planos.

Grupo G

Grupo H

Instrucciones Pida a los estudiantes que: 7 marquen con una X el objeto que está al lado del libro azul y encierren en un círculo el objeto que está debajo del objeto que tiene forma de esfera; 8 marquen con una X los objetos que tienen forma de círculo que están detrás del objeto que tiene forma de esfera.

Nombre ______________________________

TEMA 12

Evaluación

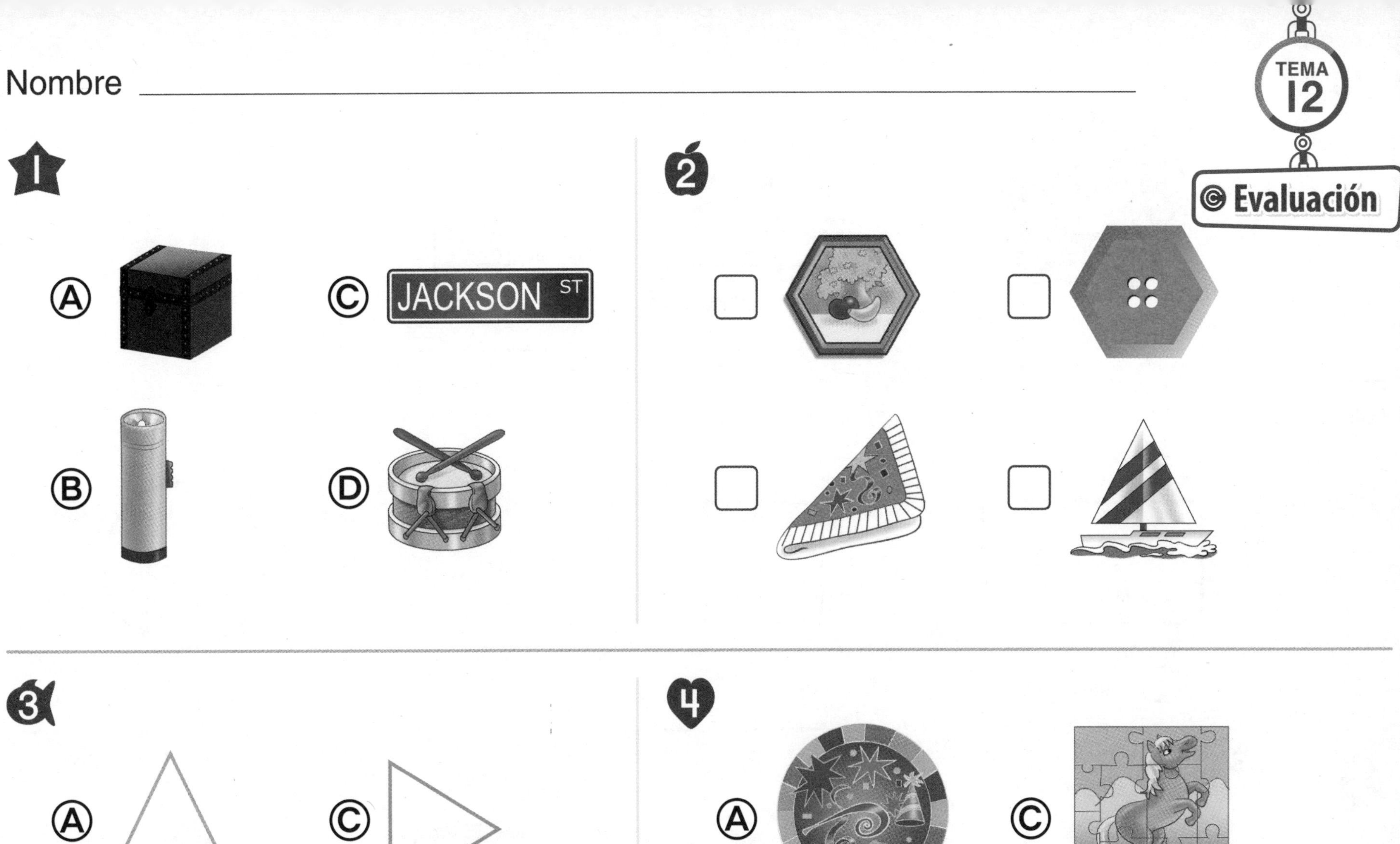

Instrucciones Pida a los estudiantes que marquen la mejor respuesta. 1 ¿Qué objeto NO es un sólido? 2 Marquen todos los objetos que tienen forma de hexágono. 3 ¿Qué objeto NO es un triángulo? 4 ¿Qué objeto tiene forma de cuadrado?

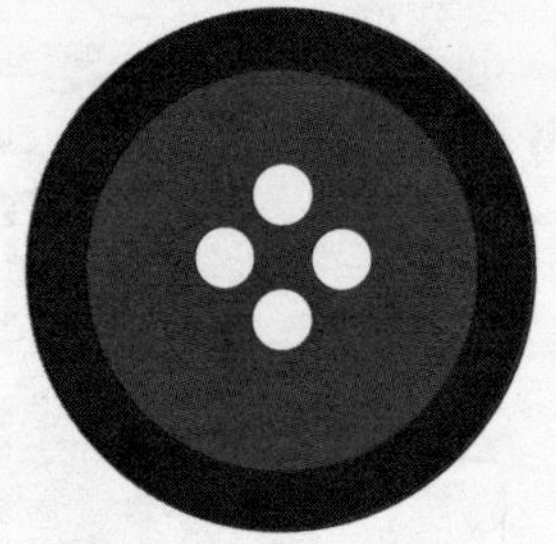

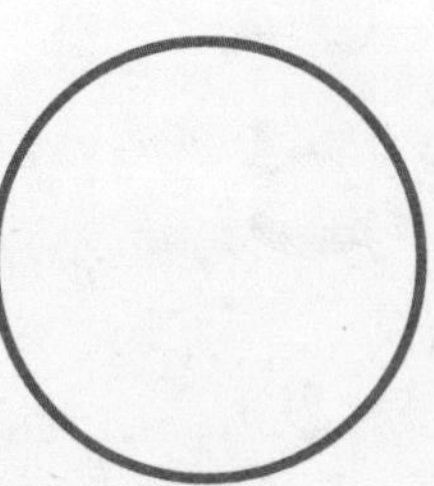

Instrucciones Pida a los estudiantes que: 5 marquen con una X los objetos que NO tienen forma de círculo; 6 nombren las figuras, coloreen los rectángulos y luego marquen con una X el rectángulo que es un cuadrado; 7 miren la figura sólida de la izquierda y luego encierren en un círculo el objeto que se parece a esa figura.

Nombre ______________________________

plano

sólido

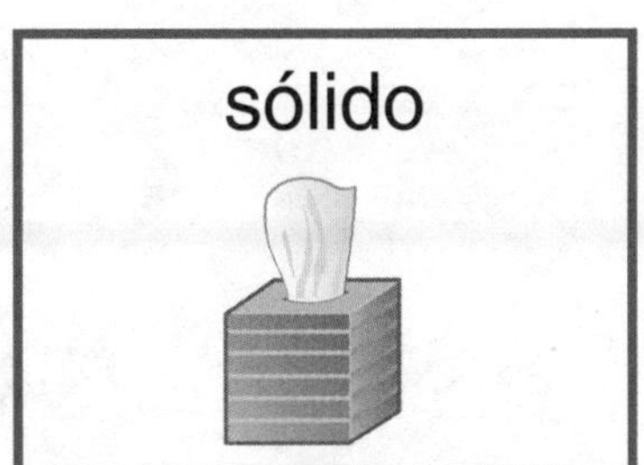

Instrucciones Pida a los estudiantes que: 8 dibujen un objeto que tenga forma de cilindro delante del florero. Luego, marquen con una X el objeto que está junto al gato y que tiene forma de cuadrado; 9 dibujen líneas desde los objetos planos hasta el primer cuadrado. Luego, pídales que dibujen líneas desde los objetos sólidos hasta el segundo cuadrado.

Instrucciones Pida a los estudiantes que: 10 hagan un dibujo de un objeto que tenga forma de esfera debajo del libro y al lado de una taza; 11 hagan un dibujo de un objeto plano. Luego, pídales que dibujen un objeto sólido; 12 encierren en un círculo los objetos que tienen forma de círculo y luego marquen con una X los objetos que tienen forma de rectángulo.

Nombre ______________________________

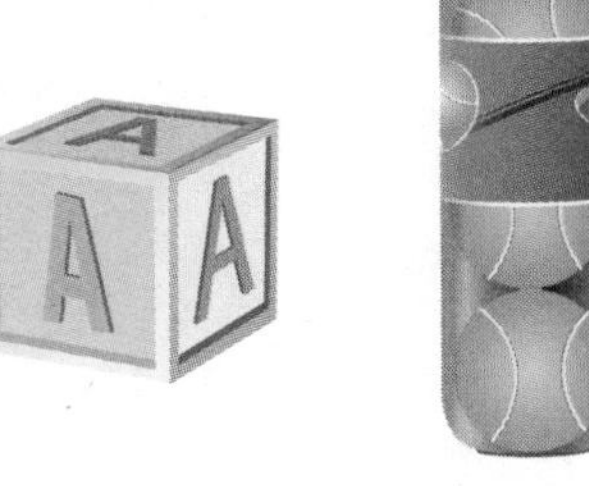

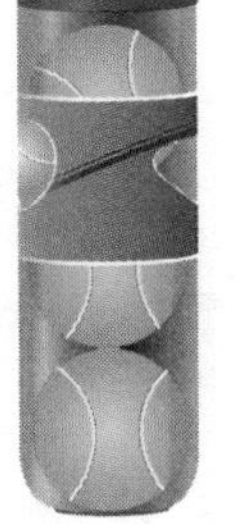

2

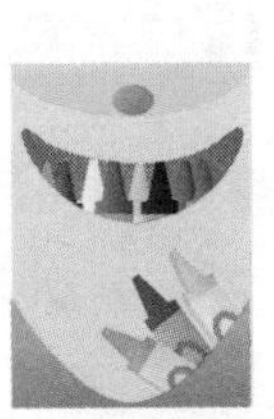

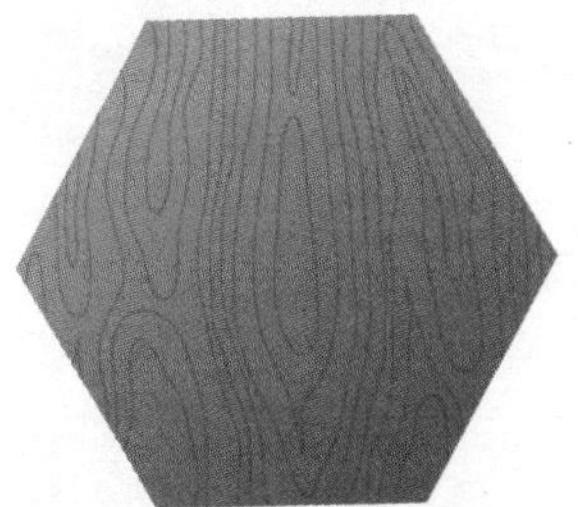

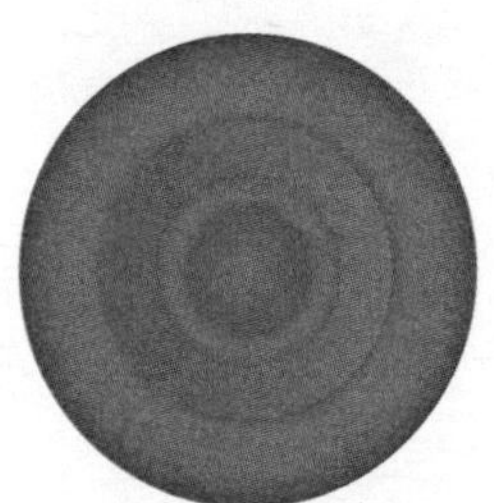

Instrucciones **¡A jugar!** Diga: *Supna y sus amigos están jugando con juguetes.* Pida a los estudiantes que: 1 encierren en un círculo los juguetes que tienen forma de cubo. Pida a los estudiantes que marquen con una X los juguetes que tienen forma de cilindro; 2 encierren en un círculo los juguetes que tienen forma de rectángulo. Luego, pídales que marquen con una X los rectángulos que son cuadrados.

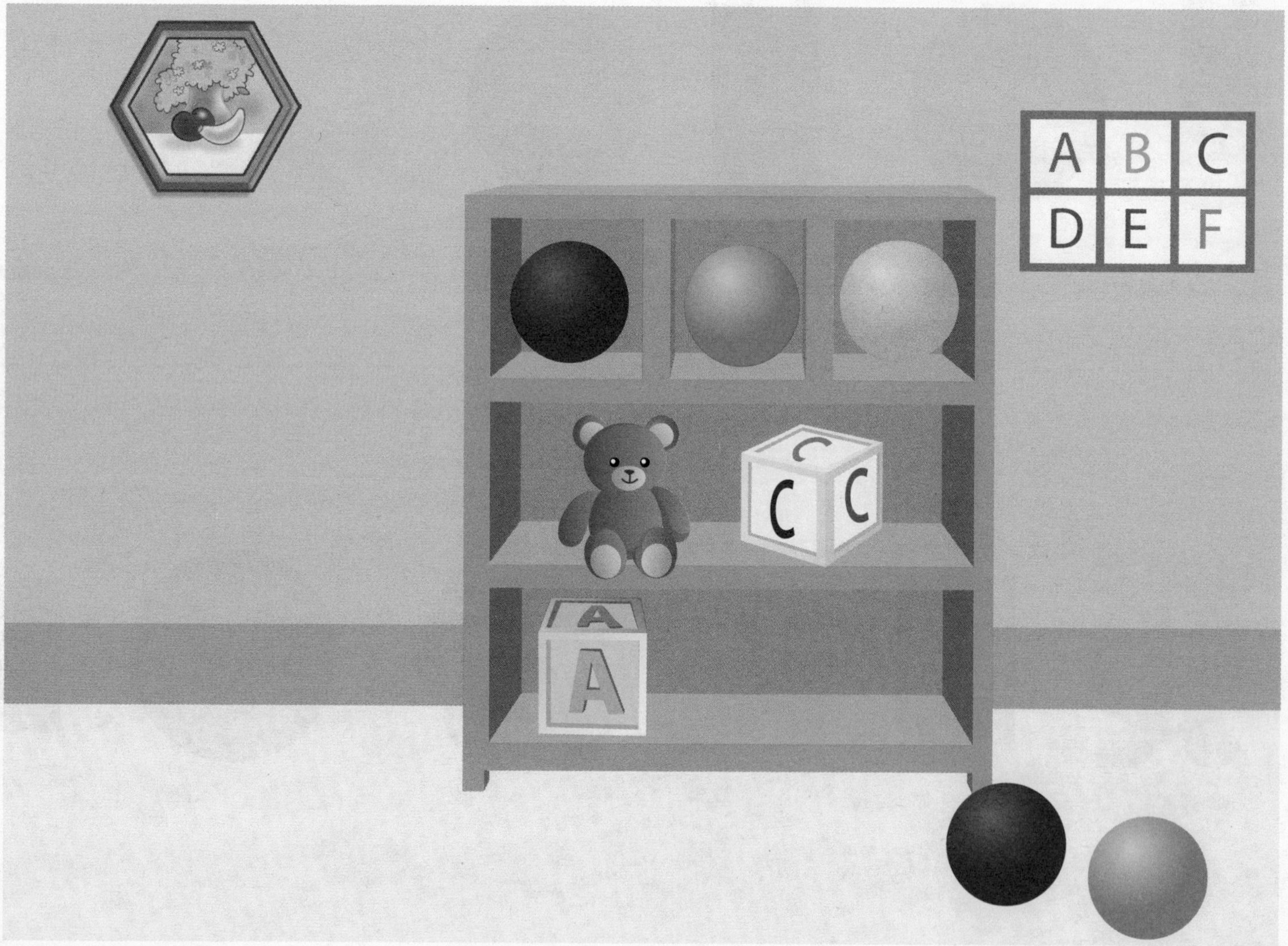

Instrucciones Pida a los estudiantes que: marquen con una X el objeto en el cuarto de juegos que tiene forma de hexágono; dibujen un objeto al lado del estante que tenga forma de cono; escuchen las pistas y luego encierren en un círculo el objeto descrito. Diga: *El objeto está arriba de los bloques. Tiene forma de esfera. Está al lado de la pelota verde. El objeto NO es amarillo.*

TEMA 13 Analizar, comparar y crear figuras

Pregunta esencial: ¿Cómo se llaman, describen, comparan y componen las figuras sólidas?

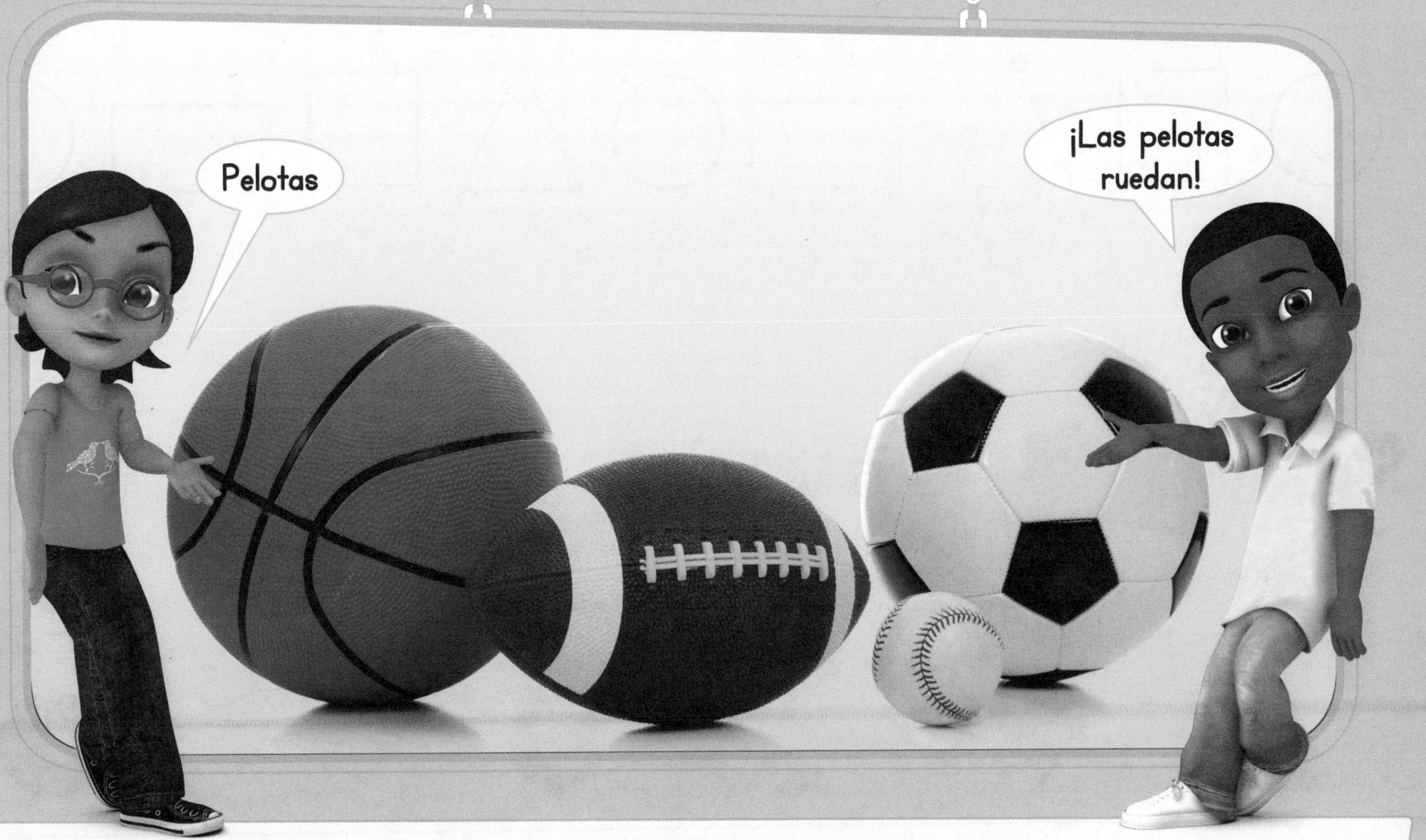

Pelotas

¡Las pelotas ruedan!

Proyecto de Matemáticas y Ciencias: ¿Cómo se mueven los objetos?

Instrucciones Lea el diálogo a los estudiantes. **¡Investigar!** Pida a los estudiantes que observen y describan cómo se mueven los objetos usando los términos *rodar, apilar* y *deslizar.* Diga: *Los objetos se mueven de distintas maneras. Hablen con sus amigos y familiares sobre objetos comunes con forma de cono, cilindro, esfera y cubo. Pregúnteles cómo se mueve cada uno y si ruedan, se apilan o se deslizan.* **Diario: Hacer un cartel** Pida a los estudiantes que hagan un cartel que muestre objetos comunes con forma de cono, cilindro, esfera y cubo y luego digan cómo se mueve cada uno.

Nombre ______________________________

Repasa lo que sabes

1

2

3

4

5

6

Instrucciones Pida a los estudiantes que: 1 encierren en un círculo el triángulo; 2 encierren en un círculo el círculo; 3 encierren en un círculo el cuadrado; 4 a 6 encierren en un círculo las figuras que tienen la misma forma.

A-Z Glosario

Mis tarjetas de palabras

Instrucciones Pida a los estudiantes que recorten las tarjetas de palabras. Lea la palabra o frase de la tarjeta y pídales que expliquen lo que la palabra o la frase significa.

rodar	deslizar	apilar
superficie plana		

Mis tarjetas de palabras

Instrucciones Revise las definiciones con los estudiantes y pídales que estudien las tarjetas. Para ampliar el aprendizaje, pida a los estudiantes que hagan dibujos de cada palabra en una hoja de papel.

Señale las figuras.
Diga: *Algunas figuras sólidas se pueden* ***apilar.***

Señale la figura.
Diga: *Las figuras sólidas con superficies planas se pueden* ***deslizar.***

Señale la figura.
Diga: *Algunas figuras sólidas se pueden* ***rodar.***

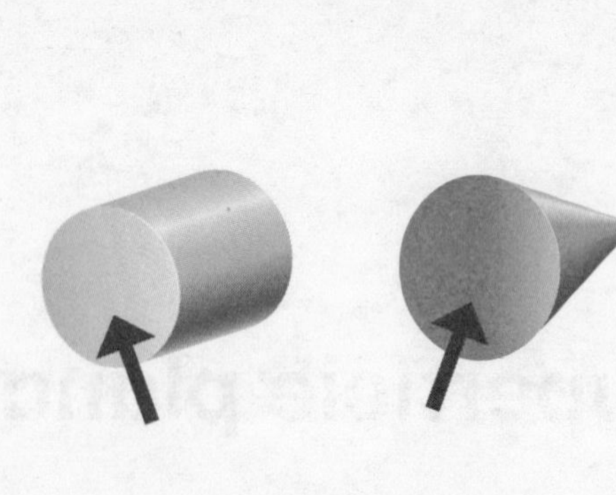

Señale la superficie plana de cada objeto.
Diga: *Algunas figuras sólidas tienen* ***superficies planas.***

Nombre ______________________________

Lección 13-1

Analizar y comparar figuras bidimensionales

Instrucciones Diga: *Emily quiere averiguar qué figura está detrás de la puerta. La figura tiene 4 vértices y 4 lados iguales. Usen las figuras que se encuentran encima de la puerta como ayuda para hallar la figura misteriosa. Dibujen la figura en la puerta.*

Puedo...
analizar y comparar figuras bidimensionales.

Estándar de contenido
K.G.B.4
Prácticas matemáticas
PM.2, PM.4, PM.6, PM.7

☆Práctica guiada

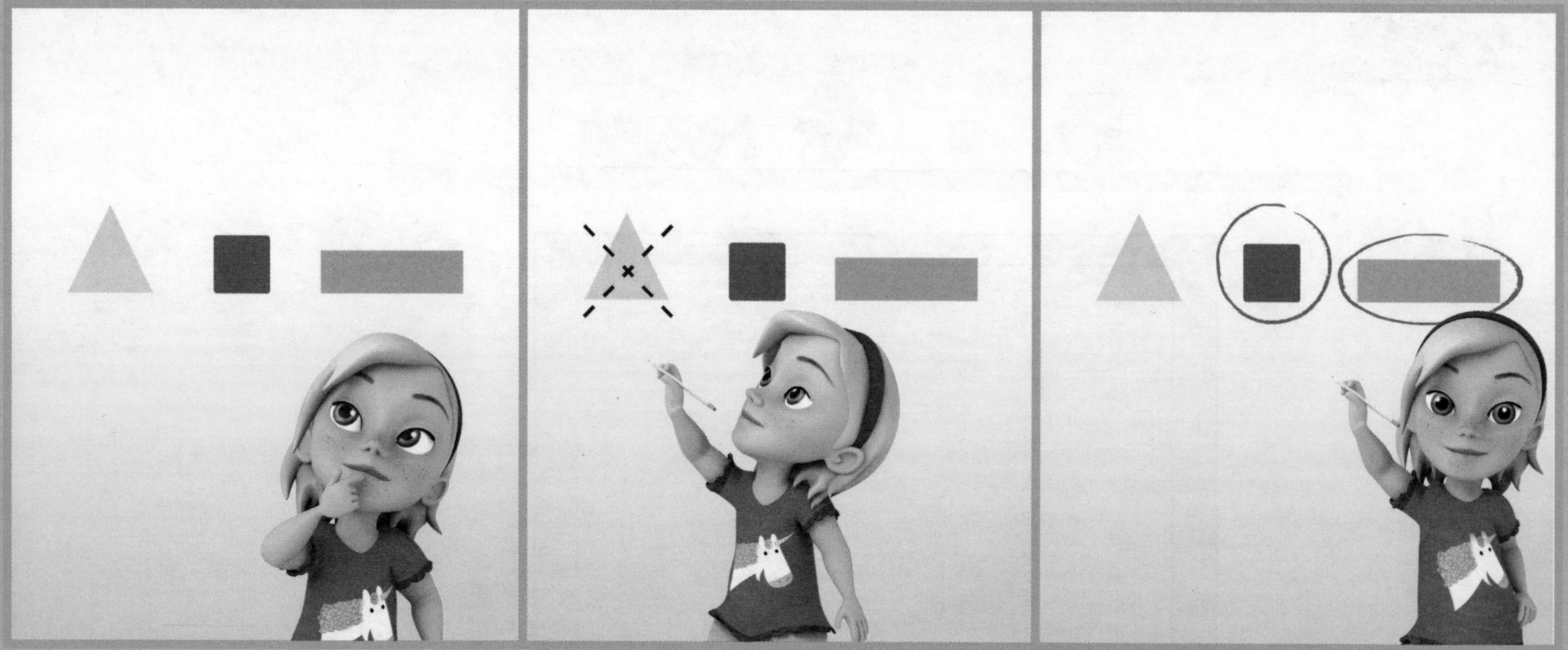

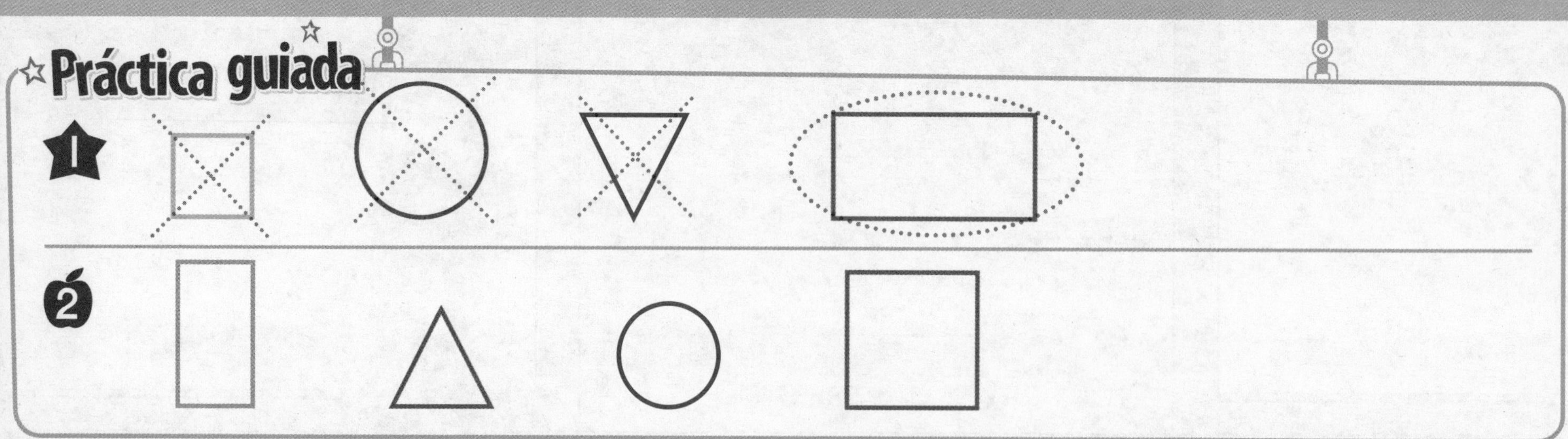

Instrucciones Pida a los estudiantes que escuchen las pistas, marquen con una X las figuras que NO se correspondan con las pistas, encierren en un círculo la figura descrita en las pistas y luego digan en qué se diferencian las figuras que marcaron con una X de las figuras que encerraron en un círculo. 1 *Tengo 4 lados. NO tengo 4 lados con la misma longitud. ¿Qué figura soy?* 2 *NO tengo 4 lados. NO tengo vértices. ¿Qué figura soy?*

Nombre ______________________________

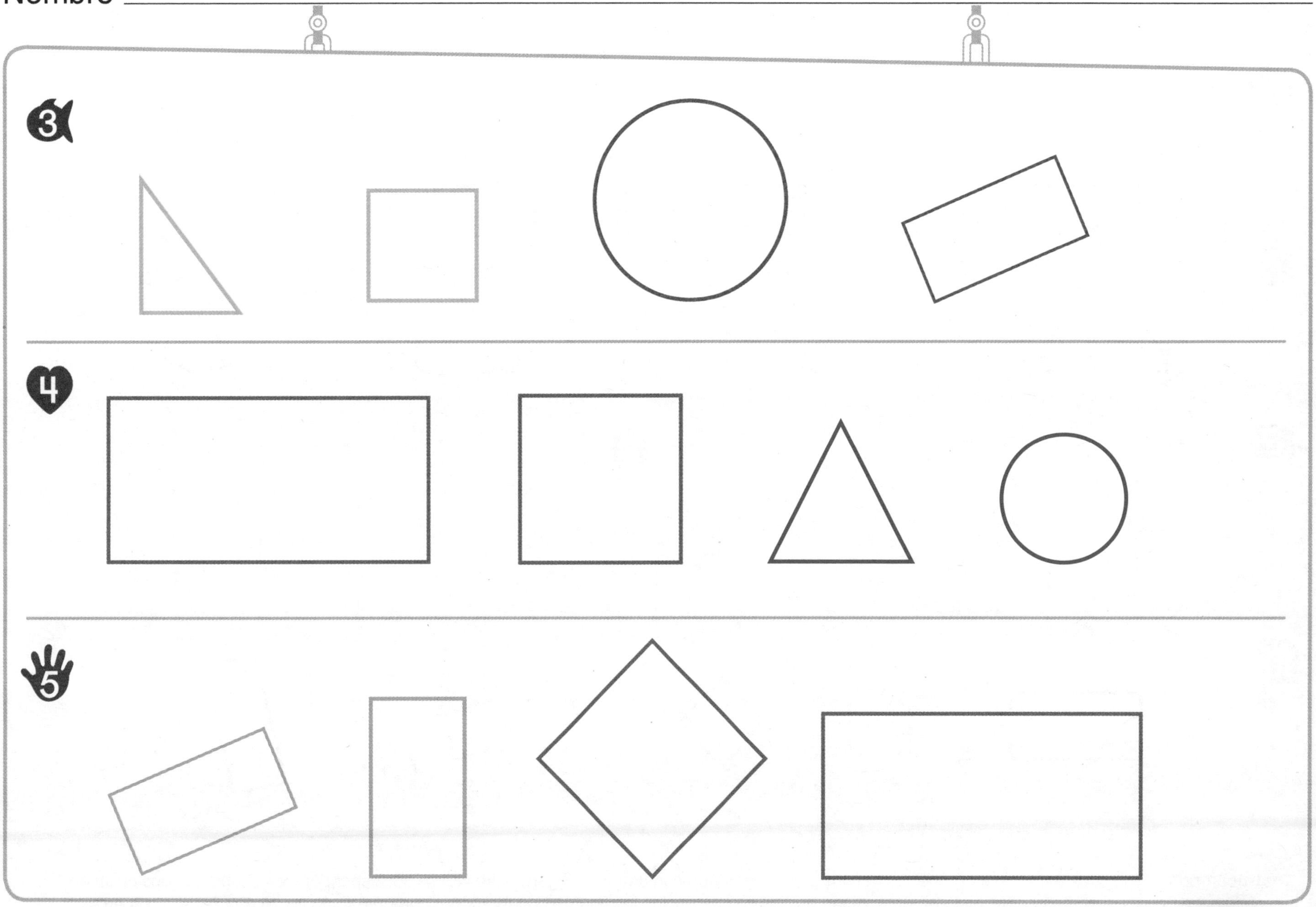

3

4

5

Instrucciones Pida a los estudiantes que escuchen las pistas, marquen con una X las figuras que NO se correspondan con las pistas, encierren en un círculo la figura descrita en las pistas y luego digan en qué se parecen las figuras que marcaron con una X y la figura que encerraron en un círculo. 3 **Sentido numérico** *NO soy redonda. Tengo menos de 4 lados. ¿Qué figura soy?* 4 *NO soy un rectángulo. Tengo 0 lados. ¿Qué figura soy?* 5 *Tengo 4 vértices. Soy un rectángulo especial porque todos mis lados tienen la misma longitud. ¿Qué figura soy?*

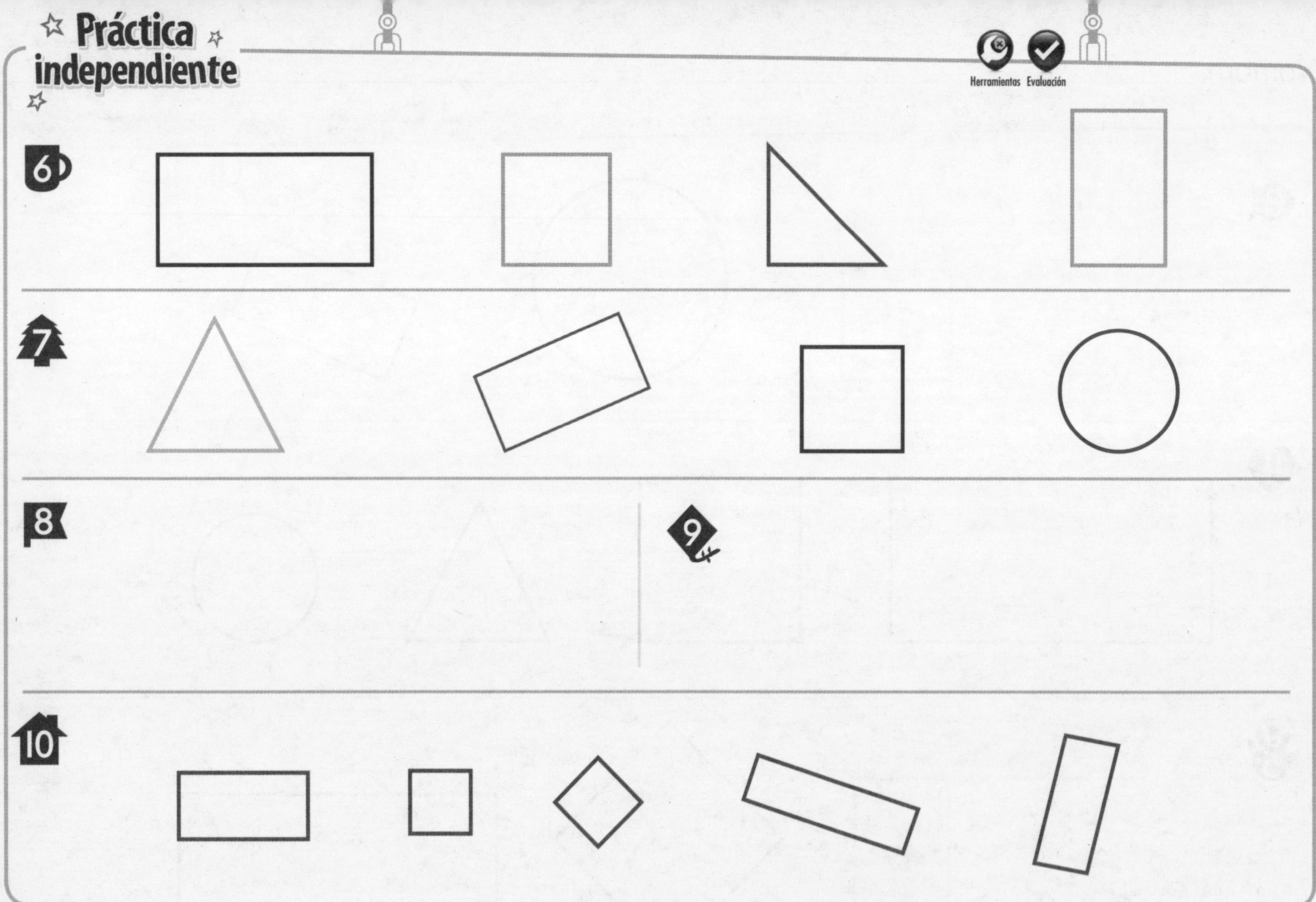

Instrucciones Pida a los estudiantes que escuchen las pistas, marquen con una X las figuras que NO se correspondan con las pistas, encierren en un círculo las figuras descritas en las pistas y luego digan en qué se diferencian las figuras que marcaron con una X y la figura que encerraron en un círculo. **6** *Mis lados NO tienen todos la misma longitud. Tengo 3 vértices. ¿Qué figura soy?* **7** *Tengo 4 lados. Tengo la misma forma que la puerta del salón de clases. ¿Qué figura soy?* **8** Pida a los estudiantes que escuchen las pistas y luego dibujen la figura descrita en las pistas: *Tengo más de 3 lados. El número de vértices que tengo es menor que 5. Todos mis lados tienen la misma longitud. ¿Qué figura soy?* **9** **Razonamiento de orden superior** Pida a los estudiantes que hagan un dibujo de una figura que tenga 4 lados y 4 vértices que NO sea un cuadrado o rectángulo y luego expliquen por qué no lo es. **10** **Razonamiento de orden superior** Pida a los estudiantes que encierren en un círculo los rectángulos. Pídales que coloreen todos los cuadrados y luego expliquen en qué se parecen y en qué se diferencian las figuras.

Nombre ____________________

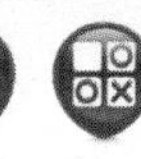
Ayuda Herramientas Juegos

Tarea y práctica 13-1

Analizar y comparar figuras bidimensionales

¡Revisemos!

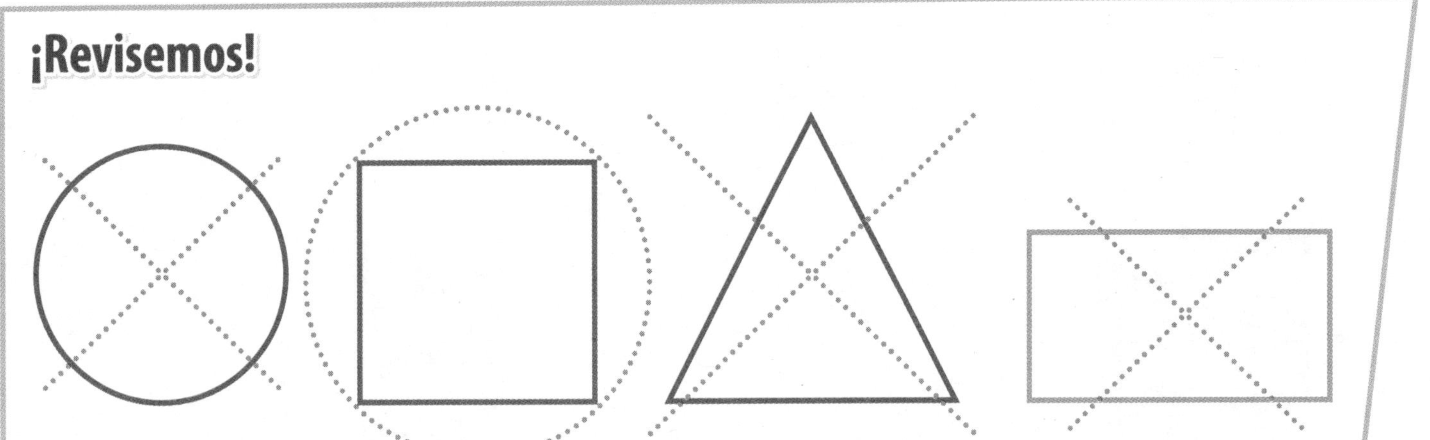

ACTIVIDAD PARA EL HOGAR Juegue a *¿Qué objeto soy?* con su niño(a). Piense en un objeto de la casa, como una ventana o una puerta, y dé pistas sobre el objeto. Por ejemplo: "Tengo 4 lados y 4 vértices. Todos mis lados son del mismo tamaño. ¿Qué figura soy?" Luego, pídale a su niño(a) que le dé pistas sobre un objeto.

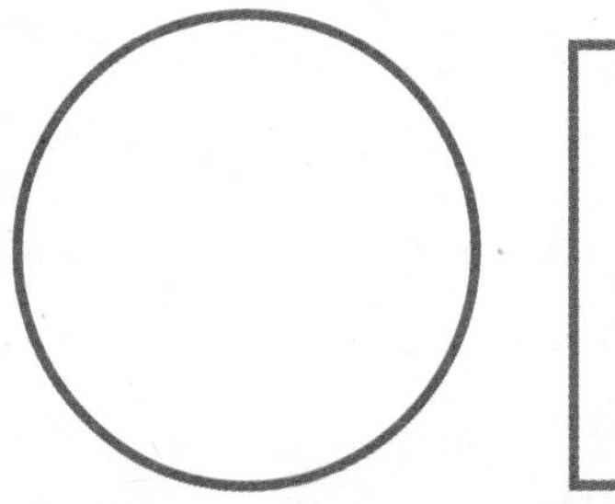

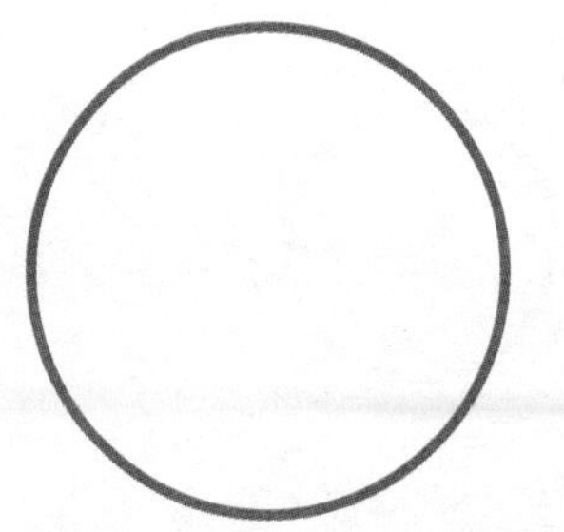

Instrucciones Diga: *Escuchen las pistas. Después de cada pista, marquen con una X cualquier figura que NO se corresponda con las pistas. Tengo 4 lados. Soy un rectángulo especial porque todos mis lados tienen la misma longitud. Encierren en un círculo la figura que se corresponde con todas las pistas.* Pida a los estudiantes que escuchen las pistas, marquen con una X las figuras que NO se corresponden con las pistas, encierren en un círculo la figura descrita en las pistas y luego digan en qué se parecen las figuras que marcaron con una X y la figura que encerraron en un círculo. **1** *NO tengo 4 vértices. Tengo 3 lados. ¿Qué figura soy?* **2** *Tengo 4 vértices. Mis lados NO son todos de la misma longitud. ¿Qué figura soy?*

Instrucciones Pida a los estudiantes que escuchen las pistas para hallar el objeto misterioso en cada fila. Pida a los estudiantes que marquen con una X los objetos que NO se correspondan con las pistas, encierren en un círculo el objeto descrito en las pistas y luego digan en que se diferencia la forma de los objetos marcados con una X y el objeto que encerraron en un círculo. 3 *NO tengo 3 lados. Soy redonda. ¿Qué figura soy?* 4 *NO soy redonda. Tengo 4 lados de la misma longitud. ¿Qué figura soy?* 5 Pida a los estudiantes que escriban el número que indica cuántos vértices tiene la figura. 6 **Razonamiento de orden superior** Pida a los estudiantes que hagan un dibujo de un objeto del salón de clases que tenga 0 lados y 0 vértices. 7 **Razonamiento de orden superior** Pida a los estudiantes que encierren en un círculo los círculos y marquen con una X las otras figuras. Pídales que expliquen por qué las otras NO son círculos.

Nombre ______________________________

Lección 13-2

Analizar y comparar figuras tridimensionales

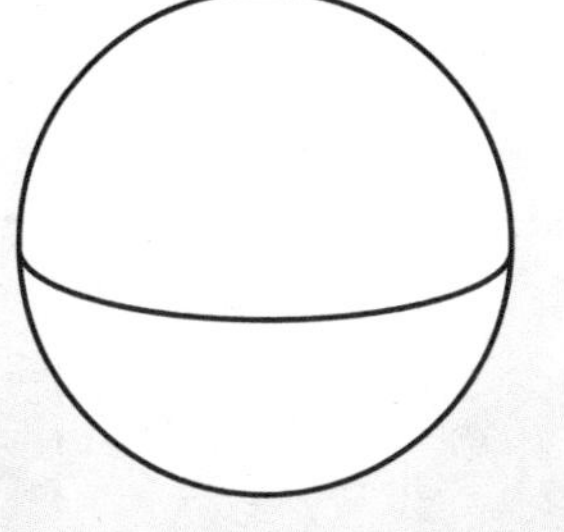

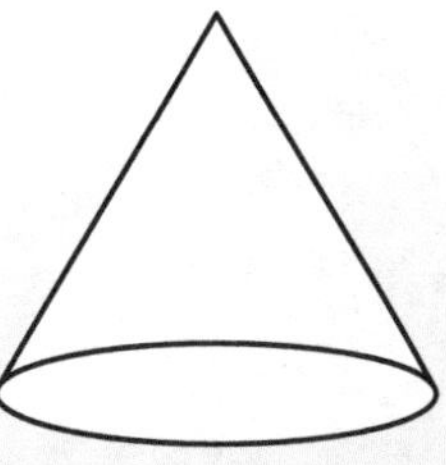

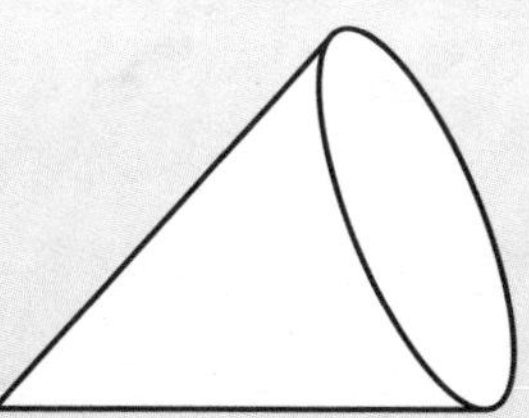

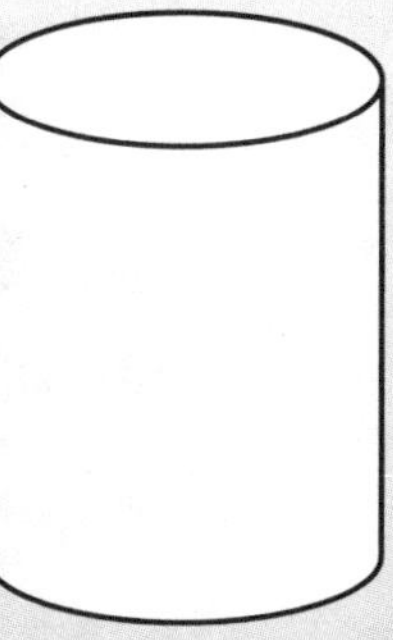

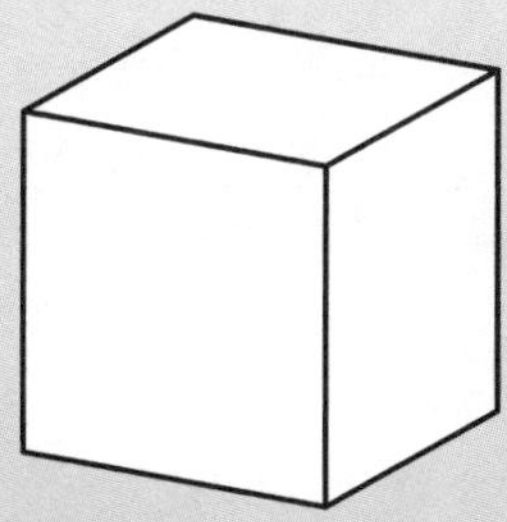

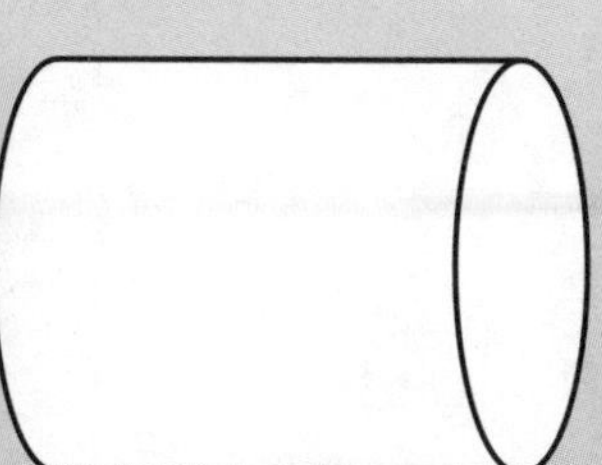

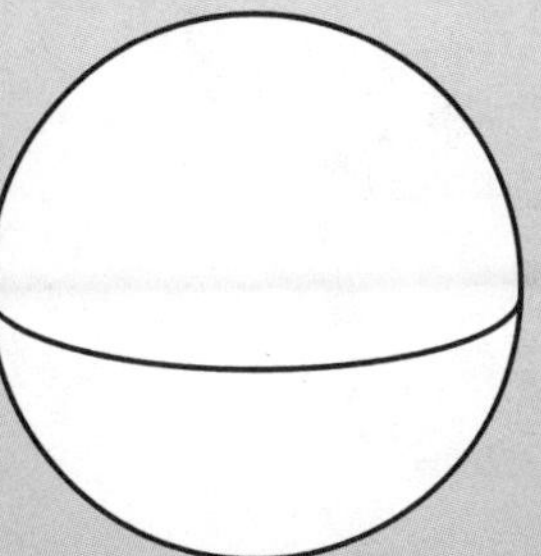

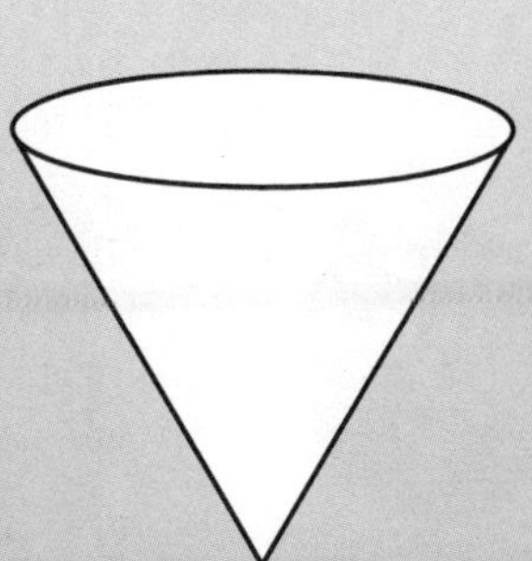

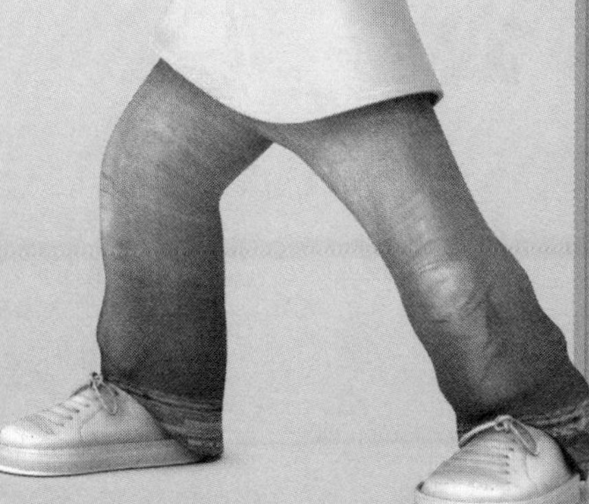

Instrucciones Diga: *Jackson quiere hallar una figura sólida. La figura sólida tiene lados planos y rueda. Coloreen las figuras sólidas que corresponden a la descripción.*

Puedo...
analizar y comparar figuras tridimensionales.

Estándar de contenido
K.G.B.4
Prácticas matemáticas
PM.1, PM.2, PM.3, PM.7

Práctica guiada

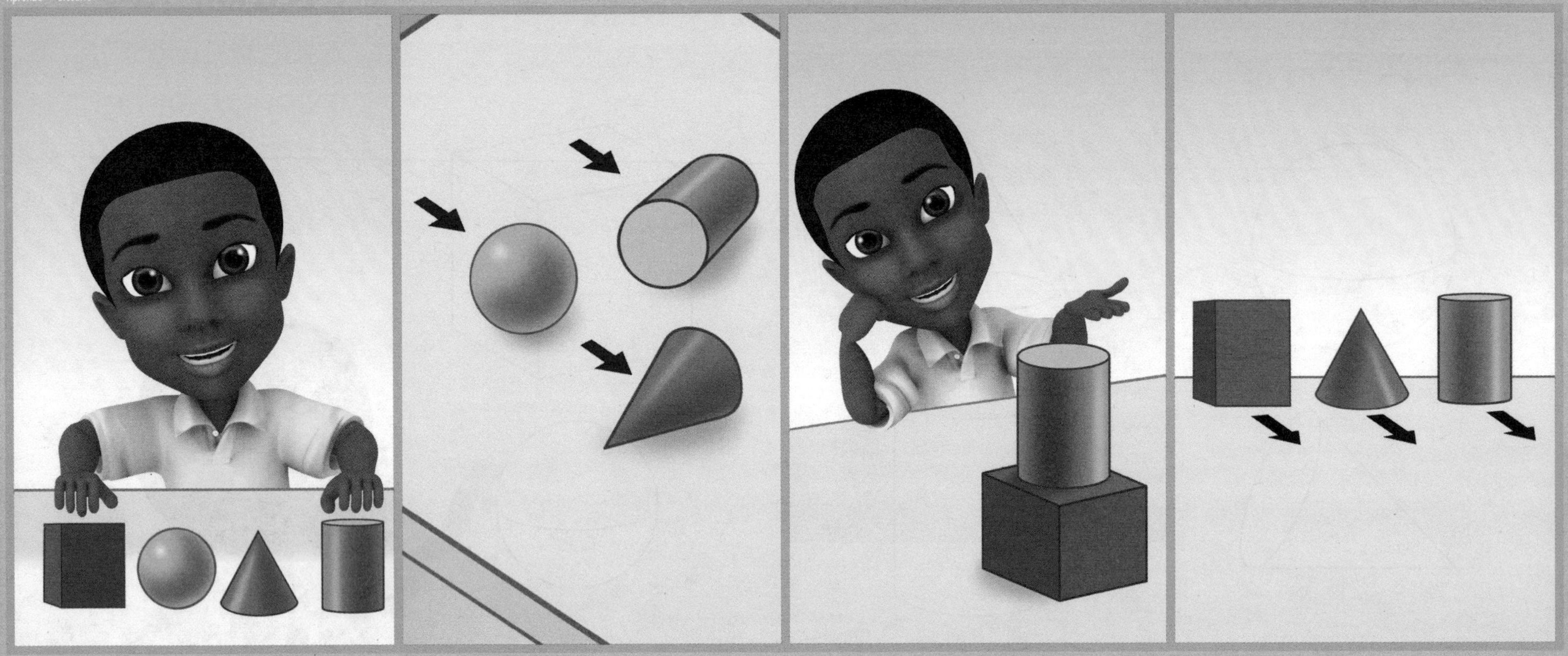

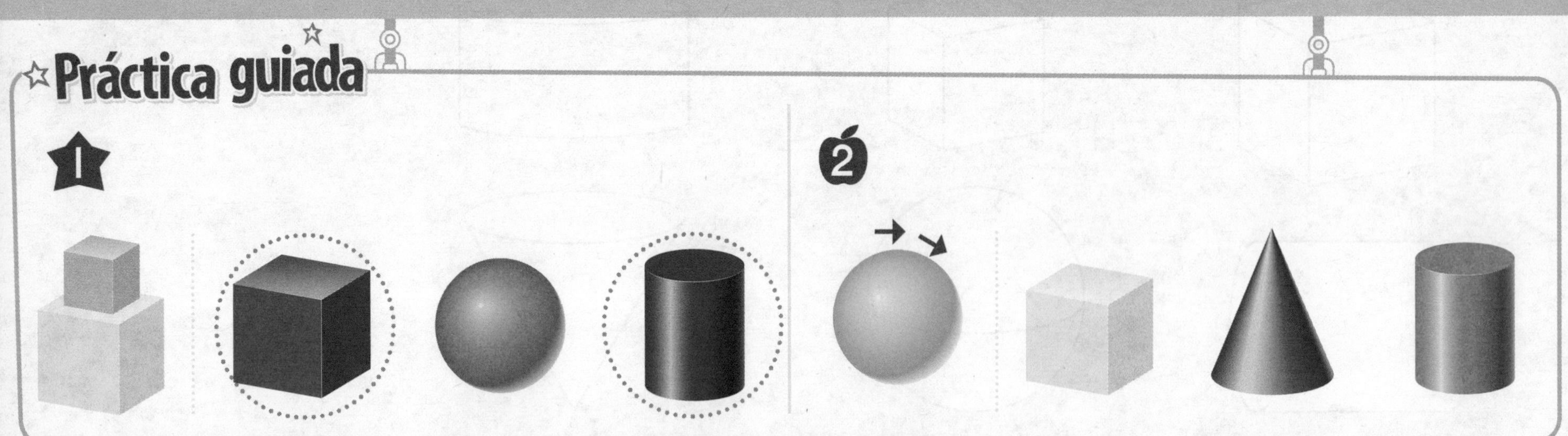

Instrucciones Pida a los estudiantes que: 1 miren las figuras sólidas apiladas a la izquierda y luego encierren en un círculo las otras figuras sólidas que se pueden apilar; 2 miren a la izquierda la figura sólida que puede rodar y luego encierren en un círculo las otras figuras sólidas que ruedan.

Nombre ______________________________

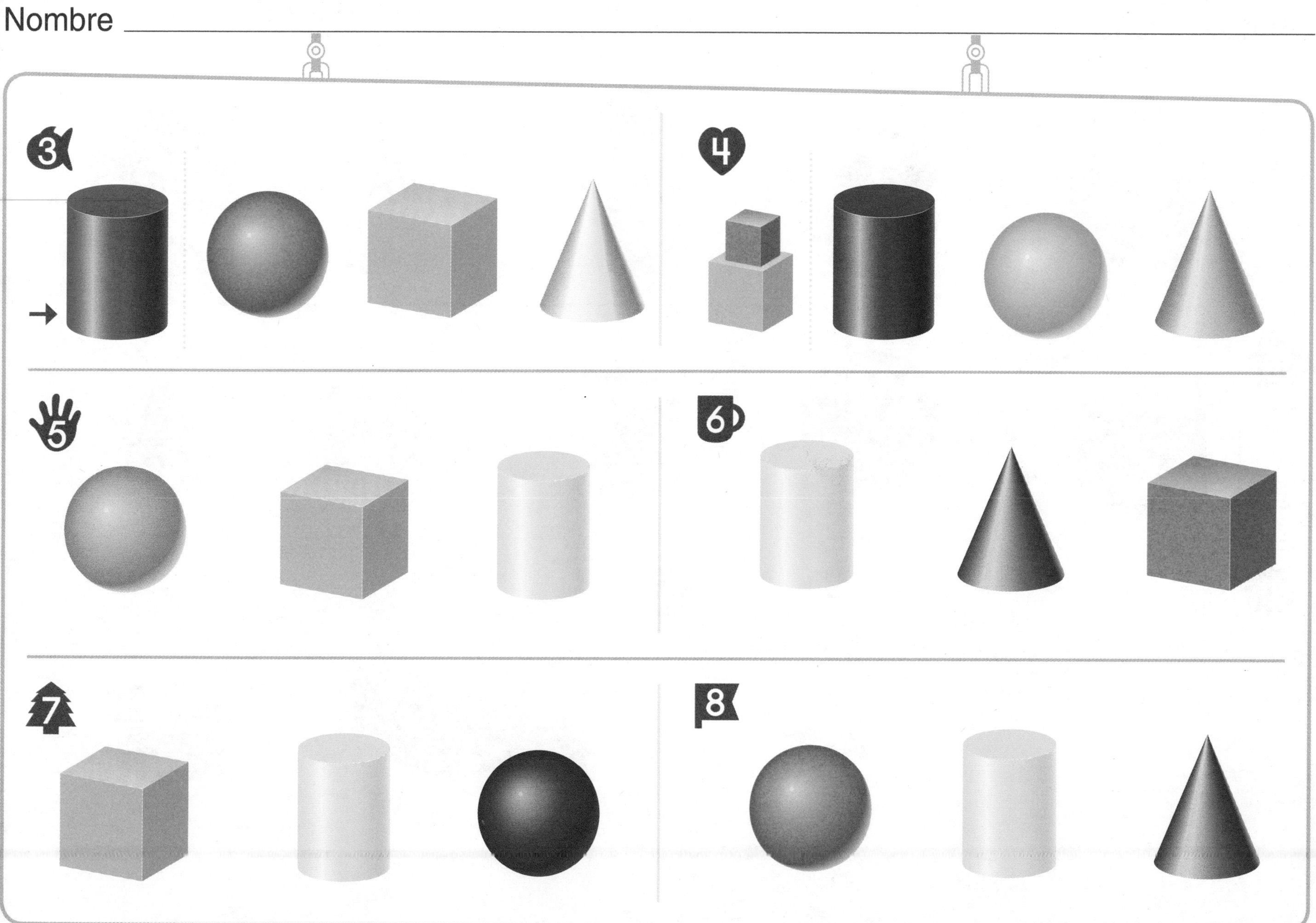

Instrucciones Pida a los estudiantes que: 3 miren a la izquierda la figura sólida que se desliza y luego encierren en un círculo las otras figuras sólidas que se deslizan; 4 miren las figuras sólidas apiladas a la izquierda y luego encierren en un círculo las otras figuras sólidas que se pueden apilar; 5 encierren en un círculo la figura sólida que se puede rodar y apilar; 6 encierren en un círculo las figuras sólidas que se pueden rodar y deslizar; 7 encierren en un círculo las figuras sólidas que se pueden apilar y deslizar. 8 **Matemáticas y Ciencias** Pida a los estudiantes que encierren en un círculo la figura sólida que NO se puede apilar ni deslizar. Luego, pregúnteles qué movimiento haría rodar a una esfera.

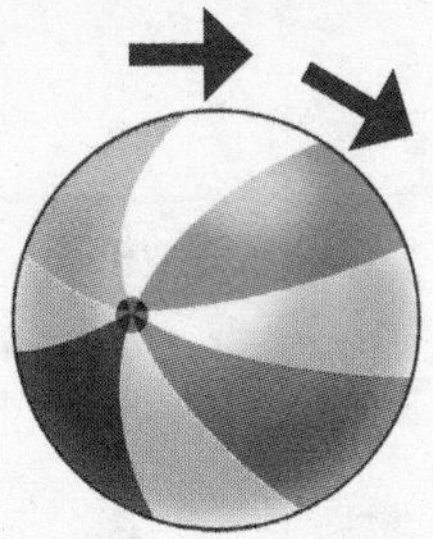

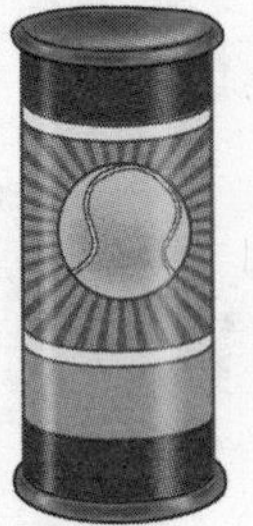

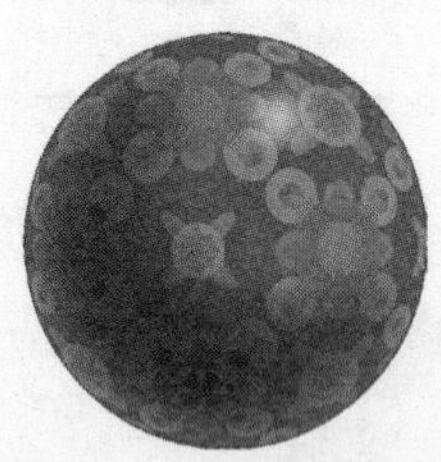

Instrucciones Pida a los estudiantes que: 9 miren a la izquierda el objeto que rueda y luego encierren en un círculo los otros objetos que ruedan; 10 miren a la izquierda el objeto que se desliza y luego encierren en un círculo los otros objetos que se deslizan. 11 **Razonamiento de orden superior** Pida a los estudiantes que dibujen 2 figuras sólidas que se pueden apilar una sobre la otra. 12 **Razonamiento de orden superior** Pida a los estudiantes que encierren en un círculo el cubo y luego expliquen por qué el otro sólido NO es un cubo.

Nombre ______________________________

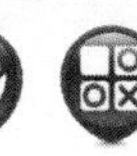

Ayuda Herramientas Juegos

Tarea y práctica 13-2

Analizar y comparar figuras tridimensionales

ACTIVIDAD PARA EL HOGAR Muéstrele a su niño(a) una pelota, una lata y un cubo con forma de bloque. Pídale que compare las características de cada objeto, como qué objetos se pueden apilar, cuáles se pueden rodar y cuáles se pueden deslizar. Pida a su niño(a) que señale las superficies planas en cada objeto.

¡Revisemos!

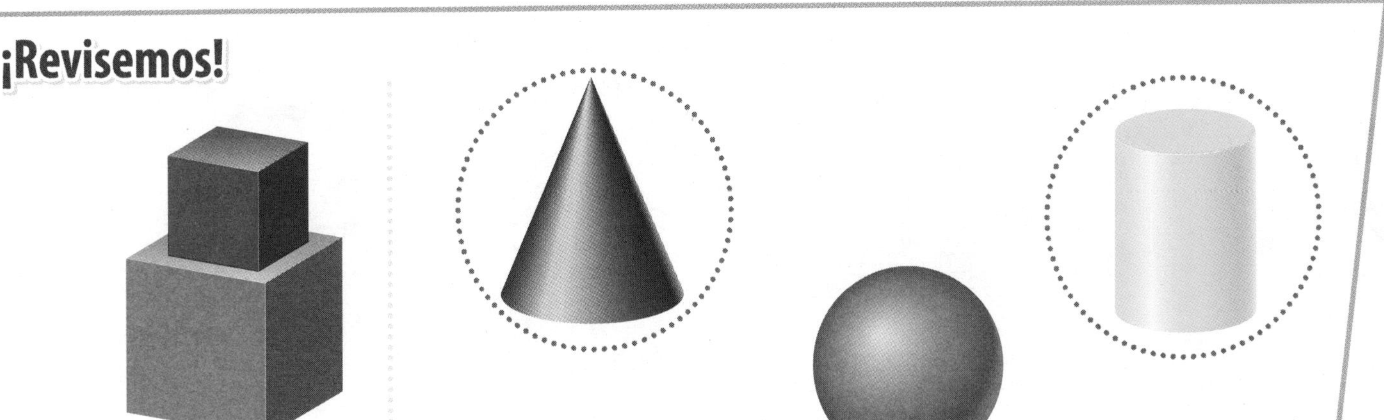

1

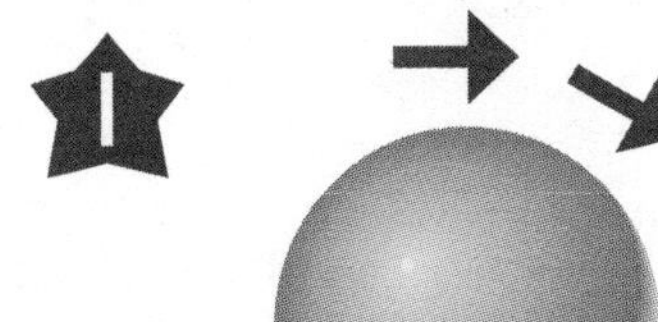

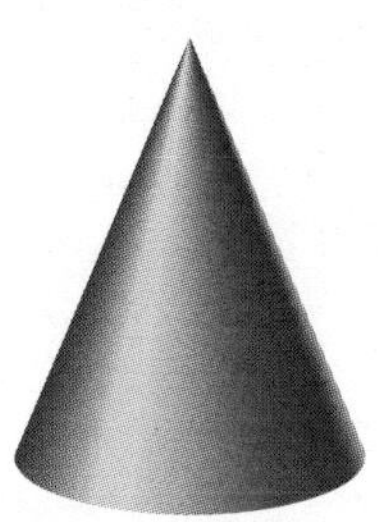

2

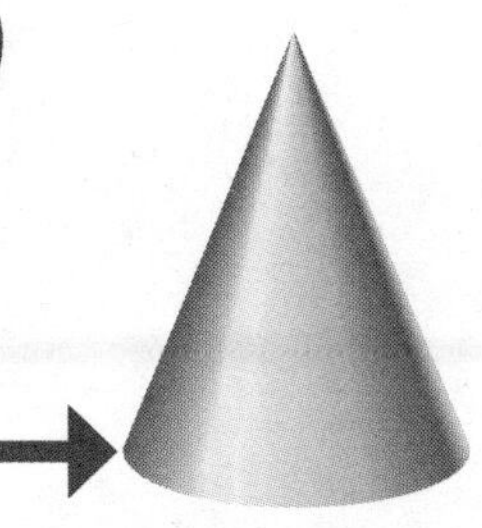

Instrucciones Diga: *Un cubo se puede apilar sobre otro cubo. Encierren en un círculo las otras figuras sólidas que también se pueden apilar sobre un cubo.* Pida a los estudiantes que: 1 miren la figura sólida de la izquierda que se puede rodar y luego encierren en un círculo las otras figuras sólidas que se pueden rodar; 2 miren la figura sólida de la izquierda que se puede deslizar y luego encierren en un círculo las otras figuras sólidas que se pueden deslizar.

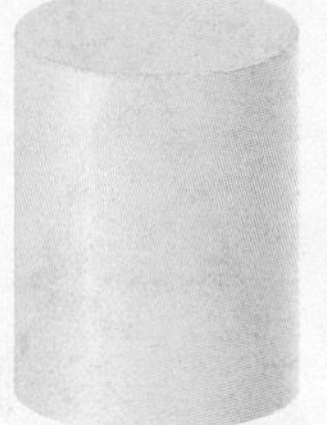

6

Instrucciones Pida a los estudiantes que: 3 marquen con una X las figuras sólidas que se pueden rodar y deslizar; 4 marquen con una X la figura sólida que NO es una esfera y luego expliquen en qué se parece y en qué se diferencia de una esfera. 5 **Razonamiento de orden superior** Pida a los estudiantes que dibujen 2 figuras sólidas que puedan rodar. 6 **Razonamiento de orden superior** Pida a los estudiantes que usen cada una de las 3 figuras sólidas que se pueden apilar para dibujar un castillo hecho de bloques. Luego, pídales que expliquen por qué los conos solo se pueden apilar encima de otras figuras.

Nombre ______________________________

Lección 13-3

Comparar figuras bidimensionales y tridimensionales

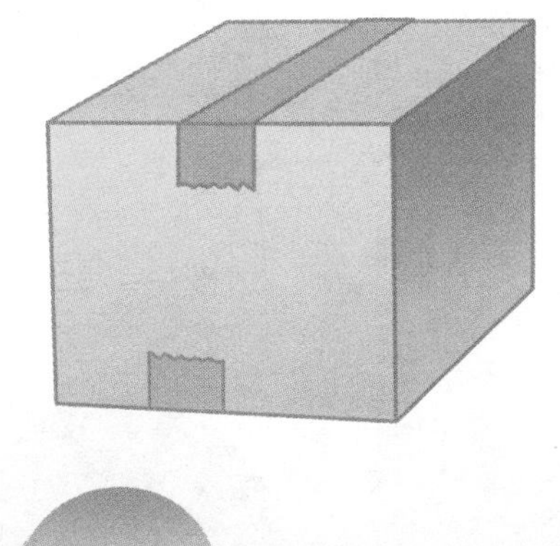

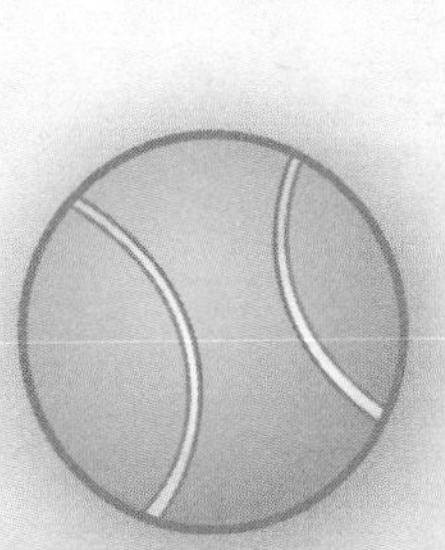

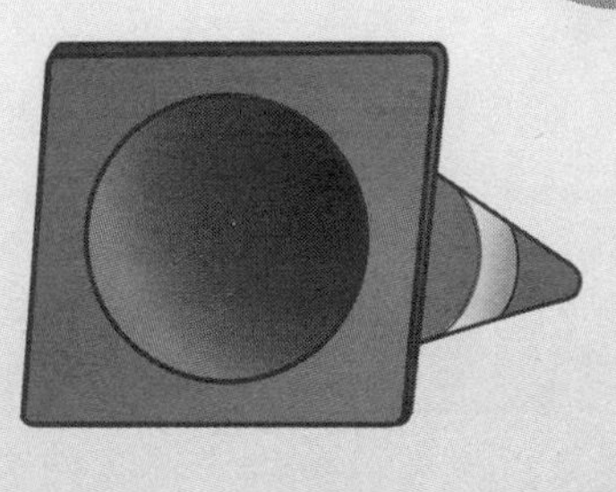

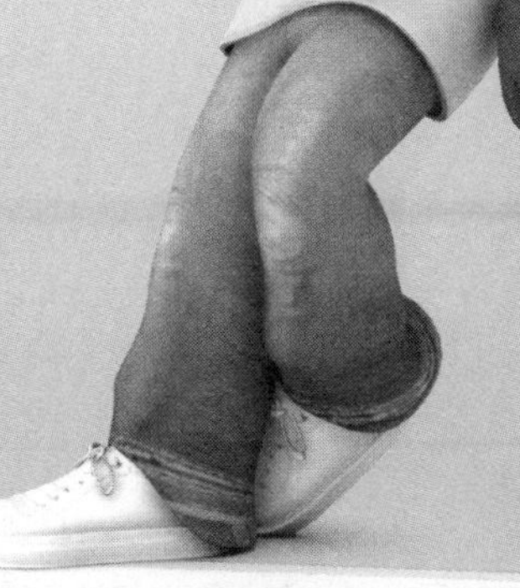

Instrucciones Diga: *Jackson necesita hallar un círculo que sea la superficie plana de una figura sólida. ¿Qué figuras sólidas tienen un círculo como parte de la figura? Encierren en un círculo las figuras sólidas que tienen una parte que es un círculo. Marquen con una X las figuras sólidas que NO la tienen.*

Puedo...
analizar y comparar figuras bidimensionales y tridimensionales.

Estándar de contenido
K.G.B.4
Prácticas matemáticas
PM.2, PM.5, PM.6

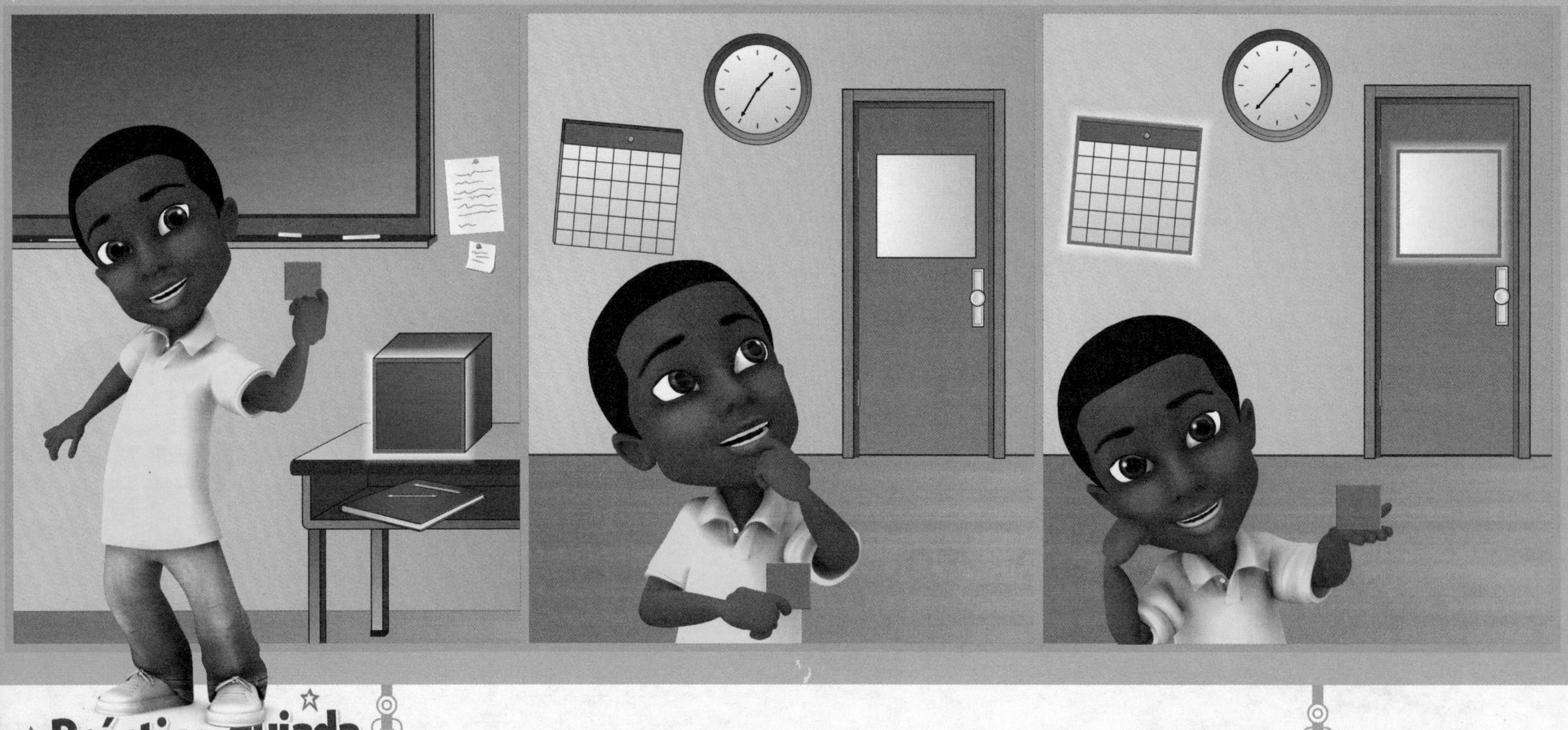

Práctica guiada

1

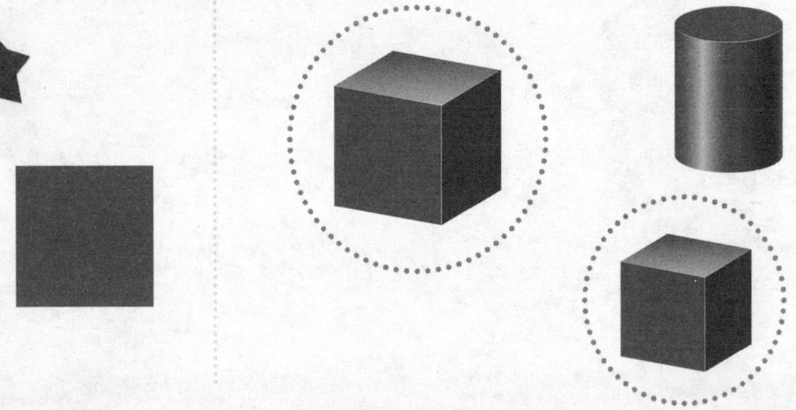

2

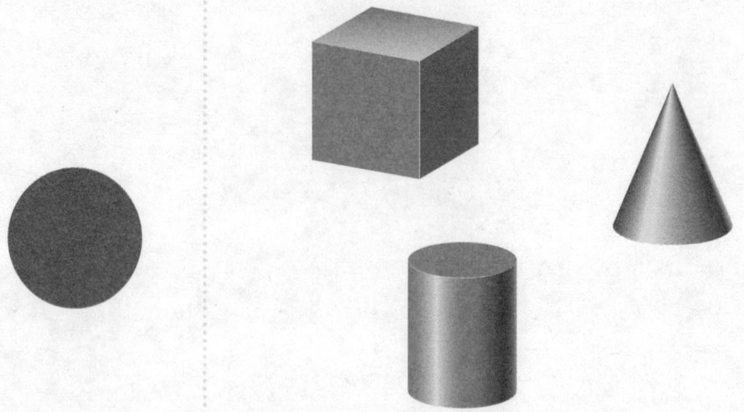

Instrucciones Pida a los estudiantes que: 1 y 2 miren la figura de la izquierda y luego encierren en un círculo las figuras sólidas que tienen una superficie plana con esa forma.

Nombre ______________________________

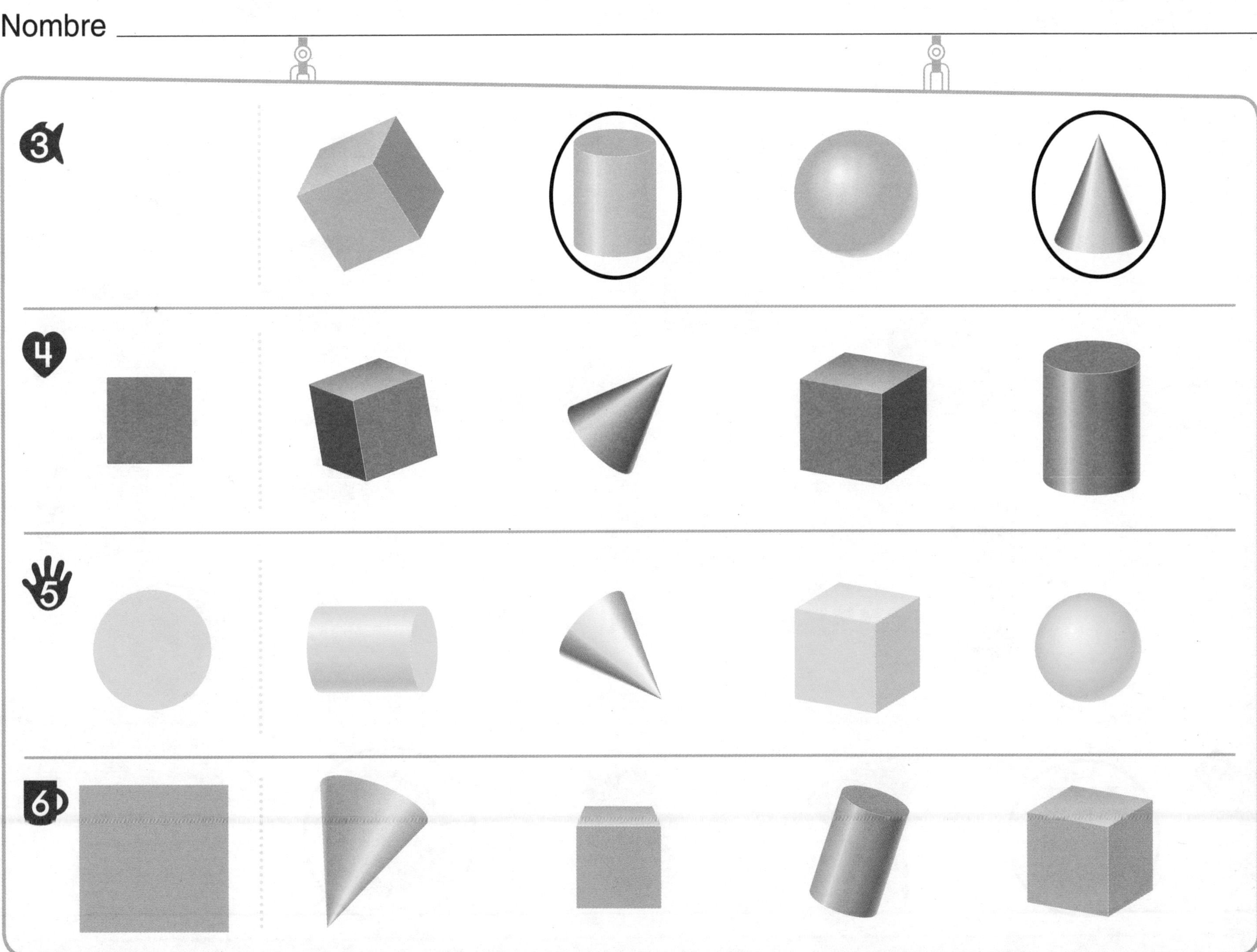

Instrucciones 3 **Vocabulario** Pida a los estudiantes que dibujen la **superficie plana** de las figuras sólidas que están dentro de un círculo. 4 a 6 Pida a los estudiantes que miren la figura que se encuentra a la izquierda y luego encierren en un círculo las figuras sólidas que tienen superficies planas con esa figura.

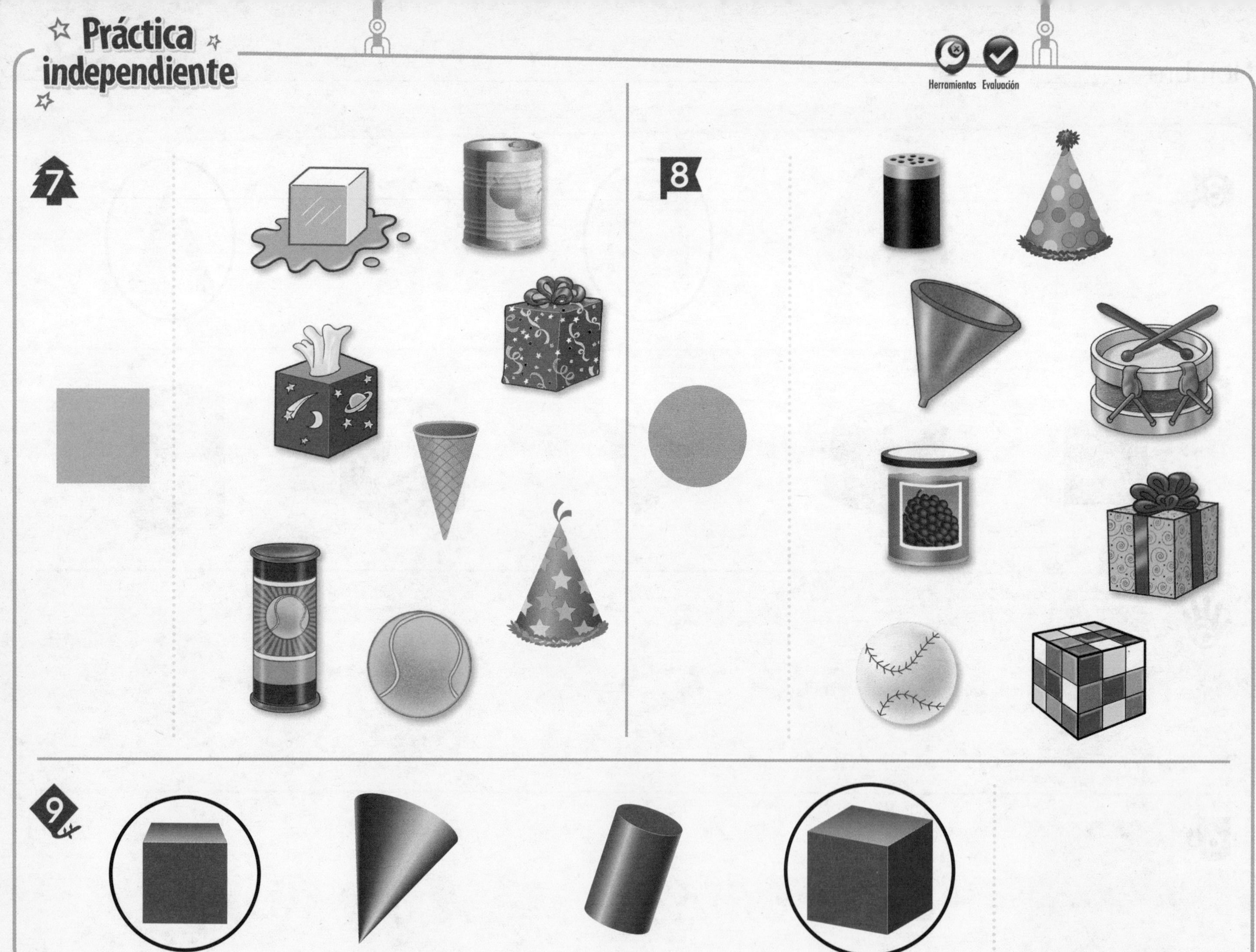

Instrucciones Pida a los estudiantes que: 7 y 8 miren la figura que se encuentra a la izquierda y luego encierren en un círculo los objetos que tienen una superficie plana con esa figura. 9 **Razonamiento de orden superior** Pida a los estudiantes que miren las figuras sólidas que están dentro de un círculo y luego dibujen la figura de la superficie plana de esas figuras.

Nombre ______________________________

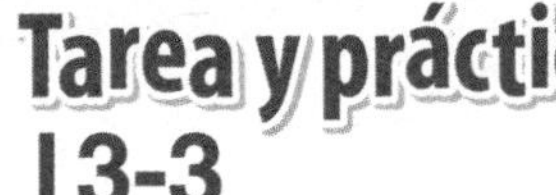

Tarea y práctica 13-3

Comparar figuras bidimensionales y tridimensionales

ACTIVIDAD PARA EL HOGAR Muéstrele a su niño(a) una lata y pídale que identifique las superficies planas (círculos). Muéstrele una caja con forma de cubo y pídale que identifique las superficies planas (cuadrados). Túrnense para identificar otros objetos con superficies planas que sean círculos o cuadrados.

¡Revisemos!

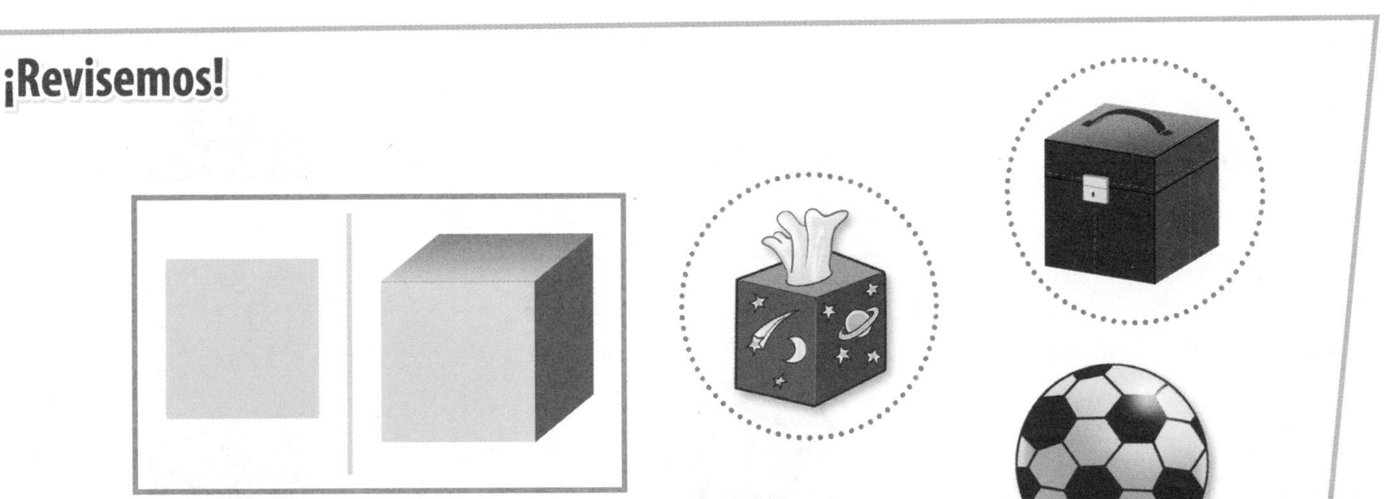

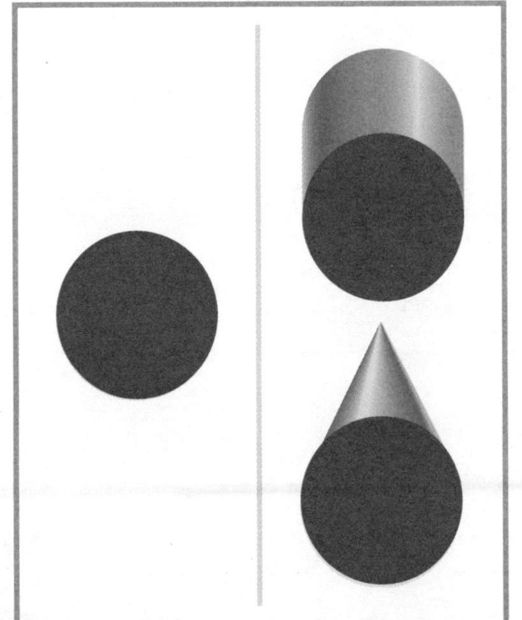

Instrucciones Diga: *Un cubo tiene superficies cuadradas y planas. Encierren en un círculo los objetos que tienen una superficie cuadrada y plana.* ★1 Pida a los estudiantes que miren el cilindro y el cono en el recuadro azul, identifiquen la figura de sus superficies planas y luego marquen con una X los objetos que tienen una superficie plana con esa figura.

3

4

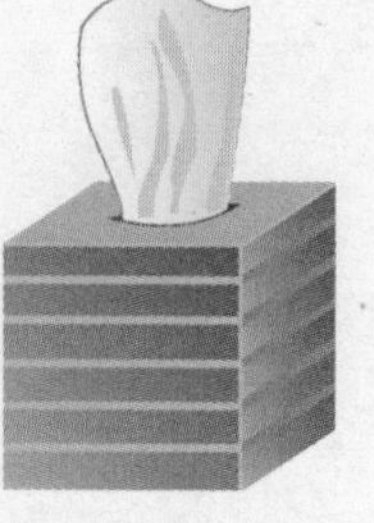

Instrucciones Pida a los estudiantes que: 2 y 3 miren el objeto de la izquierda y luego encierren en un círculo la figura de sus superficies planas; 4 y 5 miren los objetos y luego dibujen la figura de sus superficies planas.

Nombre ______________________

Prácticas matemáticas y resolución de problemas

Lección 13-4

Entender y perseverar

1

2

Piensa.

Puedo...
analizar, comparar y formar diferentes figuras bidimensionales y tridimensionales usando las matemáticas.

Prácticas matemáticas PM.1 También, PM.3, PM.5, PM.6
Estándares de contenido K.G.A.3, K.G.B.4

Instrucciones Diga: *Jackson quiere poner figuras planas detrás de la Puerta 1 y figuras sólidas detrás de la Puerta 2. Tracen una línea desde cada figura hasta la puerta correcta para mostrar cómo debe agrupar las figuras.*

Escucha.

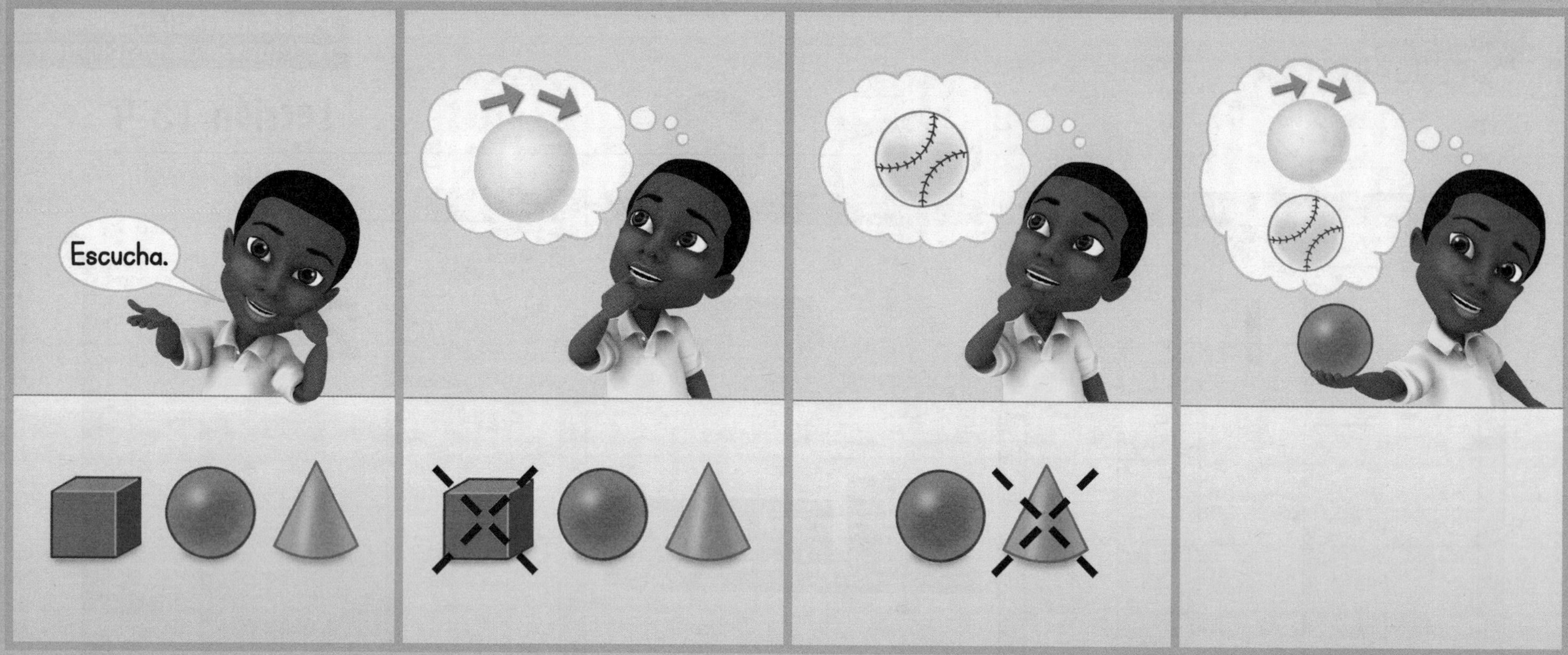

Práctica guiada

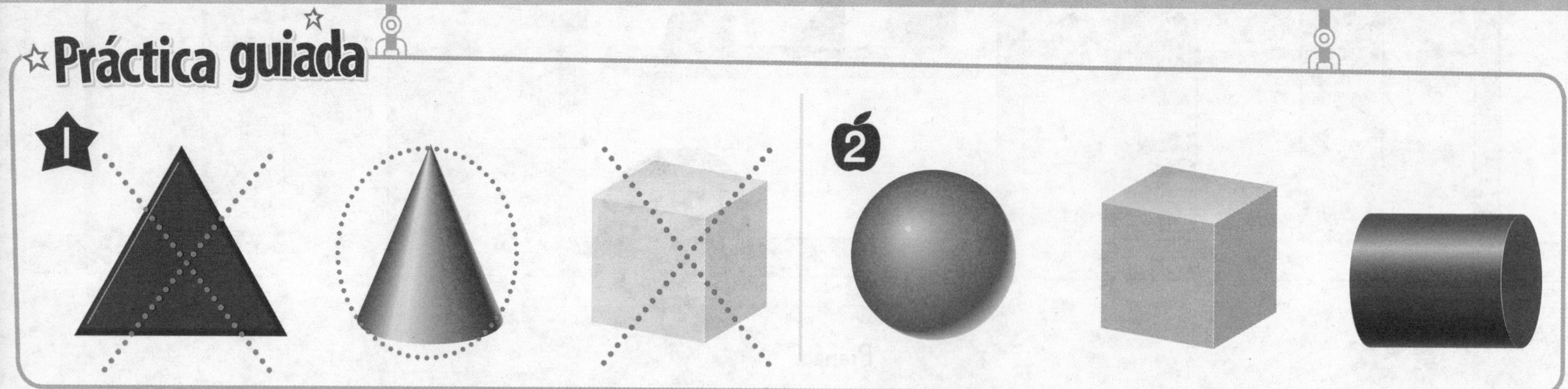

Instrucciones Pida a los estudiantes que escuchen las pistas, marquen con una X las figuras que NO se correspondan con las pistas y luego encierren en un círculo la figura descrita en las pistas. Pida a los estudiantes que nombren la figura y luego expliquen sus respuestas. **1** *Soy una figura sólida. Puedo rodar. Tengo solo 1 superficie plana. ¿Qué figura soy? Expliquen qué pistas los ayudaron a resolver el misterio.* **2** *Soy una figura sólida. Puedo rodar. También me puedo apilar. ¿Qué figura soy? Expliquen qué pistas los ayudaron a resolver el misterio.*

Nombre ____________________

Práctica independiente

3

4

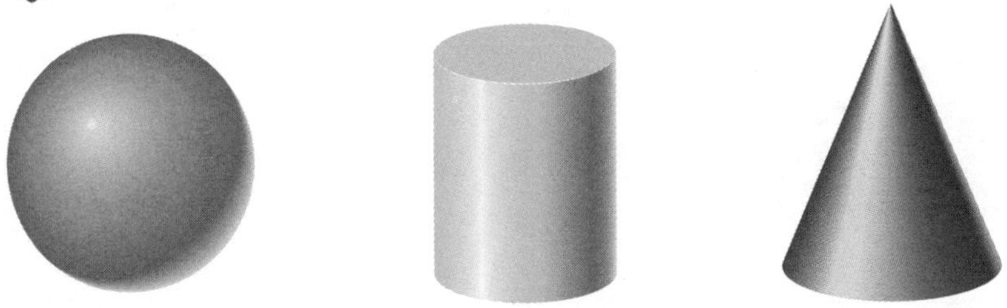

5

6

7

8

Instrucciones Pida a los estudiantes que escuchen las pistas, marquen con una X las figuras que NO se correspondan con las pistas y luego encierren en un círculo la figura descrita en las pistas. Pida a los estudiantes que nombren la figura y luego expliquen sus respuestas. *3 Soy una figura sólida. Me puedo apilar y deslizar. Tengo 6 superficies planas. ¿Qué figura soy? 4 Soy una figura sólida. Puedo deslizarme. Tengo solo una superficie plana. ¿Qué figura soy? 5 Soy una figura sólida. Puedo rodar. NO tengo ninguna superficie plana. ¿Qué figura soy? 6 Soy una figura plana. Tengo 4 lados. Todos mis lados tienen la misma longitud. ¿Qué figura soy? 7 Soy una figura plana. NO tengo ningún lado recto. ¿Qué figura soy? 8 Soy una figura sólida. Puedo rodar. Tengo 2 superficies planas. ¿Qué figura soy?*

Prácticas matemáticas y resolución de problemas

Evaluación del rendimiento

Instrucciones Lea el problema a los estudiantes. Luego, pídales que usen diferentes prácticas matemáticas para resolver el problema. Pida a los estudiantes que miren la figura en la parte superior de la página. Diga: *La maestra de Emily le enseña un juego a la clase. Tienen que darle pistas a un compañero acerca de la figura misteriosa. ¿Qué pistas puede dar Emily sobre esta figura?* **PM.1 Entender** *¿Cuál es la figura? ¿Por qué es especial?* **PM.6 Hacerlo con precisión** *¿Qué pistas pueden dar sobre la figura? Piensen en cómo luce y si puede rodar, apilarse o deslizarse.* **PM.3 Explicar** *¿Qué pasa si su compañero les da una respuesta incorrecta? ¿Pueden darle más pistas como ayuda?*

Nombre ____________________

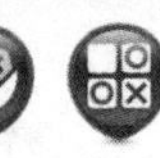

Tarea y práctica 13-4

Entender y perseverar

ACTIVIDAD PARA EL HOGAR Escoja un objeto de la habitación que sea un cubo, una esfera, un cono o un cilindro. Dele a su niño(a) pistas sobre la forma del objeto y pídale que adivine en qué objeto está pensando. Por ejemplo, una pista podría ser: "Su superficie plana tiene la figura de cuadrado" (cubo). Luego, invite a su niño(a) a turnarse para escoger un objeto y darle pistas a usted.

¡Revisemos!

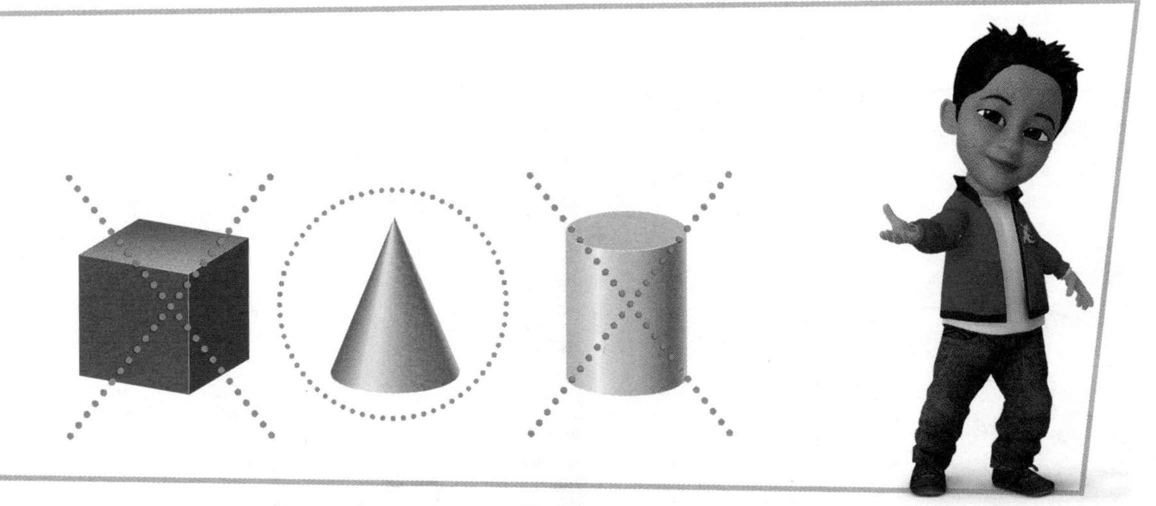

Instrucciones Diga: *Escuchen las pistas. Después de cada pista, marquen con una X cualquier figura que NO coincida con la pista. Puedo rodar. NO tengo 2 superficies planas. ¿Qué figura soy? Encierren en un círculo la figura que coincida con todas las pistas.* Lea las pistas a los estudiantes. Pídales que marquen con una X las figuras que NO coincidan con las pistas y encierren en un círculo la figura que describen las pistas. Pida a los estudiantes que expliquen qué pistas los ayudaron a hallar la respuesta. **1** *Puedo rodar. NO me puedo apilar. ¿Qué figura soy?* **2** *Me puedo apilar. Me puedo deslizar. ¿Qué figura soy?* **3** *Puedo rodar. Tengo solo 1 superficie plana. ¿Qué figura soy?* **4** *Me puedo apilar. NO puedo rodar. ¿Qué figura soy?*

Evaluación del rendimiento

Instrucciones Lea el problema a los estudiantes. Luego, pídales que usen que usen diferentes prácticas matemáticas para resolver el problema. Diga: *Jackson está tratando de resolver un misterio. ¿En qué se parecen las figuras que están dentro del recuadro? ¿Cómo pueden hallar la respuesta?* **PM.1 Entender** *¿Qué figuras están fuera del recuadro? ¿Qué figuras están dentro del recuadro?* **PM.6 Hacerlo con precisión** *¿Qué atributo tienen todas las figuras que están dentro del recuadro? Dibujen otra figura parecida dentro del recuadro.* **PM.5 Usar Herramientas** *Escuchen las pistas y luego dibujen 3 figuras dentro del recuadro de abajo que coincidan con las pistas. Tengo 4 lados y 4 vértices. Mis lados NO tienen la misma longitud. ¿Qué figura soy?*

Nombre ______________________________

Lección 13-5

Hacer figuras bidimensionales de otras figuras bidimensionales

Instrucciones Diga: *Emily tiene 2 triángulos. Ella cree que puede usarlos para formar una figura bidimensional que haya aprendido: un círculo, triángulo, cuadrado o rectángulo. Traten de formar una de estas figuras con sus triángulos. Digan qué figura formaron.*

Puedo...
formar figuras bidimensionales usando otras figuras bidimensionales.

Estándar de contenido
K.G.B.6
Prácticas matemáticas
PM.1, PM.4, PM.5, PM.7, PM.8

Práctica guiada

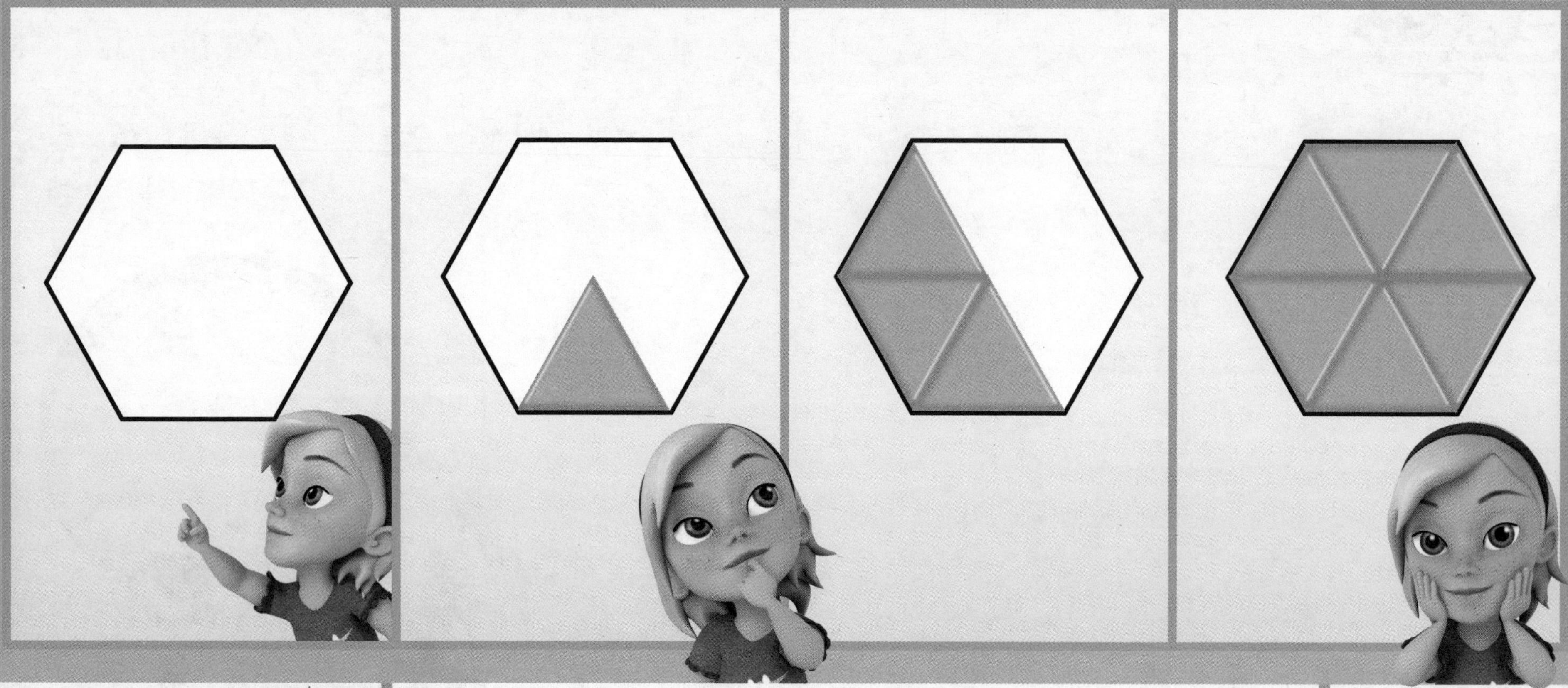

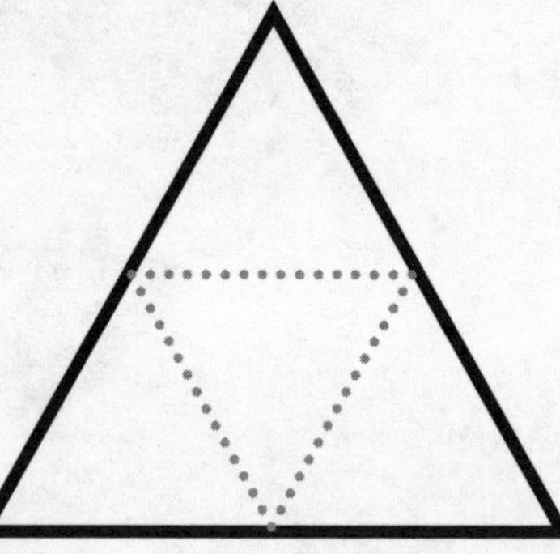

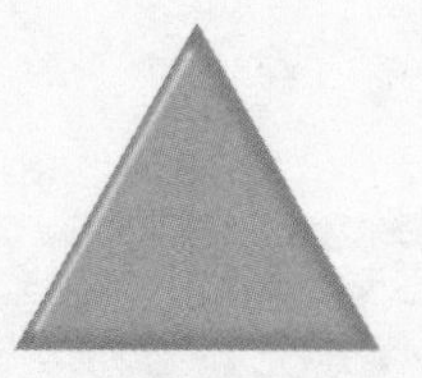

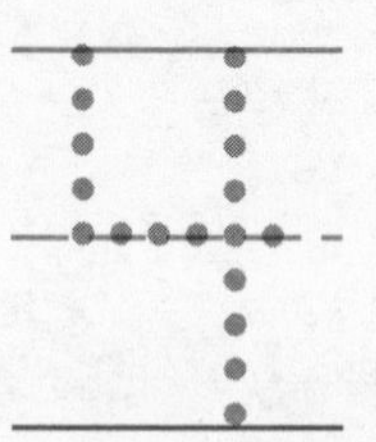

Instrucciones Pida a los estudiantes que usen el bloque de patrón que se muestra para cubrir la figura, dibujen las líneas y luego escriban el número que indica cuántos bloques de patrones se deben usar.

Nombre ______

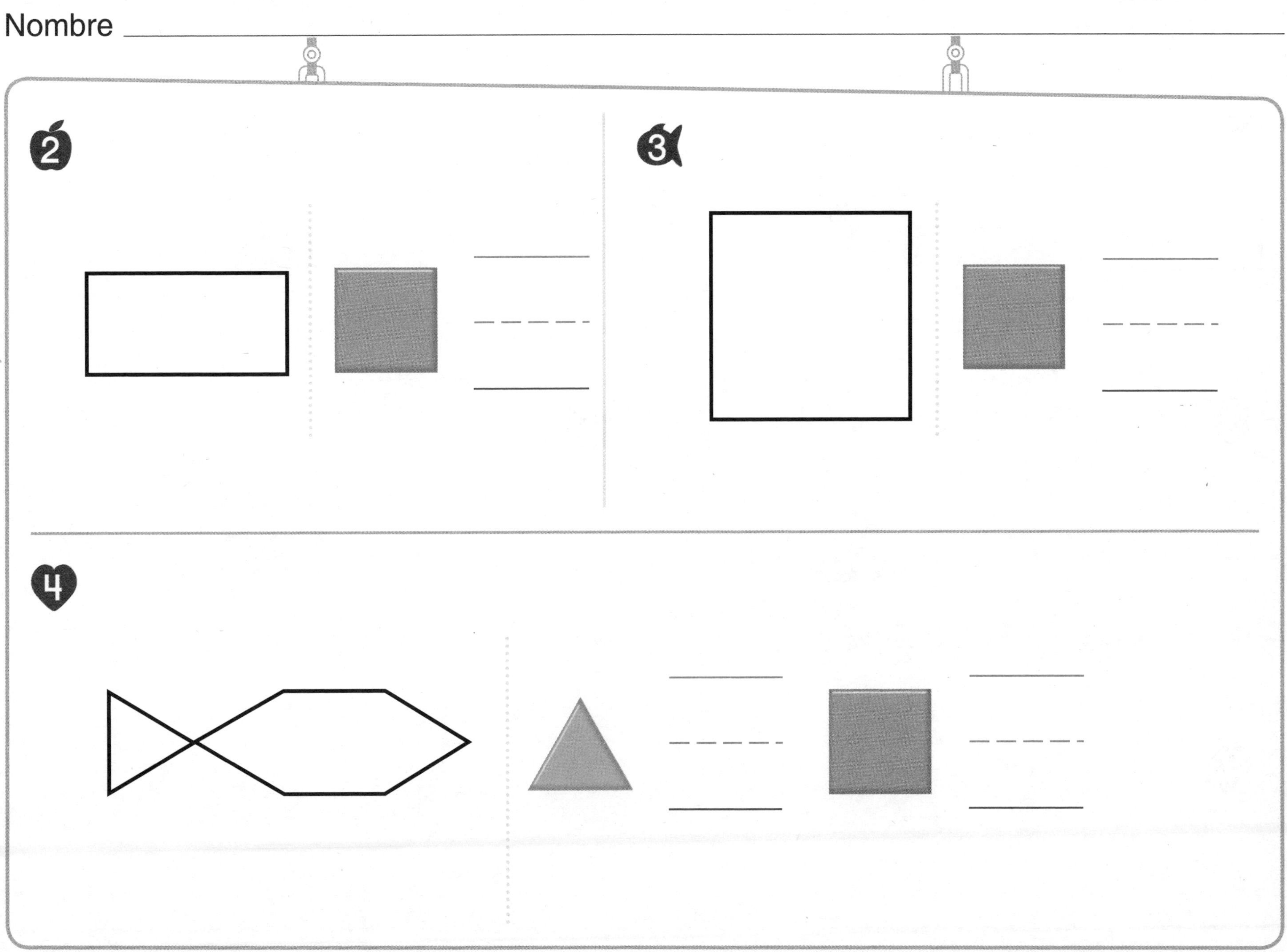

Instrucciones 2 y 3 Pida a los estudiantes que usen el bloque de patrón que se muestra para cubrir la figura, dibujen las líneas y luego escriban el número que indica cuántos bloques de patrón hay que usar. 4 Pida a los estudiantes que usen los bloques de patrón que se muestran para crear el pez, dibujen las líneas y luego escriban el número que indica cuántos de cada tipo de bloque de patrón se deben usar.

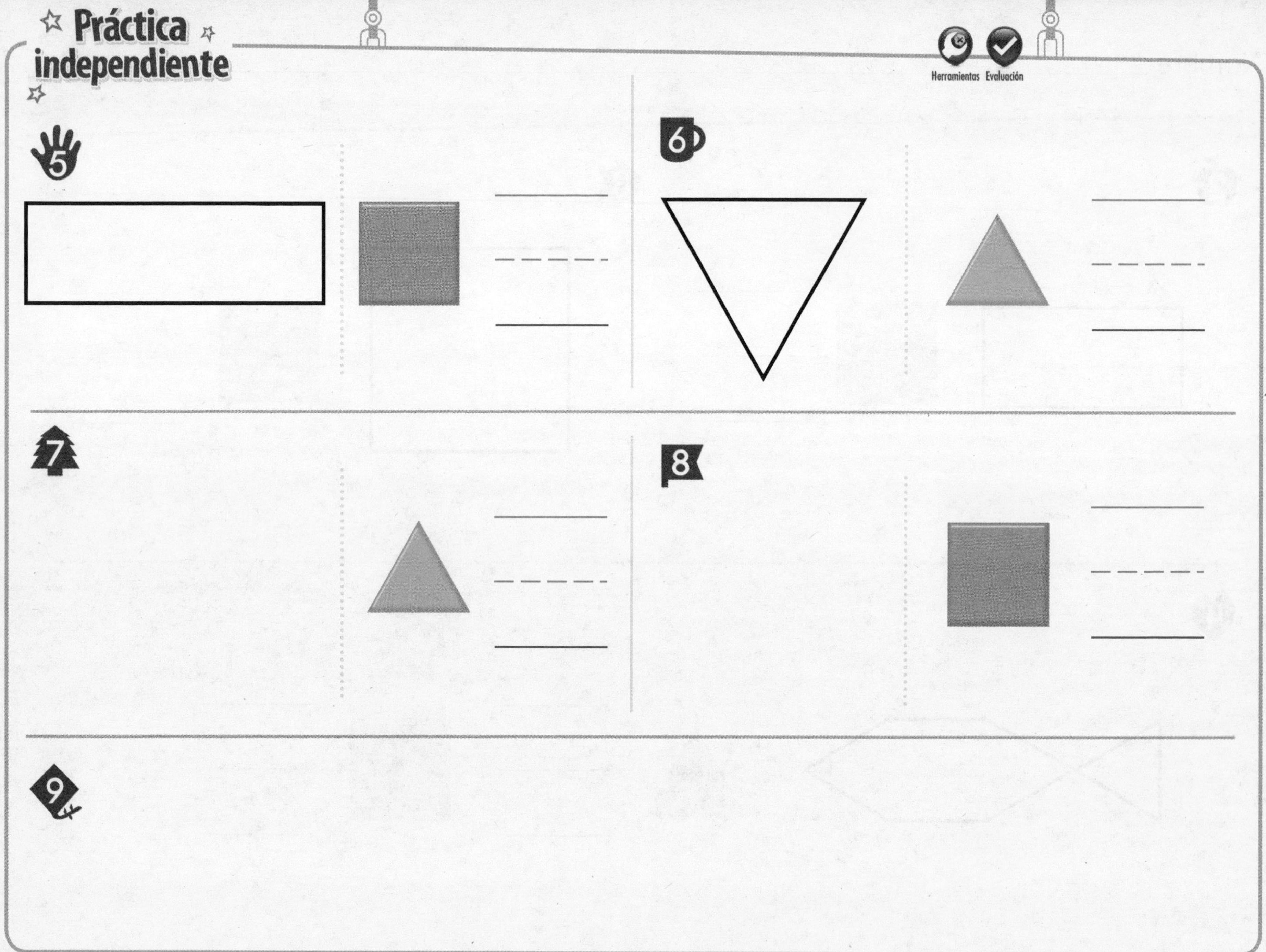

Instrucciones 5 y 6 Pida a los estudiantes que usen los bloques de patrón para cubrir la figura, dibujen las líneas y luego escriban el número que indica cuántos bloques de patrón se deben usar. 7 y 8 Pida a los estudiantes que usen el bloque de patrón que se muestra para crear una figura bidimensional, dibujen la figura y luego escriban el número de bloques de patrón que usaron. 9 **Razonamiento de orden superior** Pida a los estudiantes que usen bloques de patrón para crear una figura y que luego la dibujen en el espacio.

Nombre ___________________________

  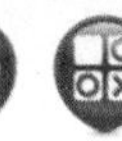 

Tarea y práctica 13-5

Hacer figuras bidimensionales de otras figuras bidimensionales

ACTIVIDAD PARA EL HOGAR Dele a su niño(a) papel, un lápiz y una figura cuadrada pequeña, como una galleta cuadrada o una nota adhesiva cuadrada. Pídale que dibuje otra figura, como un rectángulo, usando el cuadrado. Repita la actividad con otras figuras.

¡Revisemos!

6

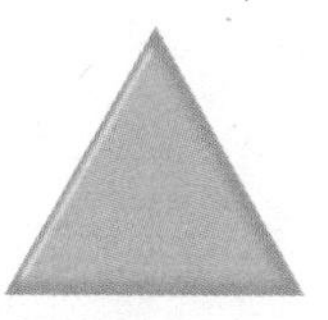

9

Instrucciones Diga: *¿Qué figura tiene el bloque de patrón? Usen 6 bloques de patrón para formar un rectángulo. Dibujen la figura nueva que formaron.* ★1 Pida a los estudiantes que usen 9 bloques de patrón para formar un triángulo y luego dibujen la nueva figura bidimensional.

2

3

4

Instrucciones 2 Pida a los estudiantes que usen 5 bloques de patrón para formar un rectángulo y luego dibujen la nueva figura bidimensional. 3 Pida a los estudiantes que usen bloques de patrón para crear un árbol y luego lo dibujen en el espacio. 4 **Razonamiento de orden superior** Pida a los estudiantes que usen por lo menos los bloques de patrón que se muestran para crear un dibujo.

Nombre ______________________

Lección 13-6

Construir figuras bidimensionales

Círculo	NO es un círculo

Instrucciones Diga: *Usen hilo, un cordel o limpiapipas para construir un círculo. Luego, usen hilo, un cordel, limpiapipas o pajillas para construir una figura que NO sea un círculo y digan qué figura construyeron. Expliquen en qué se diferencian las figuras que construyeron.*

Puedo...
construir figuras bidimensionales que se correspondan con atributos dados.

Estándares de contenido
K.G.B.5, K.G.B.4
Prácticas matemáticas
PM.2, PM.3, PM.4, PM.7

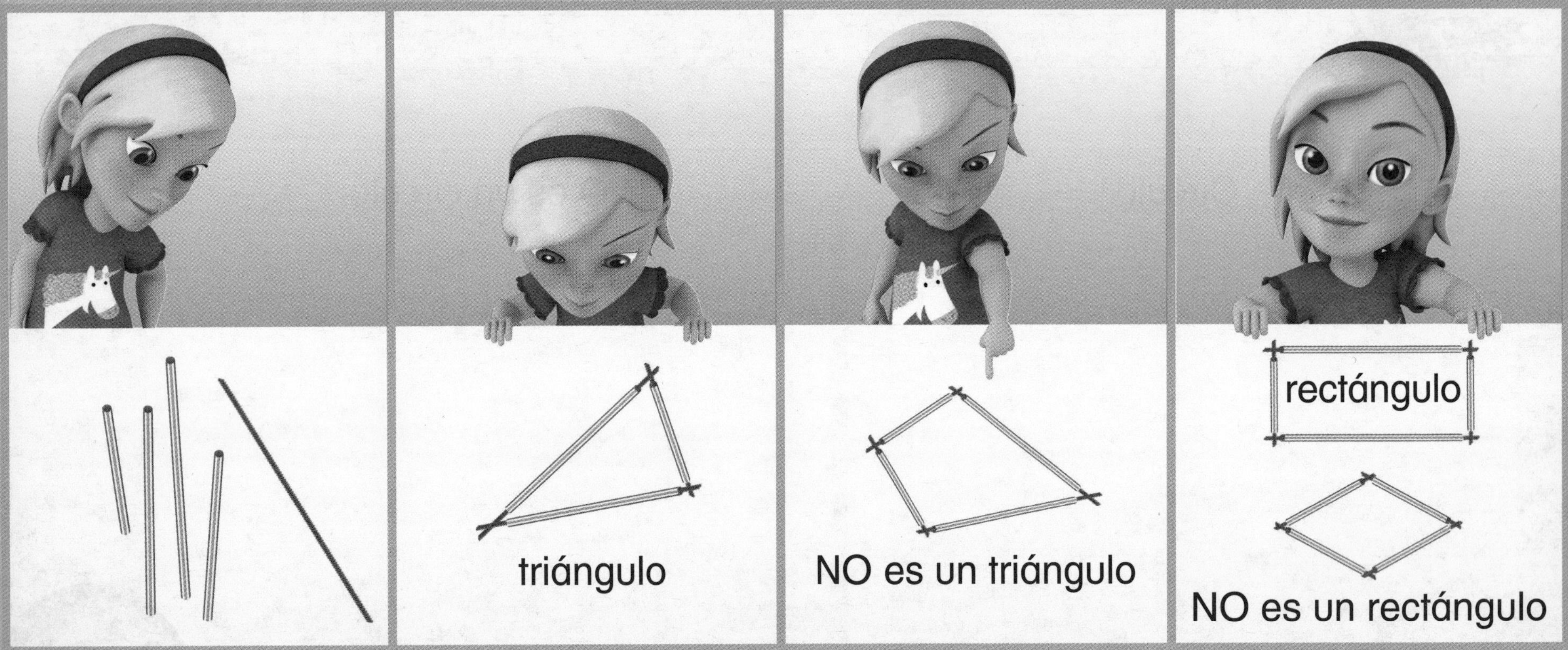

triángulo

NO es un triángulo

rectángulo

NO es un rectángulo

Práctica guiada

Instrucciones Provea a los estudiantes de hilo, limpiapipas o pajillas para formar cada figura. Los estudiantes deben adjuntar a la página las figuras que hagan con estos materiales. Pídales que dibujen o construyan: 1 un cuadrado; 2 una figura que NO sea un cuadrado.

Nombre ______________________________

3

4

5

6

Instrucciones Provea a los estudiantes de hilo, limpiapipas o pajillas para formar cada figura. Los estudiantes deben adjuntar a la página las figuras que hagan con los materiales. Pídales que dibujen o construyan: 3 un rectángulo; 4 una figura que NO sea un rectángulo; 5 un triángulo; 6 una figura que NO sea un triángulo.

Instrucciones Pida a los estudiantes que: 7 dibujen un rectángulo; 8 dibujen un triángulo; 9 dibujen un cuadrado. 10 **Razonamiento de orden superior** Pida a los estudiantes que escojan hilo, cuerda, limpiapipas o pajillas para construir un círculo. Pídales que lo adjunten a esta página y luego expliquen por qué algunos materiales son mejores que otros para construir círculos.

Nombre ______________________________

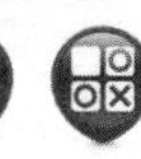

Tarea y práctica 13-6

Construir figuras bidimensionales

¡Revisemos!

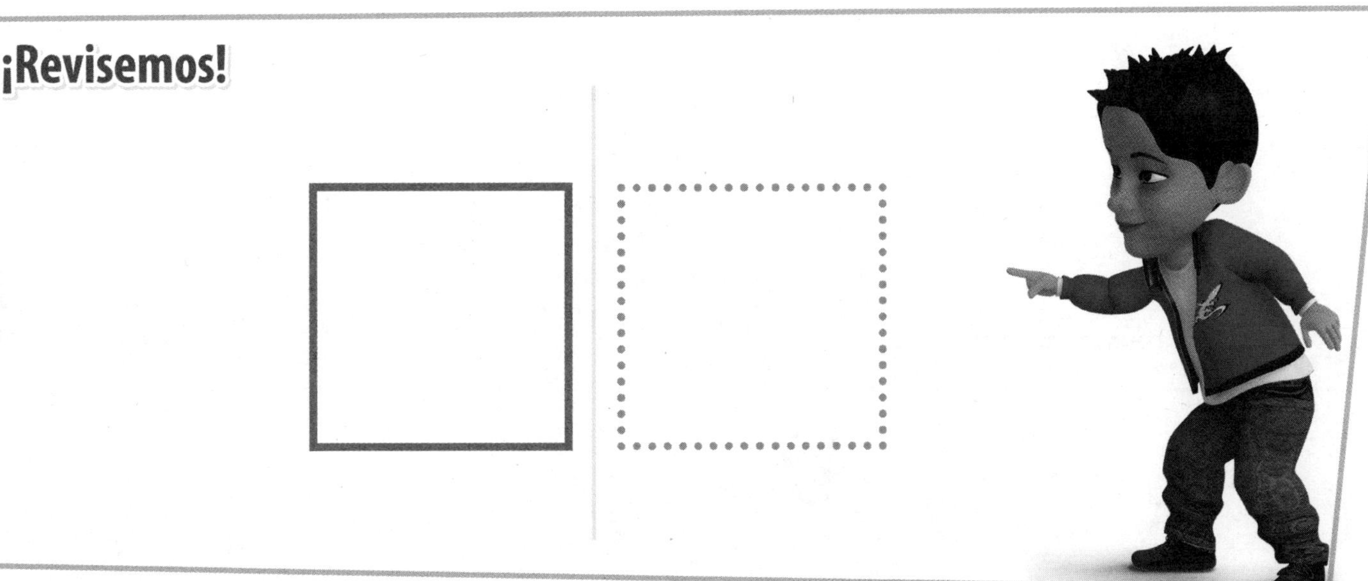

ACTIVIDAD PARA EL HOGAR Mire en su cocina. Con su niño(a), busquen materiales que se puedan usar para construir diferentes figuras bidimensionales. Por ejemplo, su niño(a) puede construir figuras con masa de harina, cucharones de madera o con cuerda.

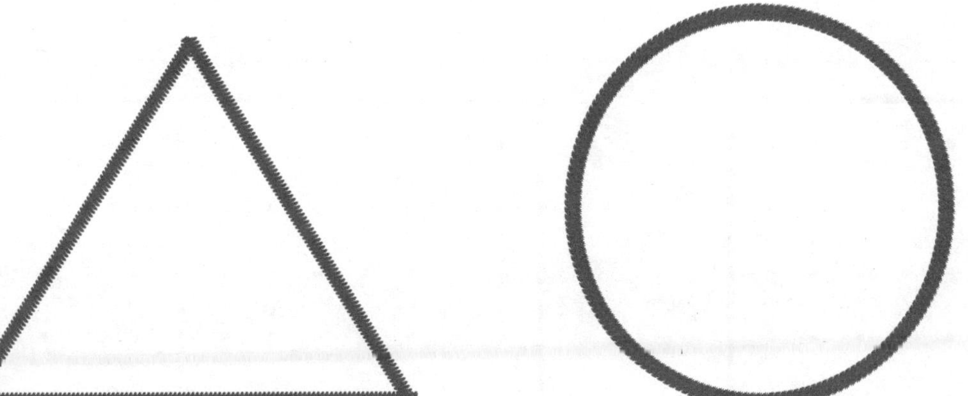

Instrucciones Diga: *Este es un cuadrado. ¿Cómo saben que es un cuadrado? Vamos a practicar el dibujo de un cuadrado.* Pida a los estudiantes que escuchen el cuento: 1 *Avi construyó figuras con limpiapipas. Marquen con una X el triángulo.*

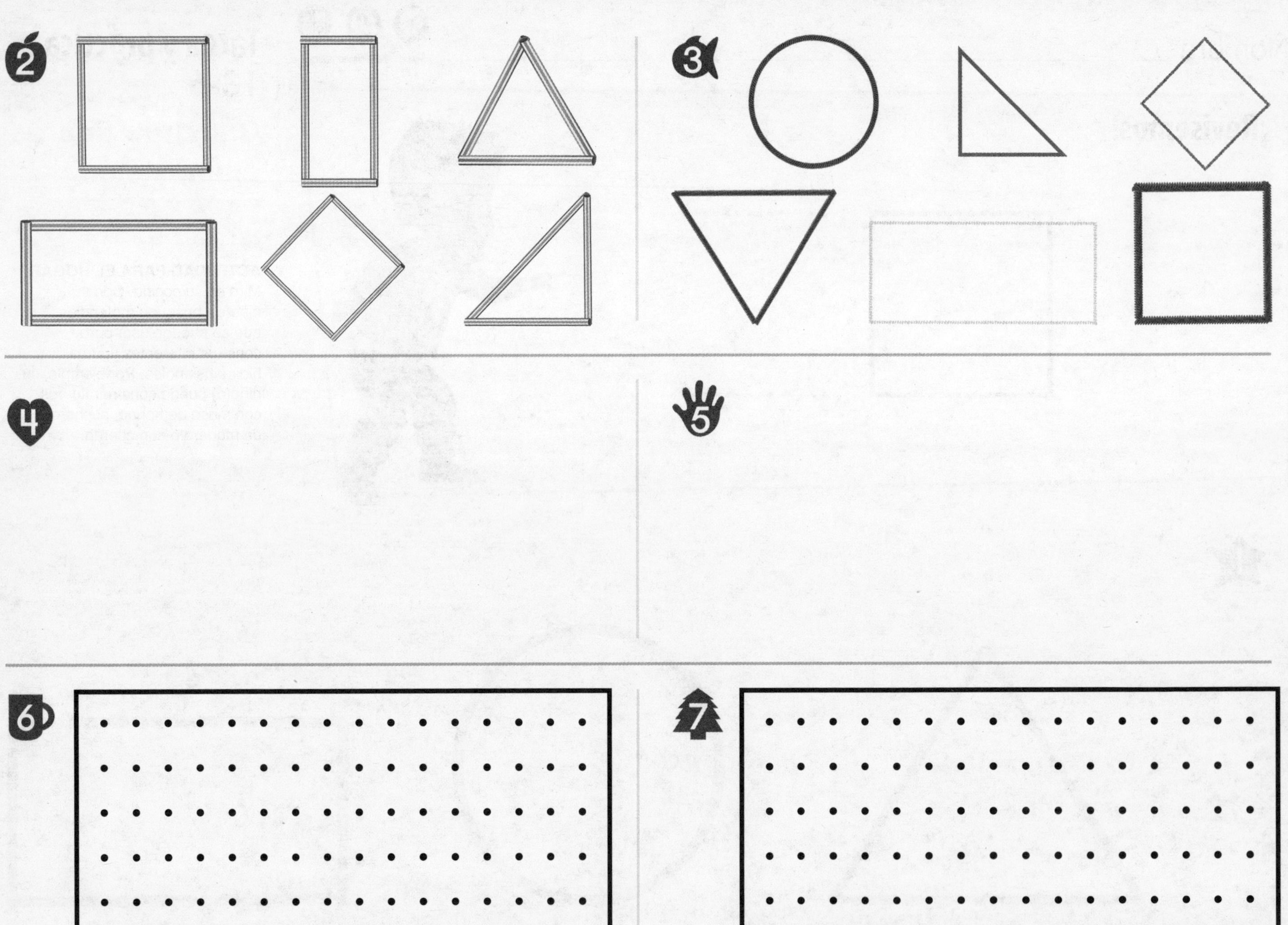

Instrucciones Pida a los estudiantes que escuchen cada cuento: 2 *Diego construyó 6 figuras con pajillas. Marquen con una X las figuras que NO son rectángulos.* 3 *Destiny construyó 6 figuras con limpiapipas. Marquen con una X las figuras que NO son triángulos.* Pida a los estudiantes que: 4 dibujen un círculo; 5 dibujen un triángulo. 6 **Razonamiento de orden superior** Pida a los estudiantes que dibujen un rectángulo que NO sea un cuadrado. 7 **Razonamiento de orden superior** Pida a los estudiantes que dibujen un rectángulo que también sea un cuadrado.

Lección 13-7

Construir figuras tridimensionales

Instrucciones Diga: *Jackson quiere construir este edificio con figuras sólidas. ¿Qué figuras sólidas puede usar? Digan cómo lo saben.*

Puedo...
usar materiales para construir figuras tridimensionales.

Estándares de contenido
K.G.B.5, K.G.B.6
Prácticas matemáticas
PM.1, PM.2, PM.4, PM.5, PM.6

Instrucciones 1 y 2 Pida a los estudiantes que usen pajillas, plastilina, palitos de madera, papel u otros materiales para construir la figura sólida que se muestra.

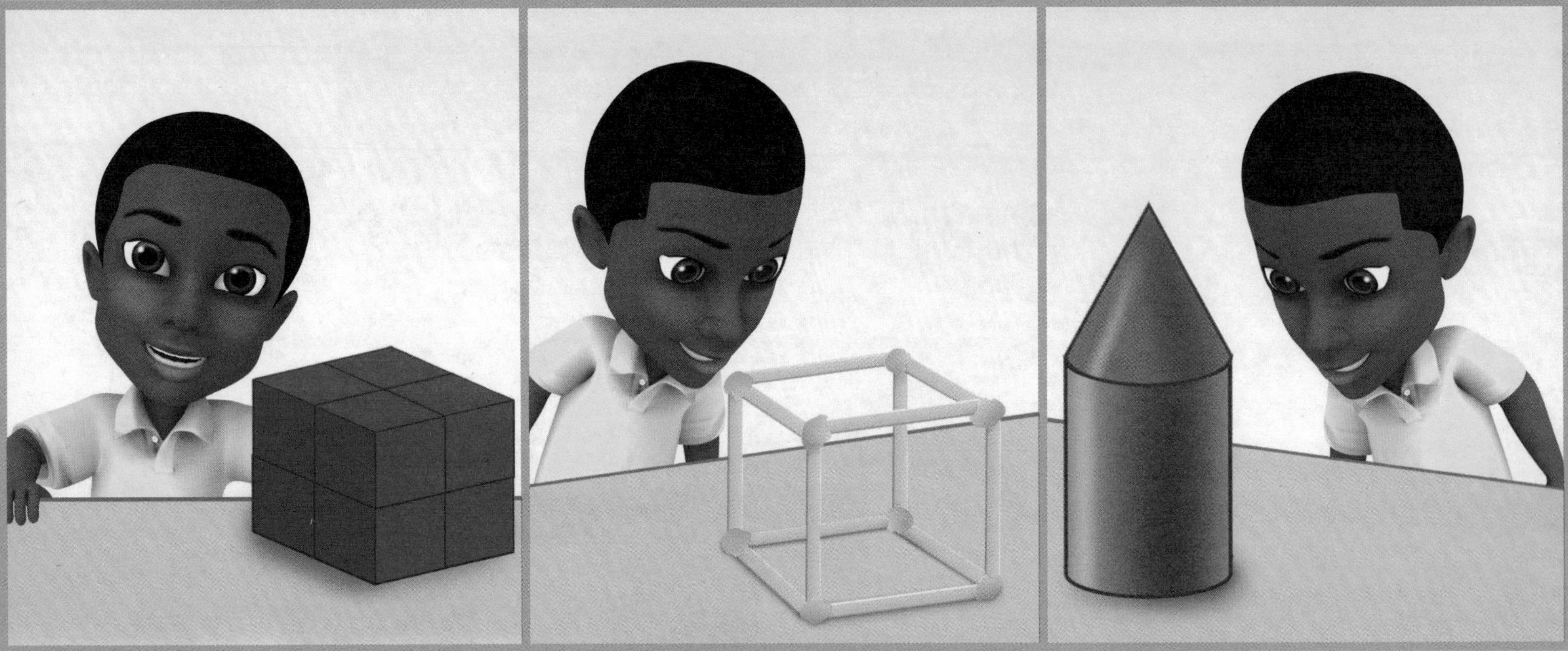

Nombre ______________________________

3

4

5

6

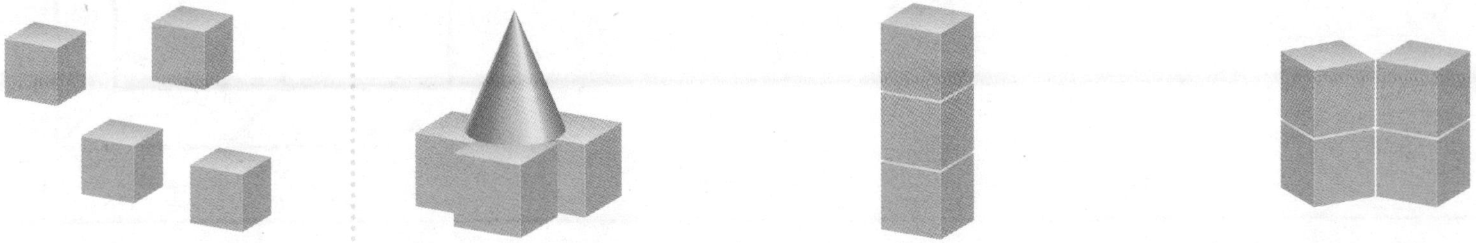

Instrucciones Pida a los estudiantes que: 3 y 4 usen herramientas para construir la figura y luego encierren en un círculo las figuras sólidas que se usan para construir la figura; 5 y 6 usen herramientas para hallar la figura que se puede construir con las figuras sólidas y luego encierren en un círculo la figura.

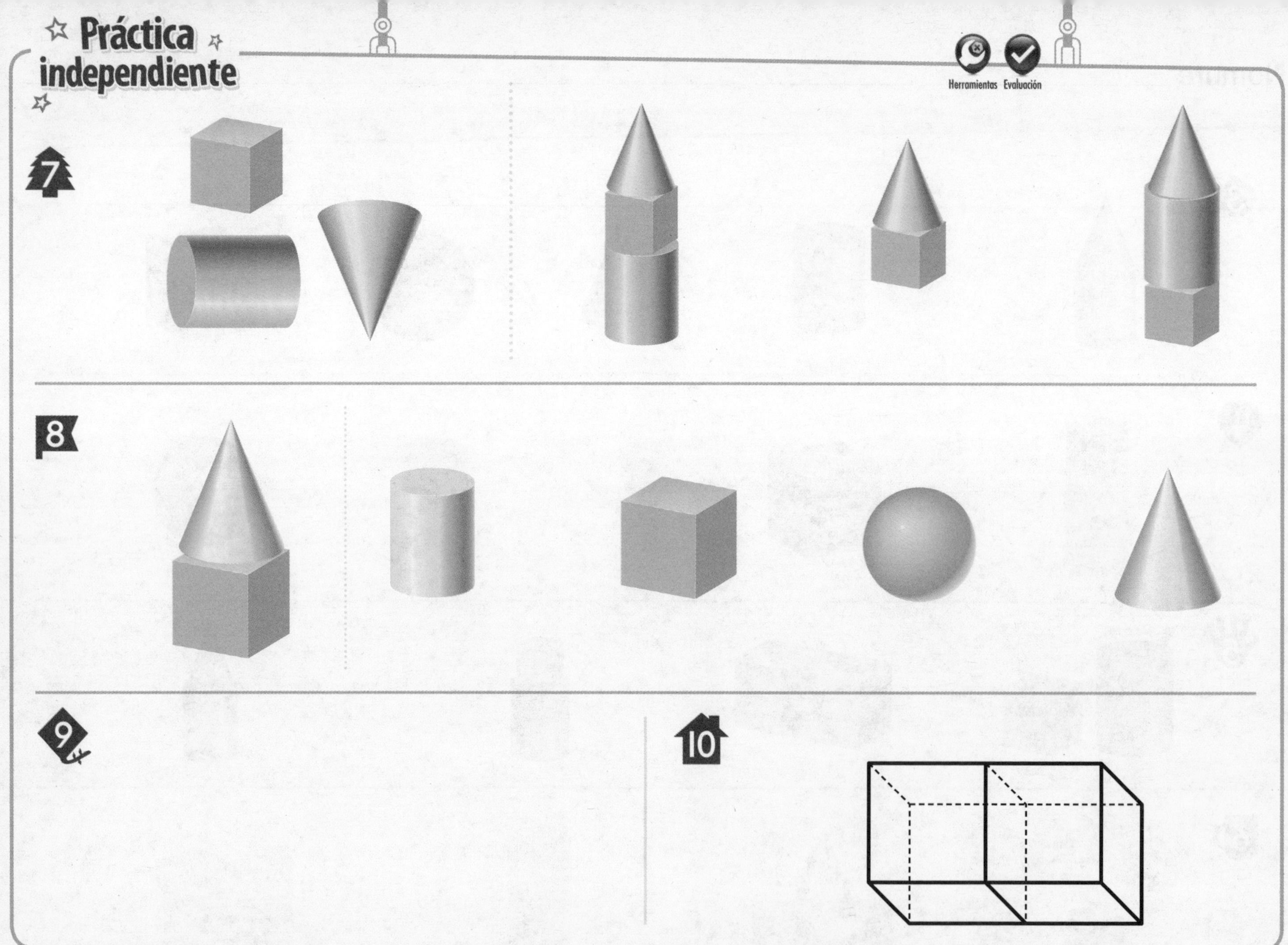

Instrucciones Pida a los estudiantes que: 7 usen herramientas para hallar la figura que se puede construir con las figuras sólidas y luego encierren en un círculo las figuras; 8 usen herramientas para construir la figura y luego encierren en un círculo las figuras sólidas que se usan para construir la figura. 9 **Razonamiento de orden superior** Pida a los esudiantes que usen pajillas, hilo, limpiapipas u otros materiales para construir una figura sólida que NO sea un cono. 10 **Razonamiento de orden superior** Pida a los estudiantes que usen pajillas, plastilina, palitos de madera u otros materiales para construir la figura que se muestra.

Nombre ___________________________

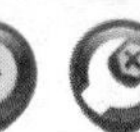

Tarea y práctica 13-7

Construir figuras tridimensionales

ACTIVIDAD PARA EL HOGAR Pida a su niño(a) que use materiales de la casa para construir una figura tridimensional.

¡Revisemos!

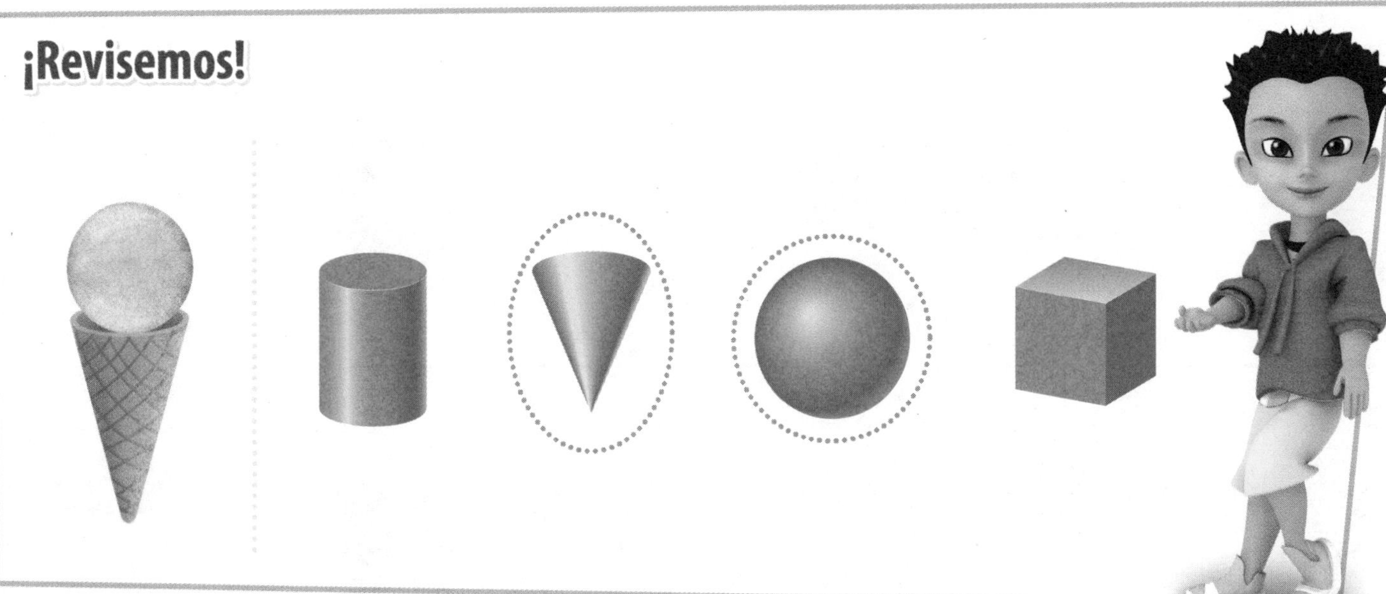

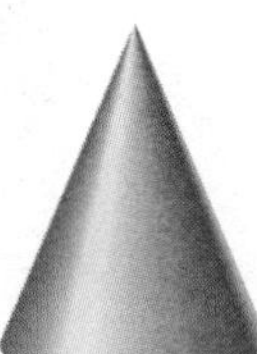

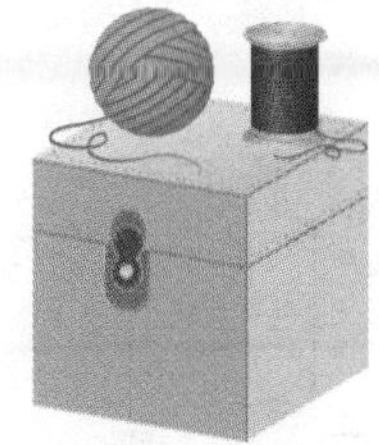

Instrucciones Diga: *Miren el objeto que está a la izquierda. Encierren en un círculo las figuras sólidas que forman la figura.* Pida a los estudiantes que: 1 y 2 encierren en un círculo las figuras sólidas que se usan para construir la figura.

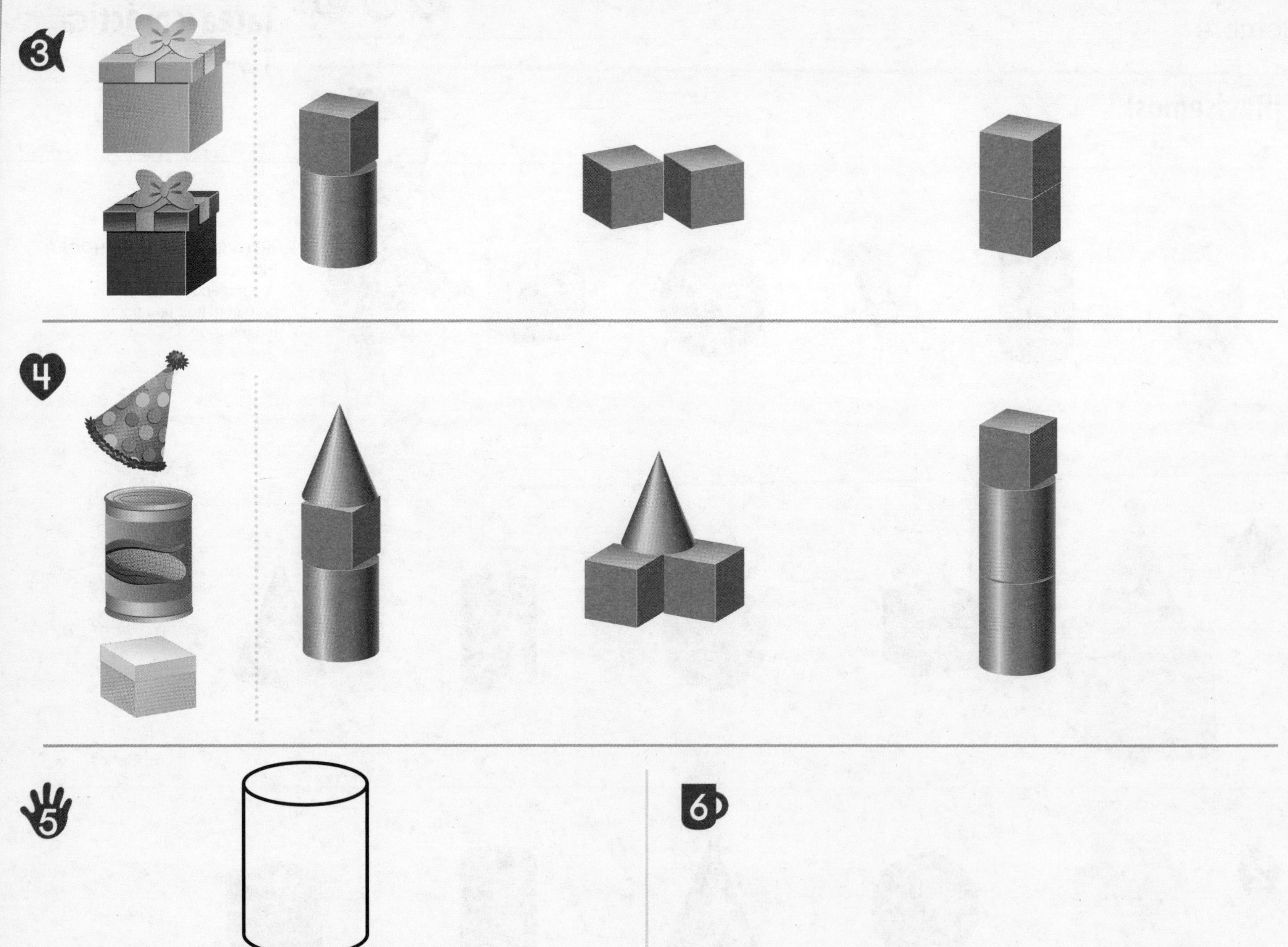

Instrucciones Pida a los estudiantes que: 3 y 4 encierren en un círculo las figuras que se pueden construir con las figuras sólidas. 5 **Razonamiento de orden superior** Pida a los estudiantes que usen limpiapipas o papel para construir la figura. 6 **Razonamiento de orden superior** Pida a los estudiantes que usen herramientas para construir cualquier figura y luego dibujen lo que construyeron.

Emparéjalo Nombre ____________________

TEMA 13 **Actividad de práctica de fluidez**

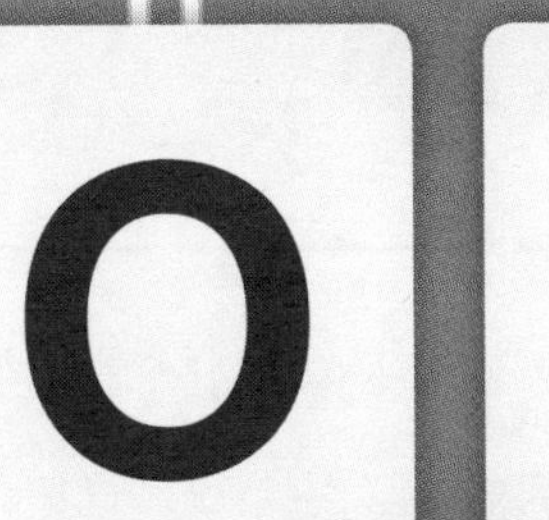

1

O	U	N
1 + 0	5 − 2	3 + 2

____	____	____
1 + 2	4 + 1	4 − 3

2

S	D	O
5 − 1	1 + 1	2 − 2

____	____	____
3 − 1	5 − 5	2 + 2

Instrucciones 1 y 2 Pida a los estudiantes que trabajen en parejas. Pídales que señalen una pista en la fila de arriba y luego resuelvan el problema de suma o de resta. Luego, pídales que miren las pistas en la fila de abajo para hallar el problema que corresponde a la pista y escriban la letra de la pista arriba del problema. Pida a los estudiantes que emparejen todas las pistas.

Puedo…
sumar y restar con facilidad hasta 5.

Estándar de contenido
K.OA.A.5

2

3

Instrucciones **Comprender el vocabulario** Pida a los estudiantes que: 1 encierren en un círculo las figuras sólidas que pueden **rodar;** 2 encierren en un círculo las figuras sólidas que se pueden **apilar;** 3 encierren en un círculo las figuras sólidas que se pueden **deslizar.**

Nombre ____________

Grupo A

Refuerzo

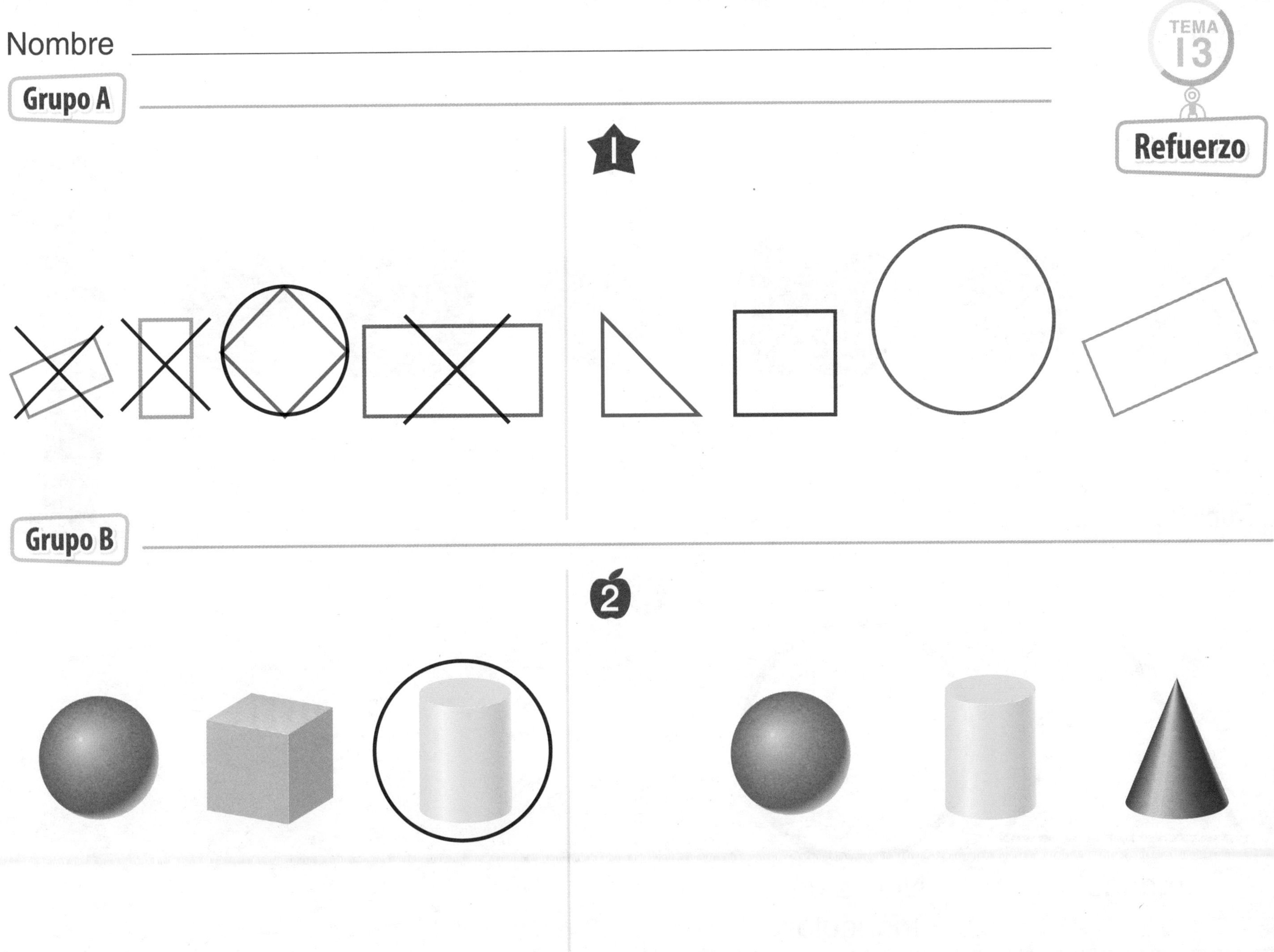

Grupo B

Instrucciones Pida a los estudiantes que: ★ escuchen las pistas, marquen con una X las figuras que NO coincidan con las pistas, encierren en un círculo la figura que describen las pistas y luego digan en qué se parecen las figuras que marcaron con una X y la figura que encerraron en un círculo. *NO soy redonda. Tengo 4 lados. Mis lados no tienen todos la misma longitud;* ❷ encierren en un círculo la figura sólida que NO se puede apilar ni deslizar.

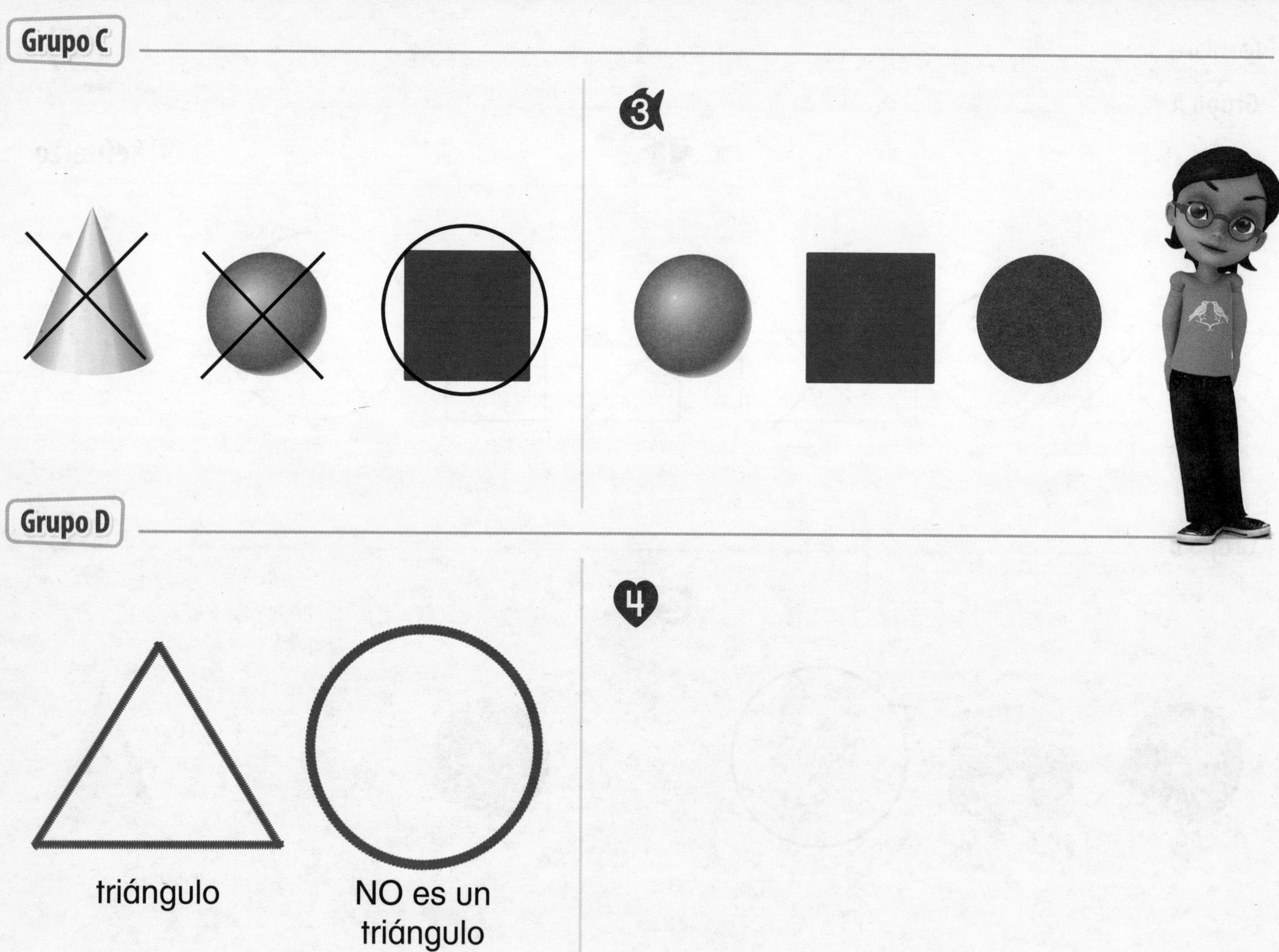

Instrucciones Pida a los estudiantes que: 3 marquen con una X las figuras que NO coincidan con las pistas y luego encierren en un círculo la figura que describen las pistas: *No tengo lados. NO puedo rodar. ¿Qué figura soy?* 4 dibujen o usen hilo, limpiapipas o pajillas para formar un triángulo y una figura que NO sea un triángulo y luego peguen sus figuras en esta página.

Nombre ______________________________

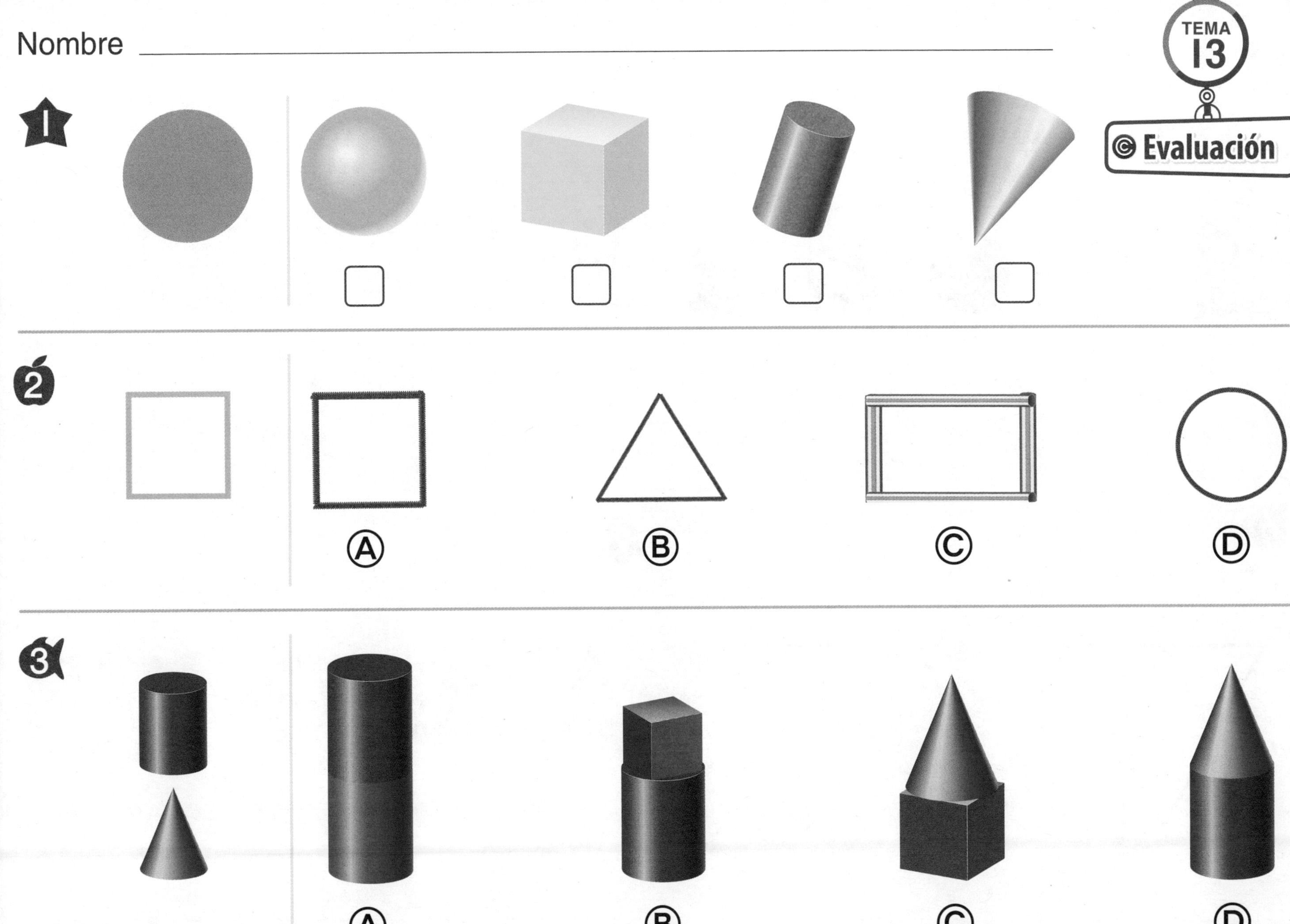

Instrucciones Pida a los estudiantes que marquen la mejor respuesta. 1 Miren la figura de la izquierda. Marquen todas las figuras sólidas que tengan una superficie plana con esa figura. 2 ¿Qué figura que se construyó con diferentes materiales o que se dibujó coincide con la figura de la izquierda? 3 ¿Qué figura se puede construir usando las figuras sólidas de la izquierda?

Instrucciones Pida a los estudiantes que: 4 miren el objeto de la izquierda que se puede deslizar y luego encierren en un círculo todos los otros objetos que se pueden deslizar; 5 escuchen las pistas y luego dibujen la figura que describen las pistas. *Tengo más de 1 superficie plana. Me puedo apilar sobre otra figura. Puedo rodar. ¿Qué figura sólida soy?* 6 escriban el número que indica cuántos bloques de patrón de triángulo pueden cubrir toda la figura; 7 escuchen las pistas, marquen con una X las figuras que NO se correspondan con las pistas y luego encierren en un círculo la figura que describen las pistas. *Soy una figura plana. Tengo 4 lados rectos. Dos de mis lados son más cortos que los otros dos lados. ¿Qué figura soy?*

Nombre ____

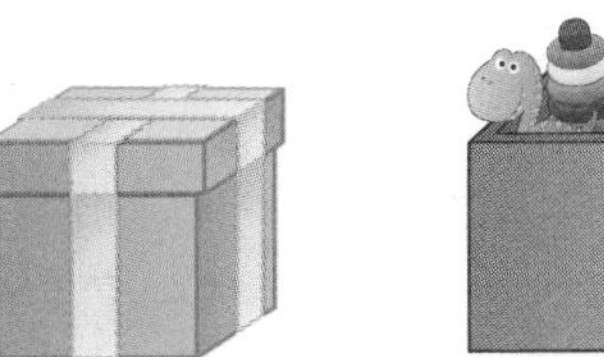

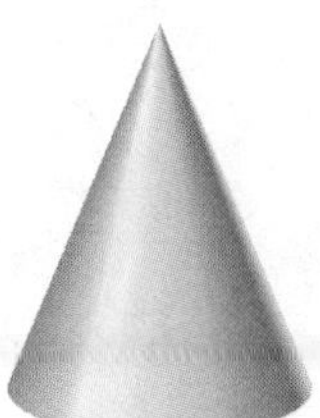

Instrucciones **La fiesta de Fiona** Diga: *Fiona prepara una fiesta para sus amigos. Estos son algunos objetos de la fiesta.* Pida a los estudiantes que: 1 encierren en un círculo los objetos que se pueden deslizar. Pídales que digan en qué se diferencian las formas de estos objetos de las de los otros objetos. Luego, pida a los estudiantes que marquen con una X los objetos que son cilindros; 2 dibujen la superficie plana de un cilindro y luego nombren esa figura. 3 Diga: *Fiona pone su sombrerito de fiesta encima de un regalo.* Pida a los estudiantes que encierren en un círculo las figuras sólidas que se podrían usar para construir la misma figura. Si es necesario, los estudiantes pueden usar herramientas como ayuda.

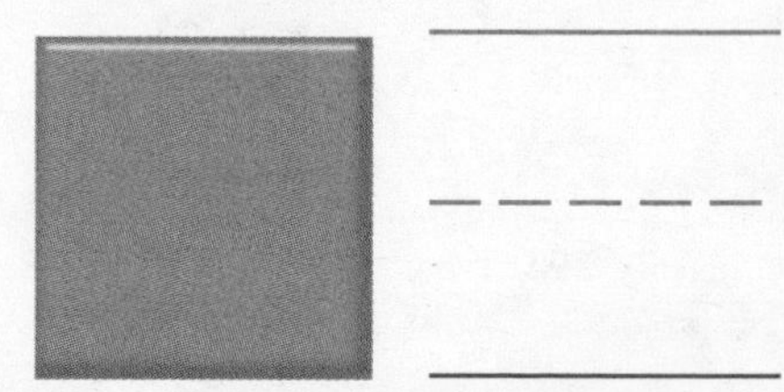

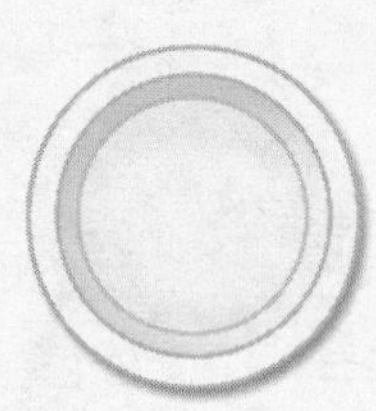

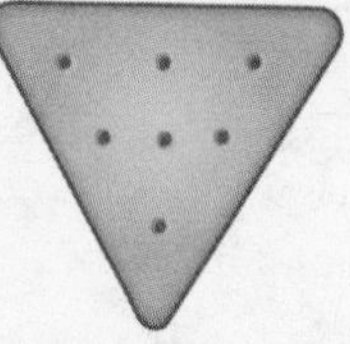

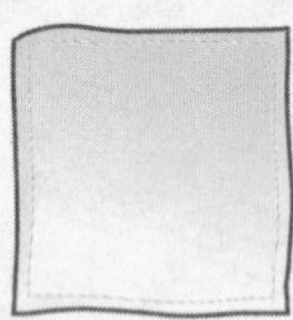

Instrucciones 4 Diga: *Fiona arma un rompecabezas para sus amigos. Usa bloques de patrón para hacer esta nave espacial. Muestren cómo arma Fiona su rompecabezas.* Pida a los estudiantes que usen bloques de patrón para cubrir la nave espacial y luego dibujen las líneas que conforman la nave. Pídales que escriban el número que indica cuántos de cada bloque de patrón usaron. 5 Diga: *Fiona juega un juego en la fiesta. Les da pistas a sus amigos y ellos tienen que adivinar en qué figura está pensando ella. Fiona les da estas pistas:* El objeto NO es una figura sólida. El objeto NO es redondo. El objeto tiene 3 lados. Pida a los estudiantes que marquen con una X los objetos que NO coincidan con las pistas, encierren en un círculo el objeto que Fiona describe y luego nombren la figura de cada objeto.

TEMA 14 Describir y comparar atributos medibles

Pregunta esencial: ¿Cómo se puede comparar objetos según su longitud, altura, capacidad y peso?

Recursos digitales

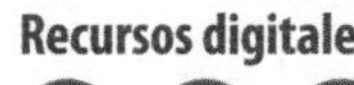

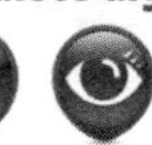

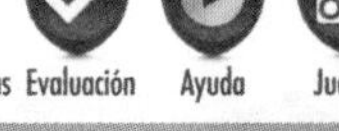

Resuelve Aprende Glosario Herramientas Evaluación Ayuda Juegos

Sombra

Las estructuras proveen sombra.

Proyecto de Matemáticas y Ciencias: Usar materiales para crear sombra

Instrucciones Lea el diálogo a los estudiantes. **¡Investigar!** Pida a los estudiantes que investiguen diferentes maneras de crear sombra. Diga: *Podemos usar materiales para crear sombra. Hablen con sus amigos y familiares sobre las diferentes maneras en que los seres humanos crean sombra.* **Diario: Hacer un cartel** Pida a los estudiantes que hagan un cartel que muestre varios objetos que los seres humanos usan para crear sombra. Pídales que dibujen tres maneras diferentes en que creamos sombra.

Nombre ____

Repasa lo que sabes

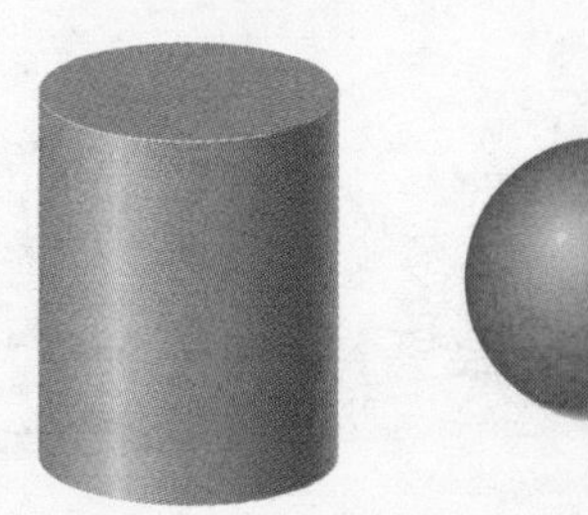

Instrucciones Pida a los estudiantes que: 1 encierren en un círculo el cubo; 2 encierren en un círculo el cilindro; 3 encierren en un círculo el cono; 4 encierren en un círculo la figura sólida que se puede apilar; 5 encierren en un círculo la figura sólida que puede rodar; 6 encierren en un círculo la figura sólida que se puede deslizar.

Mis tarjetas de palabras

Instrucciones Pida a los estudiantes que recorten las tarjetas de palabras. Lea la palabra o frase de la tarjeta y pídales que expliquen lo que la palabra o la frase significa.

longitud

más largo

más corto
más bajo

altura

más alto

capacidad

Mis tarjetas de palabras

Instrucciones Revise las definiciones con los estudiantes y pídales que estudien las tarjetas. Para ampliar el aprendizaje, pida a los estudiantes que hagan dibujos de cada palabra en una hoja de papel.

Señale la cuerda más corta.
Diga: *La cuerda de abajo es **más corta** que la cuerda de arriba.*

Señale la torre de cubos más pequeña.
Diga: *Esta torre es **más baja** que las otras dos torres.*

Señale la cuerda más larga.
Diga: *La cuerda de arriba es **más larga** que la cuerda de abajo.*

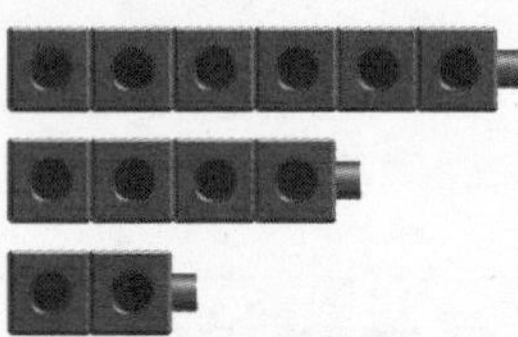

Señale los trenes de cubos.
Diga: *La **longitud** mide qué tan largo es algo. Estos trenes de cubos tienen diferentes longitudes.*

Señale la taza que contiene más.
Diga: *La taza que contiene más tiene mayor **capacidad** que la taza que contiene menos.*

Señale la torre de cubos de la izquierda.
Diga: *Esta torre de cubos es **más alta** que las otras dos torres.*

Señale las torres de cubos.
Diga: *La **altura** mide qué tan alto es algo. Cada una de estas torres tiene una altura diferente.*

Instrucciones Pida a los estudiantes que recorten las tarjetas de palabras. Lea la palabra o frase de la tarjeta y pídales que expliquen lo que la palabra o la frase significa.

A-Z Glosario

peso	pesa	más pesado
más liviano	atributo	balanza

Mis tarjetas de palabras

Instrucciones Revise las definiciones con los estudiantes y pídales que estudien las tarjetas. Para ampliar el aprendizaje, pida a los estudiantes que hagan dibujos de cada palabra en una hoja de papel.

Señale la manzana.
Diga: *La manzana pesa más que la cereza. Es **más pesada** que la cereza.*

Señale la manzana.
Diga: *La manzana **pesa** más que la cereza.*

Señale la balanza.
Diga: *Una balanza se puede usar para comparar los **pesos** de los objetos. Estos objetos tienen el mismo peso.*

Señale la balanza.
Diga: *Una **balanza** se puede usar para comparar los pesos de los objetos.*

Señale el florero.
Diga: *Los **atributos** medibles de un objeto pueden ser peso, capacidad, longitud y altura.*

Señale la manzana.
Diga: *La manzana pesa menos que la sandía. Es **más liviana** que la sandía.*

Resuélvelo y coméntalo

Nombre ______________________________

Resuelve

Lección 14-1

Comparar según la longitud y la altura

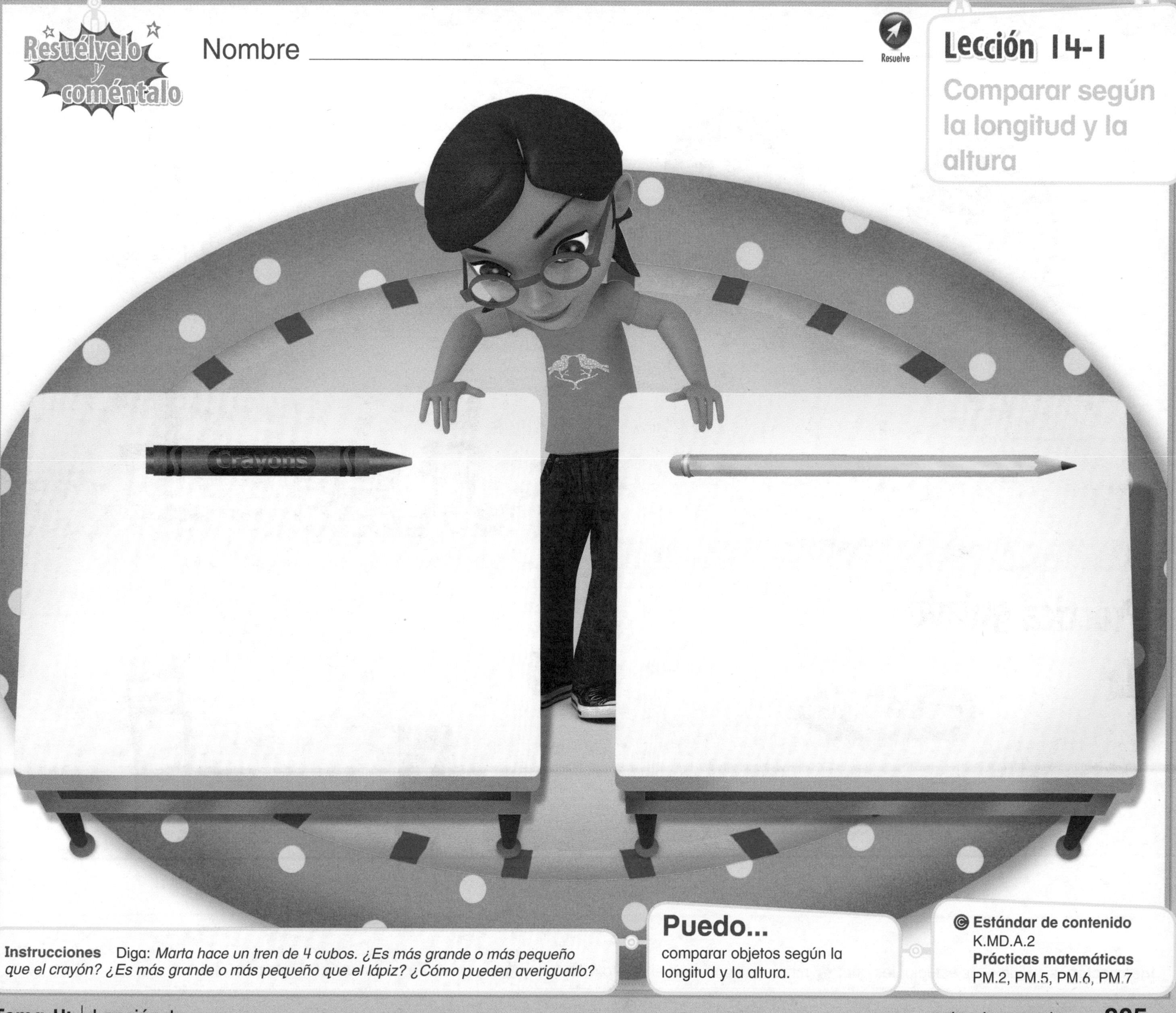

Instrucciones Diga: *Marta hace un tren de 4 cubos. ¿Es más grande o más pequeño que el crayón? ¿Es más grande o más pequeño que el lápiz? ¿Cómo pueden averiguarlo?*

Puedo...
comparar objetos según la longitud y la altura.

Estándar de contenido
K.MD.A.2
Prácticas matemáticas
PM.2, PM.5, PM.6, PM.7

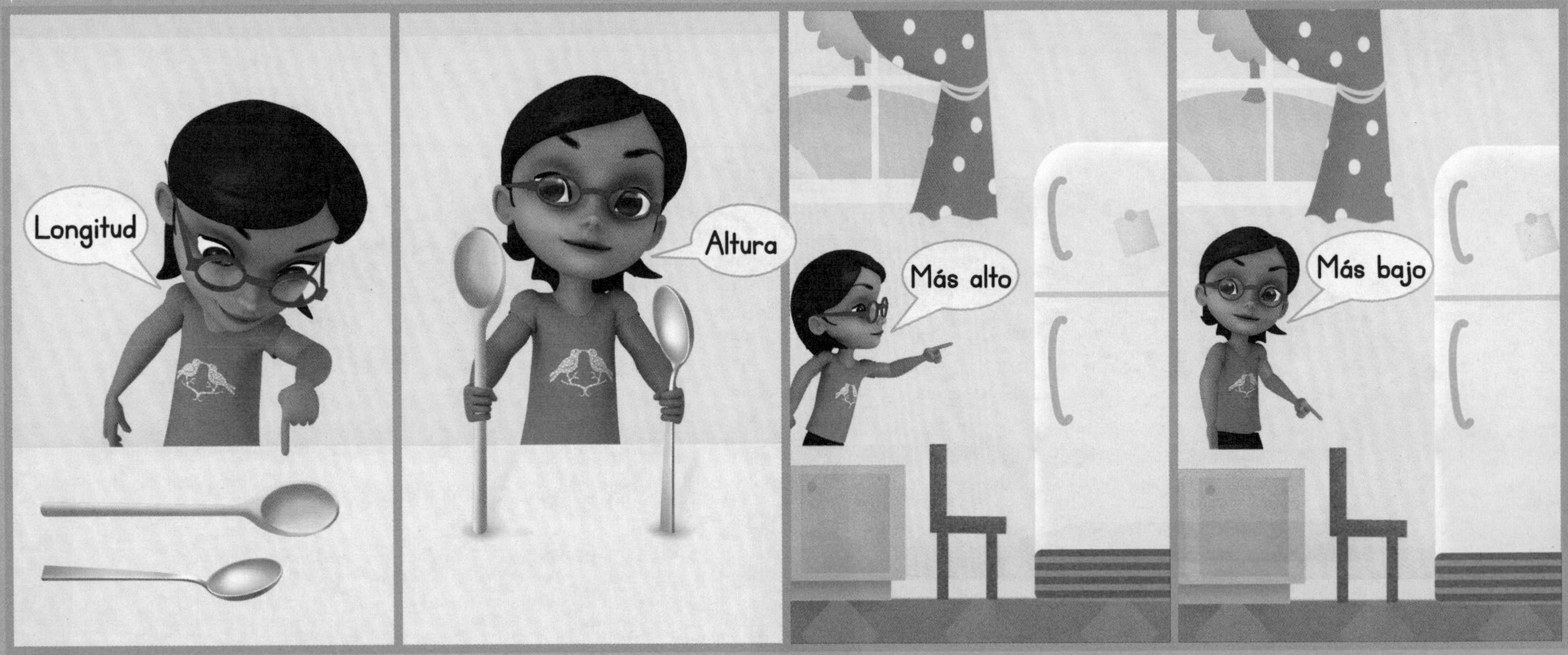

Longitud

Altura

Más alto

Más bajo

Práctica guiada

Instrucciones Pida a los estudiantes que: 1 marquen con una X el objeto más corto; 2 encierren en un círculo el objeto más alto.

Nombre ______________________________

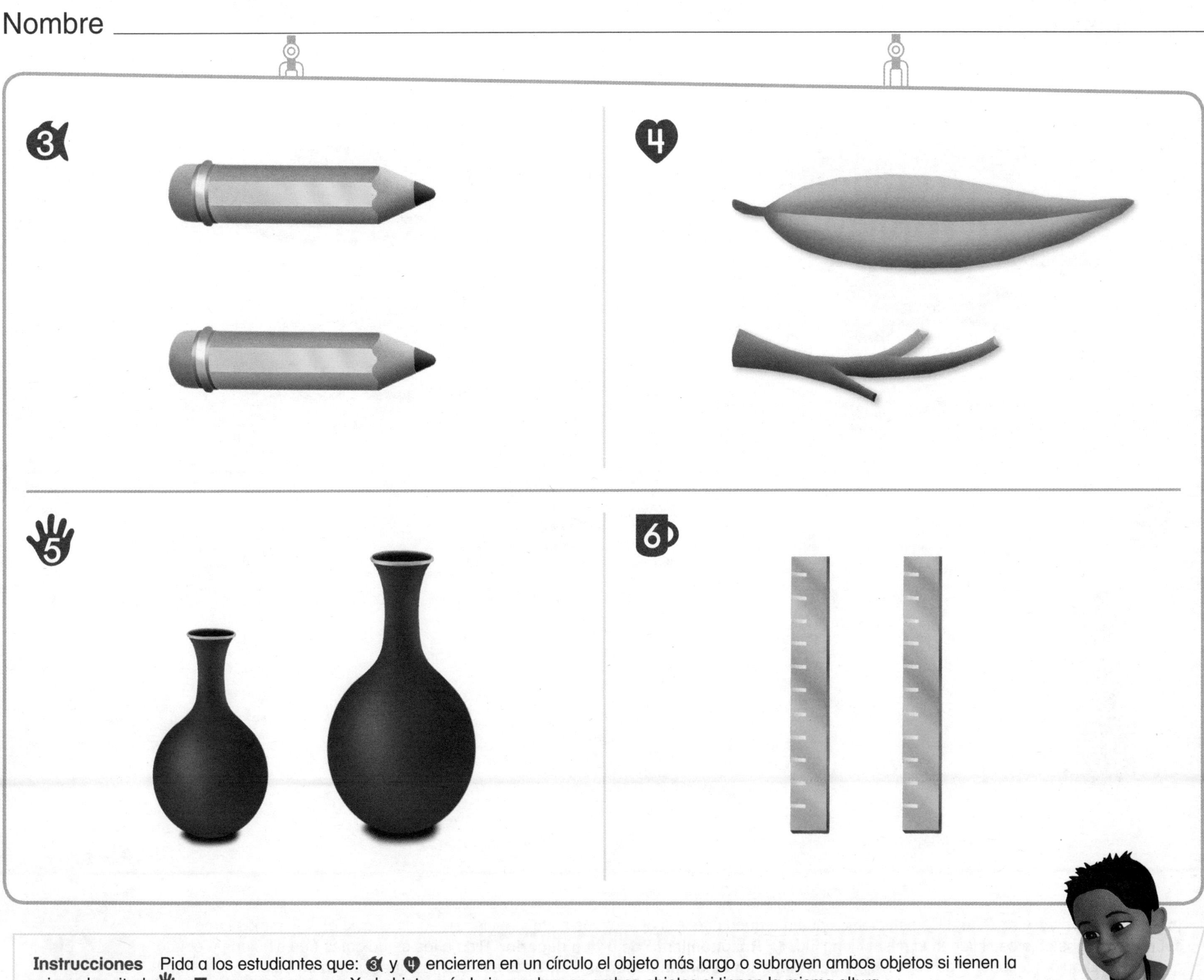

Instrucciones Pida a los estudiantes que: 3 y 4 encierren en un círculo el objeto más largo o subrayen ambos objetos si tienen la misma longitud; 5 y 6 marquen con una X el objeto más bajo o subrayen ambos objetos si tienen la misma altura.

Práctica independiente

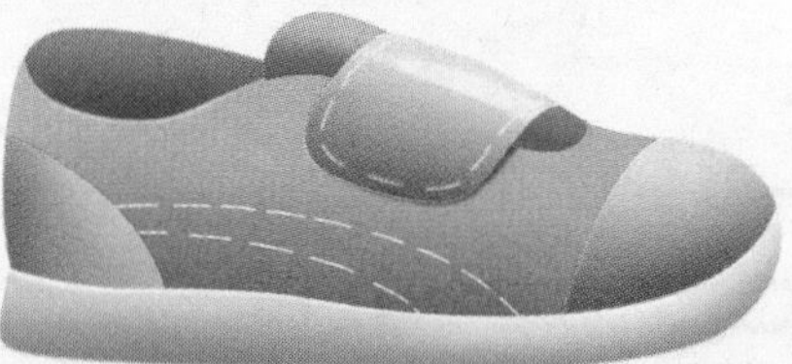

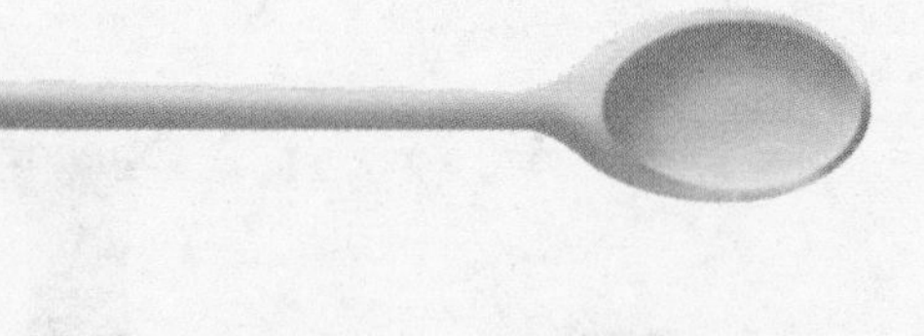

Instrucciones 7 y 8 Pida a los estudiantes que marquen una X el objeto más corto y encierren en un círculo el objeto más largo o subrayen ambos objetos si tienen la misma longitud. 9 **Razonamiento de orden superior** Pida a los estudiantes que dibujen un objeto que sea más bajo que la torre de cubos. 10 **Razonamiento de orden superior** Pida a los estudiantes que dibujen un objeto que tenga la misma longitud que la cucharilla.

Nombre ____________________

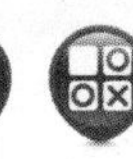

Tarea y práctica 14-1

Comparar según la longitud y la altura

¡Revisemos!

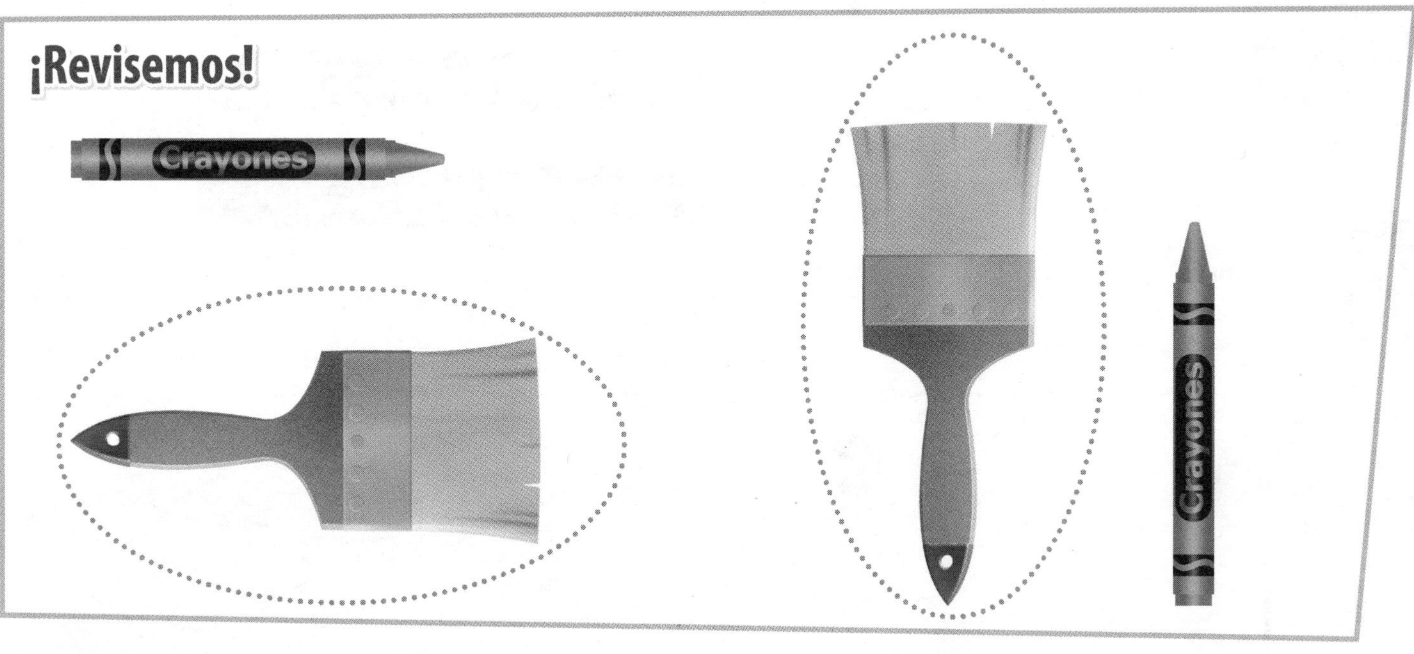

ACTIVIDAD PARA EL HOGAR Coloque una cucharilla en una mesa. Pida a su niño(a) que halle 2 objetos de la cocina que sean más largos que la cucharilla y 2 objetos de la cocina que sean más cortos que la cucharilla. Luego, ponga un florero en la mesa. Pida a su niño(a) que halle 2 objetos de la casa que sean más altos que el florero y 2 objetos de la casa que sean mas bajos que el florero.

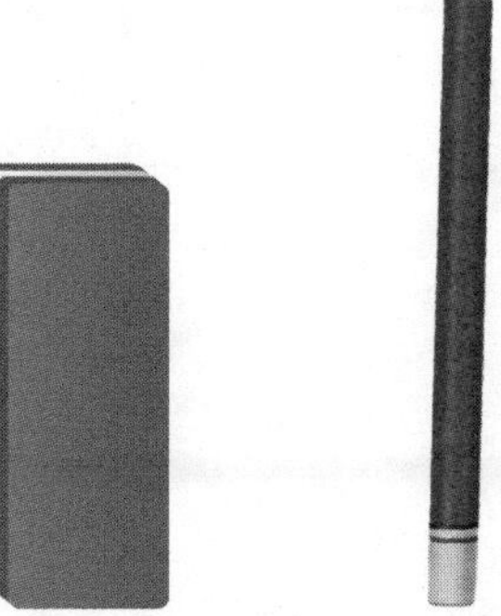

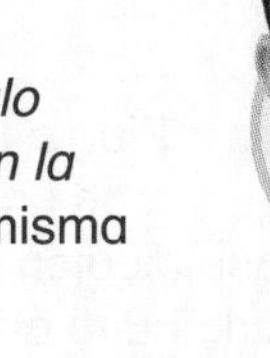

Instrucciones Diga: *Comparen los objetos de la izquierda según su longitud. ¿Qué objeto es más largo? Encierren en un círculo el objeto más largo. Ahora comparen los objetos según su altura. Encierren en un círculo el objeto más alto. ¿Cómo se relacionan la longitud y la altura?* Pida a los estudiantes que: 1 marquen una X sobre el objeto más corto o subrayen los objetos si tienen la misma longitud; 2 encierren en un círculo el objeto más alto o subrayen los objetos si tienen la misma altura.

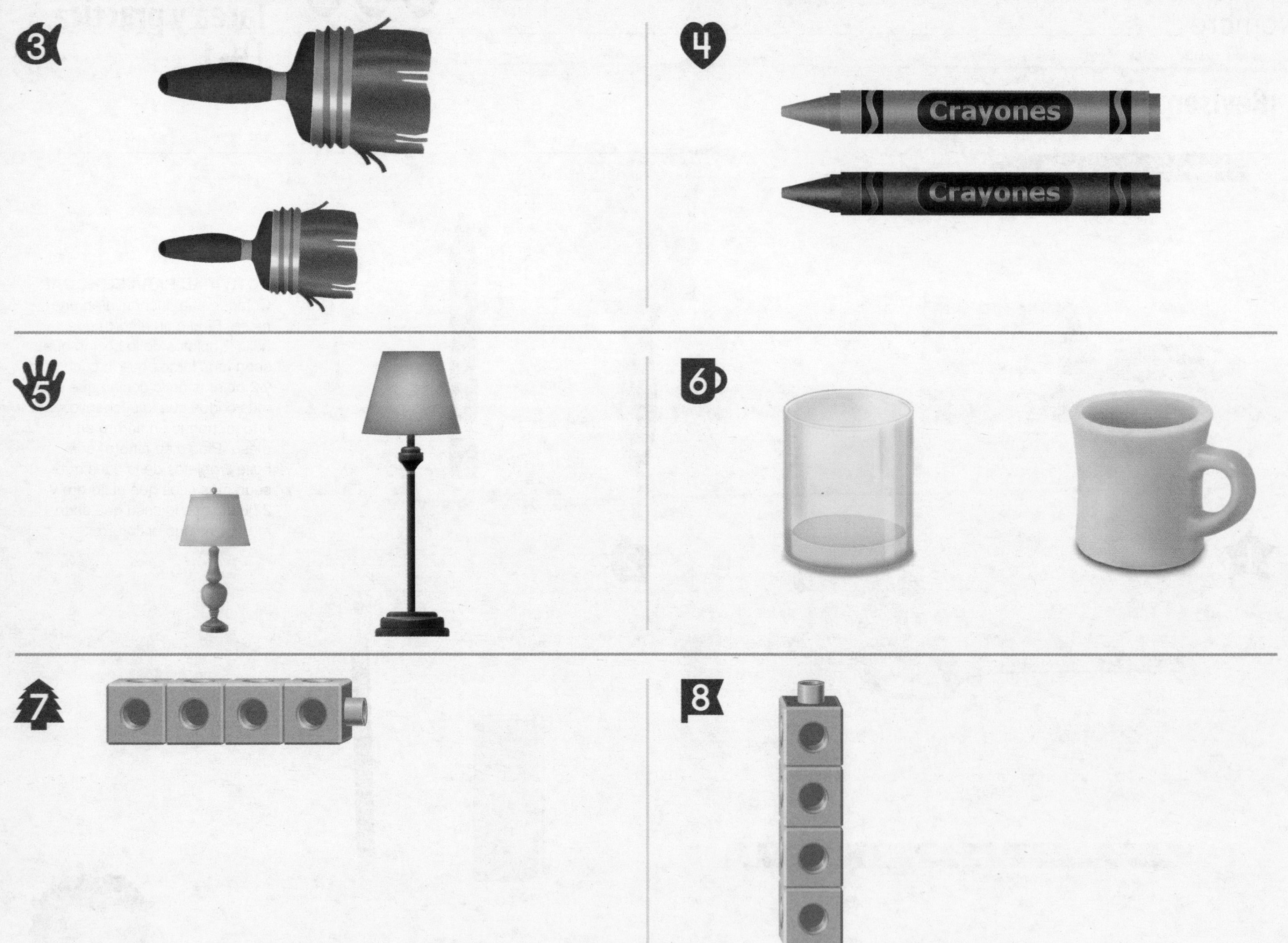

Instrucciones Pida a los estudiantes que: 3 y 4 encierren en un círculo el objeto más largo o subrayen ambos objetos si tienen la misma longitud; 5 y 6 marquen con una X el objeto más bajo o subrayen ambos objetos si tienen la misma altura. 8 **Razonamiento de orden superior** Pida a los estudiantes que dibujen un objeto que tenga la misma longitud que el tren de cubos. 7 **Razonamiento de orden superior** Pida a los estudiantes que dibujen un objeto que tenga la misma altura que el tren de cubos.

Nombre ____________________

Lección 14-2

Comparar según la capacidad

Instrucciones Diga: *Marta tiene 2 tazas. Quiere usar la taza que contiene más. ¿Cómo puede averiguar qué taza contiene más? Peguen la taza que contiene menos en el lado izquierdo del armario y la taza que contiene más en el lado derecho.*

Puedo...
comparar objetos según la capacidad.

Estándar de contenido
K.MD.A.2
Prácticas matemáticas
PM.2, PM.3, PM.6, PM.8

Contiene más.

Contiene menos.

Contienen la misma cantidad.

Instrucciones 1 y 2 Pida a los estudiantes que encierren en un círculo el recipiente que contiene más y marquen con una X el recipiente que contiene menos o subrayen los dos recipientes si contienen la misma cantidad.

Nombre ______________________________

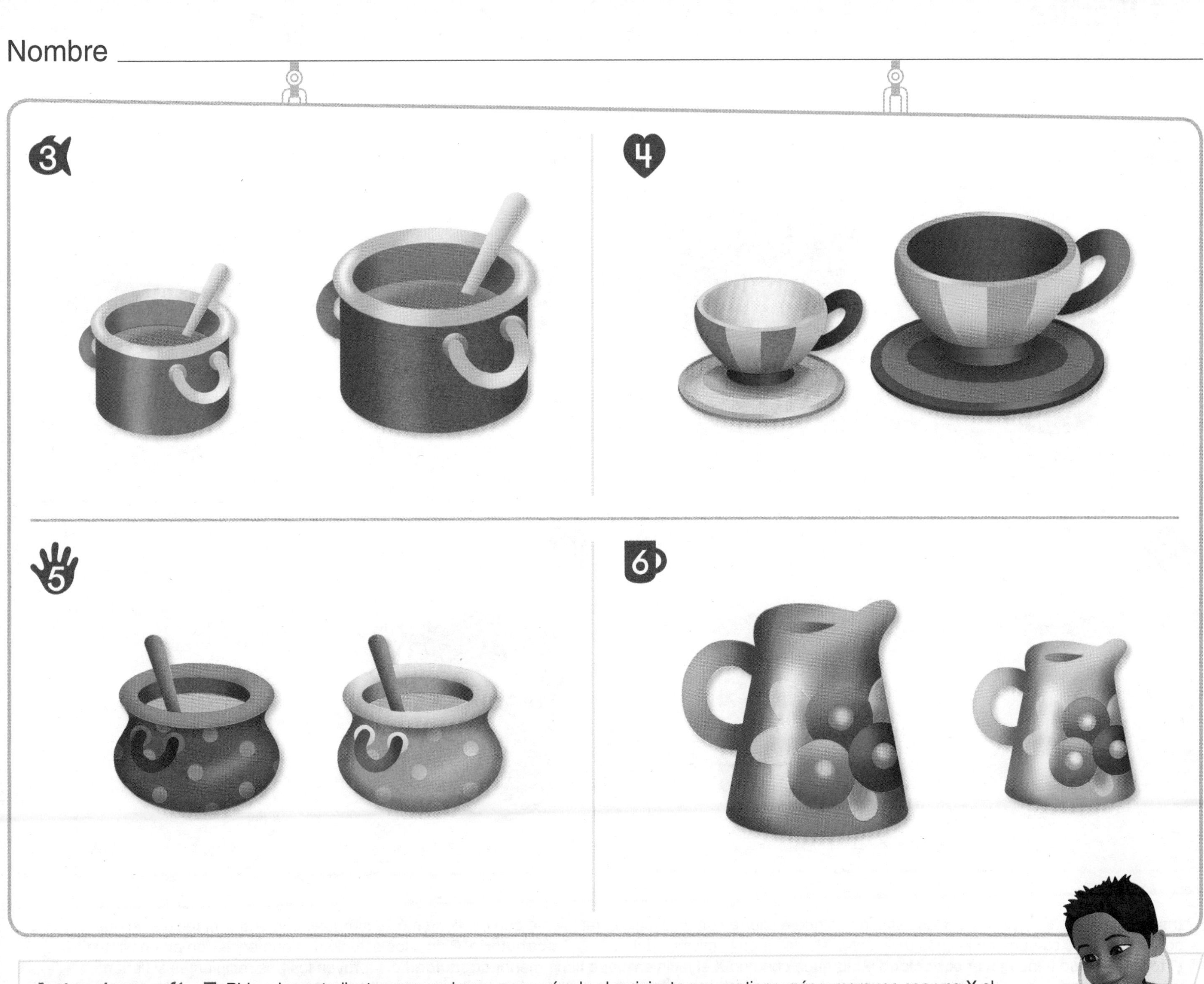

Instrucciones 3 a 6 Pida a los estudiantes que encierren en un círculo el recipiente que contiene más y marquen con una X el recipiente que contiene menos o subrayen los dos recipientes si contienen la misma cantidad.

Práctica independiente

Herramientas Evaluación

Instrucciones 7 y 8 Pida a los estudiantes que encierren en un círculo el recipiente que contiene más y marquen con una X el recipiente que contiene menos o subrayen los dos recipientes si contienen la misma cantidad. 9 **Vocabulario** Pida a los estudiantes que encierren en un círculo el recipiente que tiene mayor **capacidad** y marquen con una X el recipiente que tiene menor **capacidad** o subrayen los dos recipientes si tienen la misma **capacidad.** Luego, pídales que expliquen cómo lo saben. 10 **Razonamiento de orden superior** Pida a los estudiantes que dibujen un recipiente que contenga menos que el recipiente que se muestra.

Nombre ______________________________

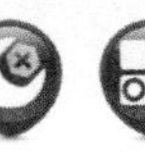
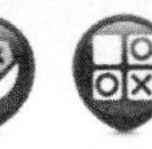

Ayuda Herramientas Juegos

Tarea y práctica 14-2

Comparar según la capacidad

ACTIVIDAD PARA EL HOGAR Coloque 2 ollas con diferentes capacidades en una mesa. Pregúntele a su niño(a) cuál contiene más y cuál contiene menos. Compruebe la respuesta llenándolas con agua. Puede repetir la actividad usando otros recipientes.

¡Revisemos!

Instrucciones Diga: *¿Qué tazón contiene más? ¿Cómo lo saben? Enciérrenlo en un círculo. Luego, marquen con una X el tazón que contiene menos.* ★1 Pida a los estudiantes que encierren en un círculo el recipiente que contiene más y marquen con una X el recipiente que contiene menos o subrayen los dos recipientes si contienen la misma cantidad.

Instrucciones Pida a los estudiantes que: 2 encierren en un círculo el recipiente que contiene más y marquen con una X el recipiente que contiene menos o subrayen ambos recipientes si contienen la misma cantidad; 3 dibujen un recipiente que contenga menos que la cesta. 4 **Razonamiento de orden superior** Pida a los estudiantes que dibujen un tazón y luego dibujen otro tazón que contenga más. 5 **Razonamiento de orden superior** Pida a los estudiantes que dibujen una taza, dibujen otra taza que contenga más y luego dibujen otra taza que contenga menos.

Nombre ______________________________

Lección 14-3
Comparar según el peso

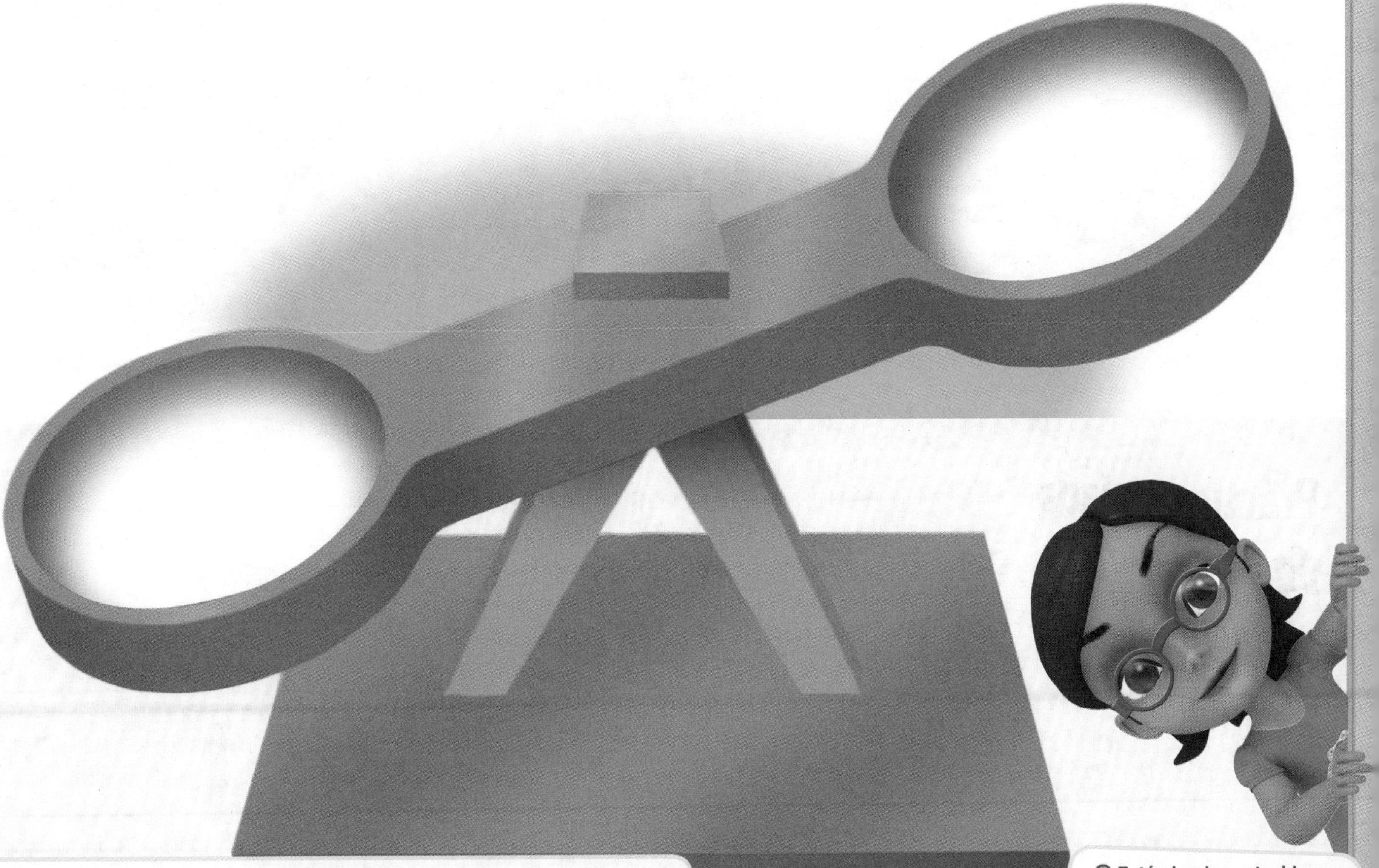

Instrucciones Diga: *Marta tiene un lápiz y un libro. Quiere guardar el objeto más liviano en su mochila. ¿Cómo puede saber qué objeto es más liviano? Dibujen los objetos en la parte de la balanza que corresponda.*

Puedo...
comparar objetos según el peso.

Estándar de contenido
K.MD.A.2
Prácticas matemáticas
PM.2, PM.3, PM.4, PM.8

Práctica guiada

Instrucciones 1 a 4 Pida a los estudiantes que encierren en un círculo el objeto más pesado y marquen con una X el objeto más liviano o subrayen ambos objetos si pesan lo mismo.

Nombre ______________________________

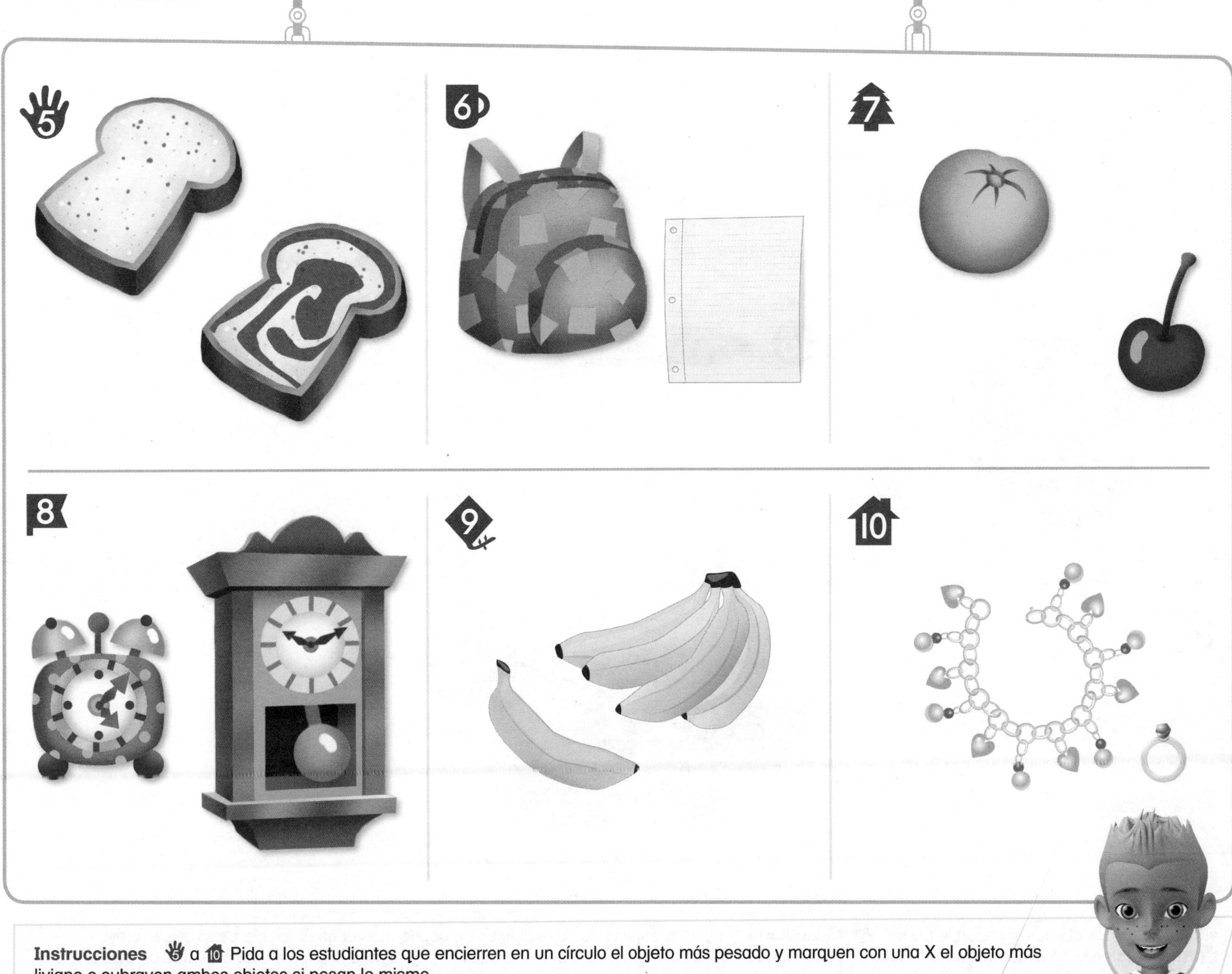

Instrucciones 5 a 10 Pida a los estudiantes que encierren en un círculo el objeto más pesado y marquen con una X el objeto más liviano o subrayen ambos objetos si pesan lo mismo.

Instrucciones 11 a 14 Pida a los estudiantes que encierren en un círculo el objeto más pesado y marquen con una X el objeto más liviano o subrayen los dos objetos si pesan lo mismo. 15 **Vocabulario** Pida a los estudiantes que dibujen un objeto que tenga el mismo **peso** que el crayón. 16 **Razonamiento de orden superior** Pida a los estudiantes que dibujen 2 objetos. Deben dibujar el objeto más pesado en la parte más baja de la balanza y el objeto más liviano en la parte más alta de la balanza.

Nombre ____

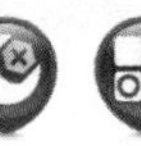

Tarea y práctica 14-3

Comparar según el peso

ACTIVIDAD PARA EL HOGAR Pida a su niño(a) que sostenga una rebanada de pan. Luego, pídale que busque en la cocina algo que sea más pesado que el pan y algo que sea más liviano que el pan.

¡Revisemos!

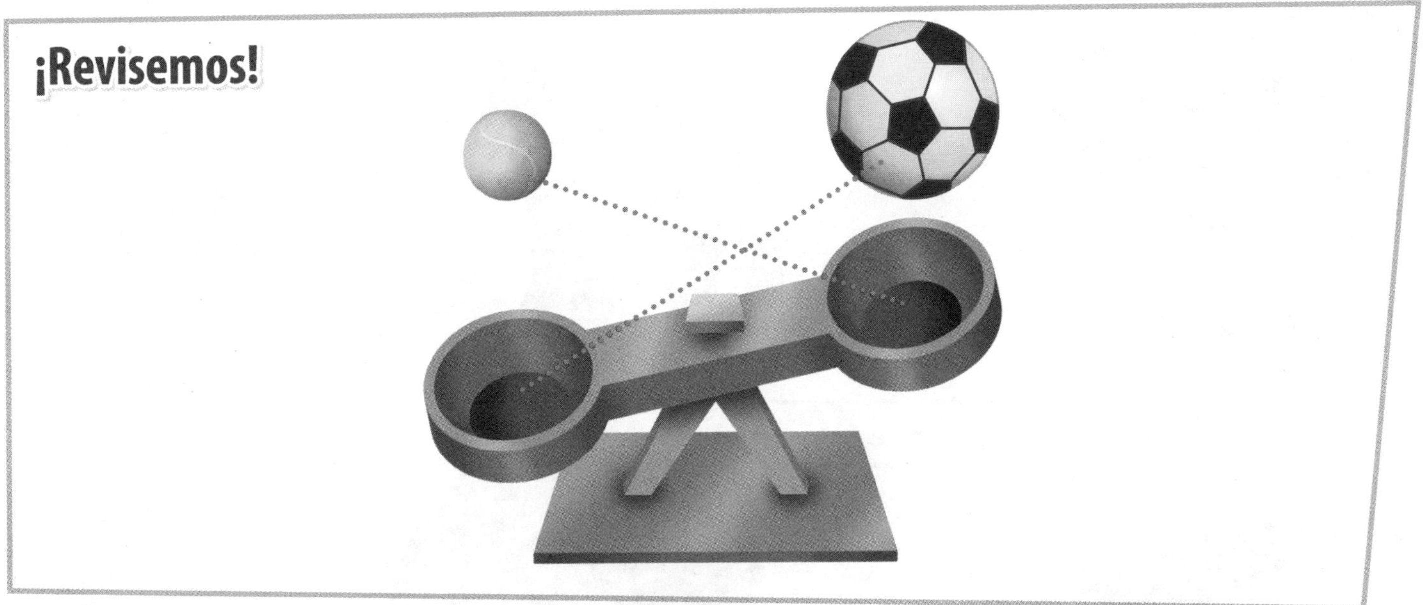

1

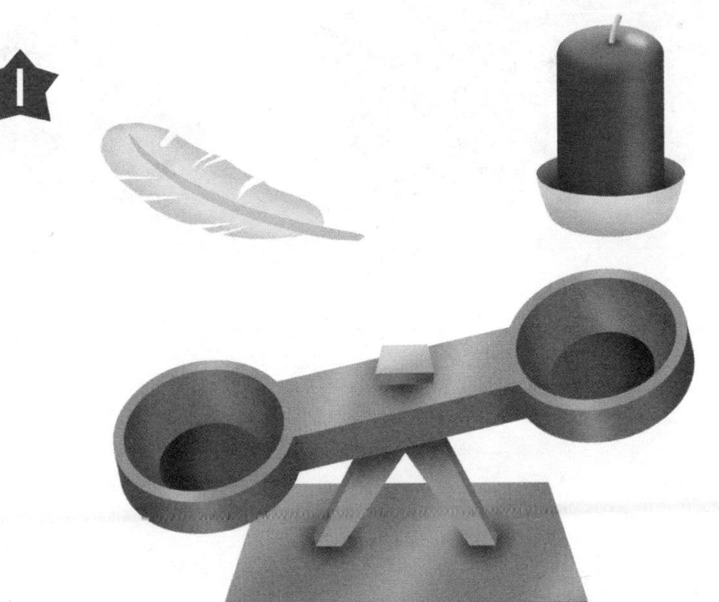

2

Instrucciones Diga: *Comparen los objetos. ¿Qué pelota es más pesada? Dibujen una línea desde la pelota más pesada hasta la parte más baja de la balanza y una línea desde la pelota más liviana hasta la parte más alta de la balanza.* 1 y 2 Pida a los estudiantes que comparen los objetos y luego tracen una línea desde el objeto más pesado hasta la parte baja de la balanza y desde el objeto más liviano hasta la parte alta de la balanza.

Instrucciones **3 Matemáticas y Ciencias** Pida a los estudiantes que digan qué objeto provee más sombra y pídales que comenten qué objetos hechos por los seres humanos los protegen del sol. 4 a 6 Pida a los estudiantes que encierren en un círculo el objeto más pesado y marquen con una X el objeto más liviano. **7 Razonamiento de orden superior** Pida a los estudiantes que dibujen un objeto que sea liviano y un objeto que sea pesado. **8 Razonamiento de orden superior** Pida a los estudiantes que dibujen 2 objetos que pesen lo mismo.

Nombre ______________________________

Lección 14-4

Describir objetos según sus atributos

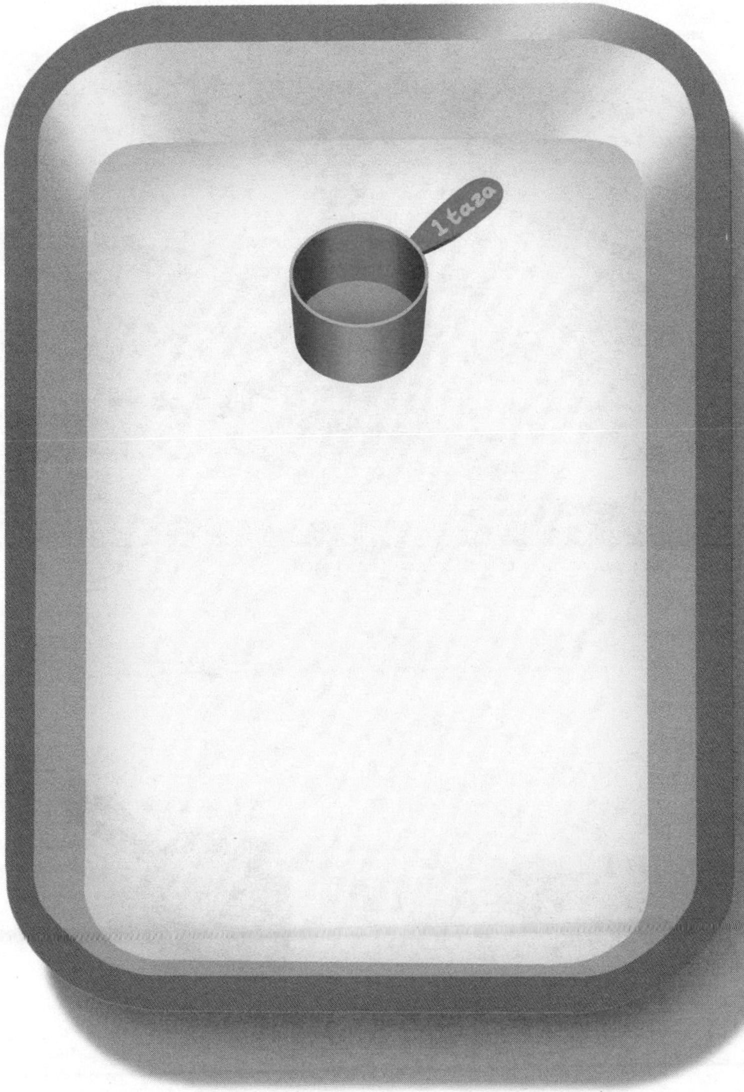

1 taza

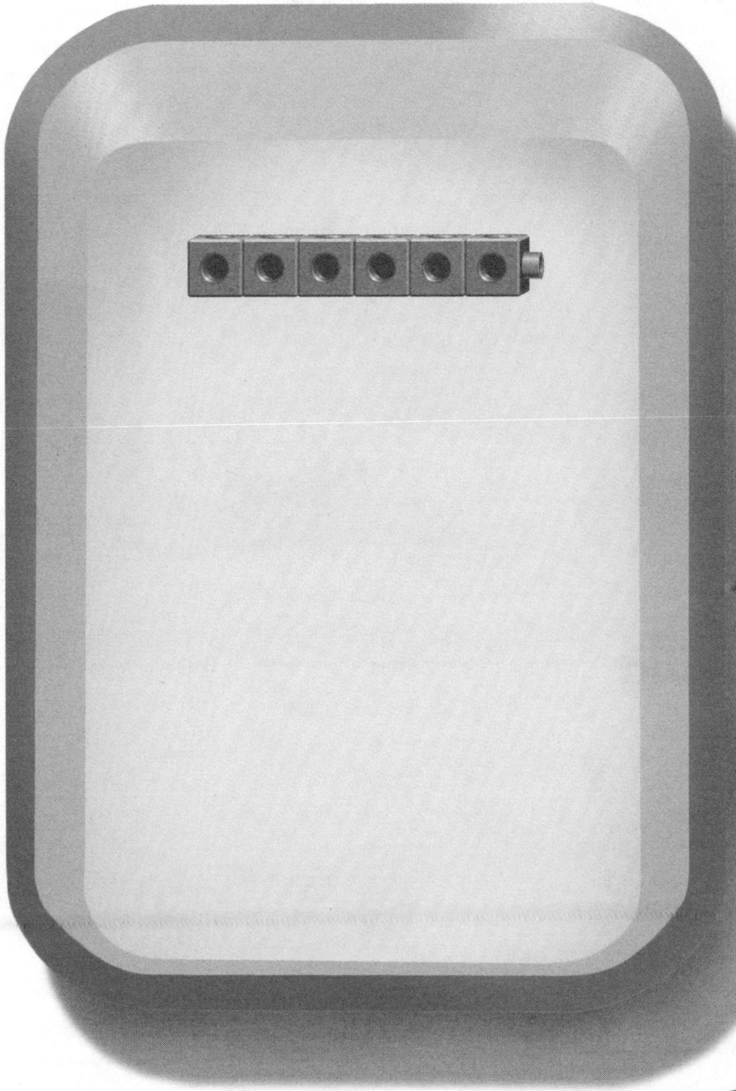

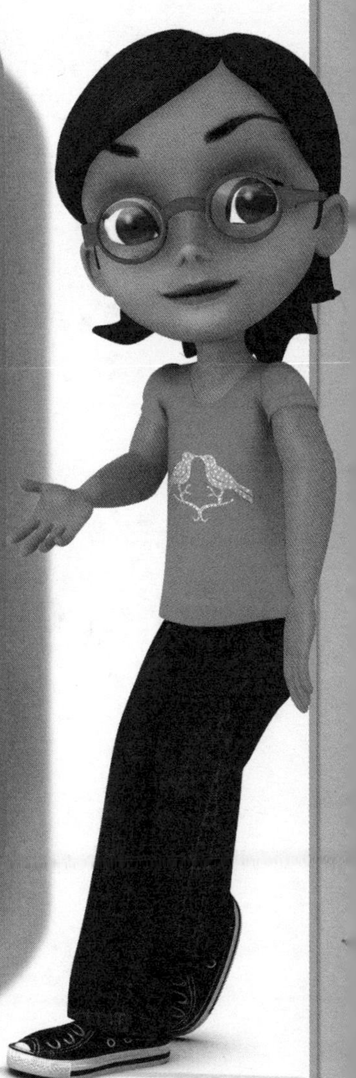

Instrucciones Diga: *Estos objetos son 2 herramientas para medir. ¿Qué pueden medir con la taza? ¿Qué pueden medir con el tren de cubos? Dibujen un objeto que puedan medir con cada herramienta.*

Puedo...
usar atributos para describir diferentes objetos.

Estándar de contenido
K.MD.A.1
Prácticas matemáticas
PM.1, PM.2, PM.5, PM.6

Práctica guiada

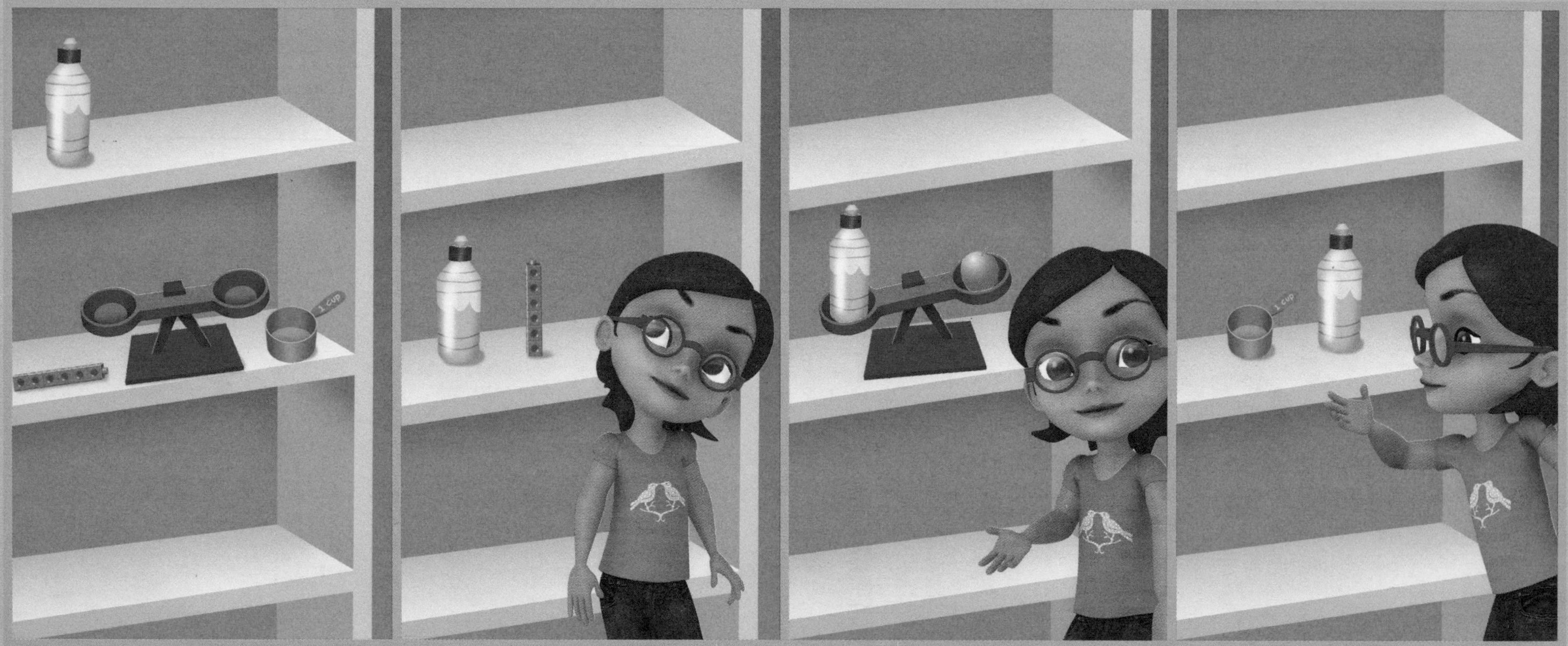

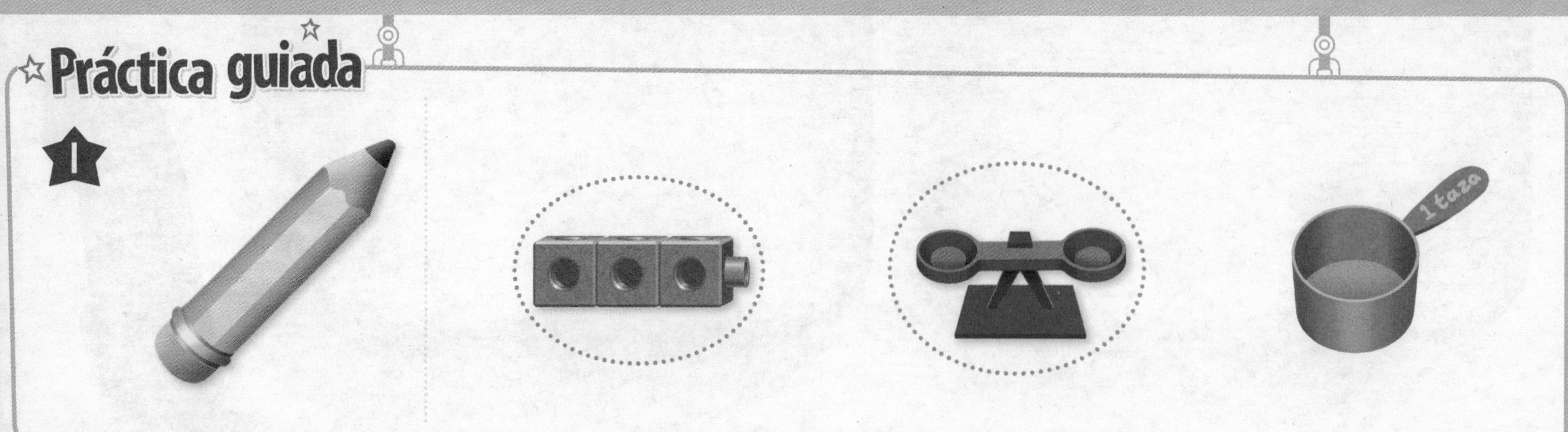

Instrucciones 1 Pida a los estudiantes que miren el objeto de la izquierda, identifiquen los atributos que se pueden medir y luego encierren en un círculo las herramientas que se podrían usar para describir esos atributos.

Nombre ______________________________

2

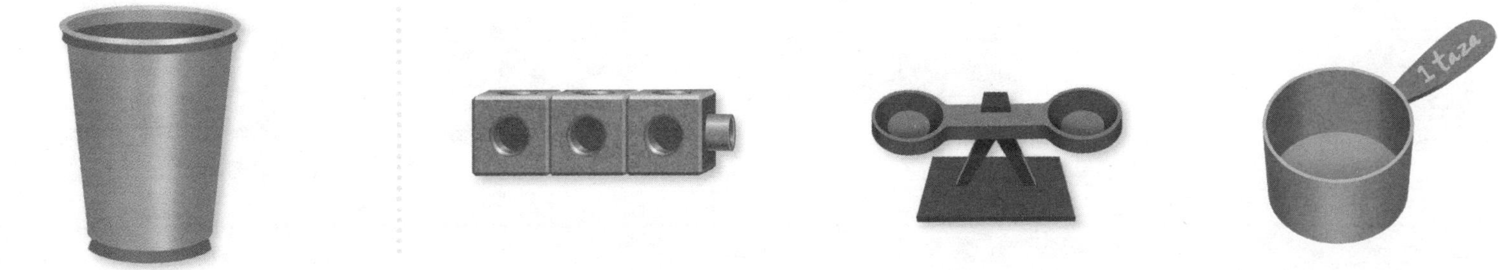

1 taza

3

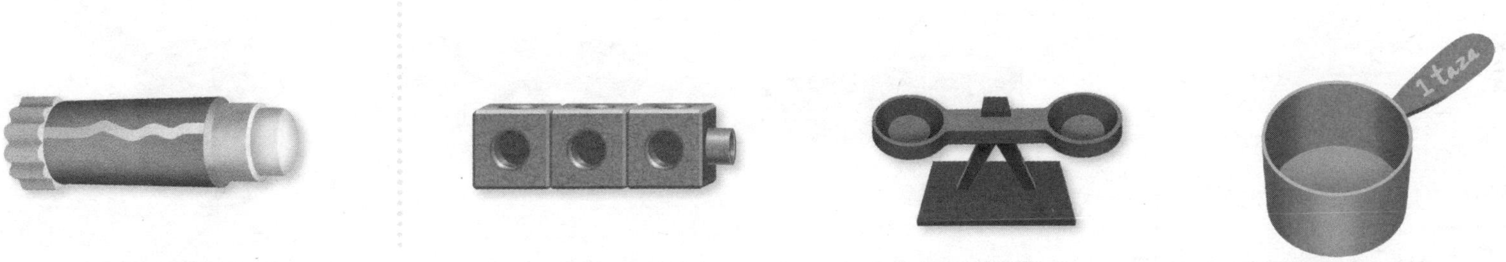

1 taza

4

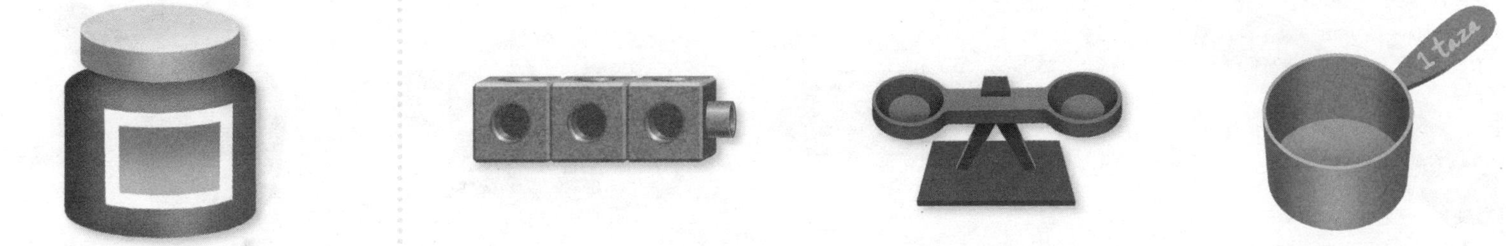

1 taza

5

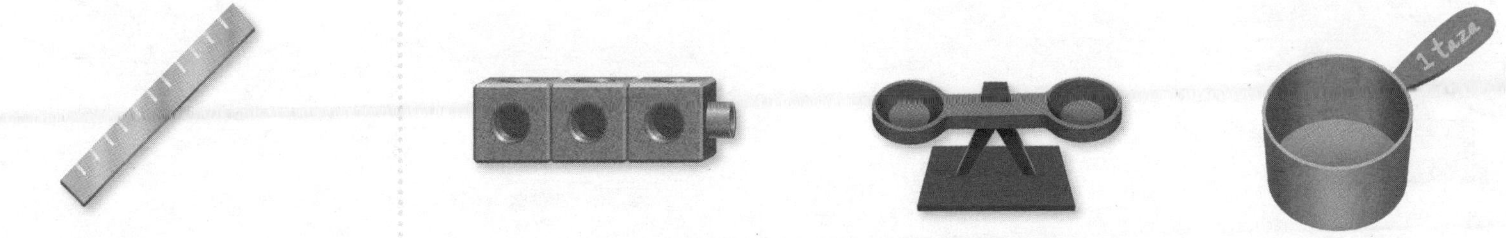

1 taza

Instrucciones 2 a 5 Pida a los estudiantes que miren el objeto de la izquierda, identifiquen los atributos que se pueden medir y luego encierren en un círculo las herramientas que se podrían usar para describir esos atributos.

Práctica independiente

Herramientas Evaluación

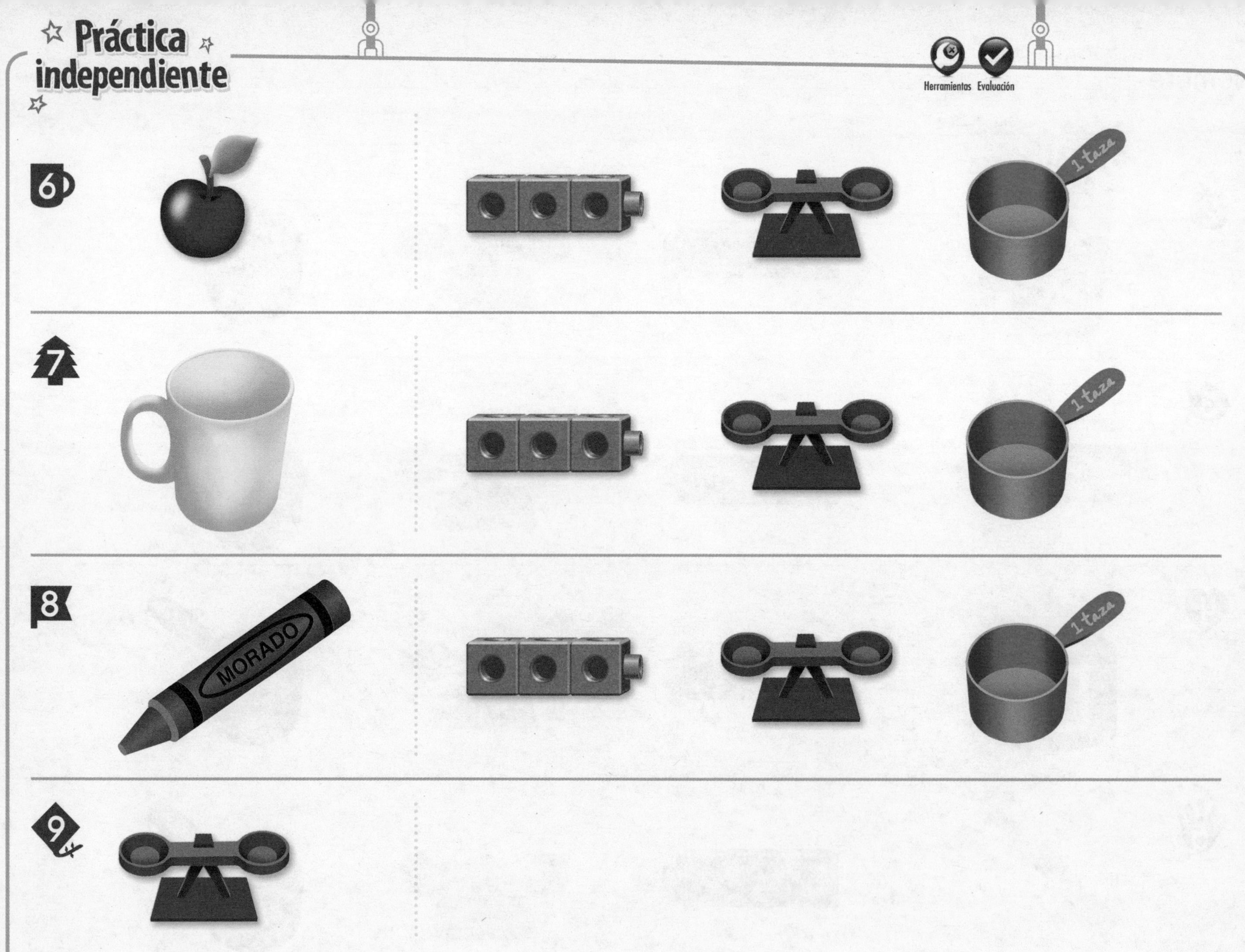

Instrucciones 6 a 8 Pida a los estudiantes que miren el objeto de la izquierda, identifiquen los atributos que se pueden medir y luego encierren en un círculo las herramientas que se podrían usar para describir esos atributos. 9 **Razonamiento de orden superior** Pida a los estudiantes que identifiquen el atributo que se puede medir usando la herramienta de la izquierda y luego dibujen 2 objetos que se podrían medir usando esa herramienta.

Nombre ______________________________

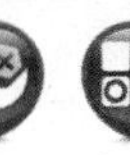
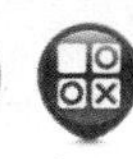

Ayuda Herramientas Juegos

Tarea y práctica 14-4

Describir objetos según sus atributos

¡Revisemos!

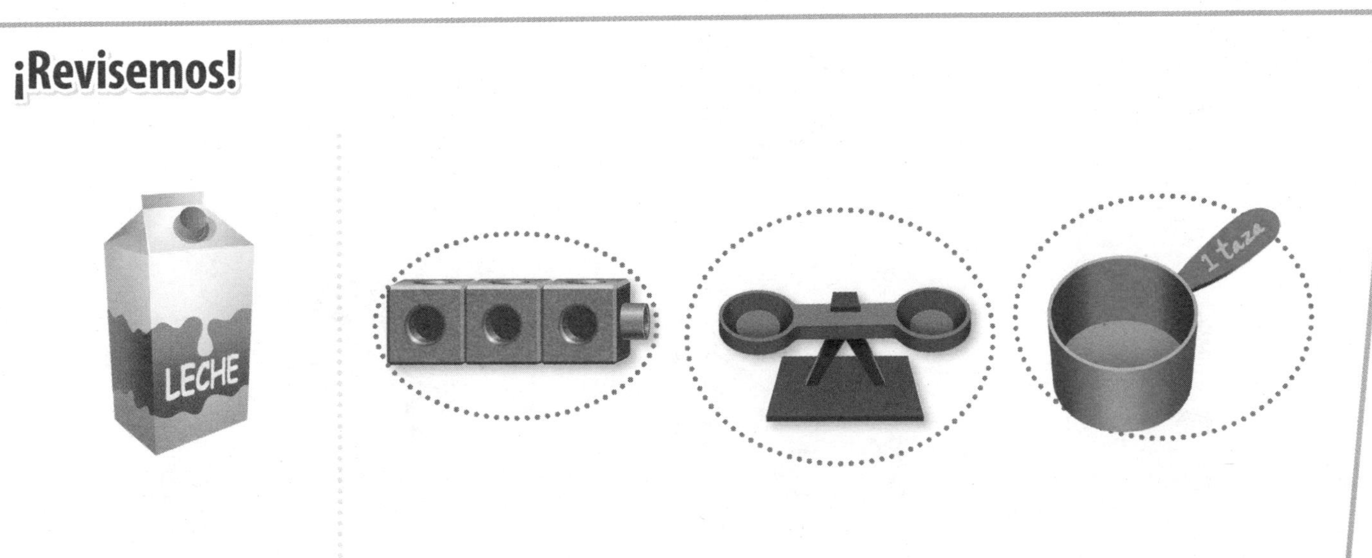

ACTIVIDAD PARA EL HOGAR Escoja algunos objetos pequeños, por ejemplo, una taza, un libro y una cucharilla. Pídale a su niño(a) que describa cada objeto y luego mencione herramientas que se podrían usar para describir diferentes atributos del objeto (por ejemplo, una balanza, un tren de cubos, una taza de medir).

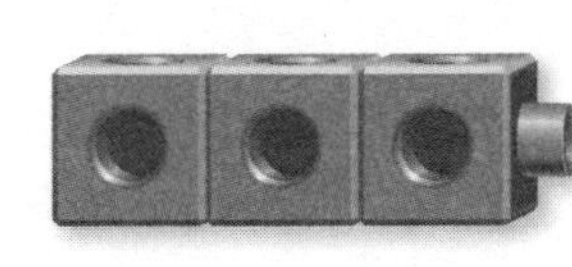

Instrucciones Diga: *Los atributos, como qué tan largo es, qué tan pesado es o cuánto puede contener algo, se pueden medir usando herramientas. ¿Qué atributos tiene un envase de leche? Encierren en un círculo las herramientas que se pueden usar para describir estos atributos.* 1 y 2 Pida a los estudiantes que miren el objeto de la izquierda, identifiquen los atributos que se pueden medir y luego encierren en un círculo las herramientas que se podrían usar para describir esos atributos.

3

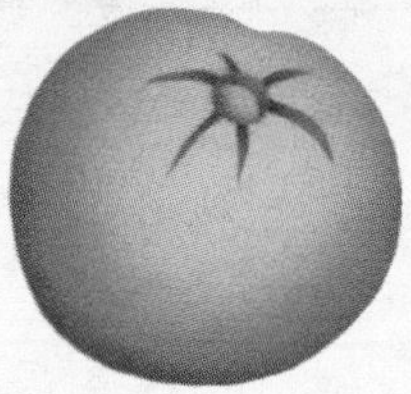

4

6

Instrucciones 3 y 4 Pida a los estudiantes que identifiquen qué atributo puede medir la herramienta de la izquierda y luego encierren en un círculo los objetos que se podrían medir con esa herramienta. 5 **Razonamiento de orden superior** Pida a los estudiantes que identifiquen el atributo que se puede medir usando la herramienta de la izquierda y luego dibujen 2 objetos que se podrían medir usando esa herramienta. 6 **Razonamiento de orden superior** Pida a los estudiantes que dibujen un objeto que se pueda medir según los atributos longitud, peso y capacidad.

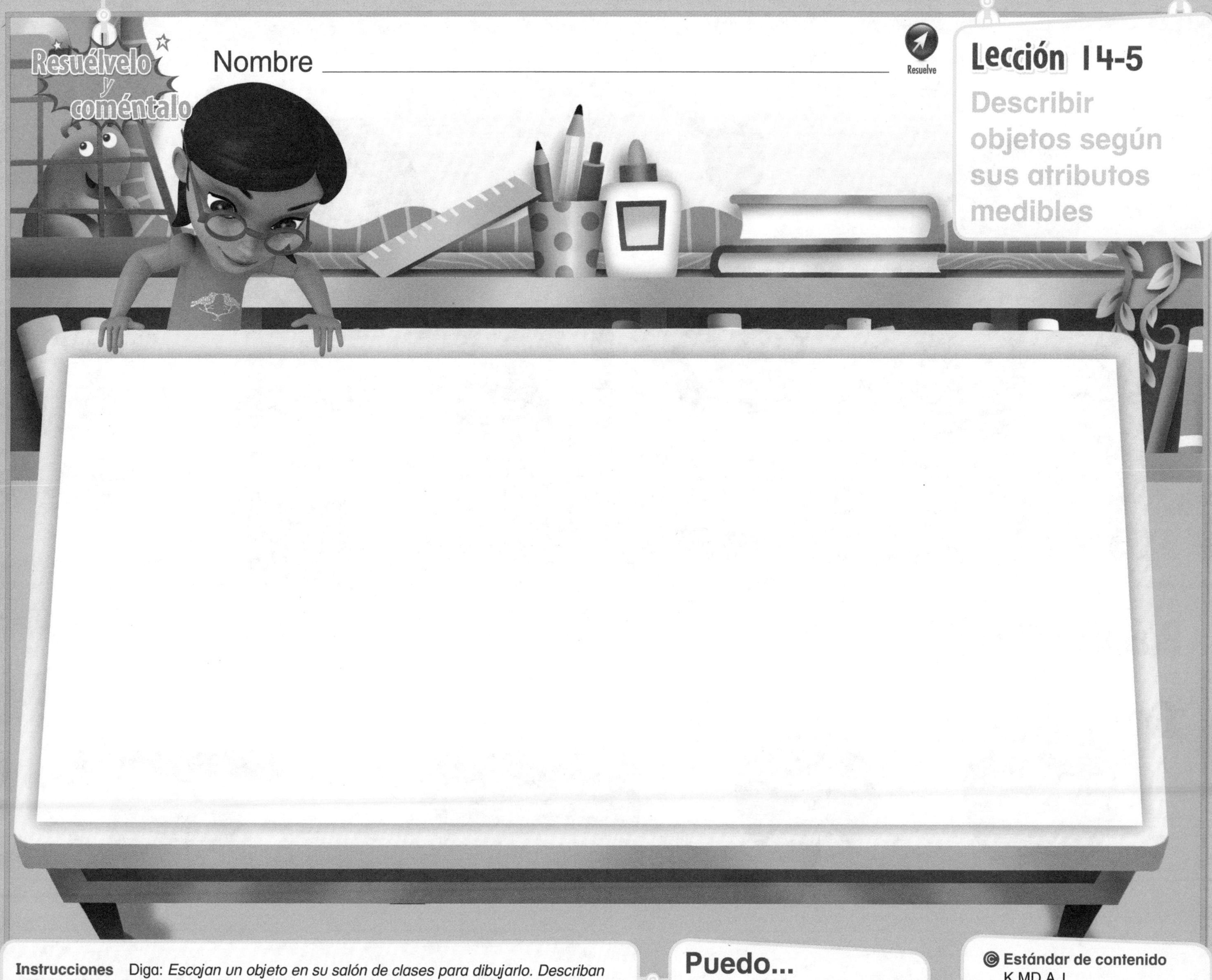

Lección 14-5

Describir objetos según sus atributos medibles

Instrucciones Diga: *Escojan un objeto en su salón de clases para dibujarlo. Describan todas las maneras en que podrían medirlo. Luego, dibujen las herramientas que podrían usar para medir el objeto.*

Puedo...
usar mis palabras para describir cómo se puede medir un objeto.

Estándar de contenido
K.MD.A.1
Prácticas matemáticas
PM.4, PM.5, PM.6, PM.7

Práctica guiada

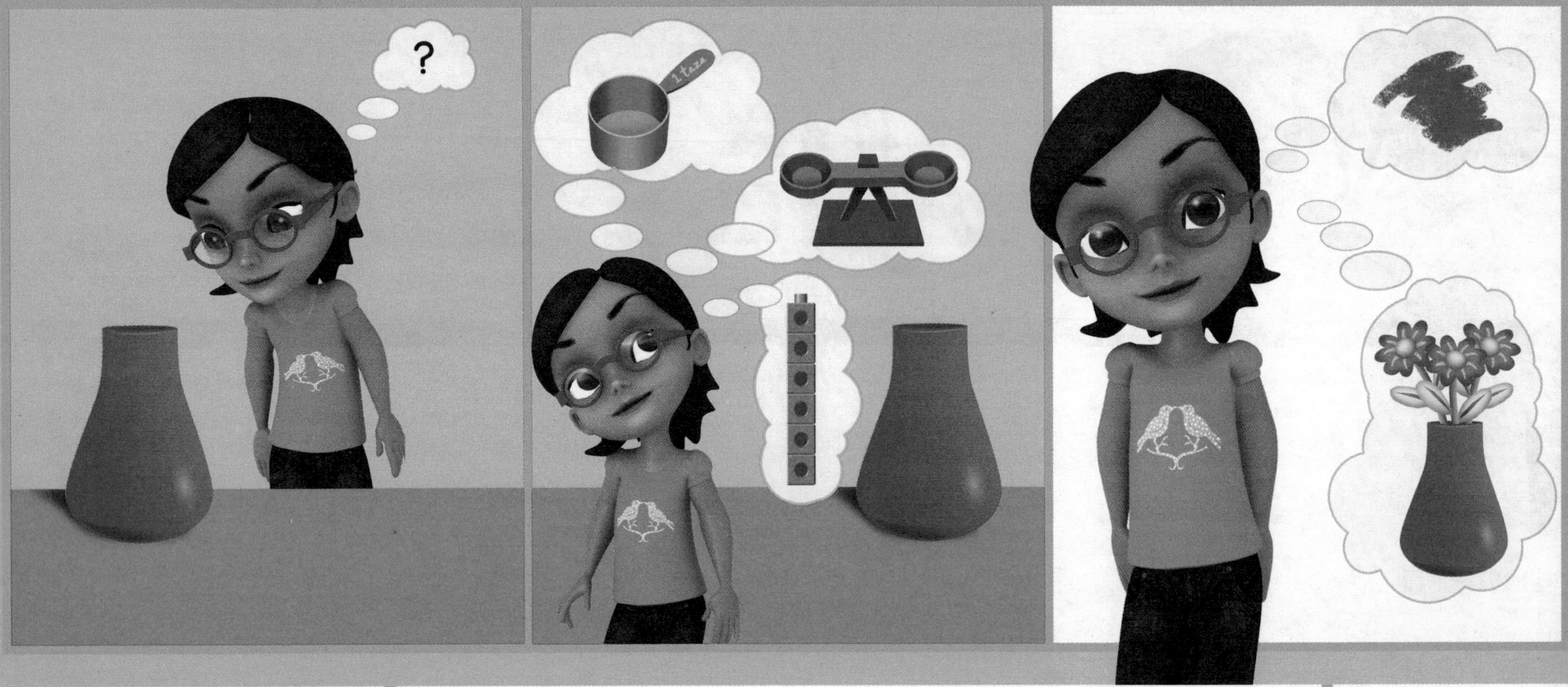

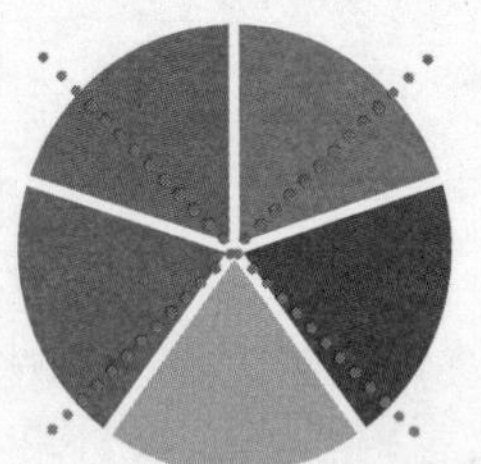

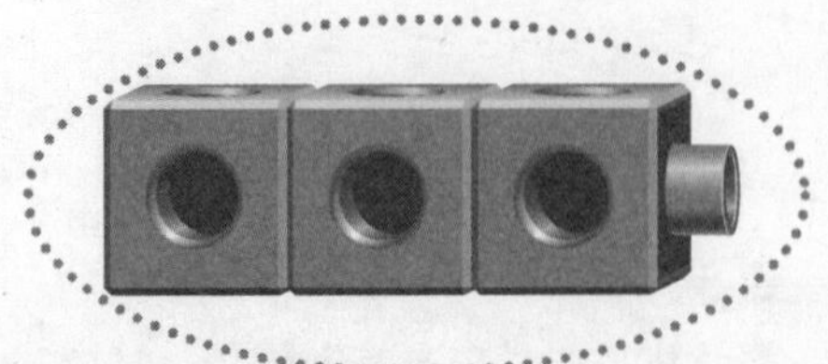

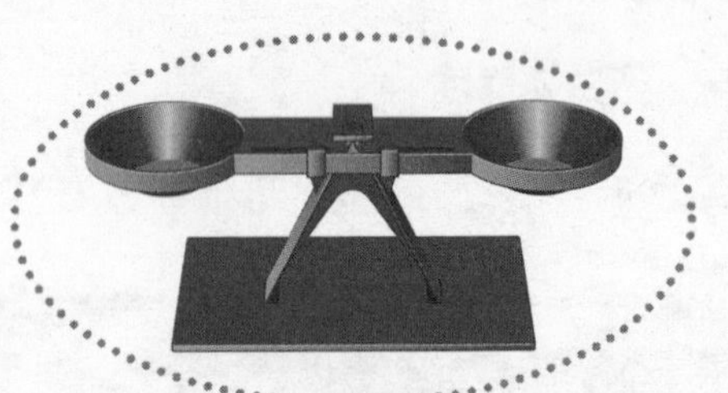

Instrucciones 1 Pida a los estudiantes que miren el objeto de la izquierda e identifiquen los atributos que se pueden medir. Luego, pida a los estudiantes que encierren en un círculo las herramientas que se podrían usar para describir esos atributos y marquen con una X la(s) herramienta(s) que no se podría(n) usar.

Nombre ______________________________

2

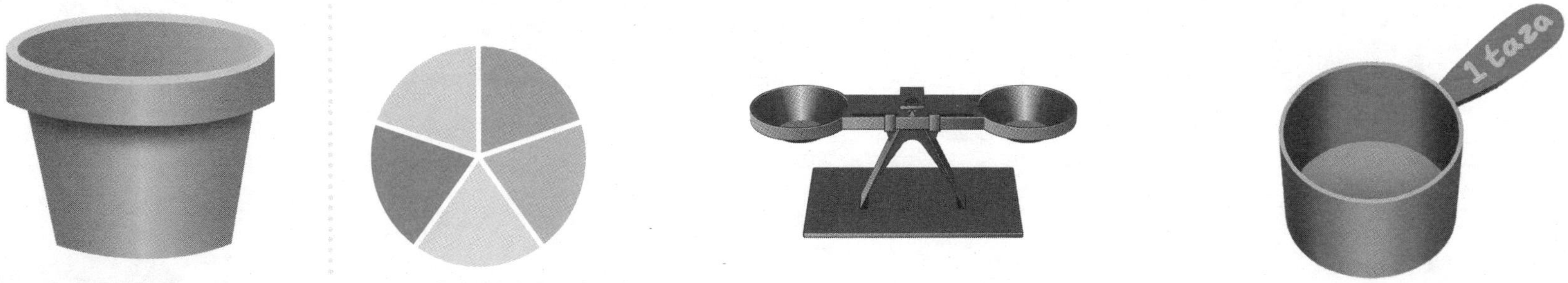

1 taza

3

1 taza

4

1 taza

5

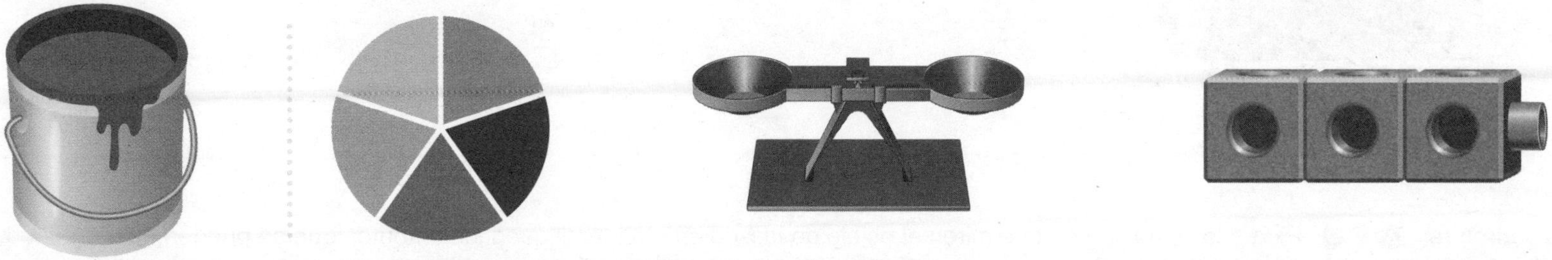

Instrucciones 2 a 5 Pida a los estudiantes que miren el objeto de la izquierda e identifiquen los atributos que se pueden medir. Luego, pida a los estudiantes que encierren en un círculo las herramientas que se podrían usar para describir esos atributos y marquen con una X la(s) herramienta(s) que NO se podría(n) usar.

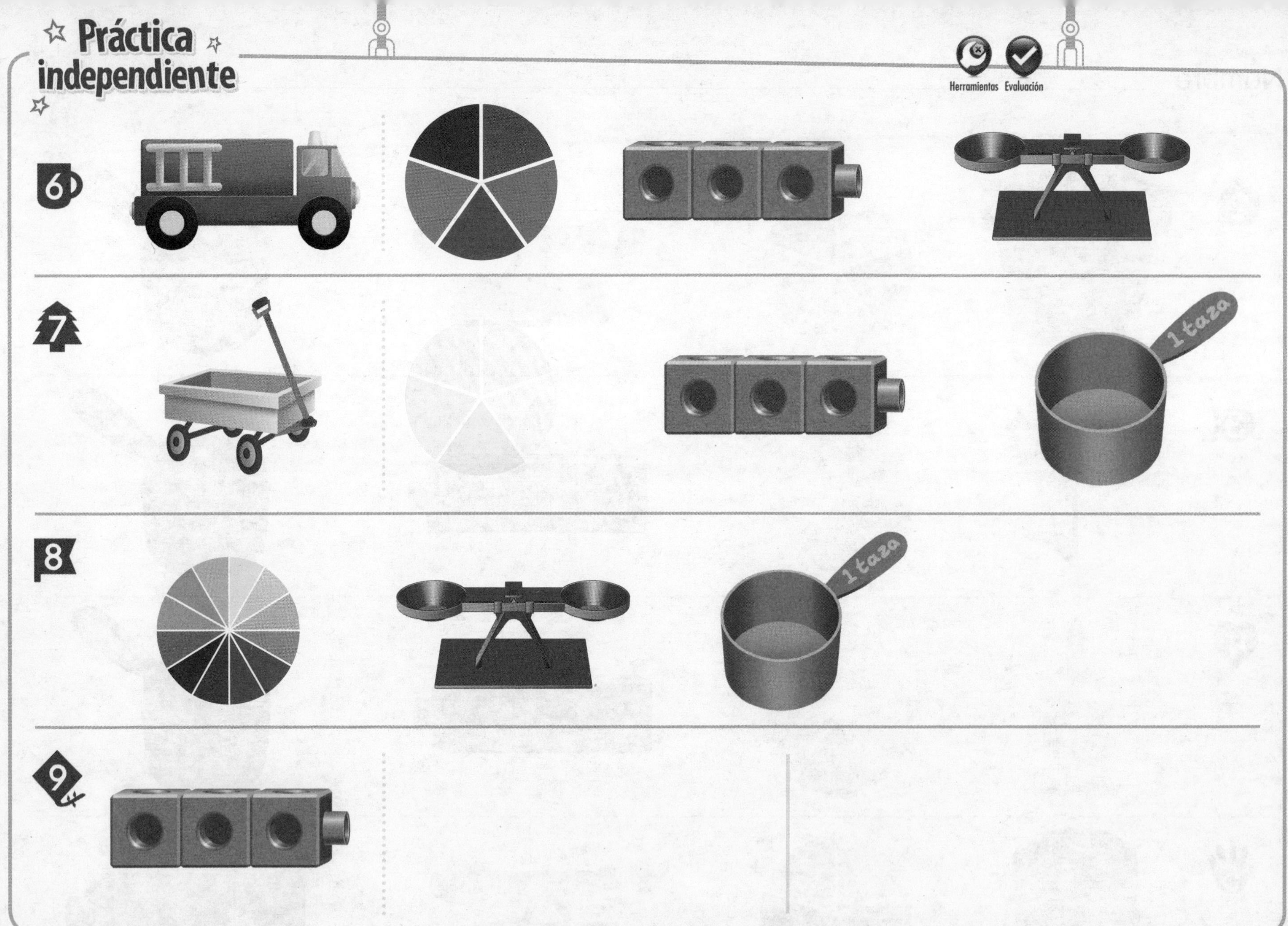

Instrucciones 6 y 7 Pida a los estudiantes que miren el objeto de la izquierda e identifiquen los atributos que se pueden medir. Luego, pida a los estudiantes que encierren en un círculo las herramientas que se podrían usar para describir esos atributos y marquen con una X la(s) herramienta(s) que NO se puede(n) usar. 8 Pida a los estudiantes que encierren en un círculo 2 herramientas para medir. Luego, pídales que dibujen un objeto que se podría medir con las herramientas que encerraron en círculos. 9 **Razonamiento de orden superior** A la izquierda, pida a los estudiantes que dibujen un objeto que se podría medir usando la herramienta que se muestra. A la derecha, pídales que dibujen un objeto que NO se puede medir usando la herramienta que se muestra.

Nombre ______________________________

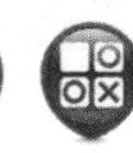

Tarea y práctica 14-5

Describir objetos según sus atributos medibles

ACTIVIDAD PARA EL HOGAR Muestre a su niño(a) varios objetos de la casa, como un plato o una taza. Pídale que describa cada objeto y luego nombre la(s) herramienta(s) que debe usar para describir los diferentes atributos. Luego, pídale que nombre un atributo que NO se pueda medir con una de esas herramientas.

¡Revisemos!

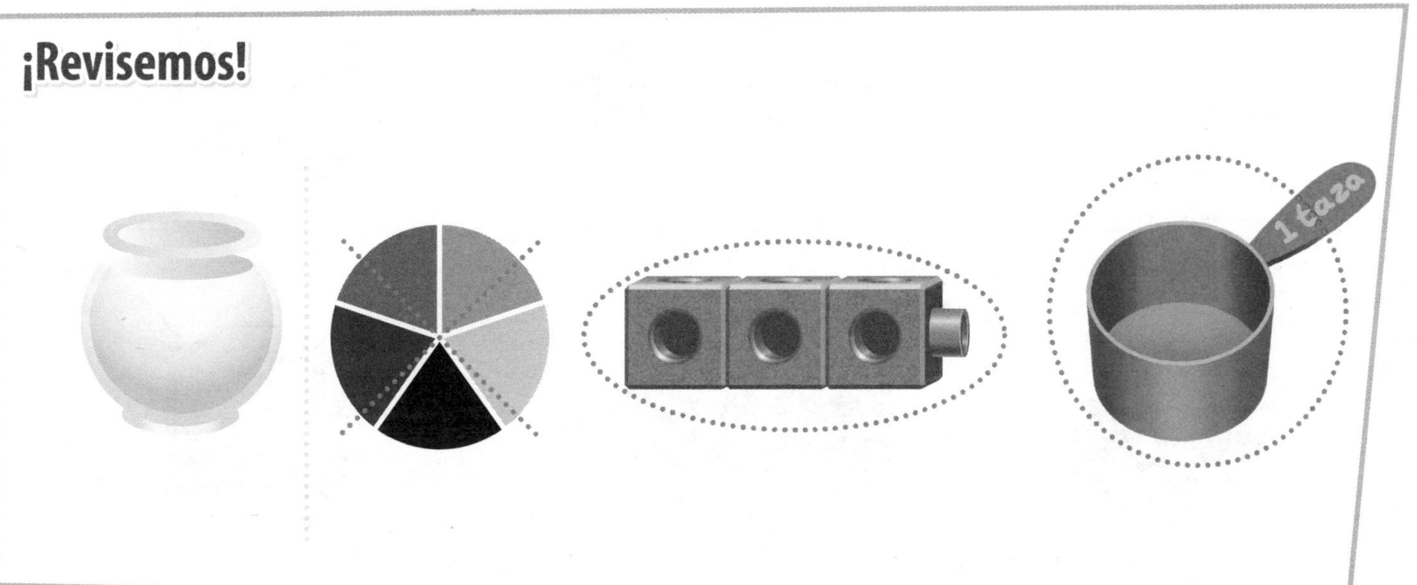

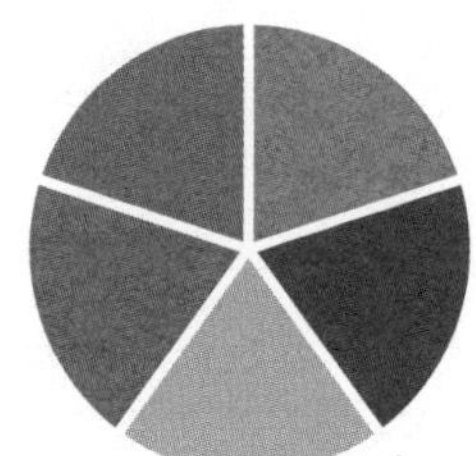
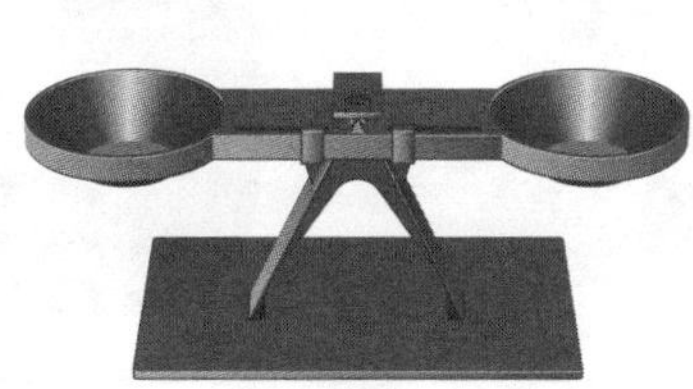

2

Instrucciones Diga: *Los atributos, como qué tan alto es algo, cuánto pesa o cuánto contiene, se pueden medir usando herramientas. ¿Qué atributos tiene un tazón? Encierren en un círculo la(s) herramienta(s) que se podría(n) usar para describir estos atributos. Luego, marquen con una X la(s) herramienta(s) que NO se podría(n) usar.* 1 y 2 Pida a los estudiantes que miren el objeto de la izquierda e identifiquen los atributos que se pueden medir. Luego, pida a los estudiantes que encierren en un círculo la(s) herramienta(s) que se podría(n) usar para describir esos atributos y marquen con una X la(s) herramienta(s) que NO se podrían usar.

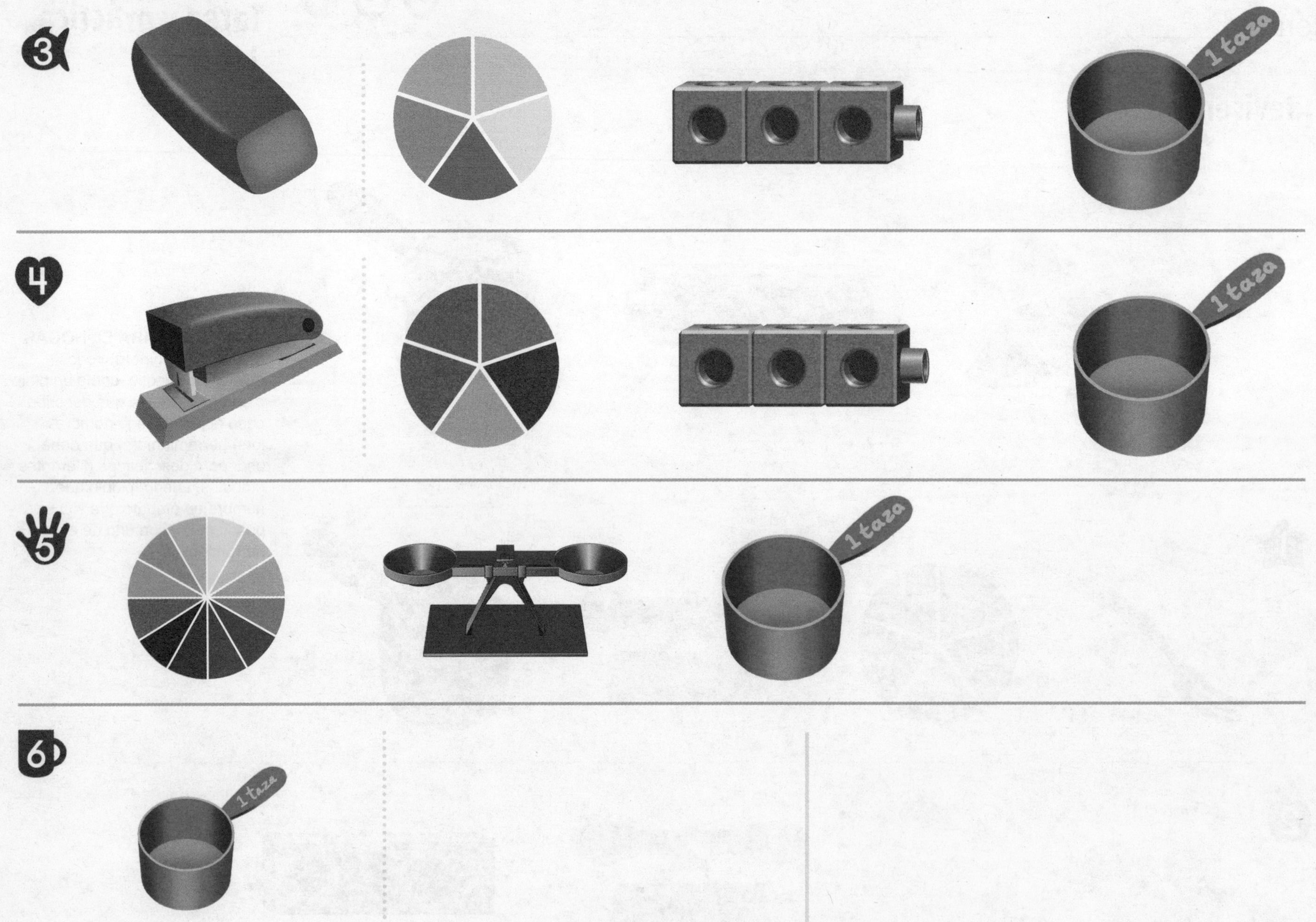

Instrucciones 3 y 4 Pida a los estudiantes que miren el objeto de la izquierda e identifiquen los atributos que se pueden medir. Luego, pídales que encierren en un círculo la(s) herramienta(s) que se podría(n) usar para describir esos atributos y marquen con una X la(s) herramienta(s) que NO se podrían usar. 5 **Razonamiento de orden superior** Pida a los estudiantes que encierren en un círculo 2 herramientas para medir. Luego, pídales que dibujen un objeto que se podría medir usando esas herramientas. 6 **Razonamiento de orden superior** A la izquierda, pida a los estudiantes que dibujen un objeto que se pueda medir usando la herramienta que se muestra. A la derecha, pídales que dibujen un objeto que NO se pueda medir usando la herramienta que se muestra.

Resuélvelo y coméntalo

Nombre ______________________________

Resuelve

Prácticas matemáticas y resolución de problemas

Lección 14-6

Precisión

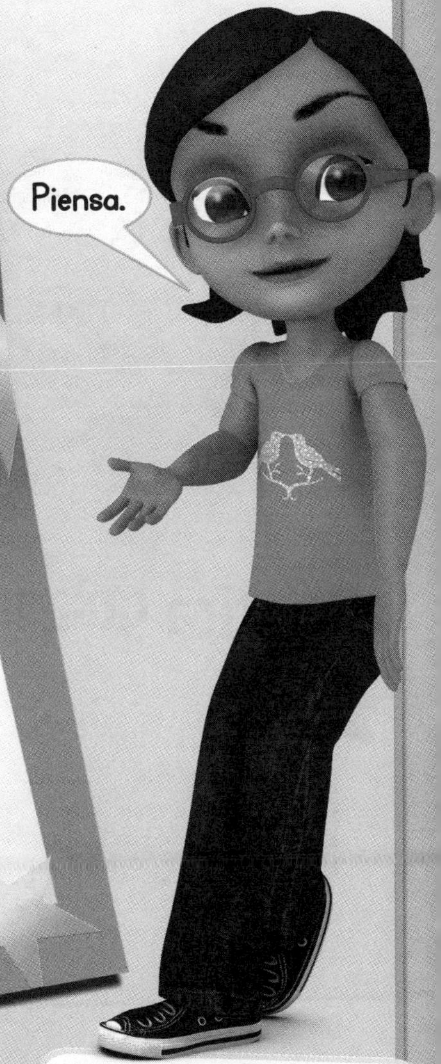

Piensa.

3

Instrucciones Diga: *Marta quiere comparar la longitud de una cinta con la longitud de un tren de cubos para encerrar en un círculo el que sea más corto. ¿Cómo puede hacerlo? Expliquen dónde colocar el tren de cubos en la página y por qué.*

Puedo...
resolver problemas de matemáticas sobre objetos con atributos medibles usando la precisión.

Prácticas matemáticas
PM.6 También, PM.3, PM.4, PM.5
Estándar de contenido
K.MD.A.2

Piensa.

Cubos

Compara.

7

Más largo

Práctica guiada

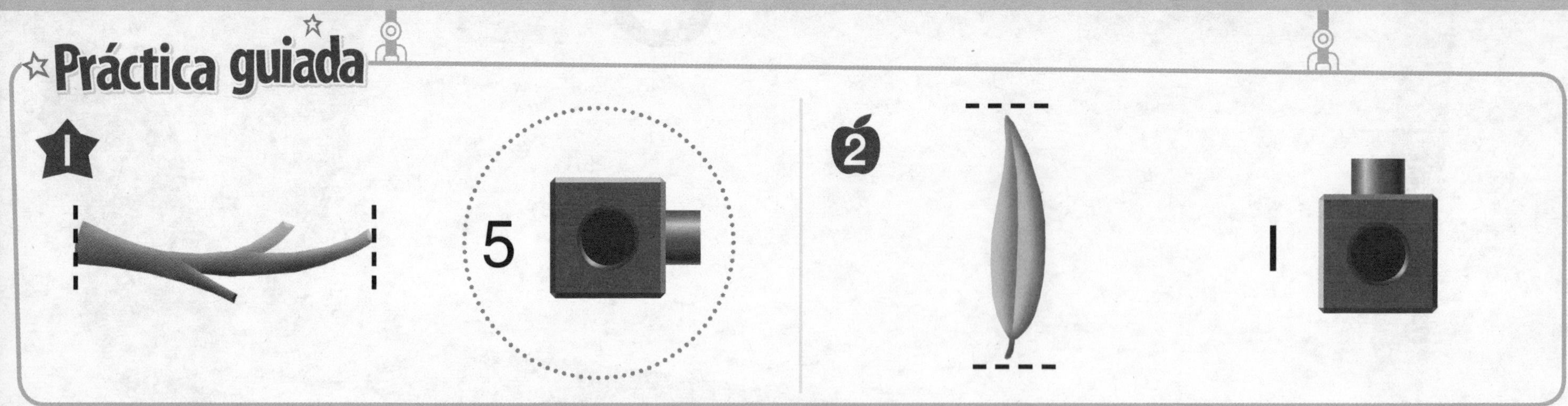

Instrucciones Pida a los estudiantes que: 1 formen un tren de cubos con el número de cubos que se muestra, comparen la longitud del tren de cubos con el objeto y luego encierren en un círculo el que sea más largo; 2 formen una torre de cubos con el número de cubos que se muestra, comparen la altura de la torre de cubos con el objeto y luego encierren en un círculo el que sea más alto.

Nombre

Herramientas Evaluación

Práctica independiente

3 — 3

4 — 7

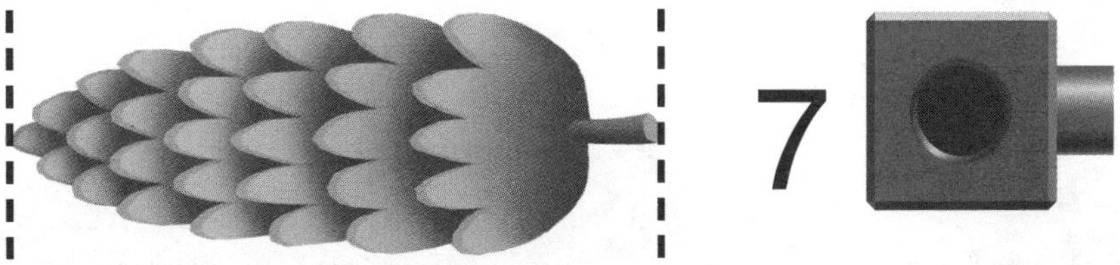

5 — 4

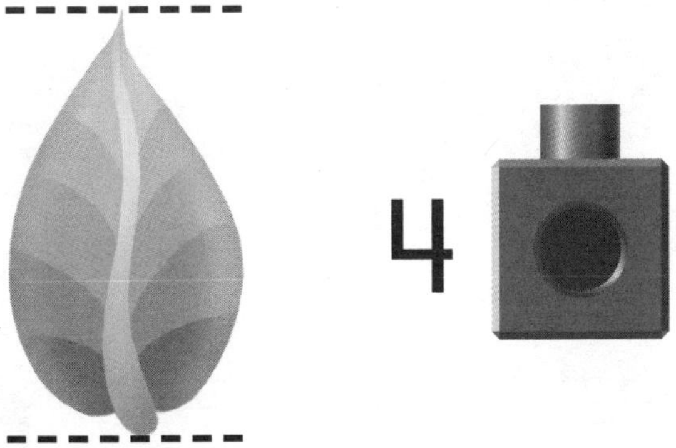

6 — 6

7 — 5

Instrucciones Pida a los estudiantes que formen un tren de cubos o una torre de cubos con el número de cubos que se muestra. Luego, pídales que: 3 comparen la altura de la torre de cubos con la bellota y luego encierren en un círculo el que sea más alto; 4 comparen la longitud de la piña con el tren de cubos y marquen con una X el que sea más corto; 5 comparen la altura de la torre de cubos con la hoja y luego encierren en un círculo el que sea más alto; 6 comparen la longitud de la flor con el tren de cubos y marquen con una X el que sea más corto; 7 comparen la longitud del tren de cubos con la ramita y luego encierren en un círculo el que sea más largo.

Prácticas matemáticas y resolución de problemas

Evaluación del rendimiento

8 9

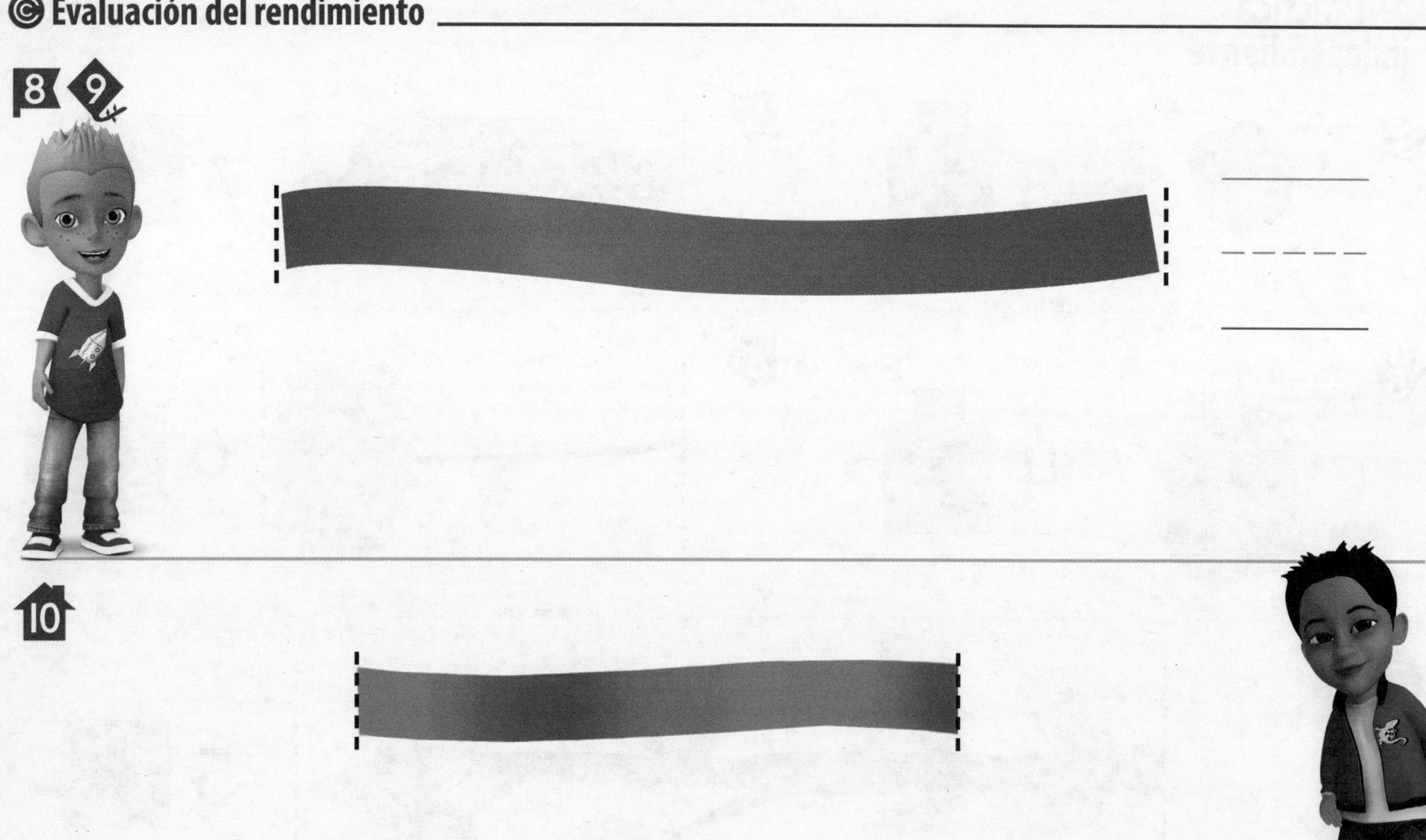

10

Instrucciones Lea el problema en voz alta. Luego, pida a los estudiantes que usen diferentes prácticas matemáticas para resolver el problema. Diga: *Alex tiene un pedazo de cinta. Quiere formar un tren de cubos que sea más largo que la cinta. ¿Cuántos cubos de largo tendrá el tren de cubos?* 8 **PM.5 Usar herramientas** *¿Qué herramienta pueden usar como ayuda para resolver el problema? Formen un tren de cubos más largo que el pedazo de cinta morada y luego escriban el número de cubos que hay en el tren. Expliquen su respuesta.* 9 **PM.6 Hacerlo con precisión** *¿Por qué es importante contar los cubos?* 10 **PM.3 Explicar** *Carlos dice que hizo un tren de cubos que mide 3 cubos de largo y que es más largo que la cinta anaranjada. ¿Tiene razón? ¿Cómo lo saben?*

Nombre_______________

Tarea y práctica 14-6

Precisión

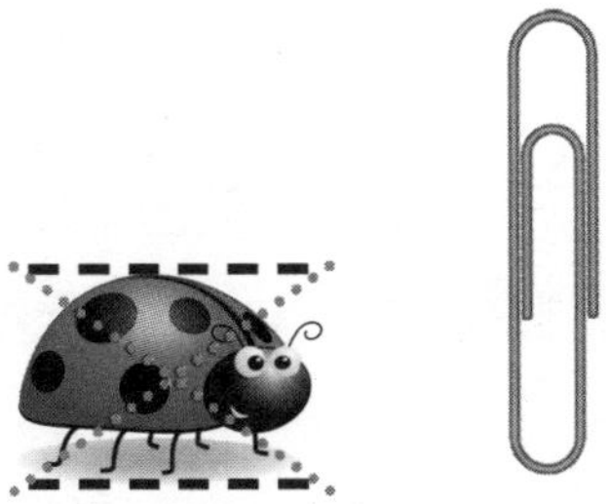

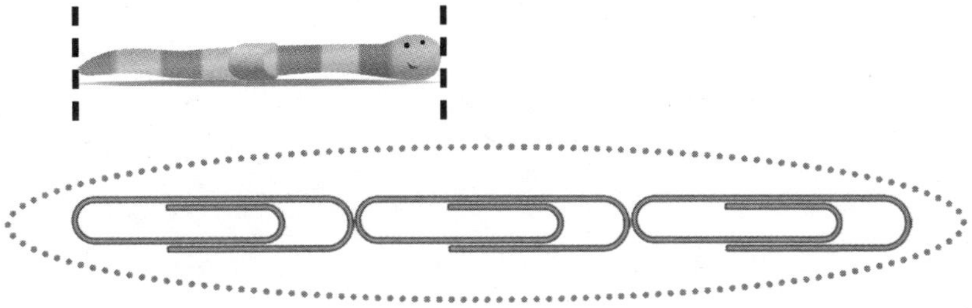

ACTIVIDAD PARA EL HOGAR Pida a su niño(a) que use palillos de dientes o clips para medir la longitud o la altura de objetos comunes como un cepillo de dientes o un dispensador de jabón.

¡Revisemos!

1. 1

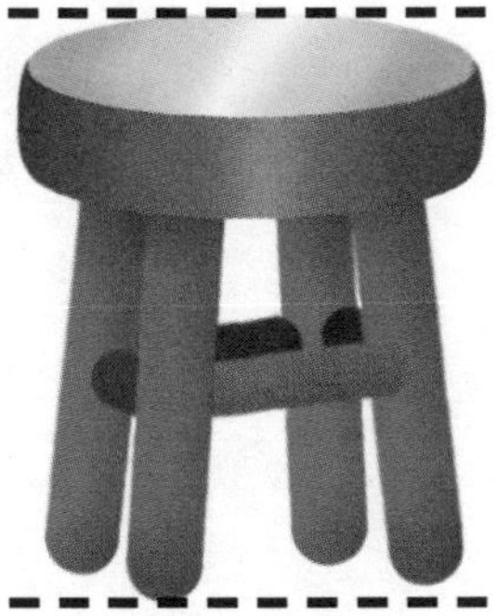

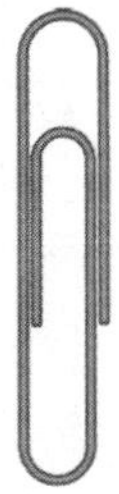

2. 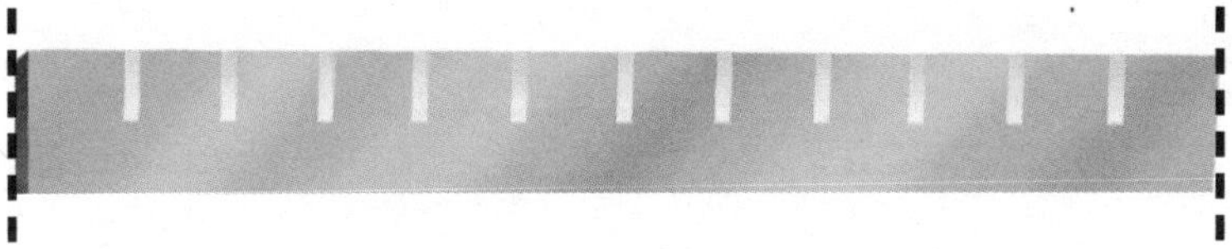 4

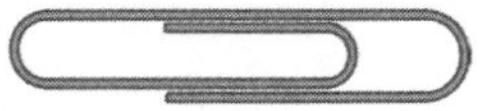

3. 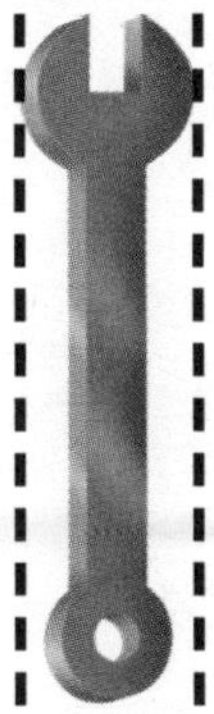 2

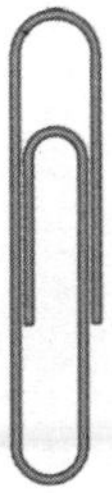

4. 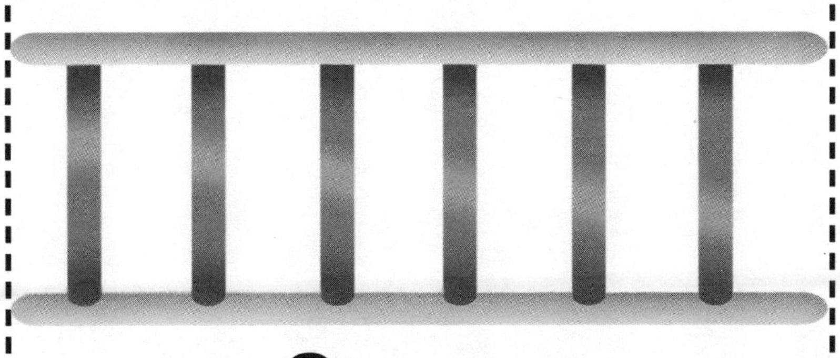 3

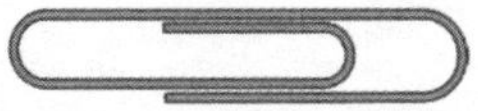

Instrucciones Diga: *Comparen la mariquita con el clip. ¿Cuál es más bajo? Marquen con una X la mariquita para mostrar que es más baja. Formen una cadena de 3 clips. Comparen la cadena de clips con el gusano. ¿Cuál es más largo? Encierren en un círculo la cadena de clips para mostrar que es más larga.* Pida a los estudiantes que: 1 a 4 formen una cadena de clips con el número de clips que se muestra, comparen la longitud de la cadena con cada objeto y luego encierren en un círculo el que sea más largo o más alto.

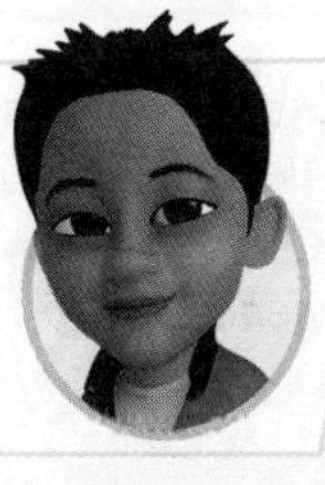

Evaluación del rendimiento

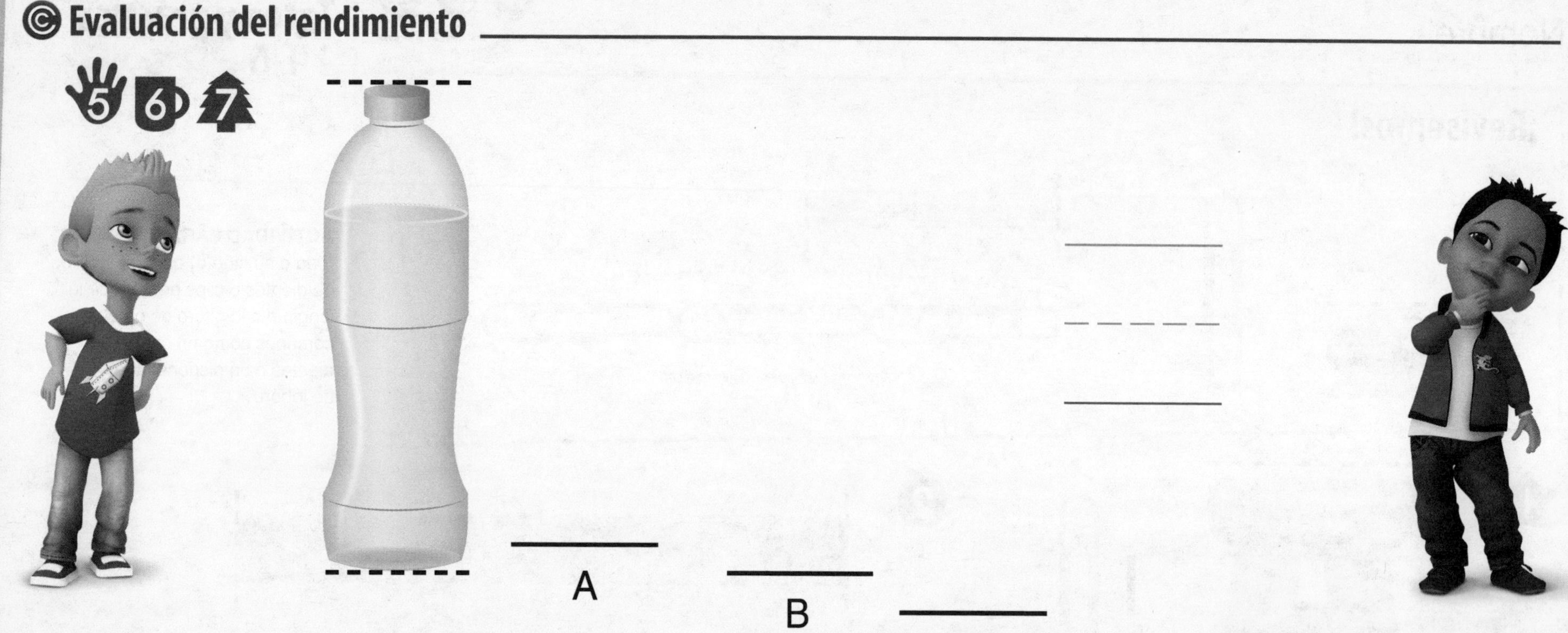

Instrucciones Lea el problema en voz alta. Luego, pida a los estudiantes que usen diferentes prácticas matemáticas para resolver el problema. Diga: *Alex quiere construir una torre de cubos que sea más alta que su botella de agua. ¿Cómo sabe dónde colocar la torre de cubos para comparar la altura?* **PM.6 Hacerlo con precisión** *Escoge una línea para empezar. ¿Qué línea usarán para comparar su torre de cubos con la botella de agua? Expliquen su respuesta.* **PM.4 Hacerlo con precisión** *¿Qué tan alta es la torre de cubos que construyeron? Hagan un dibujo de la torre de cubos que construyeron y luego escriban el número de cubos que usaron en la torre.* **PM.3 Explicar** *Carlos escoge la Línea A para comparar. ¿Tiene razón? Expliquen cómo lo saben.*

Muestra la letra Nombre ____________________

TEMA 14

Actividad de práctica de fluidez

1

5 − 1	2 + 3	1 + 2	1 + 1	4 − 4
5 − 5	1 + 4	0 + 1	0 + 3	2 + 1
2 − 1	5 + 0	5 − 3	1 + 3	3 − 0
4 + 0	3 + 2	5 − 2	5 − 4	2 + 0
1 − 1	0 + 5	2 + 3	4 + 1	5 − 0

Instrucciones Pida a los estudiantes que: 1 coloreen cada caja que tenga una suma o una diferencia igual a 5; 2 escriban la letra que ven.

Puedo...
sumar y restar con fluidez hasta 5.

Estándar de contenido
K.OA.A.5

Repaso del vocabulario

A-Z Glosario

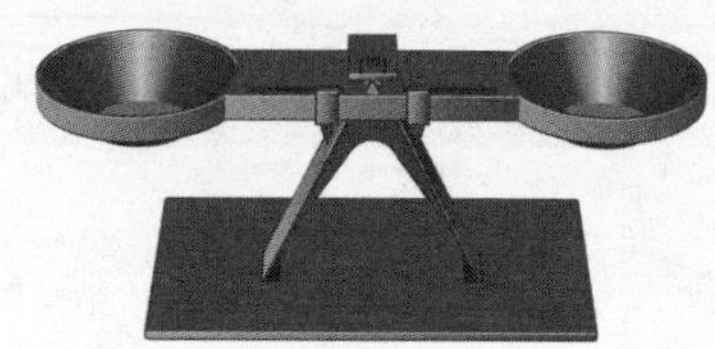

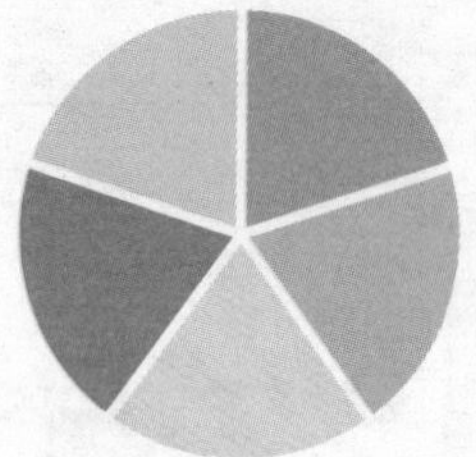

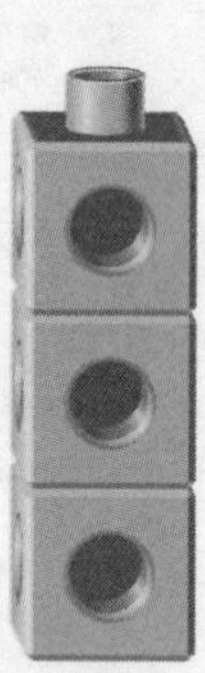

Instrucciones **Comprender el vocabulario** Pida a los estudiantes que: 1 encierren en un círculo la herramienta que mide la **longitud;** 2 encierren en un círculo el objeto más **largo;** 3 marquen con una X el recipiente que tiene menor **capacidad;** 4 dibujen un objeto que tenga la misma **altura** que los cubos; 5 encierren en un círculo el grupo de animales que puedan tener el mismo **peso.**

Nombre ______________________________

Refuerzo

Grupo A

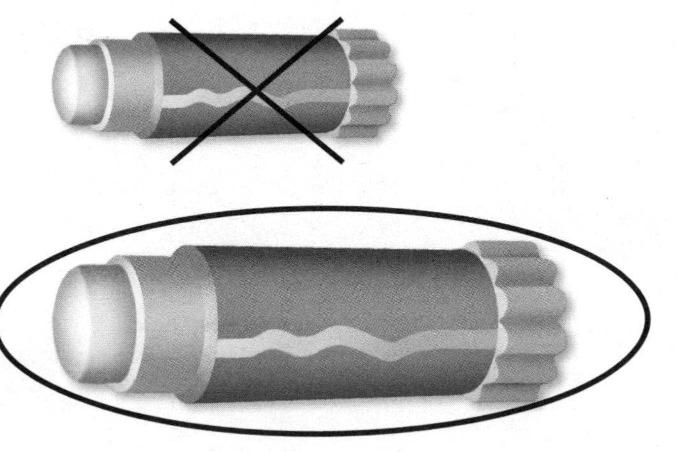

1

Grupo B

Instrucciones Pida a los estudiantes que: 1 encierren en un círculo la flor más alta y marquen con una X la flor más baja; 2 encierren en un círculo la cubeta que contiene más agua y luego marquen con una X la cubeta que contiene menos agua.

Grupo C

Grupo D

Instrucciones Pida a los estudiantes que: 3 miren el objeto de la izquierda e identifiquen los atributos que se pueden medir. Luego, pida a los estudiantes que encierren en un círculo las herramientas que se podrían usar para describir estos atributos; 4 formen un tren de cubos con el número de cubos que se muestra, comparen la longitud del tren de cubos con el objeto y luego encierren en un círculo el que sea más largo.

Nombre ______________________________

TEMA 14

Evaluación

Instrucciones Pida a los estudiantes que marquen la mejor respuesta. 1 ¿Qué objeto es más largo que los otros objetos? 2 ¿Qué objeto contiene menos que los otros objetos? 3 Marquen todos los objetos que se pueden medir con la herramienta que se muestra. 4 Pida a los estudiantes que dibujen un objeto que sea más alto que un carro de juguete pero más bajo que una lámpara.

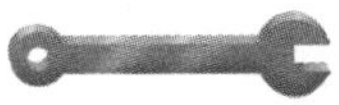

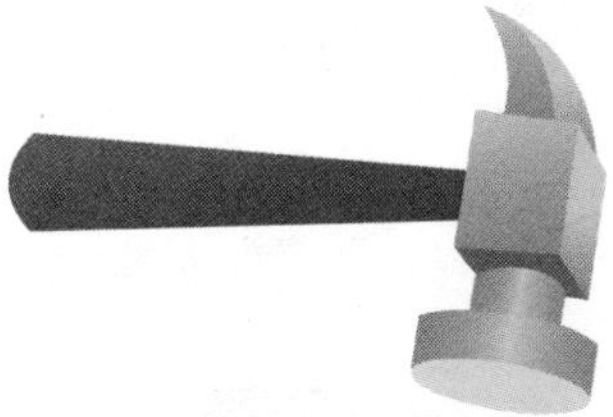

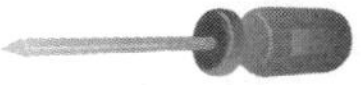

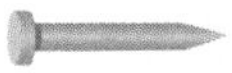

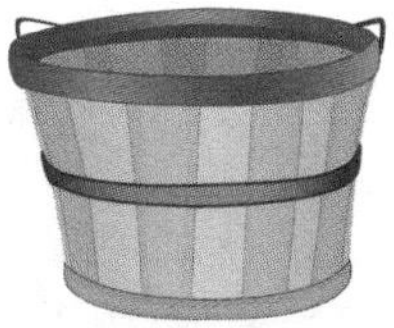

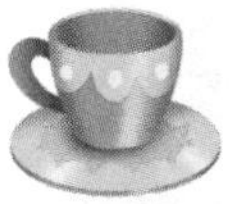

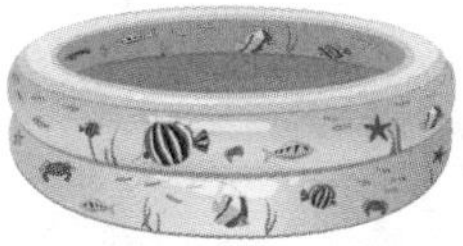

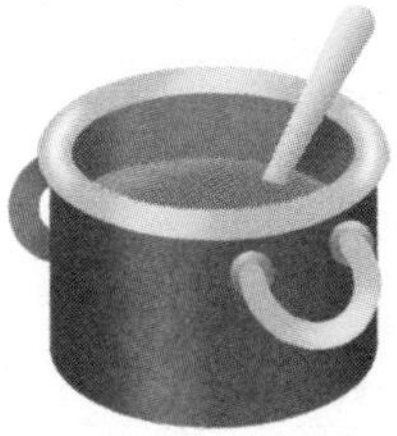

Instrucciones Pida a los estudiantes que: 5 encierren en un círculo el recipiente que contiene más o subrayen ambos recipientes si contienen la misma cantidad; 6 miren el objeto e identifiquen los atributos que se pueden medir. Luego, pídales que encierren en un círculo la(s) herramienta(s) que se podría(n) usar para describir esos atributos y marquen con una X la(s) herramienta(s) que NO se podría(n) usar; 7 comparen los objetos y luego emparejen el objeto más pesado con la parte más baja de la balanza y el objeto más liviano con la parte más alta de la balanza; 8 dibujen un objeto que se pueda medir usando las dos herramientas que se muestran.

Nombre ______________________________

Evaluación del rendimiento

2

Instrucciones **¡Hora de cenar!** Diga: *Teodoro ayuda a su papá a preparar la cena. Ellos usan diferentes cosas de la cocina.* Pida a los estudiantes que: 1 miren el tenedor y la cucharilla y luego encierren en un círculo el objeto más largo y marquen con una X el objeto más corto; 2 miren la taza amarilla y la taza roja y luego marquen con una X la taza que contiene menos o subrayen ambas tazas si contienen la misma cantidad. Luego, dibujen un recipiente que pueda contener más cantidad que la taza roja; 3 miren el pavo y el maíz y luego encierren en un círculo el objeto más pesado o subrayen ambos objetos si pesan lo mismo. Luego, dibujen un objeto que pese menos que el maíz.

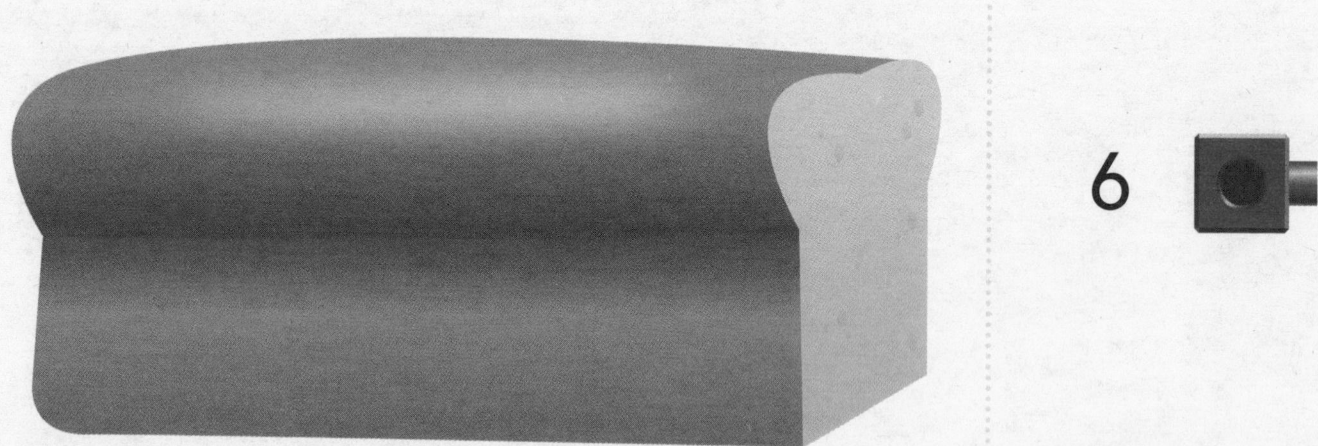

6

Instrucciones 4 Diga: *Teodoro y su papá usarán esta sartén. ¿Qué atributos podrían medir con la sartén?* Pida a los estudiantes que encierren en un círculo la(s) herramienta(s) que se podría(n) usar para describir esos atributos y marquen con una X la(s) herramienta(s) que NO se podría(n) usar. 5 Diga: *Teodoro y su papá comerán este pan para la cena.* Pida a los estudiantes que formen un tren de cubos con el número de cubos que se muestra y lo dibujen. Pídales que comparen la longitud del tren de cubos con la del pan y luego encierren en un círculo el objeto más largo.

Un paso adelante hacia el Grado 1

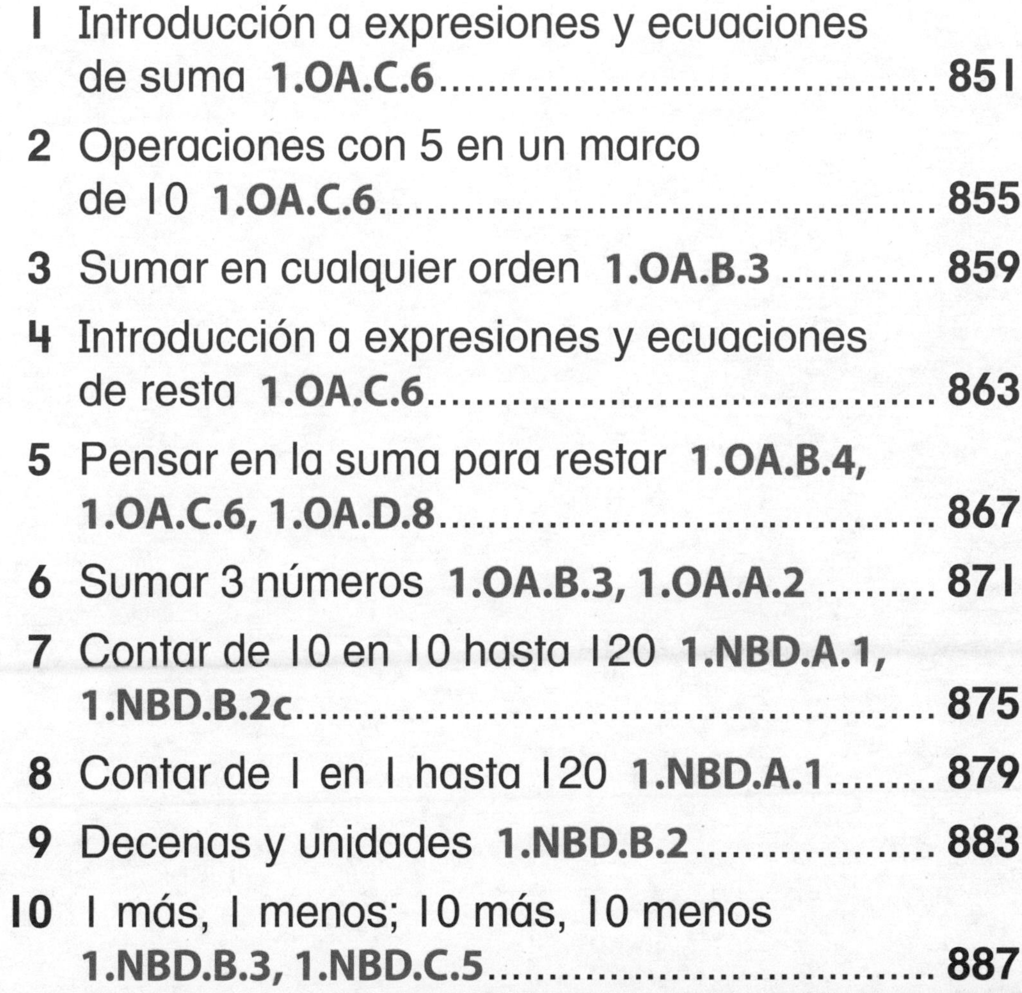

Lecciones

Nombre ________________________________

Resuélvelo y coméntalo

Resuelve

Tu bolsa contiene cubos conectables de dos colores diferentes. Saca un puñado de cubos. Asegúrate de tener algunos cubos de cada color.

¿Cómo puedes usar números para mostrar cuántos cubos sacaste en total? Muéstralo.

Un paso adelante hacia el Grado 1

Lección 1

Introducción a expresiones y ecuaciones de suma

Puedo...
escribir ecuaciones para mostrar las partes y el entero.

Estándar de contenido 1.OA.C.6
Prácticas matemáticas PM.2, PM.4

Pedro escogió 4 cubos rojos. Luego escogió 2 cubos azules.

Puedes describir las partes como 4 y 2 y escribir 4 + 2.

Puedes **sumar** las partes para hallar el **total.** 4 y 2 son 6 en total.

Puedes escribir una **ecuación** para mostrar las partes y el entero.

4 + 2 = 6

4 más 2 **es igual a** 6.

¿Lo entiendes?

¡Demuéstralo! ¿Qué puedes hacer para hallar cuántos hay en total?

Práctica guiada

Usa el modelo. Escribe las partes. Luego, escribe una ecuación.

1.

3 + 4

3 + 4 = 7

2.

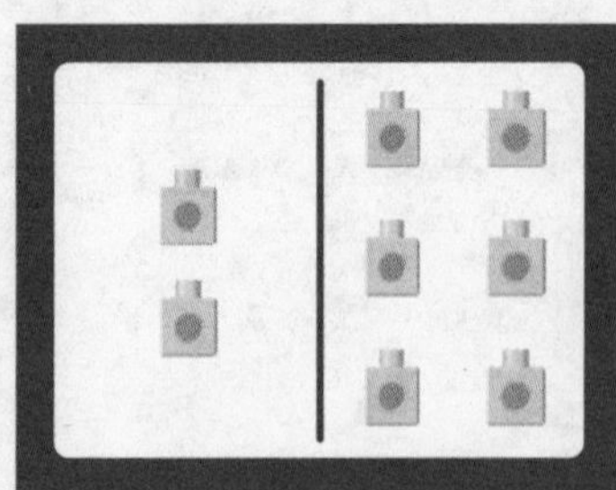

___ + ___

___ = ___ + ___

Nombre ______________________________

Herramientas Evaluación

Práctica independiente

Usa el modelo. Escribe las partes. Luego, escribe una ecuación.

3.

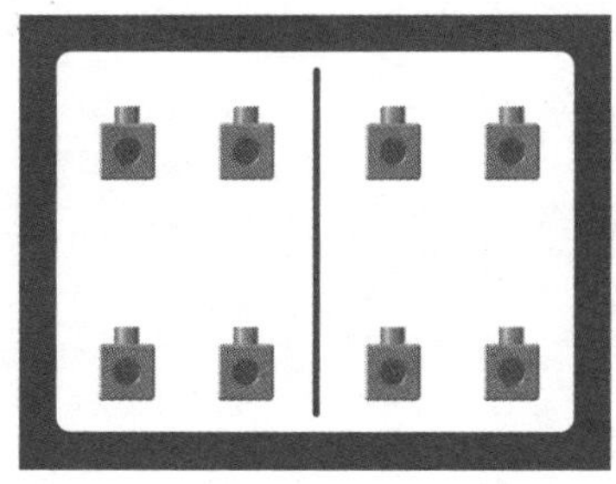

___ + ___

___ + ___ = ___

4.

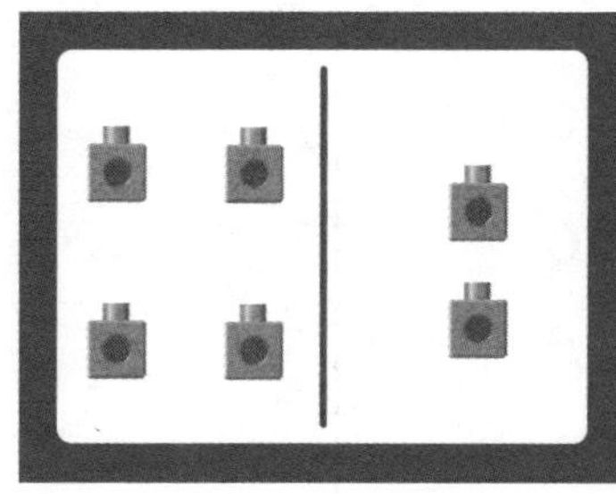

___ + ___

___ + ___ = ___

5.

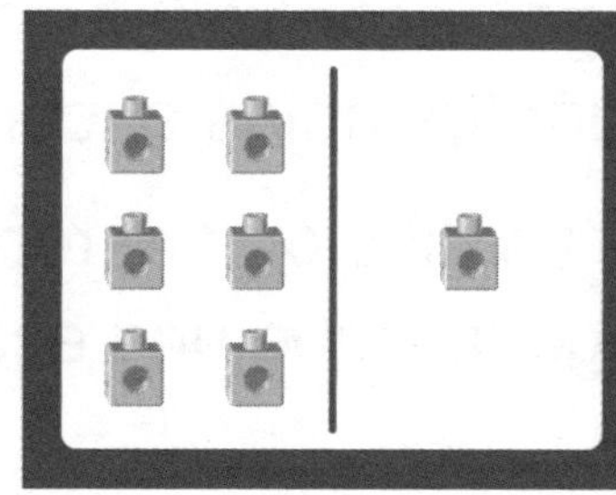

___ + ___

___ = ___ + ___

6. **Razonamiento de orden superior** Juan encontró 9 rocas. Encontró 4 en camino a la escuela. Encontró el resto en camino a la casa. ¿Cuántas rocas encontró Juan en camino a la casa? Haz un dibujo para resolverlo. Luego, escribe una ecuación.

___ + ___ = ___

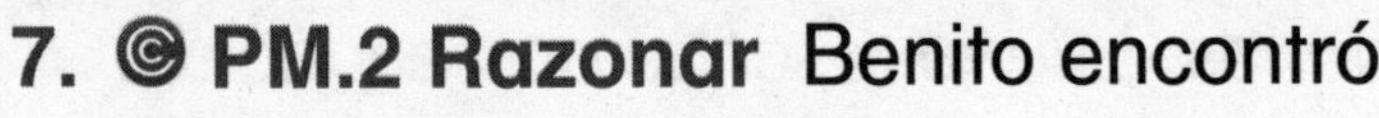

Resuelve cada problema.

7. **PM.2 Razonar** Benito encontró 4 hojas anaranjadas.
Luego encontró 3 hojas amarillas.
¿Cuántas hojas encontró Benito en total?

Haz un dibujo para representar el cuento.
Luego, escribe una ecuación.

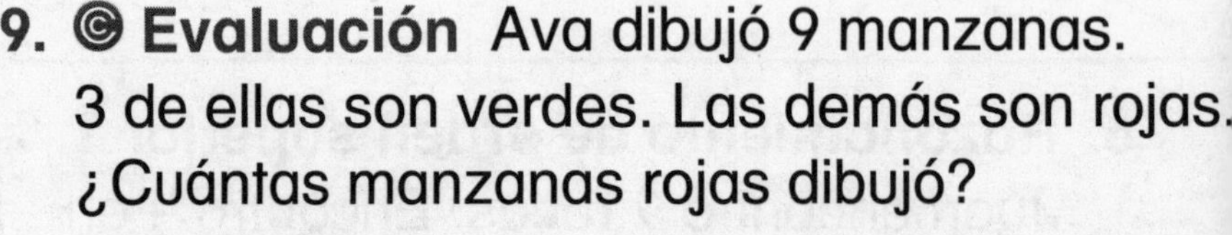

___ + ___ = ___

8. **Razonamiento de orden superior** Haz un dibujo para mostrar un cuento de suma sobre gusanos rojos y gusanos cafés. Escribe una ecuación que indique cuántos gusanos hay en total.

___ + ___ = ___

9. **Evaluación** Ava dibujó 9 manzanas.
3 de ellas son verdes. Las demás son rojas.
¿Cuántas manzanas rojas dibujó?

¿Qué ecuación representa este cuento?

Ⓐ $9 + 3 = 12$

Ⓑ $4 + 5 = 9$

Ⓒ $3 + 6 = 9$

Ⓓ $3 + 3 = 6$

Nombre ____________________

Resuelve

Un paso adelante hacia el Grado 1

Lección 2

Operaciones con 5 en un marco de 10

Resuélvelo y coméntalo Pon algunas fichas en la fila de abajo del marco de 10. ¿Qué ecuación de suma puedes escribir para representar las fichas?

Puedo...
usar un marco de 10 para ayudarme a resolver sumas con 5 y 10.

Estándar de contenido 1.OA.C.6
Prácticas matemáticas PM.3, PM.4, PM.7

___ + ___ = ___

Puedes usar un marco de 10 para mostrar una operación de suma con 5.

$5 + 3 = ?$

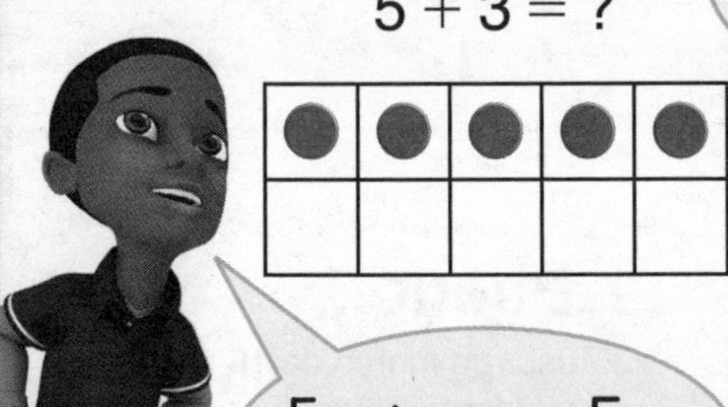

5 y 3 más son 8.

$5 + 3 = 8$

Puedes mostrar otra operación de suma en el marco de 10. Hay 8. Forma 10.

8 y 2 más son 10.

$8 + 2 = 10$

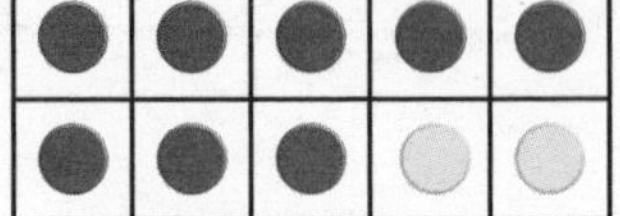

¿Lo entiendes?

¡Demuéstralo! ¿De qué manera un marco de 10 te ayuda a sumar $5 + 4$?

Práctica guiada

Mira los marcos de 10. Escribe una operación de suma con 5. Luego, escribe una operación para 10.

1. 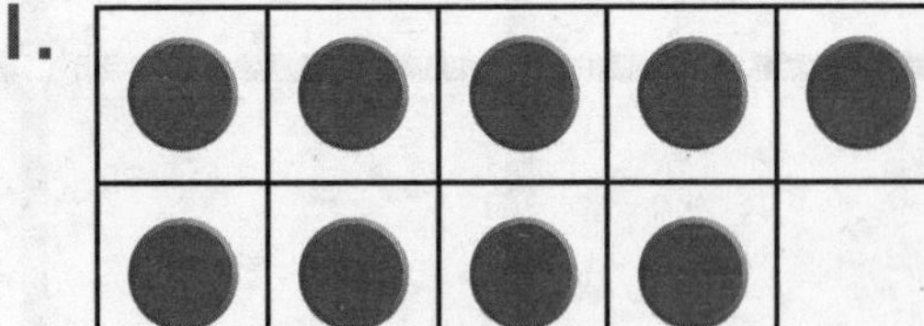

$5 + \underline{4} = 9$

$9 + \underline{1} = 10$

2. 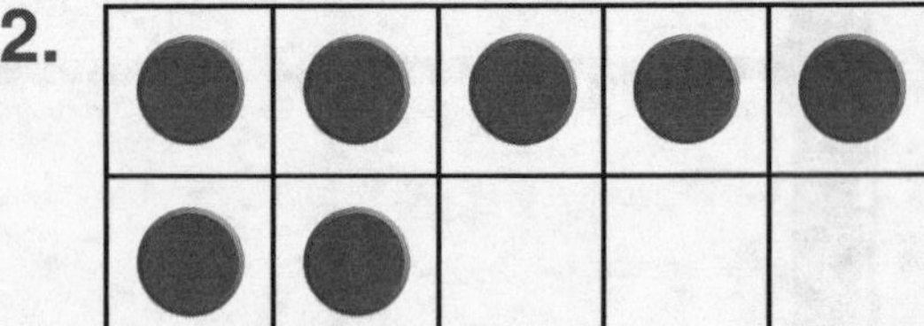

$5 + \_\_\_ = \_\_\_$

$\_\_\_ + \_\_\_ = 10$

Nombre ______

Herramientas Evaluación

Práctica independiente

Mira los marcos de 10. Escribe una operación de suma con 5.
Luego, escribe una operación de suma para 10.

3.

5 + ____ = ____

____ + ____ = 10

4.

5 + ____ = ____

____ + ____ = 10

5.

5 + ____ = ____

____ + ____ = 10

6. Razonamiento de orden superior Usando 2 colores, dibuja fichas en el marco de 10 que representen las ecuaciones de suma. Luego, escribe los números que faltan.

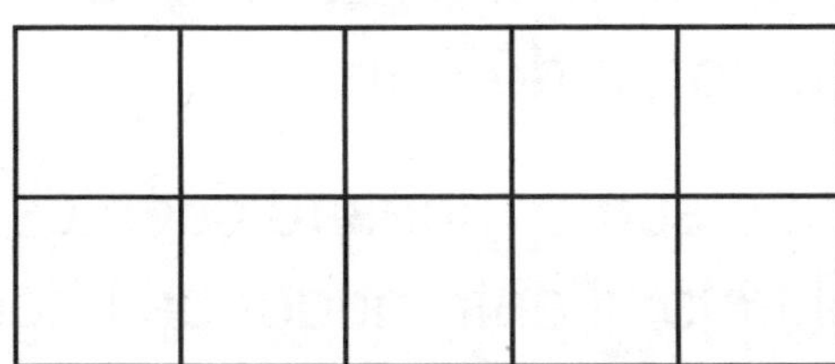

7 + ____ = 10

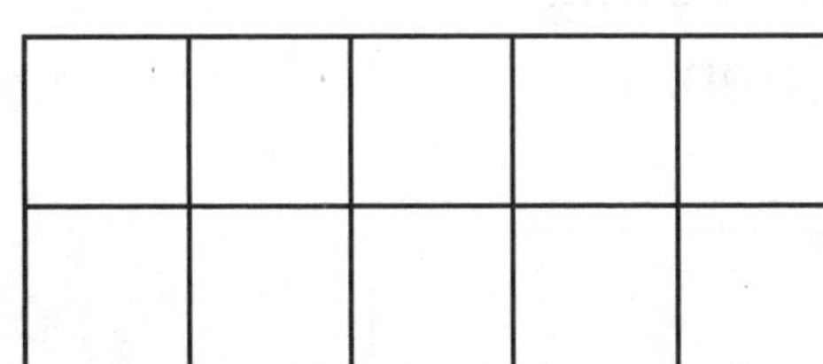

9 + ____ = 10

Prácticas matemáticas y resolución de problemas Resuelve cada problema.

7. **PM.4 Representar** Un equipo tiene 5 pelotas de softbol. El entrenador trae 3 más. ¿Cuántas pelotas de softbol tiene el equipo ahora?

Dibuja fichas en el marco de 10. Luego, escribe una operación de suma para resolverlo.

____ + ____ = ____ ____ pelotas

8. **PM.4 Representar** Marcia lee 5 libros. Tania lee 2 libros. ¿Cuántos libros leyeron las niñas en total?

Dibuja fichas en el marco de 10. Luego, escribe una operación de suma para resolverlo.

____ + ____ = ____ ____ libros

9. **Razonamiento de orden superior** Escribe un cuento nuevo sobre sumar 10 en el marco de 10 del Ejercicio 7. Luego, escribe una ecuación para tu cuento.

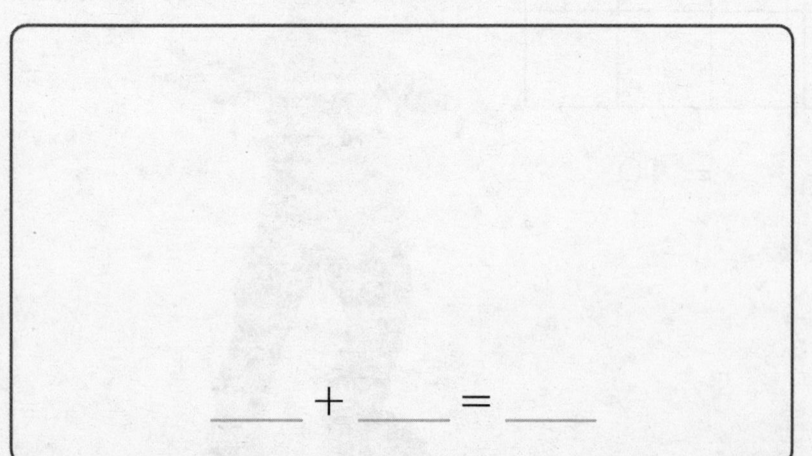

____ + ____ = ____

10. **Evaluación** El equipo de Miguel tiene 5 pelotas de futbol. El entrenador de Miguel trae algunas más. El equipo de Miguel ahora tiene 10 pelotas de futbol.

¿Qué operación de suma muestra cuántas pelotas de futbol trajo el entrenador de Miguel?

Ⓐ $5 + 5 = 10$

Ⓑ $10 + 5 = 15$

Ⓒ $7 + 3 = 10$

Ⓓ $10 + 7 = 17$

Nombre ______________________________

Un paso adelante hacia el Grado 1

Lección 3

Sumar en cualquier orden

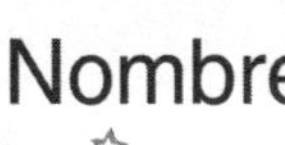

Escribe una ecuación de suma que represente los cubos verdes y amarillos en cada torre. ¿En qué se parecen las ecuaciones de suma? ¿En qué se diferencian?

Puedo...
usar los mismos sumandos para escribir dos ecuaciones diferentes con la misma suma o total.

Estándar de contenido 1.OA.B.3
Prácticas matemáticas PM.2, PM.3, PM.4, PM.7

___ + ___ = ___   ___ + ___ = ___

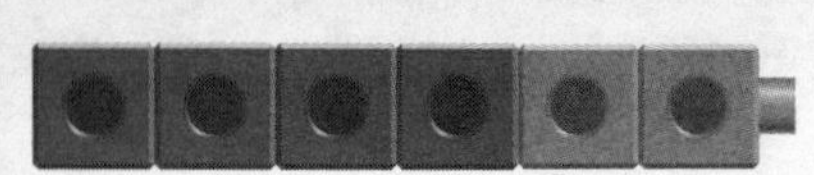

Puedes cambiar el orden de los sumandos. El total será el mismo.

4 y 2 son 6.

2 y 4 son 6.

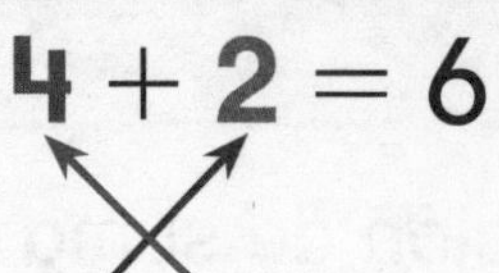

Puedes escribir 2 ecuaciones de suma.

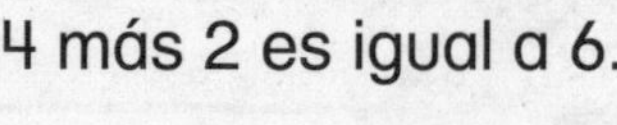

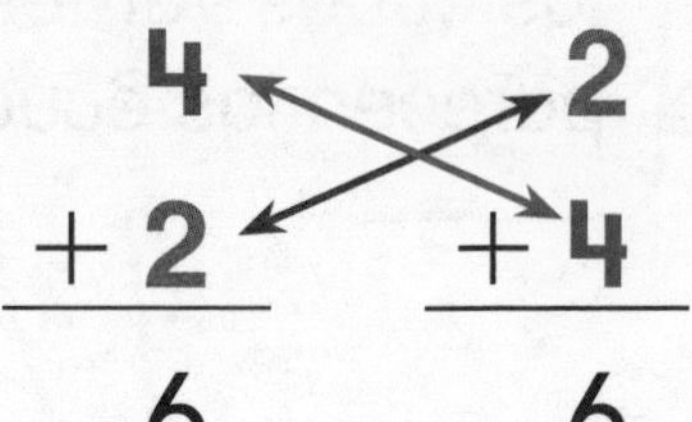

¿Lo entiendes?

¡Demuéstralo! ¿De qué manera puedes usar cubos para mostrar que 5 + 3 es igual a 3 + 5?

Colorea para cambiar el orden de los sumandos. Luego escribe las ecuaciones de suma.

1. 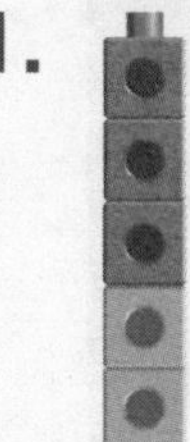

3 + 2 = 5

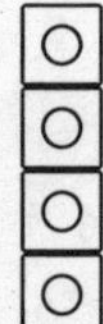

___ + ___ = ___

2. 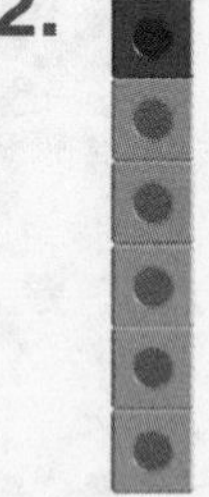

___ + ___ = ___

___ + ___ = ___

Nombre ______________________

Práctica independiente Escribe la suma. Luego, cambia el orden de los sumandos. Escribe la nueva ecuación de suma.

3. 2 + 6 = ___
___ + ___ = ___

4. 3 + 6 = ___
___ + ___ = ___

5. ___ = 1 + 7
___ = ___ + ___

6. 4 + 3 = ___
___ + ___ = ___

7. 4 + 5 = ___
___ + ___ = ___

8. 4 + 2 = ___
___ + ___ = ___

Sentido numérico Usa los números en las tarjetas para escribir 2 ecuaciones de suma.

9.   

___ + ___ = ___
___ + ___ = ___

10.   

___ = ___ + ___
___ = ___ + ___

Prácticas matemáticas y resolución de problemas Resuelve cada problema.

11. PM.4 **Representar** Raúl y Luis recolectan 3 latas el lunes. El martes, recolectan 7 más.

¿Cuántas latas recolectan en total? Haz un dibujo. Luego, escribe 2 ecuaciones de suma diferentes.

___ + ___ = ___

___ + ___ = ___

12. **Razonamiento de orden superior** Haz un dibujo de 4 peces. Colorea algunos de azul. Colorea el resto de rojo.

Escribe 2 ecuaciones de suma para representar el dibujo.

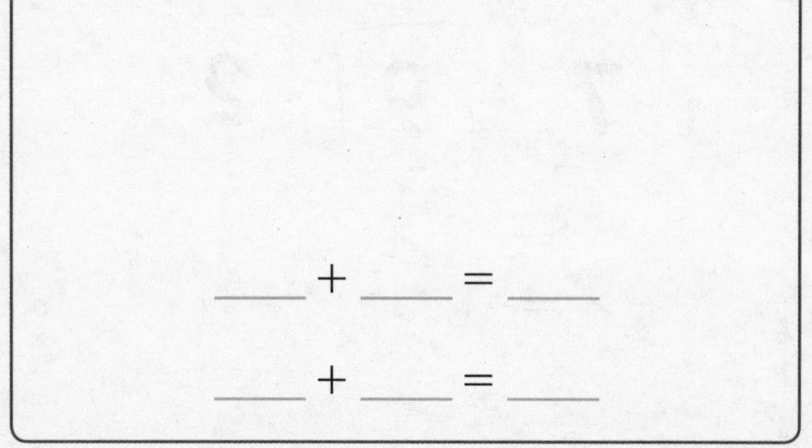

___ + ___ = ___

___ + ___ = ___

13. **Evaluación** Mira las 2 ecuaciones de suma. ¿Qué sumando falta?

8 = ? + 2

8 = 2 + ?

Ⓐ 6
Ⓑ 7
Ⓒ 8
Ⓓ 9

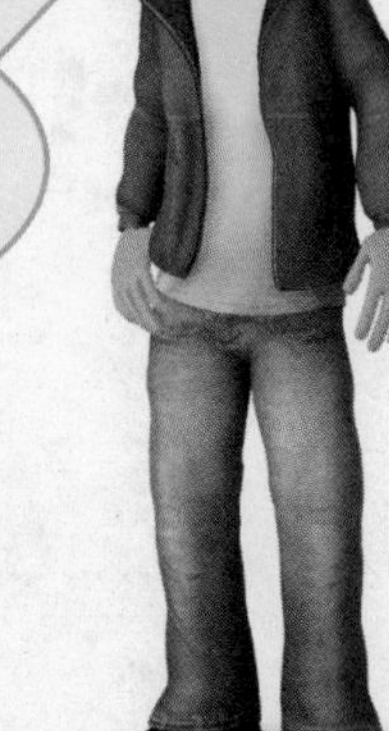

Nombre ______________________________

Resuelve

Resuélvelo y coméntalo

Alex tiene 5 cubos conectables en la mesa. Esconde algunos cubos. ¿Cómo puedes usar números para mostrar cuántos cubos escondidos hay?

Un paso adelante hacia el Grado 1

Lección 4

Introducción a expresiones y ecuaciones de resta

Puedo...
escribir ecuaciones para hallar la parte que falta de un entero.

Estándar de contenido 1.OA.C.6
Prácticas matemáticas PM.2, PM.4

Alex tiene 8 cubos. Esconde algunos cubos.

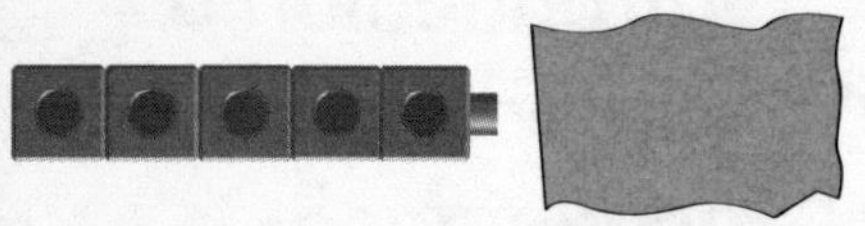

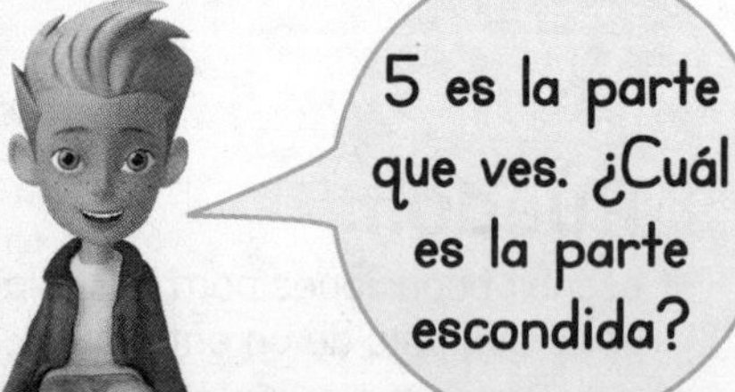

Puedes describir el entero como 8 y una de las partes como 5. Halla la parte que falta al escribir 8 – 5.

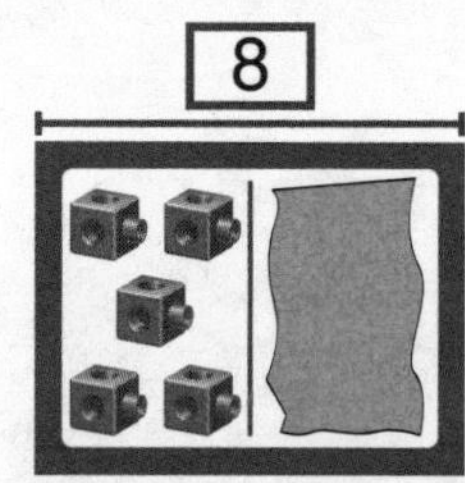

Puedes **restar** para hallar la **diferencia.** 8 – 5 son 3.

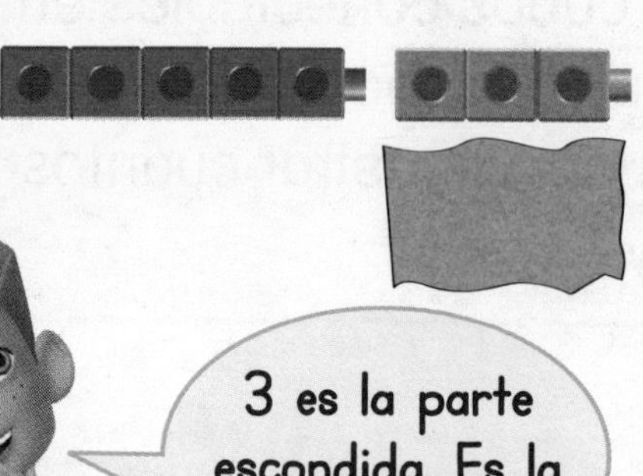

Puedes escribir una ecuación.

$$8 - 5 = 3$$

¿Lo entiendes?

¡Demuéstralo! El entero es 9. Una de las partes es 3. ¿Cómo puedes hallar la diferencia?

☆Práctica guiada☆

Completa el modelo. Escribe las partes. Luego, escribe una ecuación.

1.

6 – 4

6 – 4 = 2

2.

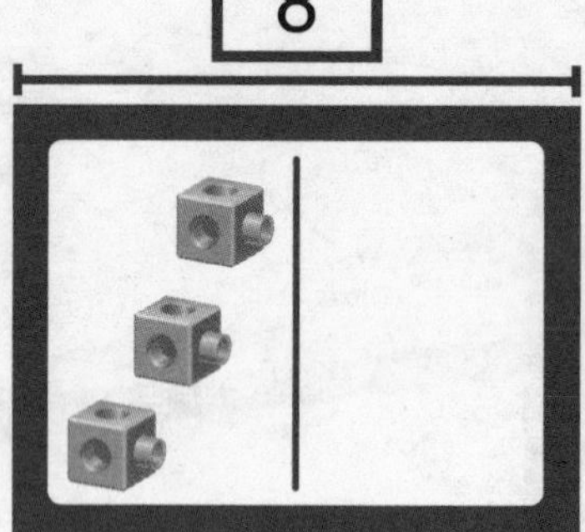

___ – ___

___ = ___ – ___

Nombre ______________________________

Herramientas Evaluación

☆ Práctica independiente ☆

Completa el modelo. Escribe las partes. Luego, escribe una operación de resta.

3. 7

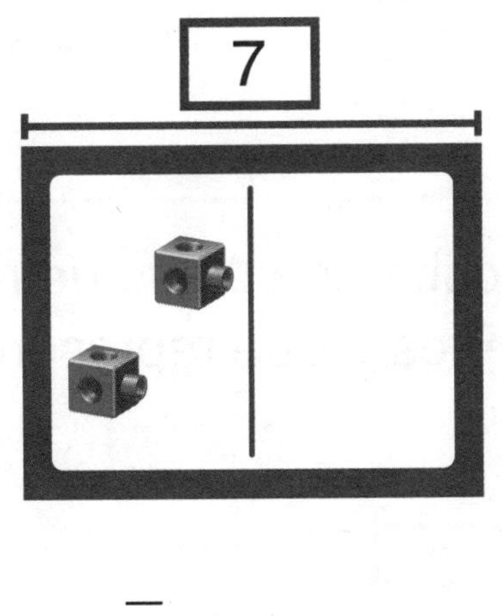

___ — ___

___ − ___ = ___

4. 9

___ — ___

___ − ___ = ___

5. 6

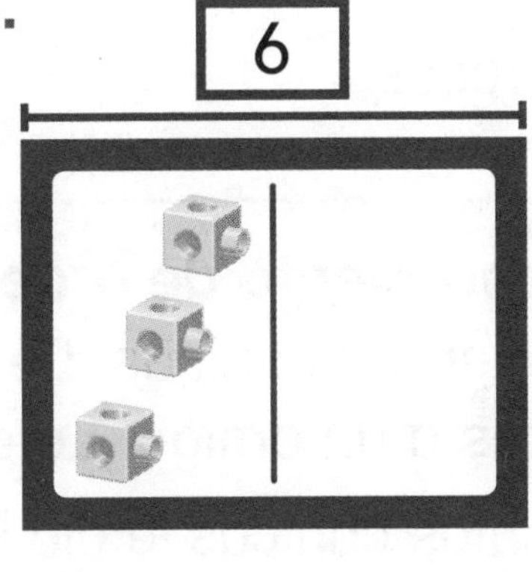

___ — ___

___ = ___ − ___

6. Razonamiento de orden superior Hay 7 gatitos en total. 1 está dentro de una cesta. El resto está fuera de la cesta. ¿Cuántos gatitos están fuera de la cesta?

Haz un dibujo que represente el cuento. Luego, escribe la parte que falta.

7 − ___ = 1

Prácticas matemáticas y resolución de problemas Resuelve cada problema.

7. **PM.2 Razonar** Lena tiene 8 rocas. Tira 4 de las rocas al estanque.

¿Cuántas rocas le quedan ahora?

____ rocas

8. **PM.1 Entender** Tony recoge 7 flores. Le da 4 flores a su hermana.

¿Cuántas flores le quedan?

____ flores

9. **Razonamiento de orden superior** Robi tiene 9 canicas. Le dio algunas canicas a un amigo. Le quedan 2 canicas.

¿Cuántas canicas le dio Robi a su amigo? Escoge la operación de resta que representa el cuento.

9

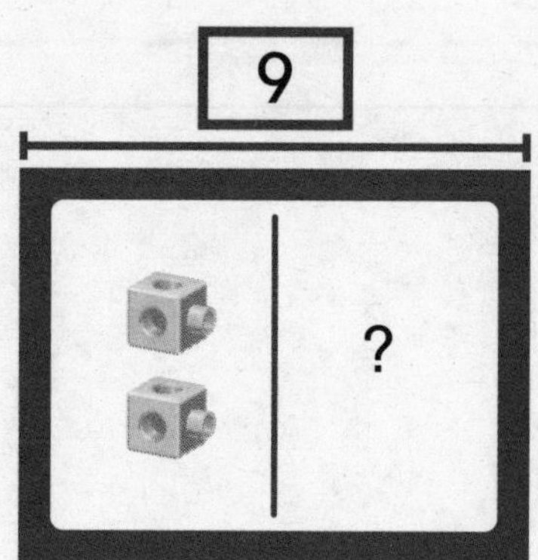

Ⓐ $9 - 3 = 6$

Ⓑ $9 - 2 = 7$

Ⓒ $7 - 3 = 4$

Ⓓ $7 - 2 = 5$

10. **Evaluación** Escribe un cuento de resta y una operación de resta que representen el modelo.

8

____ − ____ = ____

Nombre ____________________

Resuélvelo y coméntalo

Elena está jugando en la piscina con 6 pelotas de playa. 4 se le fueron al otro lado de la piscina. ¿Cuántas le quedan?

¿De qué manera puedes usar una operación de suma para hallar la respuesta de 6 − 4 = ____? Usa fichas para ayudarte a resolver el problema.

Resuelve

Un paso adelante hacia el Grado 1

Lección 5

Pensar en la suma para restar

Puedo...
usar operaciones de suma que ya conozco para ayudarme a resolver problemas de resta.

Estándares de contenido
1.OA.B.4, 1.OA.C.6, 1.OA.D.8
Prácticas matemáticas PM.2, PM.4, PM.5, PM.7

____ + ____ = ____ Por tanto, ____ − ____ = ____.

Puedes usar la suma para ayudarte a restar.

$7 - 3 = ?$

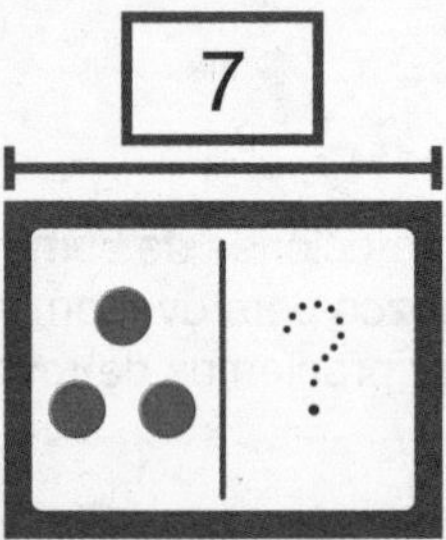

$3 + ? = 7$

$3 + 4 = 7$

Piensa en la operación de suma para resolver la ecuación de resta.

$7 - 3 = 4$

$3 + 4 = 7$

¿Lo entiendes?

¡Demuéstralo! ¿De qué manera una operación de suma te ayuda a resolver $7 - 6$?

Piensa en la suma para ayudarte a restar. Dibuja la parte que falta. Luego escribe los números.

1.

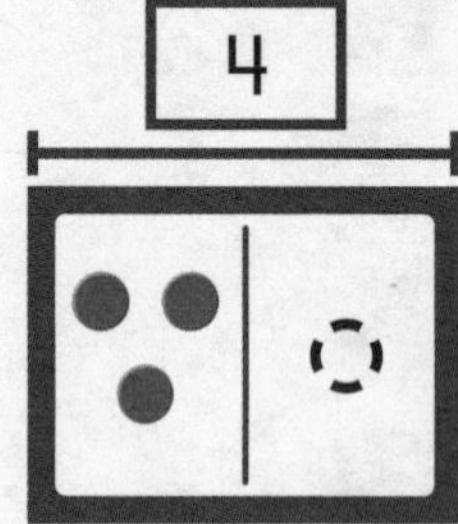

$4 - 3 = ?$

$3 + \_\_\_ = 4$

Por tanto, $4 - 3 = \_\_\_$.

2.

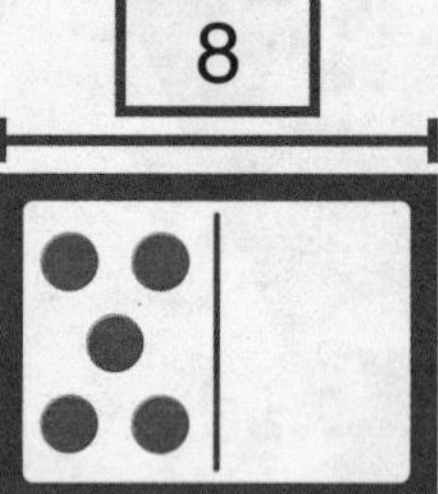

$8 - 5 = ?$

$5 + \_\_\_ = 8$

Por tanto, $8 - 5 = \_\_\_$.

Nombre ______________________

Herramientas Evaluación

Práctica independiente

Piensa en la suma para ayudarte a restar. Dibuja la parte que falta. Luego, escribe los números.

3.

6 + ____ = 9

Por tanto, 9 − 6 = ____.

4.

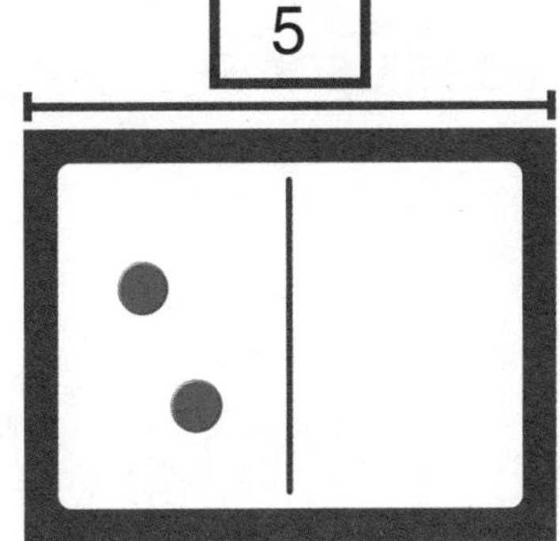

2 + ____ = 5

Por tanto, 5 − 2 = ____.

5.

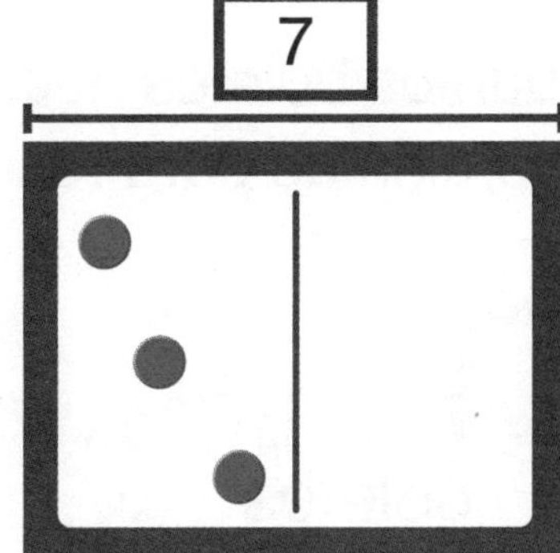

3 + ____ = 7

Por tanto, 7 − 3 = ____.

6. Razonamiento de orden superior Dibuja la figura para completar la ecuación.

Si 

entonces ▯ − △ = ______.

Prácticas matemáticas y resolución de problemas Escribe una ecuación de suma y una ecuación de resta para resolver.

7. Ⓒ **PM.5 Usar herramientas** Clara necesita 9 boletos para subir a un juego mecánico. Tiene 4 boletos. Necesita algunos boletos más.

¿Cuántos boletos necesita Clara? Puedes usar herramientas para resolverlo.

____ + ____ = ____

____ − ____ = ____

____ boletos

8. **Razonamiento de orden superior** Erin tiene una caja que contiene 8 crayones. Hay 2 crayones dentro de la caja. Ella usa la suma para hallar cuántos le faltan. ¿Tiene razón Erin? Explícalo.

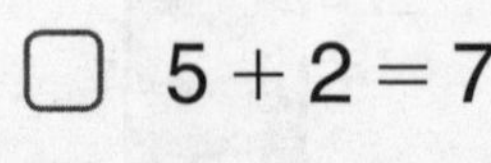

9. Ⓒ **Evaluación** ¿Qué operaciones de suma pueden ayudarte a resolver el problema? Selecciona todas las que apliquen.

$7 - 2 = ?$

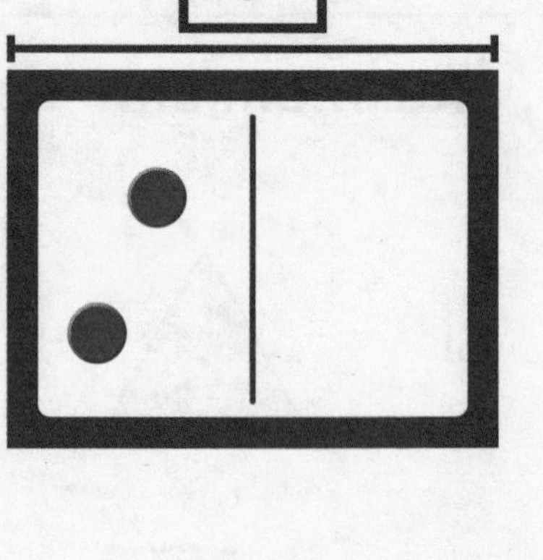

- ☐ $5 + 2 = 7$
- ☐ $3 + 4 = 7$
- ☐ $2 + 5 = 7$
- ☐ $6 + 1 = 7$

Nombre ______________________________

Un paso adelante hacia el Grado 1

Lección 6

Sumar tres números

Resuélvelo y coméntalo

Carlos hizo pilas de 6 libros, de 4 libros y de 6 libros. ¿Cómo puedes usar la suma para saber el número de libros que hay en total en las 3 pilas?

Escribe 2 ecuaciones diferentes para mostrar cuántos libros hay en total.

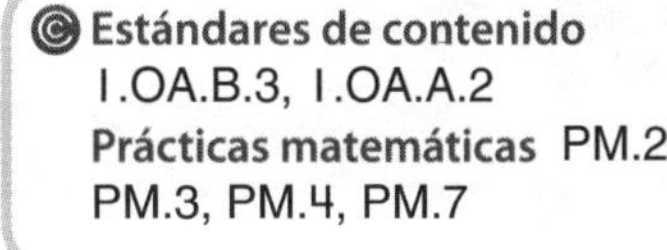

Puedo...
hallar diferentes estrategias para sumar tres números.

Estándares de contenido 1.OA.B.3, 1.OA.A.2
Prácticas matemáticas PM.2, PM.3, PM.4, PM.7

____ + ____ + ____ = ____

____ + ____ + ____ = ____

Puedes sumar 3 números.

$8 + 6 + 2$

Puedes formar 10.

$(8) + 6 + (2) = 16$

10

$8 + 2 = 10$
$10 + 6 = 16$

Puedes formar un doble.

$8 + (6) + (2) = 16$

8

$6 + 2 = 8$
$8 + 8 = 16$

Puedes sumar 2 de los números primero.

(3)
(5) → 8
+ 4
12

3
(5)
+ (4) → 9
12

¿Lo entiendes?

¡Demuéstralo! ¿Por qué puedes escoger 2 números para sumarlos primero cuando estás sumando 3 números?

Primero, suma los números encerrados en un círculo y escribe la suma en el recuadro. Luego, escribe la suma o total de los tres números.

1. $(2) + (7) + 3 = 12$

9

$2 + (7) + (3) = 12$

10

2. $(6) + (5) + 4 =$ ____

☐

$6 + (5) + (4) =$ ____

☐

Nombre ______________________________

Herramientas Evaluación

Práctica independiente

Encierra en un círculo 2 números para sumarlos y escribe la suma de ellos en el recuadro de la derecha. Luego escribe la suma o total de los tres números.

3.
6
5
+ 1
☐ ☐

4.
5
4
+ 8
☐ ☐

5.
2
7
+ 4
☐ ☐

6.
7
2
+ 7
☐ ☐

7.
5
3
+ 7
☐ ☐

8.
4
6
+ 4
☐ ☐

9. Sentido numérico Halla los números que faltan. Los números en cada rama deben sumar 17.

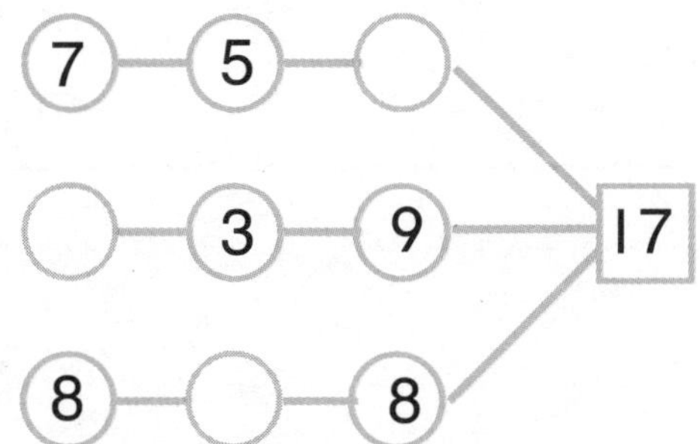

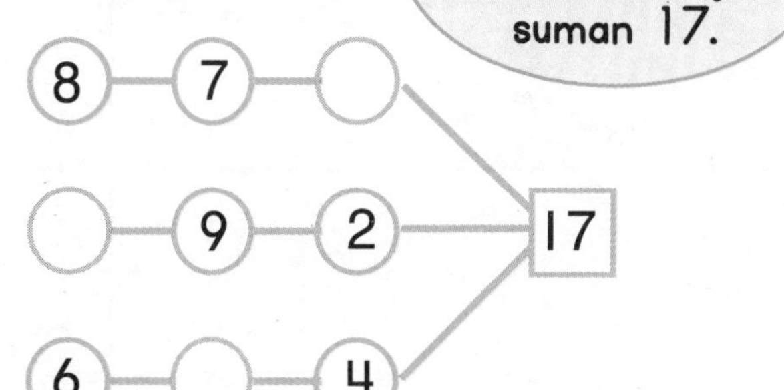

Cada rama tiene 3 números que suman 17.

Prácticas matemáticas y resolución de problemas Escribe una ecuación para resolver cada problema.

10. **PM.7 Buscar patrones** Óscar coloca 9 libros en un estante y 3 libros en otro estante. Luego, coloca un libro en el último estante. ¿Cuántos libros puso Óscar en total en los tres estantes?

_____ + _____ + _____ = _____

_____ libros

11. **Razonamiento de orden superior** Explica cómo sumar 9 + 6 + 1. Usen dibujos, números o palabras.

12. **Evaluación** Andrés compró 7 lápices, 5 marcadores y 3 bolígrafos. Quiere saber cuántos objetos compró en total. Primero suma 7 + 3. ¿Qué debe sumar ahora? Explícalo.

____

____

____

Nombre ______________________________

Resuélvelo y coméntalo

Marta pone fichas en algunos marcos de 10. ¿Cuál es una manera fácil de contar cuántas fichas hay en total? Cuenta cuántas hay y escribe el número.

Resuelve

Un paso adelante hacia el Grado 1

Lección 7

Contar de 10 en 10 hasta 120

Puedo...

contar de 10 en 10 hasta 120.

Estándares de contenido 1.NBD.A.1, 1.NBD.B.2c
Prácticas matemáticas PM.1, PM.2, PM.7, PM.8

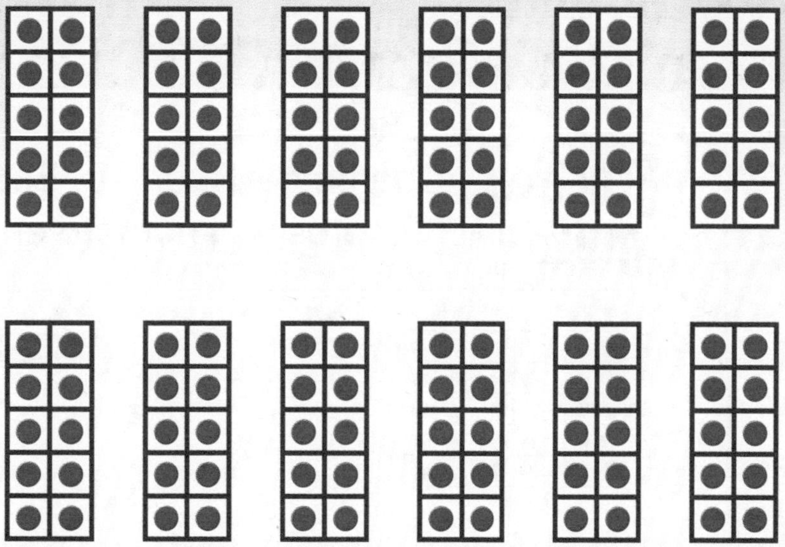

______ fichas en total.

Contemos de 10 en 10.

1 decena	2 decenas	3 decenas	4 decenas	5 decenas	6 decenas	7 decenas	8 decenas	9 decenas	10 decenas
10	20	30	40	50	60	70	80	90	100
diez	veinte	treinta	cuarenta	cincuenta	sesenta	setenta	ochenta	noventa	cien

¿Lo entiendes?

¡Demuéstralo! ¿Cuándo sería mejor contar de 10 en 10 que contar de 1 en 1?

☆Práctica guiada☆

Cuenta de 10 en 10. Escribe los números y el número en palabras.

1.

3 decenas

30

treinta

2.

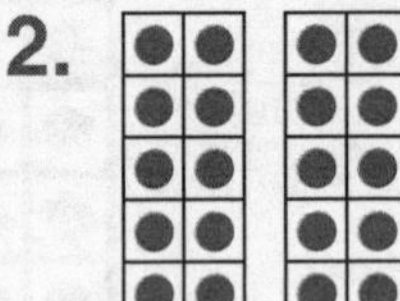

_____ decenas

_____

_____

Nombre ____________________

Práctica independiente

Cuenta de 10 en 10. Escribe los números y el número en palabras.

3.

____ decenas

____

____

4.

____ decenas

____

____

5.

____ decenas

____

____

Escribe los números que faltan.

6. Razonamiento de orden superior

Miguel escribe un patrón.

Olvida escribir algunos números.
¿Qué números olvidó escribir Miguel?

10, 20, 30, ____, ____, 60, 70, ____, 90, ____, 110, 120

Prácticas matemáticas y resolución de problemas

Dibuja fichas en los marcos de 10 para resolver los problemas. Luego, escribe los números y el número en palabras.

7. **PM.2 Razonar** Elisa tiene 4 cajas. Hay 10 libros en cada caja. ¿Cuántos libros tiene Elisa en total?

_____ decenas

_____

____

8. **PM.1 Entender** Bianca tiene 6 cajas. Hay 10 libros en cada caja. ¿Cuántos libros tiene Bianca en total?

_____ decenas

_____

____

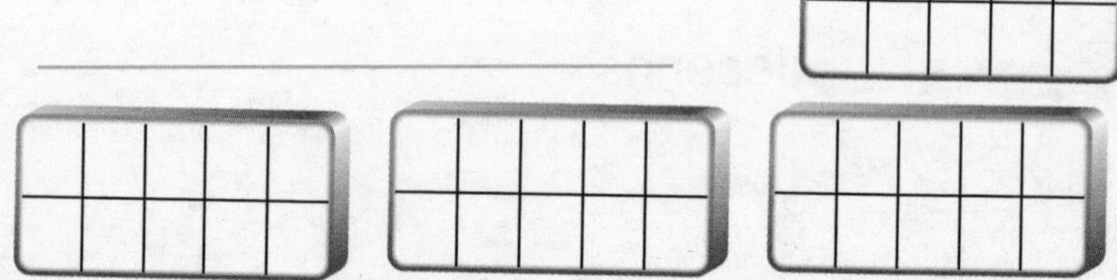

9. **Razonamiento de orden superior** Cory cuenta de 5 en 5 hasta 50. Kobi cuenta de 10 en 10 hasta 50. Escribe los números que dice Cory.

5, _____, _____, _____, _____,
_____, _____, _____, _____, 50

Escribe los números que dice Kobi.

10, _____, _____, _____, 50

¿Qué números dicen ambos niños?

_____, _____, _____, _____, _____

10. **Evaluación** Marisol tiene algunos libros. Los pone en pilas de 10. ¿Qué número NO muestra cuántos libros podría tener Marisol?

- ○ 30
- ○ 40
- ○ 45
- ○ 50

Nombre ____

Resuélvelo y coméntalo

Resuelve

Un paso adelante hacia el Grado 1

Lección 8

Contar de 1 en 1 hasta 120

Puedo...
contar de 1 en 1 hasta 120.

Estándar de contenido 1.NBD.A.1
Prácticas matemáticas PM.2, PM.6, PM.7

Jada y Alex se turnan para contar de 1 en 1. Jada cuenta desde 98 hasta 100. Ahora es el turno de Alex para seguir contando. Escribe los siguientes 3 números que Alex debe contar. Di cómo sabes que tienes razón.

98, 99, 100

_____, _____, _____

Este bloque muestra 100. A este número le dices cien.

100

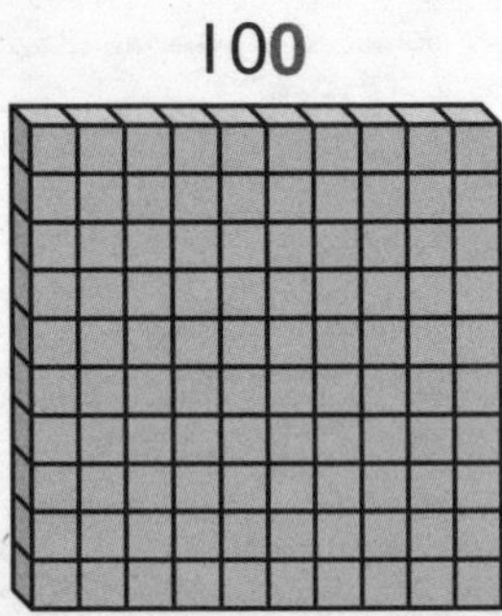

El siguiente número que dices es ciento uno porque ya tienes 1 ciento o centena y 1 unidad.

101

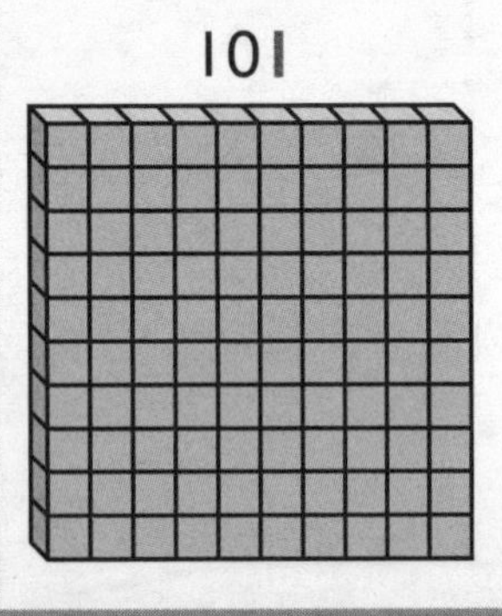

Cuando sigues contando, cuentas de 1 en 1.

101, 102, 103, 104, 105

Cuando sigues contando números, siempre empiezas con la palabra ciento.

116, 117, 118, 119, 120

¿Lo entiendes?

¡Demuéstralo! ¿Cómo dices y muestras 110 cuando cuentas? ¿Qué número sigue?

☆Práctica guiada☆

Cuenta hacia adelante de 1 en 1. Escribe los números.

1. 98, 99, 100, 101, 102

2. ____, ____, 93, ____, 95

3. 112, ____, ____, 115, ____

Nombre ____________________

Práctica independiente

Cuenta hacia adelante de 1 en 1. Escribe los números.

4. 97, ____, ____, ____, 101

5. ____, 104, ____, ____, 107

6. ____, 117, ____, 119, ____

7. ____, 101, 102, ____, ____

8. ____, ____, 111, ____, 113

9. 111, ____, ____, 114, ____

Usa las pistas para hallar cada número misterioso.

10. **Sentido numérico** Pista 1: El número está después del 112. Pista 2: El número está antes del 116.
El número misterioso podría ser:

____, ____, ____

Pista 3: El número tiene 4 unidades.
Encierra en un círculo el número misterioso.

11. **Sentido numérico** Pista 1: El número está antes del 120. Pista 2: El número está después del 114.
El número misterioso podría ser:

____, ____, ____, ____, ____

Pista 3: El número tiene 7 unidades.
Encierra en un círculo el número misterioso.

Prácticas matemáticas y resolución de problemas Resuelve cada problema.

12. **Vocabulario** Marta está contando hasta 120. Dice el número que es uno **más** que 117. ¿Qué número dice?

13. En esta tabla, Manuel escribió los números del 105 al 111 en orden. Pero les cayó agua a los números y algunos se borraron. Ayuda a Manuel a escribir los números que se borraron en su tabla.

105		107	108			111

14. **PM.2 Razonar** Sandra camina 1 milla todos los días. Después de caminar el lunes, ella ha recorrido 102 millas. Después de la caminata del viernes, ¿cuántas millas habrá caminado?

_____ millas

Piensa en los días y en los números que cuentas hacia adelante.

15. **Razonamiento de orden superior** Escoge un número mayor que 100 y menor que 116. Escríbelo en el recuadro.

Después, escribe los tres números que van antes y el número que va después.

16. **Evaluación** ¿Qué filas de números están en el orden correcto de 1 en 1? Selecciona todas las que apliquen.

- ☐ 100, 101, 103, 102
- ☐ 115, 116, 117, 118
- ☐ 104, 105, 106, 107
- ☐ 115, 116, 119, 120

Nombre ___________________________________

Un paso adelante hacia el Grado 1

Lección 9

Decenas y unidades

Puedo...
contar y escribir números de 10 en 10 y de 1 en 1.

Estándar de contenido 1.NBD.B.2
Prácticas matemáticas PM.2, PM.4

Resuélvelo y coméntalo Haz una estimación de cuántos cubos hay en tu bolsa. Luego, vacía la bolsa en el espacio siguiente. Sin contar cada cubo, haz una estimación de cuántos cubos hay. Escribe cada estimación. Ahora, cuenta los cubos y escribe el número total de cubos.

Estimación 1: ____ cubos

Estimación 2: ____ cubos

Número real:

____ cubos

El 3 en 35 es el dígito de las decenas.
El 5 en 35 es el dígito de las unidades.

Decenas	Unidades
3 decenas	5 unidades

Puedes usar un modelo para mostrar las decenas y las unidades.

Decenas	Unidades
3	5

35

El dígito de las decenas va a la izquierda. El dígito de las unidades va a la derecha.

¿Lo entiendes?

¡Demuéstralo! ¿En qué se parecen estos números? ¿En qué se diferencian?

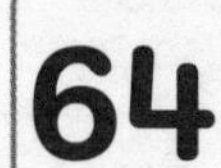

☆Práctica guiada☆

Cuenta las decenas y las unidades. Luego, escribe los números.

1.

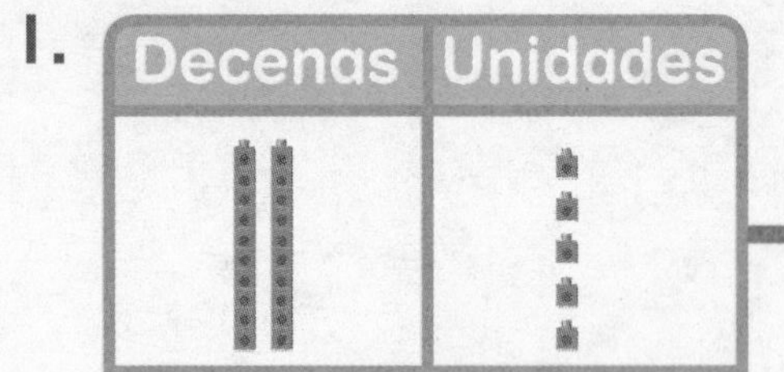

Decenas	Unidades
2	5

25

2.

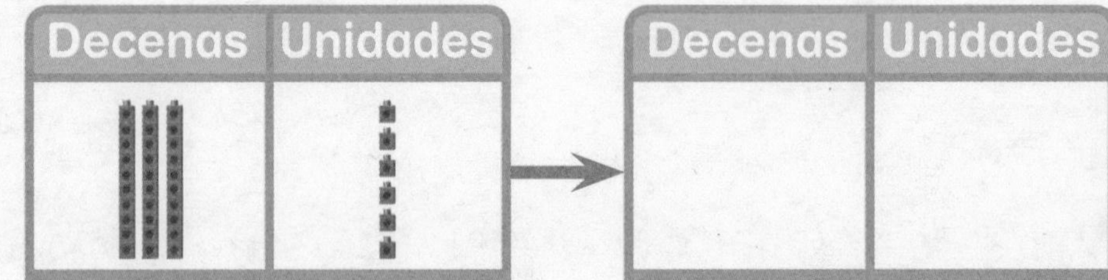

______

Nombre ___________________________

Práctica independiente Cuenta las decenas y las unidades. Luego, escribe los números.

3.

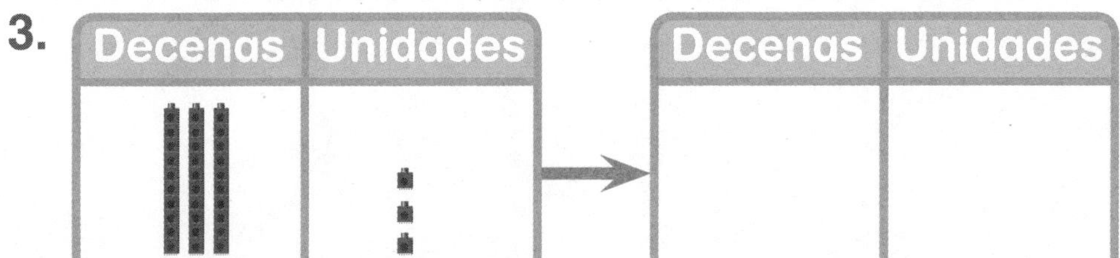

______

4.

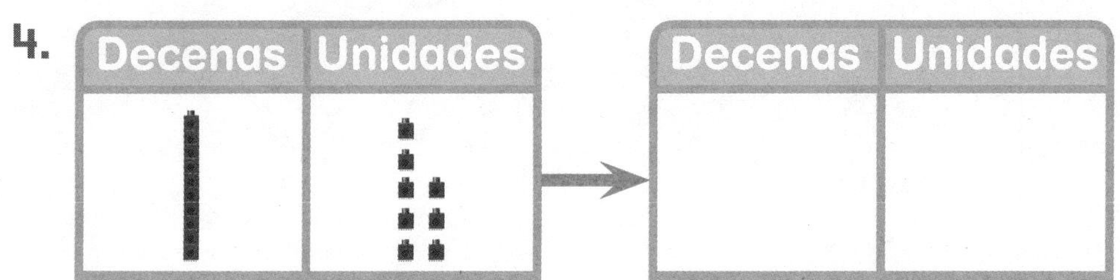

______

5.

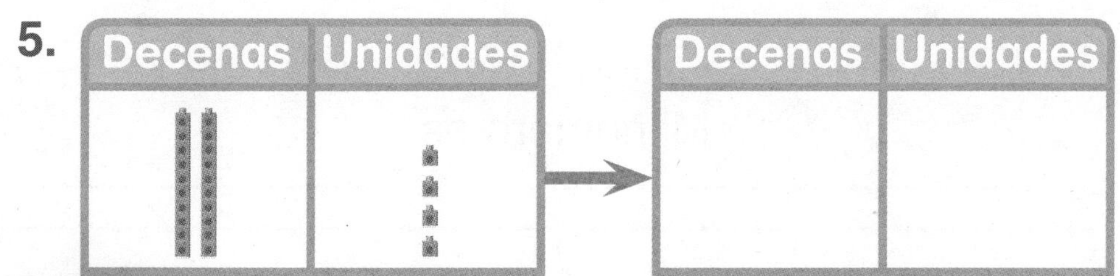

______

Haz un dibujo para resolverlo. Escribe el número.

6. Razonamiento de orden superior María tiene un número. El número tiene la misma cantidad de decenas que de unidades. ¿Cuál podría ser el número de María?

Prácticas matemáticas y resolución de problemas Resuelve cada problema.

7. **PM.4 Usar herramientas** Sam tiene envases de jugo para su fiesta. Tiene 4 paquetes de 10 envases y otros 8 envases sueltos.
¿Cuántos envases de jugo tiene en total?
Escribe el número de decenas y unidades.
Luego, escribe el número total de envases de jugo.

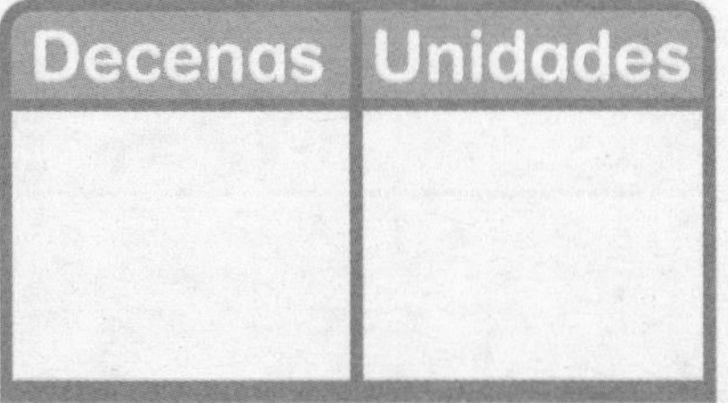

Decenas	Unidades

_____ envases de jugo

8. **Razonamiento de orden superior** Haz un dibujo que muestre un número mayor que 25 y menor que 75. Luego, escribe el número.

Mi número es _______.

9. **Evaluación** Hay 19 envases de jugo. ¿Qué modelo muestra el número de envases de jugo?

Decenas	Unidades
1	9

○

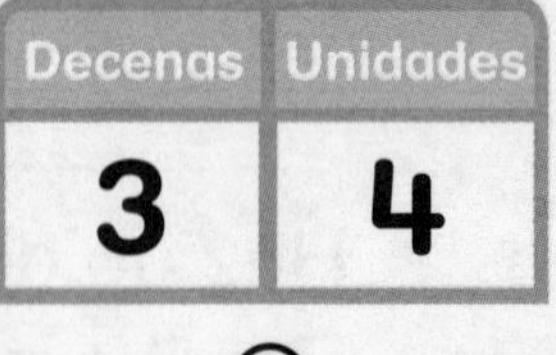

Decenas	Unidades
3	4

○

Decenas	Unidades
2	9

○

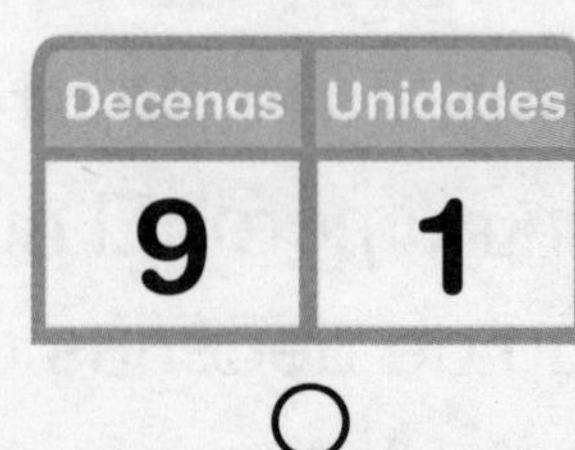

Decenas	Unidades
9	1

○

Nombre ____________________

¿Cómo puedes usar los bloques de valor de posición para hallar el número que viene después de 12?
¿Y para hallar el número que viene antes de 12?
Muestra tu trabajo. Escribe los números.

Un paso adelante hacia el Grado 1

Lección 10

1 más, 1 menos; 10 más, 10 menos

Puedo...
hallar números que sean mayores o menores que un número dado.

Estándares de contenido 1.NBD.B.3, 1.NBD.C.5
Prácticas matemáticas PM.2, PM.5, PM.6, PM.8

El número después de 12 es _____.

El número antes de 12 es _____.

¿Lo entiendes?

¡Demuéstralo! ¿Cómo puedes hallar 10 más que un número?

Práctica guiada

Completa cada oración. Usa bloques de valor de posición si es necesario.

1. 34

1 más que 34 es 35.

1 menos que 34 es 33.

10 más que 34 es 44.

10 menos que 34 es 24.

2. 14

1 más que 14 es ______.

1 menos que 14 es ______.

10 más que 14 es ______.

10 menos que 14 es ______.

Nombre ______________________________

Herramientas Evaluación

Práctica independiente

Completa cada oración. Usa bloques de valor de posición si es necesario.

3. 71

1 más que 71 es ______.

1 menos que 71 es ______.

10 más que 71 es ______.

10 menos que 71 es ______.

4. 50

1 más que 50 es ______.

1 menos que 50 es ______.

10 más que 50 es ______.

10 menos que 50 es ______.

5. 19

1 más que 19 es ______.

1 menos que 19 es ______.

10 más que 19 es ______.

10 menos que 19 es ______.

6. 49

1 más que 49 es ______.

1 menos que 49 es ______.

10 más que 49 es ______.

10 menos que 49 es ______.

7. 85

1 más que 85 es ______.

1 menos que 85 es ______.

10 más que 85 es ______.

10 menos que 85 es ______.

8. 42

1 más que 42 es ______.

1 menos que 42 es ______.

10 más que 42 es ______.

10 menos que 42 es ______.

9. Razonamiento de orden superior Encierra en un círculo el dibujo que muestra 10 más que 34. Explica cómo lo sabes.

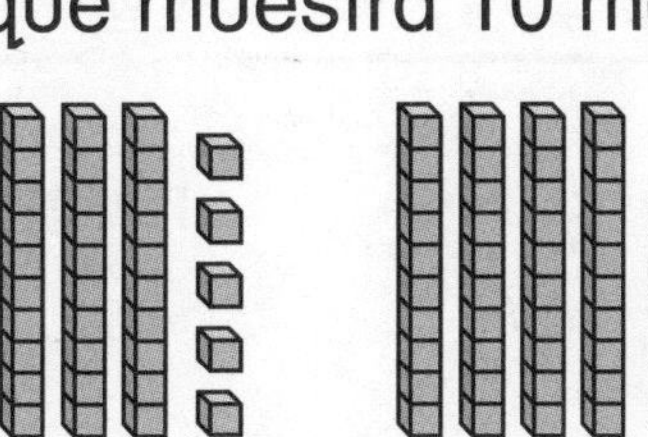

____

____

____

Prácticas matemáticas y resolución de problemas

Resuelve cada problema.

10. **PM.8 Generalizar** Marlon quiere escribir instrucciones para decirle a sus amigos cómo hallar el número que es 10 más que un número. ¿Qué instrucciones debería escribir?

____

____

____

____

11. **Sentido numérico** Escribe los números que faltan. Usa bloques de valor de posición como ayuda.

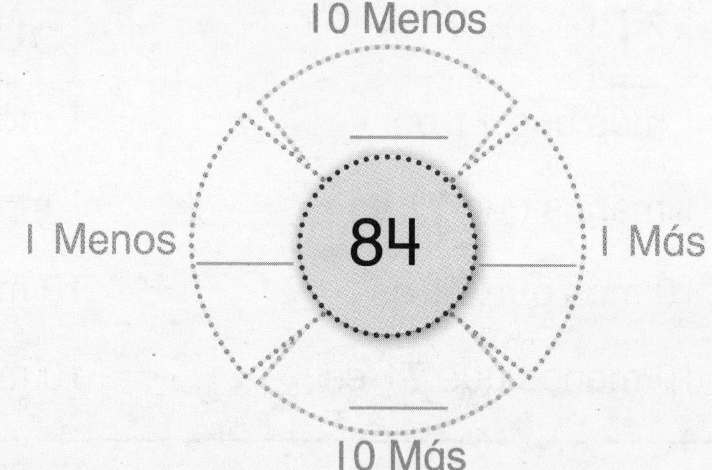

12. **Razonamiento de orden superior** Escribe y resuelve una adivinanza para un número mayor que 70 y menor que 90. Usa "1 más que" y "1 menos que" o "10 más que" y "10 menos que" como pistas.

Pistas: _______________

____

____

Mi número es _____.

13. **Evaluación** Une con una línea cada número con su descripción.

38	10 más que 23
3	1 menos que 19
18	1 más que 37
33	10 menos que 13
65	10 más que 55

Glosario

A

abajo

agrupar

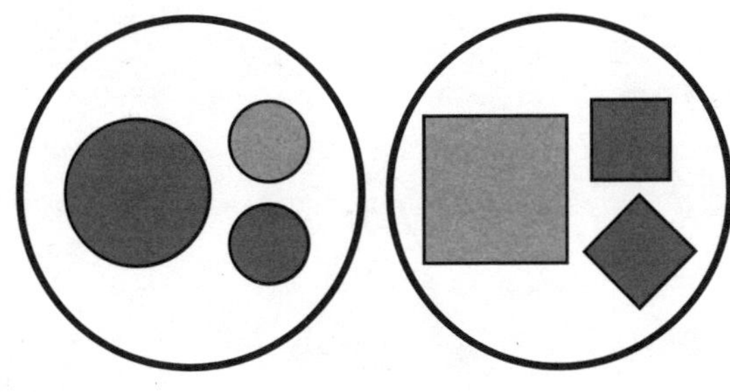

al lado de

altura

apilar

arriba

atributo

B

balanza de platillos

C

capacidad

categoría

II

catorce

14

cero

0

cilindro

cinco

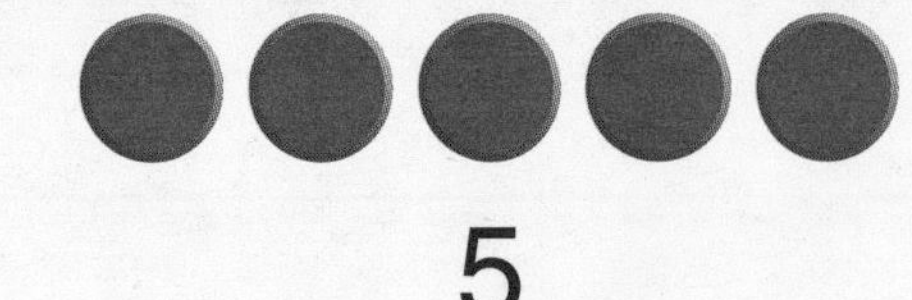

5

círculo

clasificar

columna

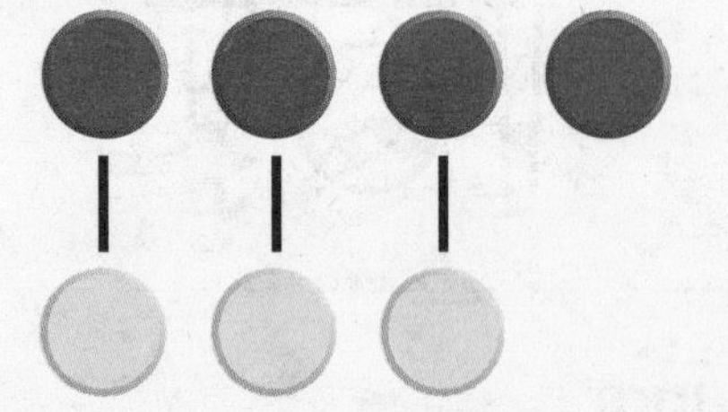

1	2	3	4	5
11	12	13	14	15
21	22	23	24	25
31	32	33	34	35

comparar

cono

contar

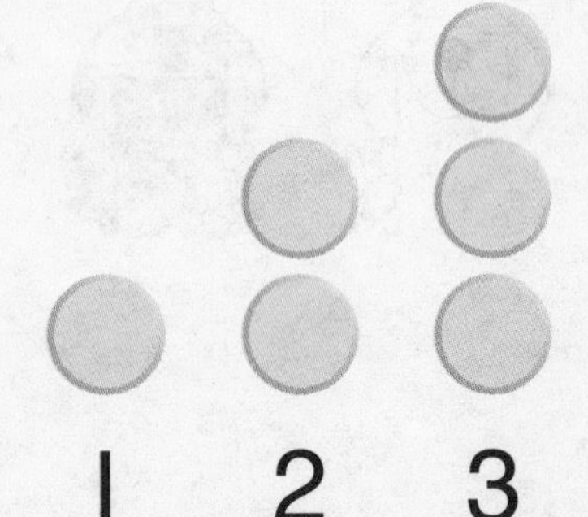

cuadrado

¿Cuántos más?

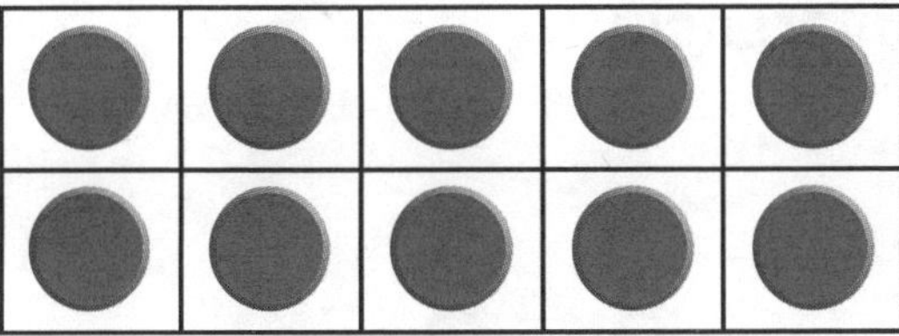

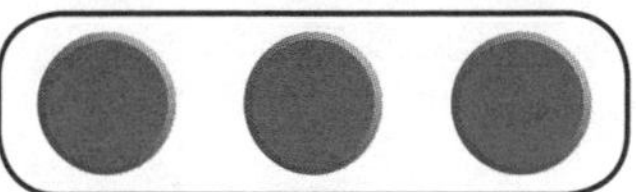

cuatro

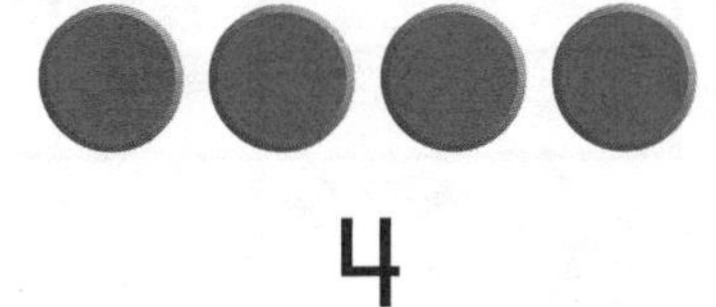

4

cubo

decenas

5	6	7	8	9	10
15	16	17	18	19	20
25	26	27	28	29	30

1	2	3	4	5	6	7	8	9	10
11	12	13	14	15	16	17	18	19	20
21	22	23	24	25	26	27	28	29	30
31	32	33	34	35	36	37	38	39	40
41	42	43	44	45	46	47	48	49	50
51	52	53	54	55	56	57	58	59	60
61	62	63	64	65	66	67	68	69	70
71	72	73	74	75	76	77	78	79	80
81	82	83	84	85	86	87	88	89	90
91	92	93	94	95	96	97	98	99	100

delante

descomponer

$6 - 3 = 3$

deslizar

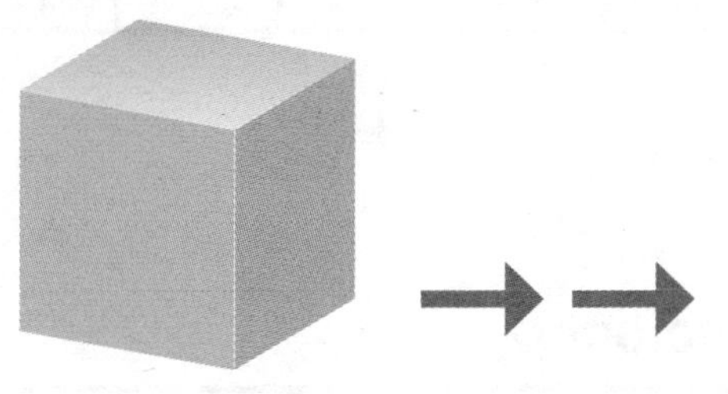

detrás

diecinueve

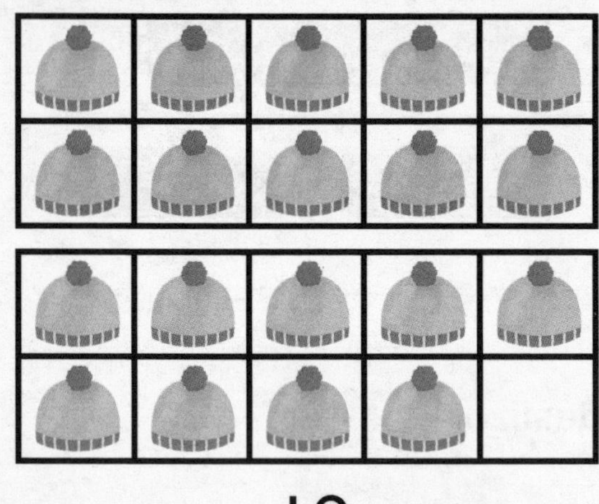

19

dieciocho

18

dieciséis

16

diecisiete

17

diez

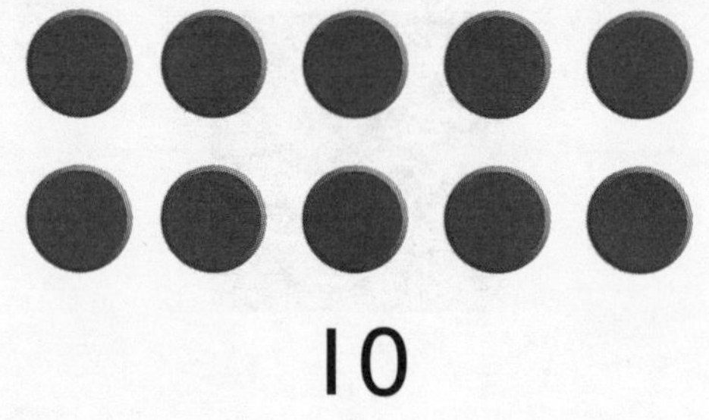

10

diferencia

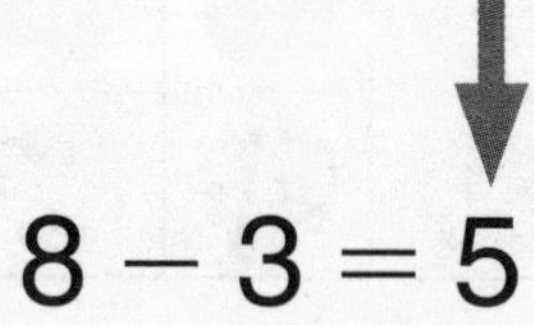

$8 - 3 = 5$

doce

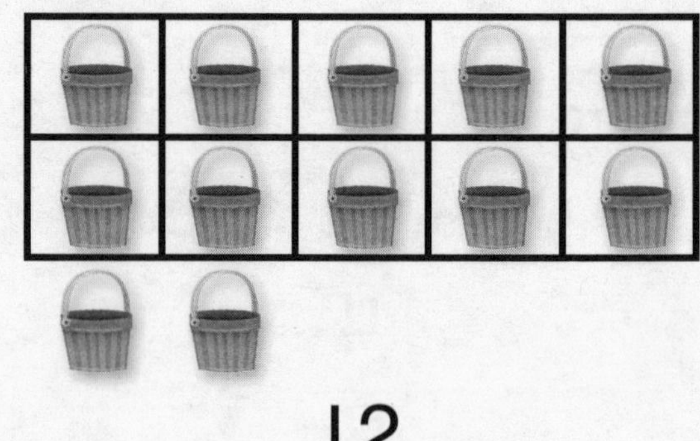

12

dos

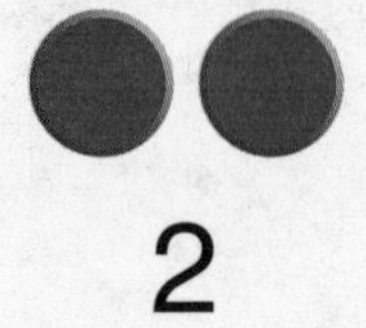

2

ecuación

$$5 + 3 = 8$$
$$8 = 8$$

en total

esfera

figura bidimensional

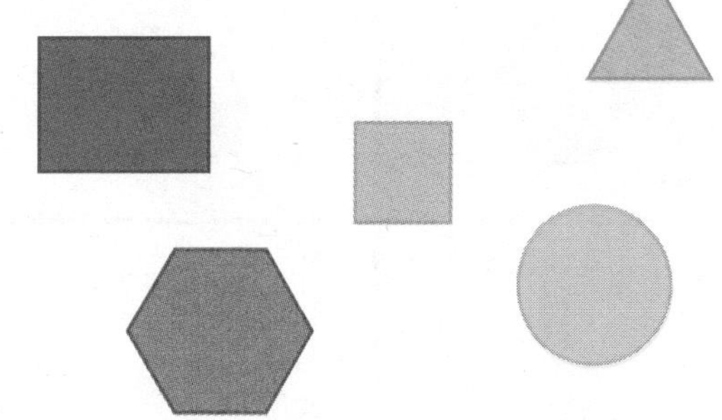

figura tridimensional

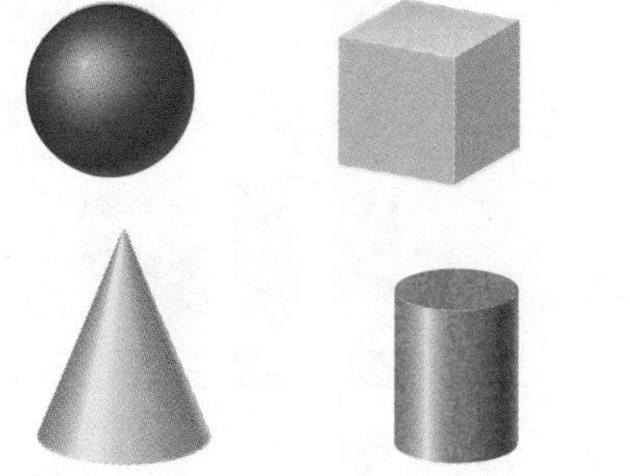

fila

1	2	3	4	5
11	12	13	14	15
21	22	23	24	25
31	32	33	34	35

grupo

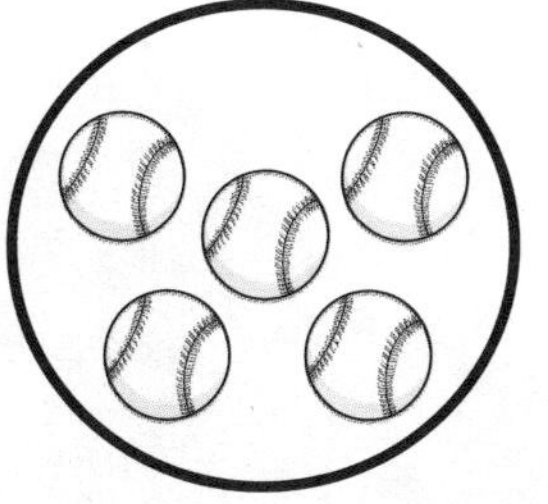

hexágono

igual

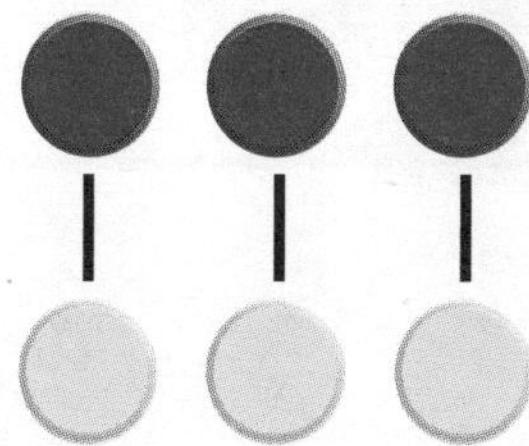

junto a

lado

longitud

marca de conteo

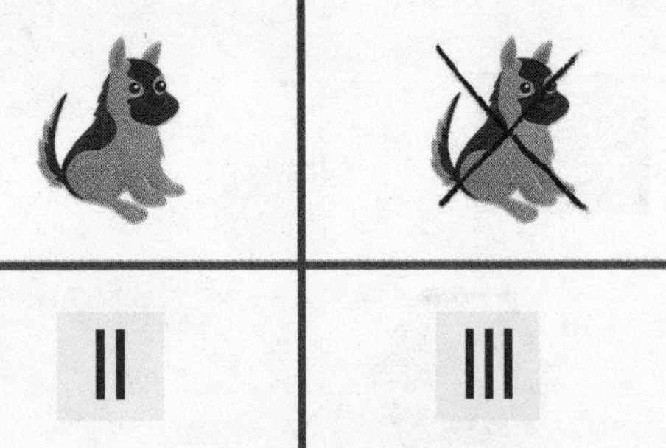

más alto

más bajo

más corto

más largo

más liviano

más pesado

mayor que

menor que

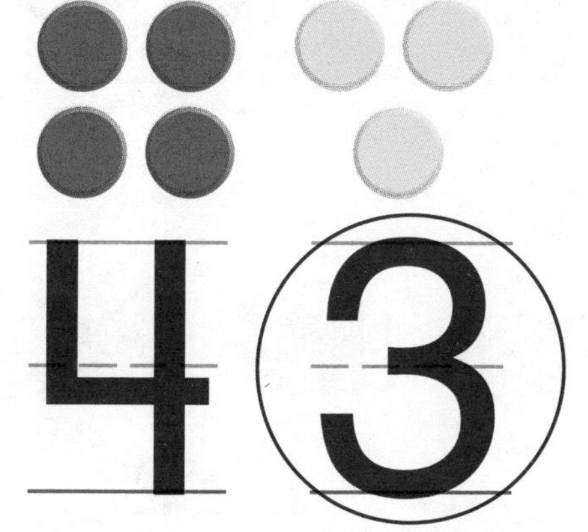

mismo número que

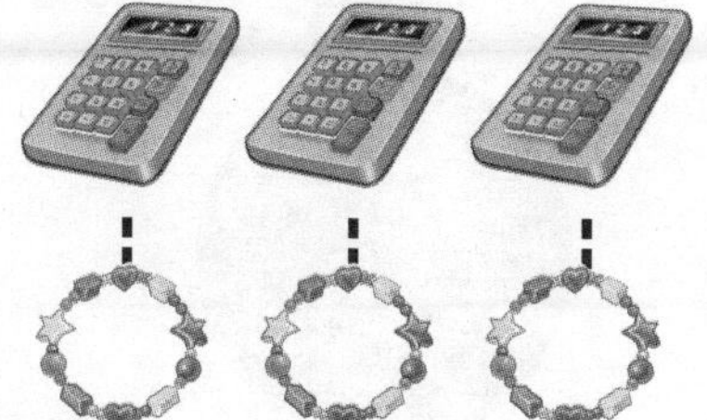

modelo

N

ninguno

0

nueve

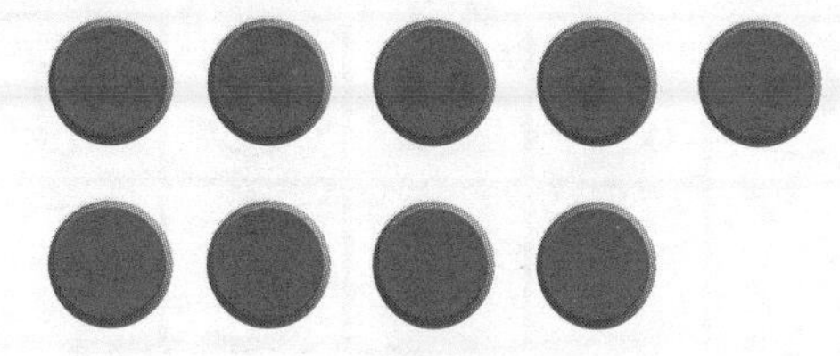

9

número

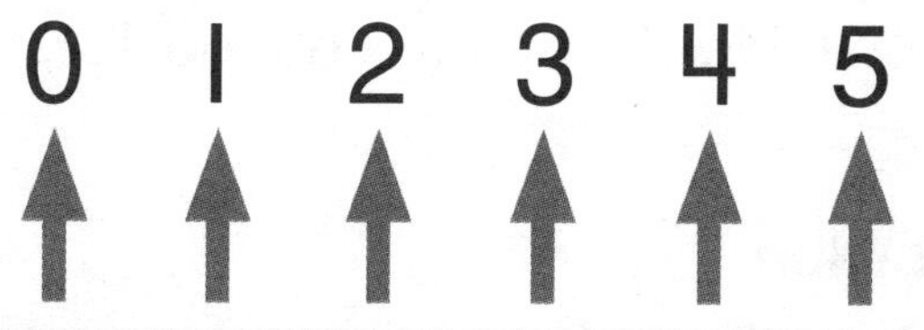

O

ocho

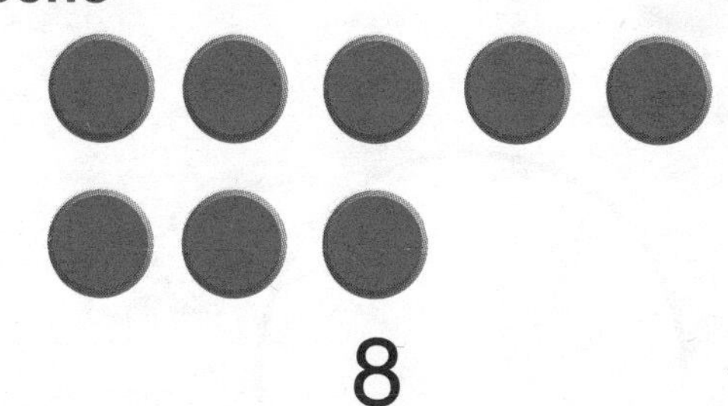

8

once

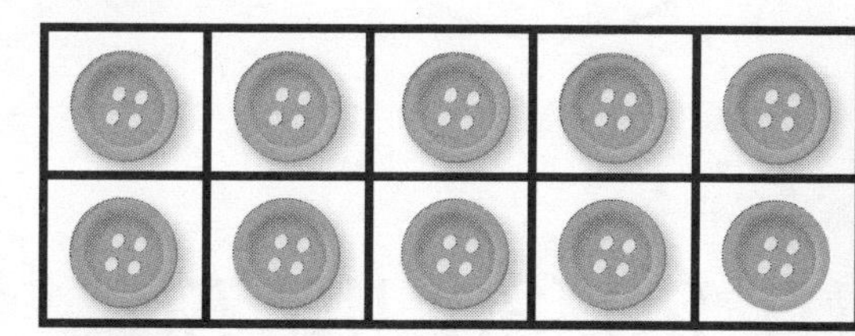

11

operación

$4 \oplus 2 = 6$

$4 \ominus 2 = 2$

(operación de) resta

Si a 4 le quitamos 3 queda 1.

orden

0 → 1 → 2 → 3 → 4 → 5

parte

patrón

10 20 30 40 50

pesa

pesar

Q

quedan

quince

15

quitar

R

rectángulo

restar

$3 - 1 = 2$

rodar

seis

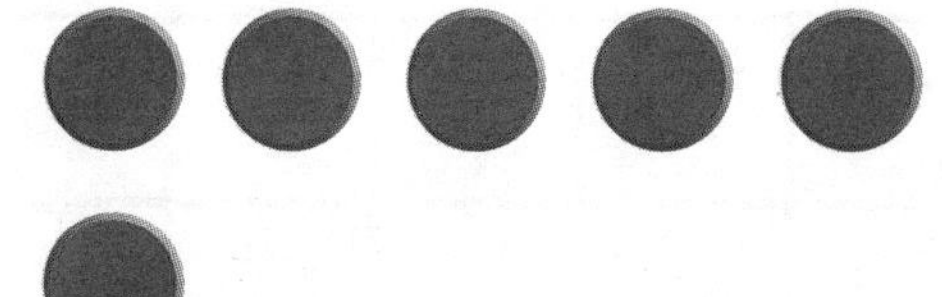

6

separar

siete

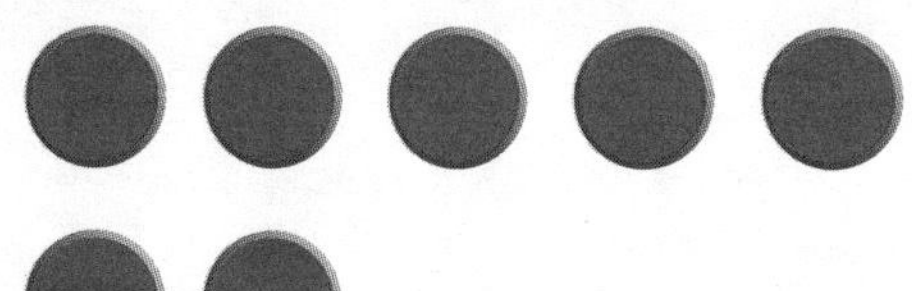

7

signo igual (=)

4 + 3 = 7

signo más (+)

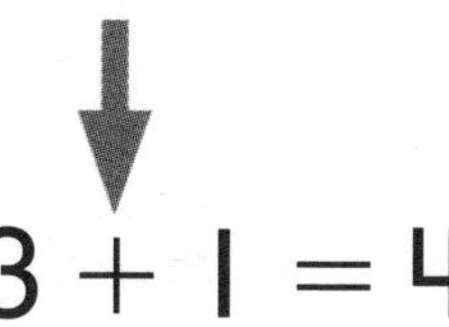

3 + 1 = 4

signo menos (−)

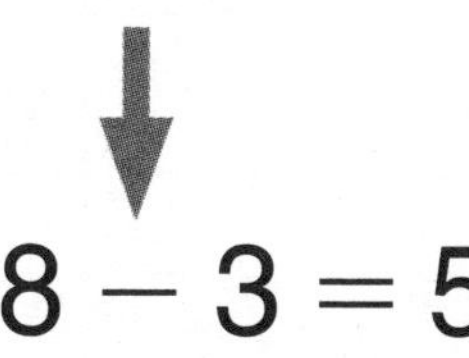

8 − 3 = 5

(operación de) suma

3 y 5 son 8.

suma o total

2 + 3 = 5

sumar

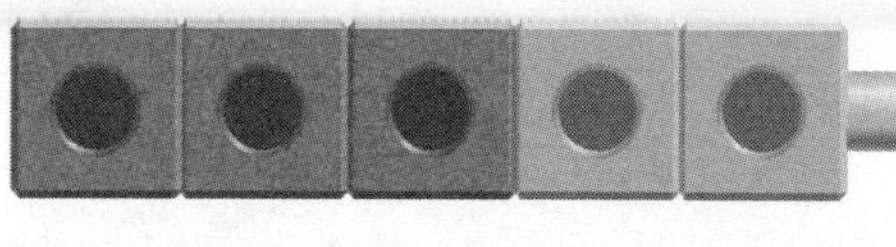

3 + 2 = 5

superficie plana

tabla

||	||||

tabla de 100

columna

fila

1	2	3	4	5	6	7	8	9	10
11	12	13	14	15	16	17	18	19	20
21	22	23	24	25	26	27	28	29	30
31	32	33	34	35	36	37	38	39	40
41	42	43	44	45	46	47	48	49	50
51	52	53	54	55	56	57	58	59	60
61	62	63	64	65	66	67	68	69	70
71	72	73	74	75	76	77	78	79	80
81	82	83	84	85	86	87	88	89	90
91	92	93	94	95	96	97	98	99	100

todo

trece

13

tres

3

triángulo

unidades

5	6	7	8	9	10
15	16	17	18	19	20
25	26	27	28	29	30

unir

uno

1

veinte

20

vértice

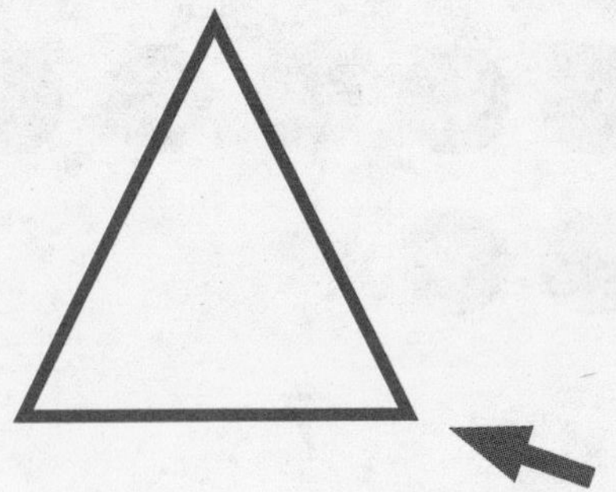

Fotografías

Photo locators denoted as follows: Top (T), Center (C), Bottom (B), Left (L), Right (R), Background (Bkgd)

001 Jorge Salcedo/Shutterstock;**085L** Evgeny Murtola/Shutterstock;**085R** 2rut/Shutterstock;**135** Michal Kolodziejczyk/Fotolia;**199** James Insogna/Fotolia;**245** Christopher Elwell/Shutterstock;**281** tankist276/Shutterstock;**359** Shutterstock;**431** Winai Tepsuttinun/Shutterstock;**507** Panda3800/Shutterstock;**563** Turbojet/Shutterstock;**621** Andrey Pavlov/Shutterstock;**675** Eugene Sergeev/Shutterstock;**745** Michael Flippo/Fotolia;**799** Singkham/Shutterstock.